司法解释适用指引丛书

— 20 —

行政诉讼
司法解释适用指引

司法实务版

人民法院出版社 编

人民法院出版社

图书在版编目（CIP）数据

行政诉讼司法解释适用指引 / 人民法院出版社编. 北京 : 人民法院出版社, 2024. 12. -- ISBN 978-7-5109-4314-0

Ⅰ. D925.305

中国国家版本馆CIP数据核字第2024QS6480号

行政诉讼司法解释适用指引

人民法院出版社　编

策划编辑　姜　峤
责任编辑　马海莹
出版发行　人民法院出版社
地　　址　北京市东城区东交民巷27号（100745）
电　　话　（010）67550560（责任编辑）　67550558（发行部查询）
65223677（读者服务部）
客服QQ　2092078039
网　　址　http://www.courtbook.com.cn
E-mail　courtpress@sohu.com
印　　刷　三河市国英印务有限公司
经　　销　新华书店

开　　本　787毫米×1092毫米　1/16
字　　数　354千字
印　　张　36.75
版　　次　2024年12月第1版　2024年12月第1次印刷
书　　号　ISBN 978-7-5109-4314-0
定　　价　118.00元

编写说明

为准确理解和适用司法解释，助力人民法院统一法律适用，更好地满足法律工作者办案与查询的需求，我们编写了本套丛书。本丛书在每本以某一类别或某一司法解释为主题，汇集与该司法解释相关的最高人民法院司法政策精要、司法解释、司法观点、人民法院案例库案例、法答网精选答问以及相关的法律、法规、规章、司法文件等内容，兼具检索与研习功能，能够让广大法律实务工作者全面、快捷、方便地查找到该类案件办理所需的全部材料。

本丛书立足审判，涵盖婚姻家庭、劳动争议、公司企业、诉讼证据、民事诉讼、刑事诉讼、贪污贿赂渎职案件等27个法律专业领域，品类丰富齐全，为立案、调解、仲裁、诉讼、执行等工作提供权威指导，更好地服务司法审判、公众学法、学者科研、律师办案。本书为其中的《行政诉讼司法解释适用指引》。

本丛书各栏目具体编写情况如下：

【司法政策精要】该栏目摘编自最高人民法院公布的各种审判指导意见、会议纪要，最高人民法院院长对审判工作有重要指导意义的讲话，最高人民法院分管副院长在全国性审判工作会议上的讲话等。文中序号为原文序号，未作删改。

【司法解释】该栏目收录最新公布的司法解释，并在司法解释后附“导读及适用要点”，摘编自最高人民法院专家法官对该司法解释的权威解读，为该司法解释的准确适用提供参考、借鉴。

【司法观点】该栏目针对当前审判实务中难点、疑点、热点以及前沿问题，全面系统地总结和梳理了最高人民法院类案审判实践中的裁判理念和法律适用问题，帮助读者全面快速了解最高人民法院对审判实践中重点、难点问题的立场、观点，准确把握审判实践的具体方法、办案依据和裁判尺度。

【人民法院案例库案例】该栏目收录了人民法院案例库中的相关指导性案例及参考案例，精选裁判要点及裁判要旨，为司法实务提供了权威、规范、全面的案例指引。本书收录的人民法院案例库案例截至2024年10月。

【法答网精选答问】最高人民法院发布的精选答问具有释法说理、普法宣传等多方面的功能效用，一个精选问答可以解决一类法律问题，指导一批争议案例，是“附理由书的批复”。

【相关规定】该栏目精选现行有效相关法律、法规、司法解释、规章等内容，版本权威、内容实用，方便读者对照查询。

值得一提的是，本丛书为首次将最高人民法院裁判观点、人民法院案例库案例、法答网精选答问进行融合出版的图书。2023年，最高人民法院推动建立面向全社会的人民法院案例库、贯通四级法院的法答网。“一网一库”上线运行以来，充分发挥审判监督指导作用，促进统一裁判标准，有效提升广大法官的审判能力，助力司法审判提质增效，取得积极成效。本丛书进一步深化库网融合，促进统一法律适用的功能效用，为法律实务工作者提供覆盖全面、与时俱进的“活教材”。

本丛书内容简洁明了，查询方便快捷，在编排上力求全面、新颖、务实，但疏漏之处在所难免，欢迎广大读者提出批评和改进意见，以便为读者提供更好的法律服务。

人民法院出版社

二〇二四年十一月

目　录

第一部分　司法解释

第二部分　司法观点

第三部分　指导性案例与人民法院案例库参考案例

七、行政确认

十八、行政协议

第四部分 法答网精选答问

第五部分 相关规定

第一部分 司法解释

最高人民法院
关于适用《中华人民共和国行政诉讼法》的解释

法释〔2018〕1号

（2017年11月13日最高人民法院审判委员会第1726次会议通过
2018年2月6日最高人民法院公告公布 自2018年2月8日起施行）

为正确适用《中华人民共和国行政诉讼法》（以下简称行政诉讼法），结合人民法院行政审判工作实际，制定本解释。

一、受案范围

第一条 公民、法人或者其他组织对行政机关及其工作人员的行政行为不服，依法提起诉讼的，属于人民法院行政诉讼的受案范围。

下列行为不属于人民法院行政诉讼的受案范围：

（一）公安、国家安全等机关依照刑事诉讼法的明确授权实施的行为；

（二）调解行为以及法律规定的仲裁行为；

（三）行政指导行为；

（四）驳回当事人对行政行为提起申诉的重复处理行为；

（五）行政机关作出的不产生外部法律效力的行为；

（六）行政机关为作出行政行为而实施的准备、论证、研究、层报、咨询等过程性行为；

（七）行政机关根据人民法院的生效裁判、协助执行通知书作出的执行行为，但行政机关扩大执行范围或者采取违法方式实施的除外；

（八）上级行政机关基于内部层级监督关系对下级行政机关作出的听取报告、执法检查、督促履责等行为；

（九）行政机关针对信访事项作出的登记、受理、交办、转送、复查、复核意见等行为；

（十）对公民、法人或者其他组织权利义务不产生实际影响的行为。

第二条 行政诉讼法第十三条第一项规定的“国家行为”，是指国务院、中央军事委员会、国防部、外交部等根据宪法和法律的授权，以国家的名义实施的有关国防和外交事务的行为，以及经宪法和法律授权的国家机关宣布紧急状态等行为。

行政诉讼法第十三条第二项规定的“具有普遍约束力的决定、命令”，是指行政机关针对不特定对象发布的能反复适用的规范性文件。

行政诉讼法第十三条第三项规定的“对行政机关工作人员的奖惩、任免等决定”，是指行政机关作出的涉及行政机关工作人员公务员权利义务的决定。

行政诉讼法第十三条第四项规定的“法律规定由行政机关最终裁决的行政行为”中的“法律”，是指全国人民代表大会及其常务委员会制定、通过的规范性文件。

二、管　辖

第三条 各级人民法院行政审判庭审理行政案件和审查行政机关申请执行其行政行为的案件。

专门人民法院、人民法庭不审理行政案件，也不审查和执行行政机关申请执行其行政行为的案件。铁路运输法院等专门人民法院审理行政案件，应当执行行政诉讼法第十八条第二款的规定。

第四条 立案后，受诉人民法院的管辖权不受当事人住所地改变、追加被告等事实和法律状态变更的影响。

第五条 有下列情形之一的，属于行政诉讼法第十五条第三项规定的“本辖区内重大、复杂的案件”：

（一）社会影响重大的共同诉讼案件；

（二）涉外或者涉及香港特别行政区、澳门特别行政区、台湾地区的案件；

（三）其他重大、复杂案件。

第六条　当事人以案件重大复杂为由，认为有管辖权的基层人民法院不宜行使管辖权或者根据行政诉讼法第五十二条的规定，向中级人民法院起诉，中级人民法院应当根据不同情况在七日内分别作出以下处理：

（一）决定自行审理；

（二）指定本辖区其他基层人民法院管辖；

（三）书面告知当事人向有管辖权的基层人民法院起诉。

第七条　基层人民法院对其管辖的第一审行政案件，认为需要由中级人民法院审理或者指定管辖的，可以报请中级人民法院决定。中级人民法院应当根据不同情况在七日内分别作出以下处理：

（一）决定自行审理；

（二）指定本辖区其他基层人民法院管辖；

（三）决定由报请的人民法院审理。

第八条　行政诉讼法第十九条规定的“原告所在地”，包括原告的户籍所在地、经常居住地和被限制人身自由地。

对行政机关基于同一事实，既采取限制公民人身自由的行政强制措施，又采取其他行政强制措施或者行政处罚不服的，由被告所在地或者原告所在地的人民法院管辖。

第九条　行政诉讼法第二十条规定的“因不动产提起的行政诉讼”是指因行政行为导致不动产物权变动而提起的诉讼。

不动产已登记的，以不动产登记簿记载的所在地为不动产所在地；不动产未登记的，以不动产实际所在地为不动产所在地。

第十条　人民法院受理案件后，被告提出管辖异议的，应当在收到起诉状副本之日起十五日内提出。

对当事人提出的管辖异议，人民法院应当进行审查。异议成立的，裁定将案件移送有管辖权的人民法院；异议不成立的，裁定驳回。

人民法院对管辖异议审查后确定有管辖权的，不因当事人增加或者变更诉讼请求等改变管辖，但违反级别管辖、专属管辖规定的除外。

第十一条　有下列情形之一的，人民法院不予审查：

（一）人民法院发回重审或者按第一审程序再审的案件，当事人提出管辖异议的；

（二）当事人在第一审程序中未按照法律规定的期限和形式提出管辖异议，在第二审程序中提出的。

三、诉讼参加人

第十二条 有下列情形之一的，属于行政诉讼法第二十五条第一款规定的“与行政行为有利害关系”：

（一）被诉的行政行为涉及其相邻权或者公平竞争权的；

（二）在行政复议等行政程序中被追加为第三人的；

（三）要求行政机关依法追究加害人法律责任的；

（四）撤销或者变更行政行为涉及其合法权益的；

（五）为维护自身合法权益向行政机关投诉，具有处理投诉职责的行政机关作出或者未作出处理的；

（六）其他与行政行为有利害关系的情形。

第十三条 债权人以行政机关对债务人所作的行政行为损害债权实现为由提起行政诉讼的，人民法院应当告知其就民事争议提起民事诉讼，但行政机关作出行政行为时依法应予保护或者应予考虑的除外。

第十四条 行政诉讼法第二十五条第二款规定的“近亲属”，包括配偶、父母、子女、兄弟姐妹、祖父母、外祖父母、孙子女、外孙子女和其他具有扶养、赡养关系的亲属。

公民因被限制人身自由而不能提起诉讼的，其近亲属可以依其口头或者书面委托以该公民的名义提起诉讼。近亲属起诉时无法与被限制人身自由的公民取得联系，近亲属可以先行起诉，并在诉讼中补充提交委托证明。

第十五条 合伙企业向人民法院提起诉讼的，应当以核准登记的字号为原告。未依法登记领取营业执照的个人合伙的全体合伙人为共同原告；全体合伙人可以推选代表人，被推选的代表人，应当由全体合伙人出具推选书。

个体工商户向人民法院提起诉讼的，以营业执照上登记的经营者为原告。有字号的，以营业执照上登记的字号为原告，并应当注明该字号经营者的基本信息。

第十六条　股份制企业的股东大会、股东会、董事会等认为行政机关作出的行政行为侵犯企业经营自主权的，可以企业名义提起诉讼。

联营企业、中外合资或者合作企业的联营、合资、合作各方，认为联营、合资、合作企业权益或者自己一方合法权益受行政行为侵害的，可以自己的名义提起诉讼。

非国有企业被行政机关注销、撤销、合并、强令兼并、出售、分立或者改变企业隶属关系的，该企业或者其法定代表人可以提起诉讼。

第十七条　事业单位、社会团体、基金会、社会服务机构等非营利法人的出资人、设立人认为行政行为损害法人合法权益的，可以自己的名义提起诉讼。

第十八条　业主委员会对于行政机关作出的涉及业主共有利益的行政行为，可以自己的名义提起诉讼。

业主委员会不起诉的，专有部分占建筑物总面积过半数或者占总户数过半数的业主可以提起诉讼。

第十九条　当事人不服经上级行政机关批准的行政行为，向人民法院提起诉讼的，以在对外发生法律效力的文书上署名的机关为被告。

第二十条　行政机关组建并赋予行政管理职能但不具有独立承担法律责任能力的机构，以自己的名义作出行政行为，当事人不服提起诉讼的，应当以组建该机构的行政机关为被告。

法律、法规或者规章授权行使行政职权的行政机关内设机构、派出机构或者其他组织，超出法定授权范围实施行政行为，当事人不服提起诉讼的，应当以实施该行为的机构或者组织为被告。

没有法律、法规或者规章规定，行政机关授权其内设机构、派出机构或者其他组织行使行政职权的，属于行政诉讼法第二十六条规定的委托。当事人不服提起诉讼的，应当以该行政机关为被告。

第二十一条　当事人对由国务院、省级人民政府批准设立的开发区管理机构作出的行政行为不服提起诉讼的，以该开发区管理机构为被告；对由国务院、省级人民政府批准设立的开发区管理机构所属职能部门作出的行政行为不服提起诉讼的，以其职能部门为被告；对其他开发区管理机构所属职能部门作出的行政行为不服提起诉讼的，以开发区管理机构为被告；开发区管理机构没有行政主体资格的，以设立该机构的地方人民政府为被告。

第二十二条 行政诉讼法第二十六条第二款规定的“复议机关改变原行政行为”，是指复议机关改变原行政行为的处理结果。复议机关改变原行政行为所认定的主要事实和证据、改变原行政行为所适用的规范依据，但未改变原行政行为处理结果的，视为复议机关维持原行政行为。

复议机关确认原行政行为无效，属于改变原行政行为。

复议机关确认原行政行为违法，属于改变原行政行为，但复议机关以违反法定程序为由确认原行政行为违法的除外。

第二十三条 行政机关被撤销或者职权变更，没有继续行使其职权的行政机关的，以其所属的人民政府为被告；实行垂直领导的，以垂直领导的上一级行政机关为被告。

第二十四条 当事人对村民委员会或者居民委员会依据法律、法规、规章的授权履行行政管理职责的行为不服提起诉讼的，以村民委员会或者居民委员会为被告。

当事人对村民委员会、居民委员会受行政机关委托作出的行为不服提起诉讼的，以委托的行政机关为被告。

当事人对高等学校等事业单位以及律师协会、注册会计师协会等行业协会依据法律、法规、规章的授权实施的行政行为不服提起诉讼的，以该事业单位、行业协会为被告。

当事人对高等学校等事业单位以及律师协会、注册会计师协会等行业协会受行政机关委托作出的行为不服提起诉讼的，以委托的行政机关为被告。

第二十五条 市、县级人民政府确定的房屋征收部门组织实施房屋征收与补偿工作过程中作出行政行为，被征收人不服提起诉讼的，以房屋征收部门为被告。

征收实施单位受房屋征收部门委托，在委托范围内从事的行为，被征收人不服提起诉讼的，应当以房屋征收部门为被告。

第二十六条 原告所起诉的被告不适格，人民法院应当告知原告变更被告；原告不同意变更的，裁定驳回起诉。

应当追加被告而原告不同意追加的，人民法院应当通知其以第三人的身份参加诉讼，但行政复议机关作共同被告的除外。

第二十七条　必须共同进行诉讼的当事人没有参加诉讼的，人民法院应当依法通知其参加；当事人也可以向人民法院申请参加。

人民法院应当对当事人提出的申请进行审查，申请理由不成立的，裁定驳回；申请理由成立的，书面通知其参加诉讼。

前款所称的必须共同进行诉讼，是指按照行政诉讼法第二十七条的规定，当事人一方或者双方为两人以上，因同一行政行为发生行政争议，人民法院必须合并审理的诉讼。

第二十八条　人民法院追加共同诉讼的当事人时，应当通知其他当事人。应当追加的原告，已明确表示放弃实体权利的，可不予追加；既不愿意参加诉讼，又不放弃实体权利的，应追加为第三人，其不参加诉讼，不能阻碍人民法院对案件的审理和裁判。

第二十九条　行政诉讼法第二十八条规定的“人数众多”，一般指十人以上。

根据行政诉讼法第二十八条的规定，当事人一方人数众多的，由当事人推选代表人。当事人推选不出的，可以由人民法院在起诉的当事人中指定代表人。

行政诉讼法第二十八条规定的代表人为二至五人。代表人可以委托一至二人作为诉讼代理人。

第三十条　行政机关的同一行政行为涉及两个以上利害关系人，其中一部分利害关系人对行政行为不服提起诉讼，人民法院应当通知没有起诉的其他利害关系人作为第三人参加诉讼。

与行政案件处理结果有利害关系的第三人，可以申请参加诉讼，或者由人民法院通知其参加诉讼。人民法院判决其承担义务或者减损其权益的第三人，有权提出上诉或者申请再审。

行政诉讼法第二十九条规定的第三人，因不能归责于本人的事由未参加诉讼，但有证据证明发生法律效力的判决、裁定、调解书损害其合法权益的，可以依照行政诉讼法第九十条的规定，自知道或者应当知道其合法权益受到损害之日起六个月内，向上一级人民法院申请再审。

第三十一条　当事人委托诉讼代理人，应当向人民法院提交由委托人签名或者盖章的授权委托书。委托书应当载明委托事项和具体权限。公民在特殊情况下无法书面委托的，也可以由他人代书，并由自己捺印等方式确认，人民法院应当核实并记录在卷；被诉行政机关或者其他有义务协助的机关拒绝人民法院向被限制人身自由的公民核实的，视为委托成立。当事人解除或者变更委托的，应当书面报告人民法院。

第三十二条 依照行政诉讼法第三十一条第二款第二项规定，与当事人有合法劳动人事关系的职工，可以当事人工作人员的名义作为诉讼代理人。以当事人的工作人员身份参加诉讼活动，应当提交以下证据之一加以证明：

（一）缴纳社会保险记录凭证；

（二）领取工资凭证；

（三）其他能够证明其为当事人工作人员身份的证据。

第三十三条 根据行政诉讼法第三十一条第二款第三项规定，有关社会团体推荐公民担任诉讼代理人的，应当符合下列条件：

（一）社会团体属于依法登记设立或者依法免予登记设立的非营利性法人组织；

（二）被代理人属于该社会团体的成员，或者当事人一方住所地位于该社会团体的活动地域；

（三）代理事务属于该社会团体章程载明的业务范围；

（四）被推荐的公民是该社会团体的负责人或者与该社会团体有合法劳动人事关系的工作人员。

专利代理人经中华全国专利代理人协会推荐，可以在专利行政案件中担任诉讼代理人。

四、证　据

第三十四条 根据行政诉讼法第三十六条第一款的规定，被告申请延期提供证据的，应当在收到起诉状副本之日起十五日内以书面方式向人民法院提出。人民法院准许延期提供的，被告应当在正当事由消除后十五日内提供证据。逾期提供的，视为被诉行政行为没有相应的证据。

第三十五条 原告或者第三人应当在开庭审理前或者人民法院指定的交换证据清单之日提供证据。因正当事由申请延期提供证据的，经人民法院准许，可以在法庭调查中提供。逾期提供证据的，人民法院应当责令其说明理由；拒不说明理由或者理由不成立的，视为放弃举证权利。

原告或者第三人在第一审程序中无正当事由未提供而在第二审程序中提供的证据，人民法院不予接纳。

第三十六条　当事人申请延长举证期限，应当在举证期限届满前向人民法院提出书面申请。

申请理由成立的，人民法院应当准许，适当延长举证期限，并通知其他当事人。申请理由不成立的，人民法院不予准许，并通知申请人。

第三十七条　根据行政诉讼法第三十九条的规定，对当事人无争议，但涉及国家利益、公共利益或者他人合法权益的事实，人民法院可以责令当事人提供或者补充有关证据。

第三十八条　对于案情比较复杂或者证据数量较多的案件，人民法院可以组织当事人在开庭前向对方出示或者交换证据，并将交换证据清单的情况记录在卷。

当事人在庭前证据交换过程中没有争议并记录在卷的证据，经审判人员在庭审中说明后，可以作为认定案件事实的依据。

第三十九条　当事人申请调查收集证据，但该证据与待证事实无关联、对证明待证事实无意义或者其他无调查收集必要的，人民法院不予准许。

第四十条　人民法院在证人出庭作证前应当告知其如实作证的义务以及作伪证的法律后果。

证人因履行出庭作证义务而支出的交通、住宿、就餐等必要费用以及误工损失，由败诉一方当事人承担。

第四十一条　有下列情形之一，原告或者第三人要求相关行政执法人员出庭说明的，人民法院可以准许：

（一）对现场笔录的合法性或者真实性有异议的；

（二）对扣押财产的品种或者数量有异议的；

（三）对检验的物品取样或者保管有异议的；

（四）对行政执法人员身份的合法性有异议的；

（五）需要出庭说明的其他情形。

第四十二条　能够反映案件真实情况、与待证事实相关联、来源和形式符合法律规定的证据，应当作为认定案件事实的根据。

第四十三条 有下列情形之一的，属于行政诉讼法第四十三条第三款规定的“以非法手段取得的证据”：

（一）严重违反法定程序收集的证据材料；

（二）以违反法律强制性规定的手段获取且侵害他人合法权益的证据材料；

（三）以利诱、欺诈、胁迫、暴力等手段获取的证据材料。

第四十四条 人民法院认为有必要的，可以要求当事人本人或者行政机关执法人员到庭，就案件有关事实接受询问。在询问之前，可以要求其签署保证书。

保证书应当载明据实陈述、如有虚假陈述愿意接受处罚等内容。当事人或者行政机关执法人员应当在保证书上签名或者捺印。

负有举证责任的当事人拒绝到庭、拒绝接受询问或者拒绝签署保证书，待证事实又欠缺其他证据加以佐证的，人民法院对其主张的事实不予认定。

第四十五条 被告有证据证明其在行政程序中依照法定程序要求原告或者第三人提供证据，原告或者第三人依法应当提供而没有提供，在诉讼程序中提供的证据，人民法院一般不予采纳。

第四十六条 原告或者第三人确有证据证明被告持有的证据对原告或者第三人有利的，可以在开庭审理前书面申请人民法院责令行政机关提交。

申请理由成立的，人民法院应当责令行政机关提交，因提交证据所产生的费用，由申请人预付。行政机关无正当理由拒不提交的，人民法院可以推定原告或者第三人基于该证据主张的事实成立。

持有证据的当事人以妨碍对方当事人使用为目的，毁灭有关证据或者实施其他致使证据不能使用行为的，人民法院可以推定对方当事人基于该证据主张的事实成立，并可依照行政诉讼法第五十九条规定处理。

第四十七条 根据行政诉讼法第三十八条第二款的规定，在行政赔偿、补偿案件中，因被告的原因导致原告无法就损害情况举证的，应当由被告就该损害情况承担举证责任。

对于各方主张损失的价值无法认定的，应当由负有举证责任的一方当事人申请鉴定，但法律、法规、规章规定行政机关在作出行政行为时依法应当评估或者鉴定的除外；负有举证责任的当事人拒绝申请鉴定的，由其承担不利的法律后果。

当事人的损失因客观原因无法鉴定的，人民法院应当结合当事人的主张和在案证据，遵循法官职业道德，运用逻辑推理和生活经验、生活常识等，酌情确定赔偿数额。

五、期间、送达

第四十八条　期间包括法定期间和人民法院指定的期间。

期间以时、日、月、年计算。期间开始的时和日，不计算在期间内。

期间届满的最后一日是节假日的，以节假日后的第一日为期间届满的日期。

期间不包括在途时间，诉讼文书在期满前交邮的，视为在期限内发送。

第四十九条　行政诉讼法第五十一条第二款规定的立案期限，因起诉状内容欠缺或者有其他错误通知原告限期补正的，从补正后递交人民法院的次日起算。由上级人民法院转交下级人民法院立案的案件，从受诉人民法院收到起诉状的次日起算。

第五十条　行政诉讼法第八十一条、第八十三条、第八十八条规定的审理期限，是指从立案之日起至裁判宣告、调解书送达之日止的期间，但公告期间、鉴定期间、调解期间、中止诉讼期间、审理当事人提出的管辖异议以及处理人民法院之间的管辖争议期间不应计算在内。

再审案件按照第一审程序或者第二审程序审理的，适用行政诉讼法第八十一条、第八十八条规定的审理期限。审理期限自再审立案的次日起算。

基层人民法院申请延长审理期限，应当直接报请高级人民法院批准，同时报中级人民法院备案。

第五十一条　人民法院可以要求当事人签署送达地址确认书，当事人确认的送达地址为人民法院法律文书的送达地址。

当事人同意电子送达的，应当提供并确认传真号、电子信箱等电子送达地址。

当事人送达地址发生变更的，应当及时书面告知受理案件的人民法院；未及时告知的，人民法院按原地址送达，视为依法送达。

人民法院可以通过国家邮政机构以法院专递方式进行送达。

第五十二条 人民法院可以在当事人住所地以外向当事人直接送达诉讼文书。当事人拒绝签署送达回证的，采用拍照、录像等方式记录送达过程即视为送达。审判人员、书记员应当在送达回证上注明送达情况并签名。

六、起诉与受理

第五十三条 人民法院对符合起诉条件的案件应当立案，依法保障当事人行使诉讼权利。

对当事人依法提起的诉讼，人民法院应当根据行政诉讼法第五十一条的规定接收起诉状。能够判断符合起诉条件的，应当当场登记立案；当场不能判断是否符合起诉条件的，应当在接收起诉状后七日内决定是否立案；七日内仍不能作出判断的，应当先予立案。

第五十四条 依照行政诉讼法第四十九条的规定，公民、法人或者其他组织提起诉讼时应当提交以下起诉材料：

（一）原告的身份证明材料以及有效联系方式；

（二）被诉行政行为或者不作为存在的材料；

（三）原告与被诉行政行为具有利害关系的材料；

（四）人民法院认为需要提交的其他材料。

由法定代理人或者委托代理人代为起诉的，还应当在起诉状中写明或者在口头起诉时向人民法院说明法定代理人或者委托代理人的基本情况，并提交法定代理人或者委托代理人的身份证明和代理权限证明等材料。

第五十五条 依照行政诉讼法第五十一条的规定，人民法院应当就起诉状内容和材料是否完备以及是否符合行政诉讼法规定的起诉条件进行审查。

起诉状内容或者材料欠缺的，人民法院应当给予指导和释明，并一次性全面告知当事人需要补正的内容、补充的材料及期限。在指定期限内补正并符合起诉条件的，应当登记立案。当事人拒绝补正或者经补正仍不符合起诉条件的，退回诉状并记录在册；坚持起诉的，裁定不予立案，并载明不予立案的理由。

第五十六条 法律、法规规定应当先申请复议，公民、法人或者其他组织未申请复议直接提起诉讼的，人民法院裁定不予立案。

依照行政诉讼法第四十五条的规定，复议机关不受理复议申请或者在法定期限内不作出复议决定，公民、法人或者其他组织不服，依法向人民法院提起诉讼的，人民法院应当依法立案。

第五十七条 法律、法规未规定行政复议为提起行政诉讼必经程序，公民、法人或者其他组织既提起诉讼又申请行政复议的，由先立案的机关管辖；同时立案的，由公民、法人或者其他组织选择。公民、法人或者其他组织已经申请行政复议，在法定复议期间内又向人民法院提起诉讼的，人民法院裁定不予立案。

第五十八条 法律、法规未规定行政复议为提起行政诉讼必经程序，公民、法人或者其他组织向复议机关申请行政复议后，又经复议机关同意撤回复议申请，在法定起诉期限内对原行政行为提起诉讼的，人民法院应当依法立案。

第五十九条 公民、法人或者其他组织向复议机关申请行政复议后，复议机关作出维持决定的，应当以复议机关和原行为机关为共同被告，并以复议决定送达时间确定起诉期限。

第六十条 人民法院裁定准许原告撤诉后，原告以同一事实和理由重新起诉的，人民法院不予立案。

准予撤诉的裁定确有错误，原告申请再审的，人民法院应当通过审判监督程序撤销原准予撤诉的裁定，重新对案件进行审理。

第六十一条 原告或者上诉人未按规定的期限预交案件受理费，又不提出缓交、减交、免交申请，或者提出申请未获批准的，按自动撤诉处理。在按撤诉处理后，原告或者上诉人在法定期限内再次起诉或者上诉，并依法解决诉讼费预交问题的，人民法院应予立案。

第六十二条 人民法院判决撤销行政机关的行政行为后，公民、法人或者其他组织对行政机关重新作出的行政行为不服向人民法院起诉的，人民法院应当依法立案。

第六十三条 行政机关作出行政行为时，没有制作或者没有送达法律文书，公民、法人或者其他组织只要能证明行政行为存在，并在法定期限内起诉的，人民法院应当依法立案。

第六十四条 行政机关作出行政行为时，未告知公民、法人或者其他组织起诉期限的，起诉期限从公民、法人或者其他组织知道或者应当知道起诉期限之日起计算，但从知道或者应当知道行政行为内容之日起最长不得超过一年。

复议决定未告知公民、法人或者其他组织起诉期限的，适用前款规定。

第六十五条 公民、法人或者其他组织不知道行政机关作出的行政行为内容的，其起诉期限从知道或者应当知道该行政行为内容之日起计算，但最长不得超过行政诉讼法第四十六条第二款规定的起诉期限。

第六十六条 公民、法人或者其他组织依照行政诉讼法第四十七条第一款的规定，对行政机关不履行法定职责提起诉讼的，应当在行政机关履行法定职责期限届满之日起六个月内提出。

第六十七条 原告提供被告的名称等信息足以使被告与其他行政机关相区别的，可以认定为行政诉讼法第四十九条第二项规定的“有明确的被告”。

起诉状列写被告信息不足以认定明确的被告的，人民法院可以告知原告补正；原告补正后仍不能确定明确的被告的，人民法院裁定不予立案。

第六十八条 行政诉讼法第四十九条第三项规定的“有具体的诉讼请求”是指：

（一）请求判决撤销或者变更行政行为；

（二）请求判决行政机关履行特定法定职责或者给付义务；

（三）请求判决确认行政行为违法；

（四）请求判决确认行政行为无效；

（五）请求判决行政机关予以赔偿或者补偿；

（六）请求解决行政协议争议；

（七）请求一并审查规章以下规范性文件；

（八）请求一并解决相关民事争议；

（九）其他诉讼请求。

当事人单独或者一并提起行政赔偿、补偿诉讼的，应当有具体的赔偿、补偿事项以及数额；请求一并审查规章以下规范性文件的，应当提供明确的文件名称或者审查对象；请求一并解决相关民事争议的，应当有具体的民事诉讼请求。

当事人未能正确表达诉讼请求的，人民法院应当要求其明确诉讼请求。

第六十九条 有下列情形之一，已经立案的，应当裁定驳回起诉：

（一）不符合行政诉讼法第四十九条规定的；

（二）超过法定起诉期限且无行政诉讼法第四十八条规定情形的；

（三）错列被告且拒绝变更的；

（四）未按照法律规定由法定代理人、指定代理人、代表人为诉讼行为的；

（五）未按照法律、法规规定先向行政机关申请复议的；

（六）重复起诉的；

（七）撤回起诉后无正当理由再行起诉的；

（八）行政行为对其合法权益明显不产生实际影响的；

（九）诉讼标的已为生效裁判或者调解书所羁束的；

（十）其他不符合法定起诉条件的情形。

前款所列情形可以补正或者更正的，人民法院应当指定期间责令补正或者更正；在指定期间已经补正或者更正的，应当依法审理。

人民法院经过阅卷、调查或者询问当事人，认为不需要开庭审理的，可以径行裁定驳回起诉。

第七十条　起诉状副本送达被告后，原告提出新的诉讼请求的，人民法院不予准许，但有正当理由的除外。

七、审理与判决

第七十一条　人民法院适用普通程序审理案件，应当在开庭三日前用传票传唤当事人。对证人、鉴定人、勘验人、翻译人员，应当用通知书通知其到庭。当事人或者其他诉讼参与人在外地的，应当留有必要的在途时间。

第七十二条　有下列情形之一的，可以延期开庭审理：

（一）应当到庭的当事人和其他诉讼参与人有正当理由没有到庭的；

（二）当事人临时提出回避申请且无法及时作出决定的；

（三）需要通知新的证人到庭，调取新的证据，重新鉴定、勘验，或者需要补充调查的；

（四）其他应当延期的情形。

第七十三条　根据行政诉讼法第二十七条的规定，有下列情形之一的，人民法院可以决定合并审理：

（一）两个以上行政机关分别对同一事实作出行政行为，公民、法人或者其他组织不服向同一人民法院起诉的；

（二）行政机关就同一事实对若干公民、法人或者其他组织分别作出行政行为，公民、法人或者其他组织不服分别向同一人民法院起诉的；

（三）在诉讼过程中，被告对原告作出新的行政行为，原告不服向同一人民法院起诉的；

（四）人民法院认为可以合并审理的其他情形。

第七十四条 当事人申请回避，应当说明理由，在案件开始审理时提出；回避事由在案件开始审理后知道的，应当在法庭辩论终结前提出。

被申请回避的人员，在人民法院作出是否回避的决定前，应当暂停参与本案的工作，但案件需要采取紧急措施的除外。

对当事人提出的回避申请，人民法院应当在三日内以口头或者书面形式作出决定。对当事人提出的明显不属于法定回避事由的申请，法庭可以依法当庭驳回。

申请人对驳回回避申请决定不服的，可以向作出决定的人民法院申请复议一次。复议期间，被申请回避的人员不停止参与本案的工作。对申请人的复议申请，人民法院应当在三日内作出复议决定，并通知复议申请人。

第七十五条 在一个审判程序中参与过本案审判工作的审判人员，不得再参与该案其他程序的审判。

发回重审的案件，在一审法院作出裁判后又进入第二审程序的，原第二审程序中合议庭组成人员不受前款规定的限制。

第七十六条 人民法院对于因一方当事人的行为或者其他原因，可能使行政行为或者人民法院生效裁判不能或者难以执行的案件，根据对方当事人的申请，可以裁定对其财产进行保全、责令其作出一定行为或者禁止其作出一定行为；当事人没有提出申请的，人民法院在必要时也可以裁定采取上述保全措施。

人民法院采取保全措施，可以责令申请人提供担保；申请人不提供担保的，裁定驳回申请。

人民法院接受申请后，对情况紧急的，必须在四十八小时内作出裁定；裁定采取保全措施的，应当立即开始执行。

当事人对保全的裁定不服的，可以申请复议；复议期间不停止裁定的执行。

第七十七条　利害关系人因情况紧急，不立即申请保全将会使其合法权益受到难以弥补的损害的，可以在提起诉讼前向被保全财产所在地、被申请人住所地或者对案件有管辖权的人民法院申请采取保全措施。申请人应当提供担保，不提供担保的，裁定驳回申请。

人民法院接受申请后，必须在四十八小时内作出裁定；裁定采取保全措施的，应当立即开始执行。

申请人在人民法院采取保全措施后三十日内不依法提起诉讼的，人民法院应当解除保全。

当事人对保全的裁定不服的，可以申请复议；复议期间不停止裁定的执行。

第七十八条　保全限于请求的范围，或者与本案有关的财物。

财产保全采取查封、扣押、冻结或者法律规定的其他方法。人民法院保全财产后，应当立即通知被保全人。

财产已被查封、冻结的，不得重复查封、冻结。

涉及财产的案件，被申请人提供担保的，人民法院应当裁定解除保全。

申请有错误的，申请人应当赔偿被申请人因保全所遭受的损失。

第七十九条　原告或者上诉人申请撤诉，人民法院裁定不予准许的，原告或者上诉人经传票传唤无正当理由拒不到庭，或者未经法庭许可中途退庭的，人民法院可以缺席判决。

第三人经传票传唤无正当理由拒不到庭，或者未经法庭许可中途退庭的，不发生阻止案件审理的效果。

根据行政诉讼法第五十八条的规定，被告经传票传唤无正当理由拒不到庭，或者未经法庭许可中途退庭的，人民法院可以按期开庭或者继续开庭审理，对到庭的当事人诉讼请求、双方的诉辩理由以及已经提交的证据及其他诉讼材料进行审理后，依法缺席判决。

第八十条　原告或者上诉人在庭审中明确拒绝陈述或者以其他方式拒绝陈述，导致庭审无法进行，经法庭释明法律后果后仍不陈述意见的，视为放弃陈述权利，由其承担不利的法律后果。

当事人申请撤诉或者依法可以按撤诉处理的案件，当事人有违反法律的行为需要依法处理的，人民法院可以不准许撤诉或者不按撤诉处理。

法庭辩论终结后原告申请撤诉，人民法院可以准许，但涉及国家利益和社会公共利益的除外。

第八十一条 被告在一审期间改变被诉行政行为的，应当书面告知人民法院。

原告或者第三人对改变后的行政行为不服提起诉讼的，人民法院应当就改变后的行政行为进行审理。

被告改变原违法行政行为，原告仍要求确认原行政行为违法的，人民法院应当依法作出确认判决。

原告起诉被告不作为，在诉讼中被告作出行政行为，原告不撤诉的，人民法院应当就不作为依法作出确认判决。

第八十二条 当事人之间恶意串通，企图通过诉讼等方式侵害国家利益、社会公共利益或者他人合法权益的，人民法院应当裁定驳回起诉或者判决驳回其请求，并根据情节轻重予以罚款、拘留；构成犯罪的，依法追究刑事责任。

第八十三条 行政诉讼法第五十九条规定的罚款、拘留可以单独适用，也可以合并适用。

对同一妨害行政诉讼行为的罚款、拘留不得连续适用。发生新的妨害行政诉讼行为的，人民法院可以重新予以罚款、拘留。

第八十四条 人民法院审理行政诉讼法第六十条第一款规定的行政案件，认为法律关系明确、事实清楚，在征得当事人双方同意后，可以径行调解。

第八十五条 调解达成协议，人民法院应当制作调解书。调解书应当写明诉讼请求、案件的事实和调解结果。

调解书由审判人员、书记员署名，加盖人民法院印章，送达双方当事人。

调解书经双方当事人签收后，即具有法律效力。调解书生效日期根据最后收到调解书的当事人签收的日期确定。

第八十六条 人民法院审理行政案件，调解过程不公开，但当事人同意公开的除外。

经人民法院准许，第三人可以参加调解。人民法院认为有必要的，可以通知第三人参加调解。

调解协议内容不公开，但为保护国家利益、社会公共利益、他人合法权益，人民法院认为确有必要公开的除外。

当事人一方或者双方不愿调解、调解未达成协议的，人民法院应当及时判决。

当事人自行和解或者调解达成协议后，请求人民法院按照和解协议或者调解协议的内容制作判决书的，人民法院不予准许。

第八十七条 在诉讼过程中，有下列情形之一的，中止诉讼：

（一）原告死亡，须等待其近亲属表明是否参加诉讼的；

（二）原告丧失诉讼行为能力，尚未确定法定代理人的；

（三）作为一方当事人的行政机关、法人或者其他组织终止，尚未确定权利义务承受人的；

（四）一方当事人因不可抗力的事由不能参加诉讼的；

（五）案件涉及法律适用问题，需要送请有权机关作出解释或者确认的；

（六）案件的审判须以相关民事、刑事或者其他行政案件的审理结果为依据，而相关案件尚未审结的；

（七）其他应当中止诉讼的情形。

中止诉讼的原因消除后，恢复诉讼。

第八十八条 在诉讼过程中，有下列情形之一的，终结诉讼：

（一）原告死亡，没有近亲属或者近亲属放弃诉讼权利的；

（二）作为原告的法人或者其他组织终止后，其权利义务的承受人放弃诉讼权利的。

因本解释第八十七条第一款第一、二、三项原因中止诉讼满九十日仍无人继续诉讼的，裁定终结诉讼，但有特殊情况的除外。

第八十九条 复议决定改变原行政行为错误，人民法院判决撤销复议决定时，可以一并责令复议机关重新作出复议决定或者判决恢复原行政行为的法律效力。

第九十条 人民法院判决被告重新作出行政行为，被告重新作出的行政行为与原行政行为的结果相同，但主要事实或者主要理由有改变的，不属于行政诉讼法第七十一条规定的情形。

人民法院以违反法定程序为由，判决撤销被诉行政行为的，行政机关重新作出行政行为不受行政诉讼法第七十一条规定的限制。

行政机关以同一事实和理由重新作出与原行政行为基本相同的行政行为，人民法院应当根据行政诉讼法第七十条、第七十一条的规定判决撤销或者部分撤销，并根据行政诉讼法第九十六条的规定处理。

第九十一条 原告请求被告履行法定职责的理由成立，被告违法拒绝履行或者无正当理由逾期不予答复的，人民法院可以根据行政诉讼法第七十二条的规定，判决被告在一定期限内依法履行原告请求的法定职责；尚需被告调查或者裁量的，应当判决被告针对原告的请求重新作出处理。

第九十二条 原告申请被告依法履行支付抚恤金、最低生活保障待遇或者社会保险待遇等给付义务的理由成立，被告依法负有给付义务而拒绝或者拖延履行义务的，人民法院可以根据行政诉讼法第七十三条的规定，判决被告在一定期限内履行相应的给付义务。

第九十三条 原告请求被告履行法定职责或者依法履行支付抚恤金、最低生活保障待遇或者社会保险待遇等给付义务，原告未先向行政机关提出申请的，人民法院裁定驳回起诉。

人民法院经审理认为原告所请求履行的法定职责或者给付义务明显不属于行政机关权限范围的，可以裁定驳回起诉。

第九十四条 公民、法人或者其他组织起诉请求撤销行政行为，人民法院经审查认为行政行为无效的，应当作出确认无效的判决。

公民、法人或者其他组织起诉请求确认行政行为无效，人民法院审查认为行政行为不属于无效情形，经释明，原告请求撤销行政行为的，应当继续审理并依法作出相应判决；原告请求撤销行政行为但超过法定起诉期限的，裁定驳回起诉；原告拒绝变更诉讼请求的，判决驳回其诉讼请求。

第九十五条 人民法院经审理认为被诉行政行为违法或者无效，可能给原告造成损失，经释明，原告请求一并解决行政赔偿争议的，人民法院可以就赔偿事项进行调解；调解不成的，应当一并判决。人民法院也可以告知其就赔偿事项另行提起诉讼。

第九十六条 有下列情形之一，且对原告依法享有的听证、陈述、申辩等重要程序性权利不产生实质损害的，属于行政诉讼法第七十四条第一款第二项规定的“程序轻微违法”：

（一）处理期限轻微违法；

（二）通知、送达等程序轻微违法；

（三）其他程序轻微违法的情形。

第九十七条　原告或者第三人的损失系由其自身过错和行政机关的违法行政行为共同造成的，人民法院应当依据各方行为与损害结果之间有无因果关系以及在损害发生和结果中作用力的大小，确定行政机关相应的赔偿责任。

第九十八条　因行政机关不履行、拖延履行法定职责，致使公民、法人或者其他组织的合法权益遭受损害的，人民法院应当判决行政机关承担行政赔偿责任。在确定赔偿数额时，应当考虑该不履行、拖延履行法定职责的行为在损害发生过程和结果中所起的作用等因素。

第九十九条　有下列情形之一的，属于行政诉讼法第七十五条规定的“重大且明显违法”：

（一）行政行为实施主体不具有行政主体资格；

（二）减损权利或者增加义务的行政行为没有法律规范依据；

（三）行政行为的内容客观上不可能实施；

（四）其他重大且明显违法的情形。

第一百条　人民法院审理行政案件，适用最高人民法院司法解释的，应当在裁判文书中援引。

人民法院审理行政案件，可以在裁判文书中引用合法有效的规章及其他规范性文件。

第一百零一条　裁定适用于下列范围：

（一）不予立案；

（二）驳回起诉；

（三）管辖异议；

（四）终结诉讼；

（五）中止诉讼；

（六）移送或者指定管辖；

（七）诉讼期间停止行政行为的执行或者驳回停止执行的申请；

（八）财产保全；

（九）先予执行；

（十）准许或者不准许撤诉；

（十一）补正裁判文书中的笔误；

（十二）中止或者终结执行；

（十三）提审、指令再审或者发回重审；

（十四）准许或者不准许执行行政机关的行政行为；

（十五）其他需要裁定的事项。

对第一、二、三项裁定，当事人可以上诉。

裁定书应当写明裁定结果和作出该裁定的理由。裁定书由审判人员、书记员署名，加盖人民法院印章。口头裁定的，记入笔录。

第一百零二条 行政诉讼法第八十二条规定的行政案件中的“事实清楚”，是指当事人对争议的事实陈述基本一致，并能提供相应的证据，无须人民法院调查收集证据即可查明事实；“权利义务关系明确”，是指行政法律关系中权利和义务能够明确区分；“争议不大”，是指当事人对行政行为的合法性、责任承担等没有实质分歧。

第一百零三条 适用简易程序审理的行政案件，人民法院可以用口头通知、电话、短信、传真、电子邮件等简便方式传唤当事人、通知证人、送达裁判文书以外的诉讼文书。

以简便方式送达的开庭通知，未经当事人确认或者没有其他证据证明当事人已经收到的，人民法院不得缺席判决。

第一百零四条 适用简易程序案件的举证期限由人民法院确定，也可以由当事人协商一致并经人民法院准许，但不得超过十五日。被告要求书面答辩的，人民法院可以确定合理的答辩期间。

人民法院应当将举证期限和开庭日期告知双方当事人，并向当事人说明逾期举证以及拒不到庭的法律后果，由双方当事人在笔录和开庭传票的送达回证上签名或者捺印。

当事人双方均表示同意立即开庭或者缩短举证期限、答辩期间的，人民法院可以立即开庭审理或者确定近期开庭。

第一百零五条 人民法院发现案情复杂，需要转为普通程序审理的，应当在审理期限届满前作出裁定并将合议庭组成人员及相关事项书面通知双方当事人。

案件转为普通程序审理的，审理期限自人民法院立案之日起计算。

第一百零六条　当事人就已经提起诉讼的事项在诉讼过程中或者裁判生效后再次起诉，同时具有下列情形的，构成重复起诉：

（一）后诉与前诉的当事人相同；

（二）后诉与前诉的诉讼标的相同；

（三）后诉与前诉的诉讼请求相同，或者后诉的诉讼请求被前诉裁判所包含。

第一百零七条　第一审人民法院作出判决和裁定后，当事人均提起上诉的，上诉各方均为上诉人。

诉讼当事人中的一部分人提出上诉，没有提出上诉的对方当事人为被上诉人，其他当事人依原审诉讼地位列明。

第一百零八条　当事人提出上诉，应当按照其他当事人或者诉讼代表人的人数提出上诉状副本。

原审人民法院收到上诉状，应当在五日内将上诉状副本发送其他当事人，对方当事人应当在收到上诉状副本之日起十五日内提出答辩状。

原审人民法院应当在收到答辩状之日起五日内将副本发送上诉人。对方当事人不提出答辩状的，不影响人民法院审理。

原审人民法院收到上诉状、答辩状，应当在五日内连同全部案卷和证据，报送第二审人民法院；已经预收的诉讼费用，一并报送。

第一百零九条　第二审人民法院经审理认为原审人民法院不予立案或者驳回起诉的裁定确有错误且当事人的起诉符合起诉条件的，应当裁定撤销原审人民法院的裁定，指令原审人民法院依法立案或者继续审理。

第二审人民法院裁定发回原审人民法院重新审理的行政案件，原审人民法院应当另行组成合议庭进行审理。

原审判决遗漏了必须参加诉讼的当事人或者诉讼请求的，第二审人民法院应当裁定撤销原审判决，发回重审。

原审判决遗漏行政赔偿请求，第二审人民法院经审查认为依法不应当予以赔偿的，应当判决驳回行政赔偿请求。

原审判决遗漏行政赔偿请求，第二审人民法院经审理认为依法应当予以赔偿的，在确认被诉行政行为违法的同时，可以就行政赔偿问题进行调解；调解不成的，应当就行政赔偿部分发回重审。

当事人在第二审期间提出行政赔偿请求的，第二审人民法院可以进行调解；调解不成的，应当告知当事人另行起诉。

第一百一十条 当事人向上一级人民法院申请再审，应当在判决、裁定或者调解书发生法律效力后六个月内提出。有下列情形之一的，自知道或者应当知道之日起六个月内提出：

（一）有新的证据，足以推翻原判决、裁定的；

（二）原判决、裁定认定事实的主要证据是伪造的；

（三）据以作出原判决、裁定的法律文书被撤销或者变更的；

（四）审判人员审理该案件时有贪污受贿、徇私舞弊、枉法裁判行为的。

第一百一十一条 当事人申请再审的，应当提交再审申请书等材料。人民法院认为有必要的，可以自收到再审申请书之日起五日内将再审申请书副本发送对方当事人。对方当事人应当自收到再审申请书副本之日起十五日内提交书面意见。人民法院可以要求申请人和对方当事人补充有关材料，询问有关事项。

第一百一十二条 人民法院应当自再审申请案件立案之日起六个月内审查，有特殊情况需要延长的，由本院院长批准。

第一百一十三条 人民法院根据审查再审申请案件的需要决定是否询问当事人；新的证据可能推翻原判决、裁定的，人民法院应当询问当事人。

第一百一十四条 审查再审申请期间，被申请人及原审其他当事人依法提出再审申请的，人民法院应当将其列为再审申请人，对其再审事由一并审查，审查期限重新计算。经审查，其中一方再审申请人主张的再审事由成立的，应当裁定再审。各方再审申请人主张的再审事由均不成立的，一并裁定驳回再审申请。

第一百一十五条 审查再审申请期间，再审申请人申请人民法院委托鉴定、勘验的，人民法院不予准许。

审查再审申请期间，再审申请人撤回再审申请的，是否准许，由人民法院裁定。

再审申请人经传票传唤，无正当理由拒不接受询问的，按撤回再审申请处理。

人民法院准许撤回再审申请或者按撤回再审申请处理后，再审申请人再次申请再审的，不予立案，但有行政诉讼法第九十一条第二项、第三项、第七项、第八项规定情形，自知道或者应当知道之日起六个月内提出的除外。

第一百一十六条　当事人主张的再审事由成立，且符合行政诉讼法和本解释规定的申请再审条件的，人民法院应当裁定再审。

当事人主张的再审事由不成立，或者当事人申请再审超过法定申请再审期限、超出法定再审事由范围等不符合行政诉讼法和本解释规定的申请再审条件的，人民法院应当裁定驳回再审申请。

第一百一十七条　有下列情形之一的，当事人可以向人民检察院申请抗诉或者检察建议：

（一）人民法院驳回再审申请的；

（二）人民法院逾期未对再审申请作出裁定的；

（三）再审判决、裁定有明显错误的。

人民法院基于抗诉或者检察建议作出再审判决、裁定后，当事人申请再审的，人民法院不予立案。

第一百一十八条　按照审判监督程序决定再审的案件，裁定中止原判决、裁定、调解书的执行，但支付抚恤金、最低生活保障费或者社会保险待遇的案件，可以不中止执行。

上级人民法院决定提审或者指令下级人民法院再审的，应当作出裁定，裁定应当写明中止原判决的执行；情况紧急的，可以将中止执行的裁定口头通知负责执行的人民法院或者作出生效判决、裁定的人民法院，但应当在口头通知后十日内发出裁定书。

第一百一十九条　人民法院按照审判监督程序再审的案件，发生法律效力的判决、裁定是由第一审法院作出的，按照第一审程序审理，所作的判决、裁定，当事人可以上诉；发生法律效力的判决、裁定是由第二审法院作出的，按照第二审程序审理，所作的判决、裁定，是发生法律效力的判决、裁定；上级人民法院按照审判监督程序提审的，按照第二审程序审理，所作的判决、裁定是发生法律效力的判决、裁定。

人民法院审理再审案件，应当另行组成合议庭。

第一百二十条　人民法院审理再审案件应当围绕再审请求和被诉行政行为合法性进行。当事人的再审请求超出原审诉讼请求，符合另案诉讼条件的，告知当事人可以另行起诉。

被申请人及原审其他当事人在庭审辩论结束前提出的再审请求，符合本解释规定的申请期限的，人民法院应当一并审理。

人民法院经再审，发现已经发生法律效力的判决、裁定损害国家利益、社会公共利益、他人合法权益的，应当一并审理。

第一百二十一条　再审审理期间，有下列情形之一的，裁定终结再审程序：

（一）再审申请人在再审期间撤回再审请求，人民法院准许的；

（二）再审申请人经传票传唤，无正当理由拒不到庭的，或者未经法庭许可中途退庭，按撤回再审请求处理的；

（三）人民检察院撤回抗诉的；

（四）其他应当终结再审程序的情形。

因人民检察院提出抗诉裁定再审的案件，申请抗诉的当事人有前款规定的情形，且不损害国家利益、社会公共利益或者他人合法权益的，人民法院裁定终结再审程序。

再审程序终结后，人民法院裁定中止执行的原生效判决自动恢复执行。

第一百二十二条　人民法院审理再审案件，认为原生效判决、裁定确有错误，在撤销原生效判决或者裁定的同时，可以对生效判决、裁定的内容作出相应裁判，也可以裁定撤销生效判决或者裁定，发回作出生效判决、裁定的人民法院重新审理。

第一百二十三条　人民法院审理二审案件和再审案件，对原审法院立案、不予立案或者驳回起诉错误的，应当分别情况作如下处理：

（一）第一审人民法院作出实体判决后，第二审人民法院认为不应当立案的，在撤销第一审人民法院判决的同时，可以径行驳回起诉；

（二）第二审人民法院维持第一审人民法院不予立案裁定错误的，再审法院应当撤销第一审、第二审人民法院裁定，指令第一审人民法院受理；

（三）第二审人民法院维持第一审人民法院驳回起诉裁定错误的，再审法院应当撤销第一审、第二审人民法院裁定，指令第一审人民法院审理。

第一百二十四条　人民检察院提出抗诉的案件，接受抗诉的人民法院应当自收到抗诉书之日起三十日内作出再审的裁定；有行政诉讼法第九十一条第二、三项规定情形之一的，可以指令下一级人民法院再审，但经该下一级人民法院再审过的除外。

人民法院在审查抗诉材料期间，当事人之间已经达成和解协议的，人民法院可以建议人民检察院撤回抗诉。

第一百二十五条　人民检察院提出抗诉的案件，人民法院再审开庭时，应当在开庭三日前通知人民检察院派员出庭。

第一百二十六条　人民法院收到再审检察建议后，应当组成合议庭，在三个月内进行审查，发现原判决、裁定、调解书确有错误，需要再审的，依照行政诉讼法第九十二条规定裁定再审，并通知当事人；经审查，决定不予再审的，应当书面回复人民检察院。

第一百二十七条　人民法院审理因人民检察院抗诉或者检察建议裁定再审的案件，不受此前已经作出的驳回当事人再审申请裁定的限制。

八、行政机关负责人出庭应诉

第一百二十八条　行政诉讼法第三条第三款规定的行政机关负责人，包括行政机关的正职、副职负责人以及其他参与分管的负责人。

行政机关负责人出庭应诉的，可以另行委托一至二名诉讼代理人。行政机关负责人不能出庭的，应当委托行政机关相应的工作人员出庭，不得仅委托律师出庭。

第一百二十九条　涉及重大公共利益、社会高度关注或者可能引发群体性事件等案件以及人民法院书面建议行政机关负责人出庭的案件，被诉行政机关负责人应当出庭。

被诉行政机关负责人出庭应诉的，应当在当事人及其诉讼代理人基本情况、案件由来部分予以列明。

行政机关负责人有正当理由不能出庭应诉的，应当向人民法院提交情况说明，并加盖行政机关印章或者由该机关主要负责人签字认可。

行政机关拒绝说明理由的，不发生阻止案件审理的效果，人民法院可以向监察机关、上一级行政机关提出司法建议。

第一百三十条 行政诉讼法第三条第三款规定的“行政机关相应的工作人员”，包括该行政机关具有国家行政编制身份的工作人员以及其他依法履行公职的人员。

被诉行政行为是地方人民政府作出的，地方人民政府法制工作机构的工作人员，以及被诉行政行为具体承办机关工作人员，可以视为被诉人民政府相应的工作人员。

第一百三十一条 行政机关负责人出庭应诉的，应当向人民法院提交能够证明该行政机关负责人职务的材料。

行政机关委托相应的工作人员出庭应诉的，应当向人民法院提交加盖行政机关印章的授权委托书，并载明工作人员的姓名、职务和代理权限。

第一百三十二条 行政机关负责人和行政机关相应的工作人员均不出庭，仅委托律师出庭的或者人民法院书面建议行政机关负责人出庭应诉，行政机关负责人不出庭应诉的，人民法院应当记录在案和在裁判文书中载明，并可以建议有关机关依法作出处理。

九、复议机关作共同被告

第一百三十三条 行政诉讼法第二十六条第二款规定的“复议机关决定维持原行政行为”，包括复议机关驳回复议申请或者复议请求的情形，但以复议申请不符合受理条件为由驳回的除外。

第一百三十四条 复议机关决定维持原行政行为的，作出原行政行为的行政机关和复议机关是共同被告。原告只起诉作出原行政行为的行政机关或者复议机关的，人民法院应当告知原告追加被告。原告不同意追加的，人民法院应当将另一机关列为共同被告。

行政复议决定既有维持原行政行为内容，又有改变原行政行为内容或者不予受理申请内容的，作出原行政行为的行政机关和复议机关为共同被告。

复议机关作共同被告的案件，以作出原行政行为的行政机关确定案件的级别管辖。

第一百三十五条 复议机关决定维持原行政行为的，人民法院应当在审查原行政行为合法性的同时，一并审查复议决定的合法性。

作出原行政行为的行政机关和复议机关对原行政行为合法性共同承担举

证责任，可以由其中一个机关实施举证行为。复议机关对复议决定的合法性承担举证责任。

复议机关作共同被告的案件，复议机关在复议程序中依法收集和补充的证据，可以作为人民法院认定复议决定和原行政行为合法的依据。

第一百三十六条　人民法院对原行政行为作出判决的同时，应当对复议决定一并作出相应判决。

人民法院依职权追加作出原行政行为的行政机关或者复议机关为共同被告的，对原行政行为或者复议决定可以作出相应判决。

人民法院判决撤销原行政行为和复议决定的，可以判决作出原行政行为的行政机关重新作出行政行为。

人民法院判决作出原行政行为的行政机关履行法定职责或者给付义务的，应当同时判决撤销复议决定。

原行政行为合法、复议决定违法的，人民法院可以判决撤销复议决定或者确认复议决定违法，同时判决驳回原告针对原行政行为的诉讼请求。

原行政行为被撤销、确认违法或者无效，给原告造成损失的，应当由作出原行政行为的行政机关承担赔偿责任；因复议决定加重损害的，由复议机关对加重部分承担赔偿责任。

原行政行为不符合复议或者诉讼受案范围等受理条件，复议机关作出维持决定的，人民法院应当裁定一并驳回对原行政行为和复议决定的起诉。

十、相关民事争议的一并审理

第一百三十七条　公民、法人或者其他组织请求一并审理行政诉讼法第六十一条规定的相关民事争议，应当在第一审开庭审理前提出；有正当理由的，也可以在法庭调查中提出。

第一百三十八条　人民法院决定在行政诉讼中一并审理相关民事争议，或者案件当事人一致同意相关民事争议在行政诉讼中一并解决，人民法院准许的，由受理行政案件的人民法院管辖。

公民、法人或者其他组织请求一并审理相关民事争议，人民法院经审查发现行政案件已经超过起诉期限，民事案件尚未立案的，告知当事人另行提起民事诉讼；民事案件已经立案的，由原审判组织继续审理。

人民法院在审理行政案件中发现民事争议为解决行政争议的基础，当事人没有请求人民法院一并审理相关民事争议的，人民法院应当告知当事人依法申请一并解决民事争议。当事人就民事争议另行提起民事诉讼并已立案的，人民法院应当中止行政诉讼的审理。民事争议处理期间不计算在行政诉讼审理期限内。

第一百三十九条 有下列情形之一的，人民法院应当作出不予准许一并审理民事争议的决定，并告知当事人可以依法通过其他渠道主张权利：

（一）法律规定应当由行政机关先行处理的；

（二）违反民事诉讼法专属管辖规定或者协议管辖约定的；

（三）约定仲裁或者已经提起民事诉讼的；

（四）其他不宜一并审理民事争议的情形。

对不予准许的决定可以申请复议一次。

第一百四十条 人民法院在行政诉讼中一并审理相关民事争议的，民事争议应当单独立案，由同一审判组织审理。

人民法院审理行政机关对民事争议所作裁决的案件，一并审理民事争议的，不另行立案。

第一百四十一条 人民法院一并审理相关民事争议，适用民事法律规范的相关规定，法律另有规定的除外。

当事人在调解中对民事权益的处分，不能作为审查被诉行政行为合法性的根据。

第一百四十二条 对行政争议和民事争议应当分别裁判。

当事人仅对行政裁判或者民事裁判提出上诉的，未上诉的裁判在上诉期满后即发生法律效力。第一审人民法院应当将全部案卷一并移送第二审人民法院，由行政审判庭审理。第二审人民法院发现未上诉的生效裁判确有错误的，应当按照审判监督程序再审。

第一百四十三条 行政诉讼原告在宣判前申请撤诉的，是否准许由人民法院裁定。人民法院裁定准许行政诉讼原告撤诉，但其对已经提起的一并审理相关民事争议不撤诉的，人民法院应当继续审理。

第一百四十四条 人民法院一并审理相关民事争议，应当按行政案件、民事案件的标准分别收取诉讼费用。

十一、规范性文件的一并审查

第一百四十五条 公民、法人或者其他组织在对行政行为提起诉讼时一并请求对所依据的规范性文件审查的，由行政行为案件管辖法院一并审查。

第一百四十六条 公民、法人或者其他组织请求人民法院一并审查行政诉讼法第五十三条规定的规范性文件，应当在第一审开庭审理前提出；有正当理由的，也可以在法庭调查中提出。

第一百四十七条 人民法院在对规范性文件审查过程中，发现规范性文件可能不合法的，应当听取规范性文件制定机关的意见。

制定机关申请出庭陈述意见的，人民法院应当准许。

行政机关未陈述意见或者未提供相关证明材料的，不能阻止人民法院对规范性文件进行审查。

第一百四十八条 人民法院对规范性文件进行一并审查时，可以从规范性文件制定机关是否超越权限或者违反法定程序、作出行政行为所依据的条款以及相关条款等方面进行。

有下列情形之一的，属于行政诉讼法第六十四条规定的“规范性文件不合法”：

（一）超越制定机关的法定职权或者超越法律、法规、规章的授权范围的；

（二）与法律、法规、规章等上位法的规定相抵触的；

（三）没有法律、法规、规章依据，违法增加公民、法人和其他组织义务或者减损公民、法人和其他组织合法权益的；

（四）未履行法定批准程序、公开发布程序，严重违反制定程序的；

（五）其他违反法律、法规以及规章规定的情形。

第一百四十九条 人民法院经审查认为行政行为所依据的规范性文件合法的，应当作为认定行政行为合法的依据；经审查认为规范性文件不合法的，不作为人民法院认定行政行为合法的依据，并在裁判理由中予以阐明。作出生效裁判的人民法院应当向规范性文件的制定机关提出处理建议，并可以抄送制定机关的同级人民政府、上一级行政机关、监察机关以及规范性文件的备案机关。

规范性文件不合法的，人民法院可以在裁判生效之日起三个月内，向规范性文件制定机关提出修改或者废止该规范性文件的司法建议。

规范性文件由多个部门联合制定的，人民法院可以向该规范性文件的主办机关或者共同上一级行政机关发送司法建议。

接收司法建议的行政机关应当在收到司法建议之日起六十日内予以书面答复。情况紧急的，人民法院可以建议制定机关或者其上一级行政机关立即停止执行该规范性文件。

第一百五十条 人民法院认为规范性文件不合法的，应当在裁判生效后报送上一级人民法院进行备案。涉及国务院部门、省级行政机关制定的规范性文件，司法建议还应当分别层报最高人民法院、高级人民法院备案。

第一百五十一条 各级人民法院院长对本院已经发生法律效力的判决、裁定，发现规范性文件合法性认定错误，认为需要再审的，应当提交审判委员会讨论。

最高人民法院对地方各级人民法院已经发生法律效力的判决、裁定，上级人民法院对下级人民法院已经发生法律效力的判决、裁定，发现规范性文件合法性认定错误的，有权提审或者指令下级人民法院再审。

十二、执　行

第一百五十二条 对发生法律效力的行政判决书、行政裁定书、行政赔偿判决书和行政调解书，负有义务的一方当事人拒绝履行的，对方当事人可以依法申请人民法院强制执行。

人民法院判决行政机关履行行政赔偿、行政补偿或者其他行政给付义务，行政机关拒不履行的，对方当事人可以依法向法院申请强制执行。

第一百五十三条 申请执行的期限为二年。申请执行时效的中止、中断，适用法律有关规定。

申请执行的期限从法律文书规定的履行期间最后一日起计算；法律文书规定分期履行的，从规定的每次履行期间的最后一日起计算；法律文书中没有规定履行期限的，从该法律文书送达当事人之日起计算。

逾期申请的，除有正当理由外，人民法院不予受理。

第一百五十四条 发生法律效力的行政判决书、行政裁定书、行政赔偿判决书和行政调解书，由第一审人民法院执行。

第一审人民法院认为情况特殊，需要由第二审人民法院执行的，可以报请第二审人民法院执行；第二审人民法院可以决定由其执行，也可以决定由第一审人民法院执行。

第一百五十五条　行政机关根据行政诉讼法第九十七条的规定申请执行其行政行为，应当具备以下条件：

（一）行政行为依法可以由人民法院执行；

（二）行政行为已经生效并具有可执行内容；

（三）申请人是作出该行政行为的行政机关或者法律、法规、规章授权的组织；

（四）被申请人是该行政行为所确定的义务人；

（五）被申请人在行政行为确定的期限内或者行政机关催告期限内未履行义务；

（六）申请人在法定期限内提出申请；

（七）被申请执行的行政案件属于受理执行申请的人民法院管辖。

行政机关申请人民法院执行，应当提交行政强制法第五十五条规定的相关材料。

人民法院对符合条件的申请，应当在五日内立案受理，并通知申请人；对不符合条件的申请，应当裁定不予受理。行政机关对不予受理裁定有异议，在十五日内向上一级人民法院申请复议的，上一级人民法院应当在收到复议申请之日起十五日内作出裁定。

第一百五十六条　没有强制执行权的行政机关申请人民法院强制执行其行政行为，应当自被执行人的法定起诉期限届满之日起三个月内提出。逾期申请的，除有正当理由外，人民法院不予受理。

第一百五十七条　行政机关申请人民法院强制执行其行政行为的，由申请人所在地的基层人民法院受理；执行对象为不动产的，由不动产所在地的基层人民法院受理。

基层人民法院认为执行确有困难的，可以报请上级人民法院执行；上级人民法院可以决定由其执行，也可以决定由下级人民法院执行。

第一百五十八条　行政机关根据法律的授权对平等主体之间民事争议作

出裁决后，当事人在法定期限内不起诉又不履行，作出裁决的行政机关在申请执行的期限内未申请人民法院强制执行的，生效行政裁决确定的权利人或者其继承人、权利承受人在六个月内可以申请人民法院强制执行。

享有权利的公民、法人或者其他组织申请人民法院强制执行生效行政裁决，参照行政机关申请人民法院强制执行行政行为的规定。

第一百五十九条 行政机关或者行政行为确定的权利人申请人民法院强制执行前，有充分理由认为被执行人可能逃避执行的，可以申请人民法院采取财产保全措施。后者申请强制执行的，应当提供相应的财产担保。

第一百六十条 人民法院受理行政机关申请执行其行政行为的案件后，应当在七日内由行政审判庭对行政行为的合法性进行审查，并作出是否准予执行的裁定。

人民法院在作出裁定前发现行政行为明显违法并损害被执行人合法权益的，应当听取被执行人和行政机关的意见，并自受理之日起三十日内作出是否准予执行的裁定。

需要采取强制执行措施的，由本院负责强制执行非诉行政行为的机构执行。

第一百六十一条 被申请执行的行政行为有下列情形之一的，人民法院应当裁定不准予执行：

（一）实施主体不具有行政主体资格的；

（二）明显缺乏事实根据的；

（三）明显缺乏法律、法规依据的；

（四）其他明显违法并损害被执行人合法权益的情形。

行政机关对不准予执行的裁定有异议，在十五日内向上一级人民法院申请复议的，上一级人民法院应当在收到复议申请之日起三十日内作出裁定。

十三、附　则

第一百六十二条 公民、法人或者其他组织对2015年5月1日之前作出的行政行为提起诉讼，请求确认行政行为无效的，人民法院不予立案。

第一百六十三条 本解释自2018年2月8日起施行。

本解释施行后，《最高人民法院关于执行〈中华人民共和国行政诉讼法〉

若干问题的解释》(法释〔2000〕8号)、《最高人民法院关于适用〈中华人民共和国行政诉讼法〉若干问题的解释》(法释〔2015〕9号)同时废止。最高人民法院以前发布的司法解释与本解释不一致的，不再适用。

【导读及适用要点】

一、明确行政诉讼受案范围边界，既要解决“立案难”痼疾，又要防止滥诉现象

根据《行政诉讼法》第2条的规定，公民、法人或者其他组织认为行政机关和行政机关工作人员的行政行为侵犯其合法权益，有权向人民法院提起诉讼。这一规定明确了可诉行政行为的标准，但是比较原则，在司法实践中难以准确把握。有的地方出现了对于可诉行政行为把握不准、错误理解立案登记和诉权滥用的现象。为了明确可诉行政行为的界限，保障行政诉讼救济渠道的实效，保障当事人合法权益，结合司法实践，最高人民法院《关于适用〈中华人民共和国行政诉讼法〉的解释》(以下简称《行政诉讼法司法解释》)增加规定了下列五种不可诉的行为：

一是不产生外部法律效力的行为。对外性是可诉的行政行为的重要特征之一。行政机关在行政程序内部所作的行为。例如行政机关的内部沟通、会签意见、内部报批等行为，并不对外发生法律效力，不对公民、法人或者其他组织合法权益产生影响，因此不属于可诉的行为。

二是过程性行为。可诉的行政行为需要具备成熟性。行政机关在作出行政行为之前，一般要为作出行政行为进行准备、论证、研究、层报、咨询等，这些行为尚不具备最终的法律效力，一般称为“过程性行为”，不属于可诉的行为。

三是协助执行行为。可诉的行政行为须是行政机关基于自身意思表示作出的行为。行政机关依照法院生效裁判作出的行为，本质上属于履行生效裁判的行为，并非行政机关自身依职权主动作出的行为，亦不属于可诉的行为。

四是内部层级监督行为。内部层级监督属于行政机关上下级之间管理的

内部事务。司法实践中，有的法律规定上级行政机关对下级行政机关的监督。例如《国有土地上房屋征收与补偿条例》规定上级人民政府应当加强对下级人民政府房屋征收补偿工作的监督。有的当事人起诉要求法院判决上级人民政府履行监督下级人民政府的职责。法律法规规定的内部层级监督，并不直接设定当事人新的权利义务关系，因此，该类行为属于不可诉的行为。

五是信访办理行为。信访办理行为不是行政机关行使“首次判断权”的行为。根据《信访条例》的规定，信访工作机构依据《信访条例》作出的登记、受理、交办、转送、承办、协调处理、监督检查、指导信访事项等行为，对信访人不具有强制力，对信访人的实体权利义务不产生实质影响，因此不具有可诉性。

二、总结行政诉讼管辖改革成果，既要解决“诉讼主客场”的问题，又要遵循“两便”原则

行政诉讼管辖改革，特别是跨行政区划法院管辖改革，是十八届四中全会决定解决“诉讼主客场”问题的重大决策，也是《行政诉讼法》的重要规定。党的十八届四中全会提出，“探索设立跨行政区划的人民法院和人民检察院，办理跨地区案件。完善行政诉讼体制机制，合理调整行政诉讼案件管辖制度，切实解决行政诉讼立案难、审理难、执行难等突出问题”。《行政诉讼法》第 18 条第 2 款规定，“经最高人民法院批准，高级人民法院可以根据审判工作的实际情况，确定若干人民法院跨行政区域管辖行政案件”。在司法实践中，跨行政区划法院改革已经取得重要突破。例如，2015 年，北京市第四中级人民法院共受理以区县政府为被告的一审行政案件 1397 件，占受理案件总数的 73.8%，是 2014 年全北京市法院受理同类行政案件总数 216 件的 6.5 倍。2016 年，该法院受理一审行政案件 2893 件，比 2015 年增长 107.09%，达到 2014 年同类案件总数的 13.4 倍。为了进一步推动跨行政区划法院管辖改革，《行政诉讼法司法解释》根据上述政策法律依据，就跨行政区划法院管辖改革以及需要履行的程序作了进一步明确，铁路运输法院等专门人民法院审理行政案件，应当执行《行政诉讼法》第 18 条第 2 款的规定。此外，为了解决司法实践中个别当事人利用管辖权异议制度干扰行政诉讼的问题，《行政诉讼法司法解释》明确规定了管辖异议处理程序制度。人民法院对管辖异议

审查后确定有管辖权的，不因当事人增加或者变更诉讼请求等改变管辖，但违反级别管辖、专属管辖规定的除外。《行政诉讼法司法解释》同时明确了对于人民法院发回重审或者按第一审程序再审的案件，当事人提出管辖异议的，以及当事人在第一审程序中未按照法律规定的期限和形式提出管辖异议，在第二审程序中提出的，人民法院不予审查，以确保提高行政诉讼效率。为了方便人民法院审理，方便当事人诉讼，《行政诉讼法司法解释》对于涉及限制公民人身自由的行政强制措施，行政机关又采取其他行政强制措施或者行政处罚的，规定了原告可以行使选择管辖权的制度。

三、明确界定当事人资格，既要畅通救济渠道，又要确保有限司法资源的效益最大化

《行政诉讼法》对于原告资格和被告资格的规定，有利于畅通救济渠道，同时，为了确保有限司法资源得到充分利用，《行政诉讼法司法解释》对原告和被告的诉讼主体资格也作了明确。在行政诉讼原告资格方面，根据《行政诉讼法》第25条第1款规定，行政行为的相对人以及其他与行政行为有利害关系的公民、法人或者其他组织，有权提起诉讼。这一规定强调了行政诉讼原告资格的标准为“与行政行为有利害关系”。《行政诉讼法司法解释》主要在四个方面作了重点规定：一是投诉举报者的原告资格。在司法实践中，投诉类行政案件等滋扰性案件数量激增。一些与自身合法权益没有关系或者与被投诉事项没有关联的“职业打假人”“投诉专业户”，利用立案登记制度降低门槛之机，反复向行政机关进行投诉。被投诉机关无论作出还是不作出处理决定，“职业打假人”等都会基于施加压力等目的而提起行政诉讼。这些人为制造的诉讼，既干扰了行政机关的正常管理，又浪费了法院有限的司法资源，也使得其他公民正当的投诉权利受到影响。《行政诉讼法司法解释》明确规定，为维护自身合法权益向行政机关投诉，具有处理投诉职责的行政机关作出或者未作出处理的公民、法人或者其他组织具有原告主体资格。二是债权人的原告资格。债权人原则上没有行政诉讼原告主体资格，即债权人以行政机关对债务人所作的行政行为损害其债权实现为由提起行政诉讼的，人民法院应当告知其就民事争议提起民事诉讼，但行政机关作出行政行为时依法应予保护或者应予考虑的除外。三是非营利法人的原告主体资格。即事业单位、社会团体、基金会、社会服务机构等非营利法人的出资人、设立人认为行政行为损害法人合法权益的，可以自己的名义提起诉讼。四是涉及业主共有利益的原告主体资格。业主委员会对于行政机关作出的涉及业主共有利益的行政行为，可以自己的名义提起诉讼。业主委员会不起诉的，专有部分占建筑物总面积过半数或者占总户数过半数的业主可以提起诉讼。

在行政诉讼被告方面，主要明确了以下几个方面的内容：一是明确开发区管理机构及其职能部门的被告资格。即当事人对由国务院、省级人民政府批准设立的开发区管理机构作出的行政行为不服提起诉讼的，以该开发区管理机构为被告；对由国务院、省级人民政府批准设立的开发区管理机构所属职能部门作出的行政行为不服提起诉讼的，以其职能部门为被告；对其他开发区管理机构所属职能部门作出的行政行为不服提起诉讼的，以开发区管理机构为被告；开发区管理机构没有行政主体资格的，以设立该机构的地方人民政府为被告。二是明确村委会和居委会的被告资格。即当事人对村民委员会或者居民委员会依据法律、法规、规章的授权履行行政管理职责的行为不服提起诉讼的，以村民委员会或者居民委员会为被告。三是明确事业单位和行业协会的被告资格。即当事人对高等学校等事业单位以及律师协会、注册会计师协会等行业协会依据法律、法规、规章的授权实施的行政行为不服提起诉讼的，以该事业单位、行业协会为被告。

四、完善行政诉讼证据规则，既要力求恢复客观真实，又要坚持程序公正的导向

《行政诉讼法》对于行政诉讼证据作了规定，科学的证据规则有利于法院查明事实，恢复案件的客观真实。同时，由于行政机关在行政程序中所处的取证优势地位，在证据规则上也应当有相应的程序制约和倾斜，确保“官”民在诉讼程序中处于实质平等的地位。《行政诉讼法司法解释》在以下几个方面作了规定：

一是细化非法证据排除规则，即《行政诉讼法》第43条第3款规定的“以非法手段取得的证据”包括：严重违反法定程序收集的证据材料；以违反法律强制性规定的手段获取且侵害他人合法权益的证据材料；以利诱、欺诈、胁迫、暴力等手段获取的证据材料。

二是明确当事人的到庭义务，即人民法院认为有必要的，可以要求当事人本人或者行政机关执法人员到庭，就案件有关事实接受询问。在询问之前，可以要求其签署保证书。保证书应当载明据实陈述、如有虚假陈述愿意接受处罚等内容。当事人或者行政机关执法人员应当在保证书上签名或者捺印。负有举证责任的当事人拒绝到庭、拒绝接受询问或者拒绝签署保证书，待证事实又欠缺其他证据加以佐证的，人民法院对其主张的事实不予认定。

三是明确因被告原因导致损害的举证规则，即在行政赔偿、补偿案件中，因被告的原因导致原告无法就损害情况举证的，应当由被告就该损害情况承担举证责任。对于各方主张损失的价值无法认定的，应当由负有举证责任的一方当事人申请鉴定，但法律、法规、规章规定行政机关在作出行政行为时，依法应当评估或者鉴定的除外；负有举证责任的当事人拒绝申请鉴定的，由其承担不利的法律后果。当事人的损失因客观原因无法鉴定的，人民法院应当结合当事人的在案证据，遵循法官职业道德，运用逻辑推理和生活经验、生活常识等，酌情确定赔偿数额。

五、全面落实立案登记制度，既要保障当事人合法诉权，又要保证起诉符合法律规定

《行政诉讼法》实施以来，各级人民法院坚决贯彻落实立案登记制，大力破除“立案难”制度壁垒。实行立案登记制当年，全国法院受理一审行政案件220398件，比2014年上升了55.34%，比1990年增长了17倍，行政案件“立案难”问题初步缓解。同时，各级人民法院对于立案登记制条件下是否需要审查起诉条件等问题，各地把握尺度不一，一些不符合起诉条件的案件也进入诉讼程序，导致案件激增，亟需通过司法解释统一规范。在全面落实立案登记制度方面，《行政诉讼法司法解释》主要作了以下几个方面的规定：一是明确起诉人提交必要起诉材料的义务。依照《行政诉讼法》第49条的规定，公民、法人或者其他组织提起诉讼时应当提交以下起诉材料：原告的身份证明材料以及有效联系方式；被诉行政行为或者不作为存在的材料；原告与被诉行政行为具有利害关系的材料；人民法院认为需要提交的其他材料。由法定代理人或者委托代理人代为起诉的，还应当向人民法院说明法定代理人或者委托代理人的基本情况，并提交身份证明和代理权限证明等材料。

二是明确人民法院的审查权力和释明义务。依照《行政诉讼法》第51条的规定，人民法院应当就起诉状内容和材料是否完备以及是否符合行政诉讼法规定的起诉条件进行审查。起诉状内容或者材料欠缺的，人民法院应当给予指导和释明，并一次性全面告知当事人需要补正的内容、补充的材料及期限。在指定期限内补正并符合起诉条件的，应当登记立案。当事人拒绝补正或者经补正仍不符合起诉条件的，退回诉状并记录在册；坚持起诉的，裁定不予立案，并载明不予立案的理由。三是明确复议维持情形下的起诉期限。公民、法人或者其他组织向复议机关申请行政复议后，复议机关作出维持决定的，应当以复议机关和原行为机关为共同被告，并以复议决定送达时间确定起诉期限。四是明确行政机关未履行教示义务情形下的起诉期限。行政机关作出行政行为时，未告知公民、法人或者其他组织起诉期限的，起诉期限从公民、法人或者其他组织知道或者应当知道起诉期限之日起计算，但从知道或者应当知道行政行为内容之日起最长不得超过1年。复议决定未告知公民、法人或者其他组织起诉期限的，适用前款规定。

六、规范审理判决程序，既要确保案件得到公正审理，又要注意提高诉讼实效

《行政诉讼法》规定的审理和判决程序，不仅要求审理的实体和程序公正，也要求行政诉讼的实际效果。司法实践中，个别当事人的行为损害了诉讼程序的严肃性，还有的案件判决标准和规则不统一，影响了司法的权威性。据此，《行政诉讼法司法解释》主要作了以下规定：一是明确滥用回避申请权的法律后果。司法实践中，个别当事人或者代理人出于干扰法庭秩序、施加压力、延缓开庭等目的，随意提出回避申请。例如，有的当事人认为法院没有满足自己要求不能公正审判要求法院整体回避、有的当事人认为行政机关负责人未出庭应诉，在法院释明后认为法院打压原告而要求审判人员回避等，这些所谓的回避申请，明显不属于申请回避的正当情形，严重影响了法庭的正常秩序，有必要加以规制。《行政诉讼法司法解释》规定，对当事人提出的明显不属于法定回避事由的申请，法庭可以依法当庭驳回。二是明确拒绝陈述的法律后果。司法实践中，个别当事人将法庭当成发泄个人不满的舞台，不服从审判长指挥；个别当事人藐视法庭不举证不陈述，致使庭审无法进行

等，严重背离了行政诉讼的目的，损害了司法权威。目前，在行政诉讼领域，这种情况比较突出，必须依法予以遏制。《行政诉讼法司法解释》规定，原告或者上诉人在庭审中明确拒绝陈述或者以其他方式拒绝陈述，导致庭审无法进行，经法庭释明后仍不陈述意见的，视为放弃陈述权利，由其承担不利的法律后果。三是明确确认无效判决规则。公民、法人或者其他组织向人民法院提起行政诉讼，可以提出请求法院判决撤销的诉讼请求，也可以提出要求判决确认违法的诉讼请求。判决撤销的行政行为是指存在一般违法的行政行为，判决确认无效的行政行为是指存在重大且明显违法的行政行为。人民法院在审理行政案件时，对于两种违法情形的审查程度也不同。在司法实践中，有的原告提起的是撤销诉讼，法院经审理后发现被诉行政行为不属于一般违法情形，而属于重大且明显的无效行为；有的原告提起的是确认无效诉讼，法院经审理后发现被诉行政行为不属于重大且明显的无效行为，而属于一般违法行为。对于这两种情况如何处理，《行政诉讼法司法解释》规定，公民、法人或者其他组织起诉请求撤销行政行为，人民法院经审查认为行政行为无效的，应当作出确认无效的判决。公民、法人或者其他组织起诉请求确认行政行为无效，人民法院审查认为行政行为不属于无效情形，经释明，原告请求撤销行政行为的，应当继续审理并依法作出相应判决；原告请求撤销行政行为但超过法定起诉期限的，裁定驳回起诉；原告拒绝变更诉讼请求的，判决驳回其诉讼请求。四是明确共同过错的赔偿责任。原告或者第三人的损失系由其自身过错和行政机关的违法行政行为共同造成的，人民法院应当依据各方行为与损害结果之间有无因果关系以及在损害发生和结果中作用力的大小，确定行政机关相应的赔偿责任。五是明确不作为赔偿责任。因行政机关不履行、拖延履行法定职责，致使公民、法人或者其他组织的合法权益遭受损害的，人民法院应当判决行政机关承担行政赔偿责任。在确定赔偿数额时，应当考虑不履行、拖延履行法定职责的行为在损害发生过程和结果中所起的作用等因素。

七、规范行政机关负责人出庭应诉，既要体现行政诉讼的严肃性，又要确保行政纠纷实质化解

《行政诉讼法》规定的行政机关负责人出庭应诉制度在司法实践中已经取

得初步成效。行政机关负责人出庭应诉制度既体现了法律对于行政机关出庭应诉的要求，也体现了行政纠纷实质化解的立法宗旨。为了进一步推动行政机关负责人出庭应诉，确保行政纠纷获得实质化解，《行政诉讼法司法解释》主要在以下几个方面作了规定：一是适度扩大行政机关负责人的范围，确保制度落地生根。为了进一步推动行政机关负责人出庭应诉制度，《行政诉讼法司法解释》适度扩大了行政机关负责人的范围。《行政诉讼法》第 3 条第 3 款规定的行政机关负责人，包括行政机关的正职、副职负责人以及其他参与分管的负责人。行政机关负责人出庭应诉的，可以另行委托 1 名至 2 名诉讼代理人。行政机关负责人不能出庭的，应当委托行政机关相应的工作人员出庭，不得仅委托律师出庭。二是明确应当出庭应诉的情形，促进行政机关负责人依法出庭应诉。涉及重大公共利益、社会高度关注或者可能引发群体性事件等案件以及人民法院书面建议行政机关负责人出庭的案件，被诉行政机关负责人应当出庭。三是明确行政机关负责人不出庭的说明义务，确保行政机关负责人出庭应诉制度的实效。行政机关负责人有正当理由不能出庭应诉的，应当向人民法院提交情况说明，并加盖行政机关印章或者由该机关主要负责人签字认可。行政机关拒绝说明理由的，不发生阻止案件审理的效果，人民法院可以向监察机关、上一级行政机关提出司法建议。四是明确“行政机关工作人员”的含义，确保“告官见官”。《行政诉讼法》第 3 条第 3 款规定的“行政机关相应的工作人员”，包括该行政机关具有国家行政编制身份的工作人员以及其他依法履行公职的人员。被诉行政行为是地方人民政府作出的，地方人民政府所属法制工作机构的工作人员，以及被诉行政行为具体承办机关工作人员，可以视为被诉人民政府相应的工作人员。五是明确不出庭应诉的不利后果。行政机关负责人和行政机关相应的工作人员均不出庭，仅委托律师出庭的或者人民法院书面建议行政机关负责人出庭应诉，行政机关负责人不出庭应诉的，人民法院应当记录在案和在裁判文书中载明，并可以建议有关机关依法作出处理。

八、落实复议机关作共同被告制度，既要强化行政复议监督职能，又要聚焦真正争议的解决

《行政诉讼法》为了强化行政复议监督职能，明确规定行政复议机关维持

原行政行为的，复议机关作共同被告。两年多来，各级人民法院、各级行政机关认真贯彻《行政诉讼法》，复议机关作共同被告的案件大幅增加。随着“双被告”规定的逐步实施，复议机关的维持率不断下降。这一变化表明，包括复议机关在内的行政机关依法行政的意识和水平越来越高，复议机关发挥内部层级监督的作用和功能越来越好。与此同时，审判中也出现了一些共同被告制度适用范围和举证责任等方面理解不一致的问题。为了在强化行政复议机关监督职能前提下，保证争议真正得到解决，《行政诉讼法司法解释》作了如下规定：一是明确复议决定维持原行政行为的概念。《行政诉讼法》第26条第2款规定的“复议机关决定维持原行政行为”，包括复议机关驳回复议申请或者复议请求的情形，但以复议申请不符合受理条件为由驳回的除外。二是明确复议机关作共同被告的法定性。复议机关决定维持原行政行为的，作出原行政行为的行政机关和复议机关是共同被告。原告只起诉作出原行政行为的行政机关或者复议机关的，人民法院应当告知原告追加被告。原告不同意追加的，人民法院应当将另一机关列为共同被告。行政复议决定既有维持原行政行为内容，又有改变原行政行为内容或者不予受理申请内容的，作出原行政行为的行政机关和复议机关为共同被告。三是明确复议机关作共同被告时的举证责任。作出原行政行为的行政机关和复议机关对原行政行为合法性共同承担举证责任，可以由其中一个机关实施举证行为。复议机关对复议决定的合法性承担举证责任。复议机关作共同被告的案件，复议机关在复议程序中依法收集和补充的证据，可以作为人民法院认定复议决定和原行政行为合法的依据。四是明确复议机关作共同被告时的裁判规则。人民法院对原行政行为作出判决的同时，应当对复议决定一并作出相应判决。人民法院依职权追加作出原行政行为的行政机关或者复议机关为共同被告的，对原行政行为或者复议决定可以作出相应判决。人民法院判决撤销原行政行为和复议决定的，可以判决作出原行政行为的行政机关重新作出行政行为。人民法院判决作出原行政行为的行政机关履行法定职责或者给付义务的，应当同时判决撤销复议决定。原行政行为合法、复议决定违法的，人民法院可以判决撤销复议决定或者确认复议决定违法，同时判决驳回原告针对原行政行为的诉讼请求。原行政行为被撤销、确认违法或者无效，给原告造成损失的，应当由作出原行政行为的行政机关承担赔偿责任；因复议决定加重损害的，由复议机关对加重部分承担赔偿责任。原行政行为不符合复议或者诉讼受案范围等受理条件，复议机关作出维持决定的，人民法院应当裁定一并驳回对原行政行为和复议决定的起诉。

九、细化规范性文件附带审查，既要依法维护合法行政规范性文件的效力，又要防止不合法条款进入实施过程

人民法院依照《行政诉讼法》的规定，对规范性文件进行合法性审查，对于合法的规范性文件，应当作为行政行为的执法依据；对于不合法的规范性文件，人民法院不得作为行政行为合法性的依据。《行政诉讼法司法解释》主要从以下几个方面作了规定：一是明确规范性文件制定机关的权利。人民法院在对规范性文件审查过程中，发现规范性文件可能存在不合法的，应当听取规范性文件制定机关的意见。制定机关申请出庭陈述意见的，人民法院应当准许。行政机关未陈述意见或者未提供相关证明材料的，不能阻止人民法院对规范性文件进行审查。二是明确规范性文件审查的具体方式。人民法院对规范性文件进行一并审查时，可以从规范性文件制定机关是否超越权限或者违反法定程序、作出行政行为所依据的条款以及相关条款等方面进行。有下列情形之一的，属于《行政诉讼法》第 64 条规定的“规范性文件不合法”：超越制定机关的法定职权或者超越法律、法规、规章的授权范围的；与法律、法规、规章等上位法的规定相抵触的；没有法律、法规、规章依据，违法增加公民、法人和其他组织义务或者减损公民、法人和其他组织合法权益的；未履行法定批准程序、公开发布程序，严重违反制定程序的；其他违反法律、法规以及规章规定的情形。三是明确规范性文件不合法的处理方式。人民法院经审查认为行政行为所依据的规范性文件合法的，应当作为认定行政行为合法的依据；经审查认为规范性文件不合法的，不作为人民法院认定行政行为合法的依据，并在裁判理由中予以阐明。作出生效裁判的人民法院应当向规范性文件的制定机关提出处理建议，并可以抄送制定机关的同级人民政府、上一级行政机关、监察机关以及规范性文件的备案机关。规范性文件不合法的，人民法院可以在裁判生效之日起三个月内，向规范性文件制定机关提出修改或者废止该规范性文件的司法建议。规范性文件由多个部门联合制定的，人民法院可以向该规范性文件的主办机关或者共同上一级行政机关发送司法建议。情况紧急的，人民法院可以建议制定机关或者其上一级行政机关立即停止执行该规范性文件。人民法院认为规范性文件不合法的，应当在裁判生效后报送上一级人民法院进行备案。涉及国务院部门、省级行政机关制定的规范性文件，司法建议还应当分别层报最高人民法院、高级人民法院进行备案。四是明确规范性文件审查的审判监督程序。各级人民法院院长对本院已经发生法律效力的判决、裁定，发现规范性文件合法性认定错误，认为需要再审的，应当提交审判委员会讨论。最高人民法院对地方各级人民法院已经发生法律效力的判决、裁定，上级人民法院对下级人民法院已经发生法律效力的判决、裁定，发现规范性文件合法性认定错误的，有权提审或者指令下级人民法院再审。

（撰稿人：江必新）

最高人民法院
关于正确确定强制拆除行政诉讼案件被告及起诉期限的批复

法释〔2024〕8号

（2024年6月3日最高人民法院审判委员会第1921次会议通过
2024年8月7日最高人民法院公告公布　自2024年8月8日起施行）

宁夏回族自治区高级人民法院：

你院关于如何理解《中华人民共和国行政诉讼法》第四十六条规定的“知道或者应当知道作出行政行为”与《最高人民法院关于适用〈中华人民共和国行政诉讼法〉的解释》第六十四条中“知道或者应当知道行政行为内容”等的请示收悉。经研究，批复如下：

公民、法人或者其他组织对强制拆除其建筑物或者其他设施不服提起诉讼的，以作出强制拆除决定的行政机关为被告；没有强制拆除决定书的，以具体实施强制拆除行为的行政机关为被告；未收到强制拆除决定书，实施强制拆除行为的主体不明确的，可以以现有证据初步证明实施强制拆除行为的行政机关为被告。人民法院在案件审理过程中，认为原告起诉的被告不适格且能够确定适格被告的，应当告知原告变更被告；原告拒绝变更的，应当裁定驳回起诉。人民法院经审查各方当事人提供的证据或者依职权调查后，仍不能确定适格被告的，可以依据《中华人民共和国行政诉讼法》第六十六条的规定，视情将有关材料移送有关机关调查并裁定中止诉讼。

《中华人民共和国行政诉讼法》第四十六条规定的六个月起诉期限与《最高人民法院关于适用〈中华人民共和国行政诉讼法〉的解释》第六十四条规定的一年起诉期限，应当从公民、法人或者其他组织知道或者应当知道行政行为内容且知道或者应当知道该行为实施主体之日起计算。被告主张原告自知道或者应当知道行政行为内容及实施主体之日起已经超过法定起诉期限的，应当承担举证责任。

此复。

【导读及适用要点】

一、进一步明确正确确定行政诉讼案件被告是原告和人民法院共同的责任

正确确定行政诉讼案件的被告资格，既是依法受理、审理和裁判行政诉讼案件的需要，也是及时高效保护人民群众合法权益的需要。《行政诉讼法》第49条规定："提起诉讼应当符合下列条件：（一）原告是符合本法第二十五条规定的公民、法人或者其他组织；（二）有明确的被告；（三）有具体的诉讼请求和事实根据；（四）属于人民法院受案范围和受诉人民法院管辖。"根据上述规定，起诉必须符合"有明确的被告"这一起诉条件。对此，要注意区分"被告明确"和"被告适格"的关系。对于何为"被告明确"，全国人大常委会法工委在《中华人民共和国行政诉讼法释义》中作出解释："所谓明确，就是指原告所诉被告清楚、具体、可以指认。"而"被告适格"通常指被告确系案件争议法律关系的相对方，可以承受人民法院生效裁判所确定的权

利义务。“被告明确”属于起诉要件范畴，涉及起诉阶段进行的形式审查，除非被告明显不具有实质上的法律关系，否则不影响人民法院对案件的受理，因此，又被称为“形式适格”。而“被告适格”则属于诉讼要件审查范畴，与案件的审理并行于诉讼系属之后，是法院进行案件审理并作出裁判的前提条件，其功能在于确保诉讼程序的合法性。人民法院在立案后，经过实体审理，认定原告所起诉的被告不适格，原告、被告之间并无相应的法律关系，则应判决驳回原告的诉讼请求，此情况属于人民法院对案件进行实体审理之后的处理问题，因此，又被称为“实质适格”。可见，正确确定行政诉讼案件被告，既包含了立案阶段对“被告明确”的审查，也包含了审理阶段对“被告适格”的审查。审判实践中，要注意正确把握、区分和处理“被告明确”与“被告适格”的关系。我们认为，正确确定行政诉讼案件原告、被告和人民法院需要承担共同但有区别的责任：原告在起诉状中基于初步证据确定作出被诉行政行为的具体、特定、可识别的行政机关，即可视为“有明确的被告”。至于起诉状载明的被告是否正确、适格，一般而言，是人民法院在案件审理过程中要进一步审查确定的问题。人民法院如果认为作出被诉行政行为的主体不正确，具有依职权调查确定适格被告的职责与义务。在原告有初步证据证明后，被诉行政机关以被告主体不适格为由抗辩的，应承担相应的举证责任。

1. 进一步明确强制拆除类案件中被告资格的确定规则

这是对《行政诉讼法》第 26 条第 1 款规定的“谁行为、谁被告”原则的具体落实。对于县级以上地方人民政府责成有关职能部门对违法建筑实施强制拆除以及集体土地征收、国有土地上房屋征收中的强制拆除案件被告资格的确定问题，最高人民法院于 2021 年 3 月 25 日公布的《关于正确确定县级以上地方人民政府行政诉讼被告资格若干问题的规定》已作出较为系统的规定。最高人民法院《关于正确确定强制拆除行政诉讼案件被告及起诉期限的批复》(以下简称《强制拆除案件被告及起诉期限批复》)在吸收前述司法解释中关于确定适格被告相关规定的同时，考虑到该批复所涉及的内容不仅包括前述强制拆除案件被告资格确定问题，还包括旧城改造、土地整理和危旧房屋处置等各类征收拆迁过程中的被告资格确定问题，在综合考虑审判实践情况的基础上，规定公民、法人或者其他组织对强制拆除其建筑物或者其他设施的行为不服提起诉讼的，以作出强制拆除决定的行政机关为被告；没有强制拆除决定书的，以具体实施强制拆除行为的行政机关为被告。

2. 进一步明确原告起诉行政机关时仅需承担初步举证责任

行政相对人未收到强制拆除决定书，实施强制拆除行为的主体不明确时，原告如何选择被告进行起诉，如何承担举证责任，是司法实践中的难点问题，争议较大。全国人大常委会法工委有关部门在对相关征求意见函的回复中认为："对于行政相对人的房屋被行政机关强制拆除后，向人民法院起诉的，人民法院在审查时应以其初步知道行政强制拆除行为及其实施机关为标准，不必要求行政相对人提供准确的行政行为主体。"司法部、自然资源部、住房和城乡建设部以及最高人民法院有关部门亦持这种观点。我们采纳了这些意见。《强制拆除案件被告及起诉期限批复》明确规定，原告可以以现有证据初步证明实施强制拆除行为的行政机关为被告。准确理解该规定，可以从以下几个方面把握：（1）根据《行政诉讼法司法解释》第 67 条第 1 款的规定，原告起诉状列明被告的名称等信息足以使被告与其他行政机关相区别即可；（2）在法院立案审查环节，对被告的要求仅为"明确"，并不要求"正确"；（3）根据《行政诉讼法》第 49 条第 3 项关于起诉时应当具有事实根据的规定，原告只要能够提供一定的证据，证明被诉强制拆除行为存在并可能系起诉状列明的被告所为，而非明显不具有被告实施该行为的可能性，即已履行了起诉阶段对于被告适格的举证责任。这既是起诉要件审查的应有之义，也是证据法理论对证明标准的要求：由于可能作出强制拆除行为的行政机关没有依法履行教示义务，导致原告起诉时证明起诉状所列被告符合法定起诉条件的难度加大，因此，不能苛求原告起诉状所列被告一定正确。

3. 进一步明确确定行政诉讼正确的被告是原告和人民法院共同的责任和义务

被告明确并不意味着被告正确，行政诉讼中的被告适格还要求实质性适格，即原告所诉被告应当是作出被诉行政行为的行政机关。当原告所起诉的被告不适格时，人民法院能否主动依职权调查确定适格被告，实践中存在一定争议。《行政诉讼法》第 40 条规定："人民法院有权向有关行政机关以及其他组织、公民调取证据。"该条规定了人民法院具有依职权调查取证的权力。《行政诉讼法司法解释》第 26 条第 1 款规定："原告所起诉的被告不适格，人民法院应当告知原告变更被告；原告不同意变更的，裁定驳回起诉。”第69条规定：“有下列情形之一，已经立案的，应当裁定驳回起诉：……（三）错列被告且拒绝变更的；……”上述规定表明，人民法院在诉讼过程中具有依职权调查确定正确、适格被告的职责，对于起诉人错列被告的，不能迳行驳回起诉，而应加以释明引导，以协助原告正确确定被告。为推进行政争议及时实质化解，避免程序空转，《强制拆除案件被告及起诉期限批复》进一步明确了人民法院具有依职权调查确定适格被告的职责与义务的相关内容。在关于人民法院应当何时告知原告变更被告的问题上，相比于《行政诉讼法司法解释》第26条第1款的规定，《强制拆除案件被告及起诉期限批复》增加了“且能够确定适格被告”的内容。根据《强制拆除案件被告及起诉期限批复》规定，除非被告明显不适格，或者为规避法定管辖而多列被告，以及明显存在滥用诉讼权利等情形，即使原告所起诉的被告不适格，人民法院仍有义务查明适格被告，并告知当事人变更，而不能简单以被告不适格为由不予立案或者迳行裁定驳回起诉。当然，按照人民法院明确的释明引导变更适格被告，则是原告的义务；原告拒绝接受释明的，应当承担不利后果。（2018）最高法行再119号行政裁定即指出：“同时，按照人民法院明确的释明引导变更适格被告，则是起诉人的义务；原告拒绝接受释明的，应当承担不利后果。因此，接受起诉状的中级人民法院对明显存在提高级别管辖、错列、多列被告的起诉，或者所诉行为明显不属于行政诉讼受案范围或者虽属于受案范围但不属于共同被告、不适宜一并审理的，应当先行释明引导，告知针对被告分别起诉，或者修改起诉状到有管辖权的基层人民法院起诉。起诉人愿意接受有管辖权的基层人民法院管辖的，接受起诉状的中级人民法院可以直接将起诉状移送至有管辖权的基层人民法院，由基层人民法院按照法律规定依法审查立案。起诉人拒绝按照释明的意见修改起诉状、变更适格被告，也不愿意到有管辖权的基层人民法院起诉的，接受起诉状的中级人民法院可依据《行政诉讼法司法解释》第五十五条第二款的规定，退回起诉状并记录在册；而无需裁定不予立案或者裁定驳回起诉，以免引发无效上诉和申请再审，浪费行政与司法资源，也延误起诉人选择正确诉讼渠道的时机甚至耽误法定起诉期限。”

需要说明的是，即使相关行政机关均否认实施了强制拆除行为，人民法院根据法律规定与在案的初步证据，亦可通过推定等证明方式，确定强制拆除类案件的适格被告。在行政机关组织开展的集体土地征收、国有土地上房屋征收以及违建拆除等工作过程中，依法对建筑物和其他设施实施拆除，保障行政相对人合法权益，既是有关部门的法定职权，也是其必须履行的义务，更是其应尽的职责。因此，当强制拆除行为发生在上述行政管理活动过程中时，上述法定主体在否认自己实施强制拆除时，有义务对该主张加以证明。例如，（2018）最高法行再119号行政裁定阐明："不论此类主体在实际拆除中是否以土地行政主管部门的名义实施相应行为，法律责任仍应由拥有法定职权的土地行政主管部门承担；除非该土地行政主管部门能够提供证据证明当地征地组织实施工作、强制拆除工作依法系由其他行政主体承担，其也不参与征地组织实施工作，或者有之前的生效裁判已经认定乡镇人民政府等主体实施了强制拆除行为。"

二、进一步明确人民法院经审查在案证据或者依职权调查后也无法确定适格被告时的处理方式

强制拆除责任主体的确定，事关人民群众财产权、居住权等重大权益保护。当行政相对人未收到强制拆除决定书，实施强制拆除行为的主体不明确，相关行政机关互相推诿，人民法院经审查在案证据和依职权调查也无法确定适格被告时，人民法院不宜以"不存在适格被告""被告不承认实施被诉强制拆除行为"等为由，径行裁定不予立案或者驳回起诉，从而导致"告状无门"。针对前述情形人民法院应当如何处理的问题，《强制拆除案件被告及起诉期限批复》作了进一步明确。

1.明确无法确定适格被告时人民法院的移送义务

根据《土地管理法》《城乡规划法》《行政强制法》《国有土地上房屋征收与补偿条例》等法律法规规定，不论是土地房屋征收中对合法建筑的拆除，还是对违法建筑的拆除，均应严格履行相应程序，否则即构成违法。为全方位、无漏洞地保护公民合法权益，我国建立了民事诉讼、刑事诉讼和行政诉讼三种渠道，分别救济因民事侵权、刑事犯罪或者行政侵权而造成的合法权益损害。全国人大常委会法工委在《中华人民共和国行政诉讼法释义》中指出，行政诉讼的目的之一是监督行政机关依法行使职权，人民法院将在审理

行政诉讼案件中发现的行政机关主管人员、直接责任人员违法违纪行为或者犯罪行为的有关材料移送有权处理机关，是监督行政机关依法行使职权的重要方式。党的二十届三中全会决定进一步指出，要“健全监察机关、公安机关、检察机关、审判机关、司法行政机关各司其职，监察权、侦查权、检察权、审判权、执行权相互配合、相互制约的体制机制，确保执法司法各环节全过程在有效制约监督下运行”。如前文所述，一个合法的强制拆除行为应当符合基本程序要求，但是违法强制拆除特别是暴力强制拆除行为往往并未履行相关程序。人民法院认为其中可能存在违法违纪行为或者犯罪行为的，可以依法移送。对此，《强制拆除案件被告及起诉期限批复》明确规定，人民法院经审查各方当事人提供的证据或者依职权调查后，仍不能确定适格被告的，可以依据《行政诉讼法》第66条的规定，视情将有关材料移送有关机关调查。如此规定，主要是考虑在行政诉讼案件审理中，鼓励人民法院主动积极作为，穷尽一切手段调查确定适格被告，通过人民法院向有关机关履行移送义务，以及有关机关的进一步深入调查，从而为调查确定适格被告创造条件，避免“久拖不决”，进而为及时审理案件、及时判定责任、及时保护被拆除人的合法权益奠定基础。当然，我们认为，人民法院根据调查取证情况结合行政实体法规定、证据法基本规则，绝大部分案件是完全可以确定适格被告的，因此，《强制拆除案件被告及起诉期限批复》规定的是“可以”移送而非“应当”移送。

2. 明确人民法院移送有关案件材料后应当裁定中止诉讼

根据《行政诉讼法司法解释》第87条的规定，在诉讼过程中，当出现影响诉讼继续进行的情形时，应当中止诉讼，待中止诉讼的原因消除后，再恢复诉讼。为了查明适格被告，人民法院依据《行政诉讼法》第66条的规定，将有关材料移送有关机关调查，在调查结果出来之前，考虑到适格被告仍未确定，影响诉讼继续进行，《强制拆除案件被告及起诉期限批复》据此明确规定，此时人民法院应当裁定中止诉讼。有意见提出，裁定中止诉讼，容易产生长期未结案件，原告也可能因此对人民法院工作产生不满，建议将“裁定中止诉讼”修改为“裁定驳回起诉”。对此种意见，我们未予采纳。为防止案结事未了、一案结多案生现象，行政审判必须做实司法为民理念，行政法官必须主动担当作为，减少当事人诉累。

三、进一步明确“知道或者应当知道行政行为内容”的具体内涵及起诉期限规定

实践中，对“知道或者应当知道行政行为内容”是否包含行政主体，争议较大。调研中发现，老百姓针对强制拆除行为超过一年起诉期限提起行政诉讼，往往主张强制拆除当时其并不知道强制拆除是由何主体具体实施，后通过信访、复议或者另案诉讼等途径方知悉强制拆除主体继而提起本案诉讼，据此主张其起诉并未超过法定起诉期限，或者虽然超过法定起诉期限但系有正当理由。《强制拆除案件被告及起诉期限批复》针对该问题以及被告主张原告起诉超过起诉期限时举证责任的承担问题进行了明确。

1. 明确“知道或者应当知道行政行为内容”的具体内涵

全国人大常委会法工委有关部门在对相关征求意见函的回复中认为：“《行政诉讼法》第46条中规定的知道或者应当知道‘作出行政行为’，应当理解为既包括知道或者应当知道行政行为的内容，也包括知道或者应当知道作出行政行为的主体。”我们采纳了这一意见，《强制拆除案件被告及起诉期限批复》规定，《行政诉讼法》第46规定的六个月起诉期限与《行政诉讼法司法解释》第64条规定的一年起诉期限，应当从公民、法人或者其他组织知道或者应当知道行政行为内容且知道或者应当知道该行为实施主体之日起计算。有意见认为，如果将“知道或者应当知道行政行为内容”理解为包括知道或者应当知道作出行政行为的行政机关，则起诉人以一直不知道被诉行政行为实施主体为由主张起诉未超过法定起诉期限，“陈年旧事”均可能形成诉讼，引发人民法院审理上的困难，法律效果和社会效果均难以保证。我们认为，适用《行政诉讼法司法解释》第64条规定的一年起诉期限规定的前提是，公民、法人或者其他组织知道或者应当知道行政机关实施了被诉行政行为，而知道作出行政行为的主体，是知道该行政行为的应有之义。在原告无从得知行为主体的情况下，由于无法满足起诉要件，因此其难以通过诉讼程序救济自身权利，这也就导致适用前述一年起诉期限规定的前提条件并不具备。对此，全国人大常委会法工委有关部门认为：“考虑到起诉期限涉及公民、法人和其他组织的诉讼权利，如行政机关实施拆除行为时行政相对人不在场，需要通过其他途径确认实施的行政机关的，建议在认定起算点时结合

具体情况，作有利于相对人的理解和适用。”当然，公民、法人或者其他组织在知道或者应当知道强制拆除行为发生后，应当及时提起行政诉讼，便于人民法院依职权调查取证，尽早确定适格被告，而不宜久拖不诉，防止因相关证据材料灭失而承担不利后果。

2. 进一步明确被告主张原告起诉超过起诉期限时举证责任的承担

《强制拆除案件被告及起诉期限批复》规定，被告主张原告自知道或者应当知道行政行为内容及实施主体之日起已经超过法定起诉期限的，应当承担举证责任。这是对最高人民法院《关于行政诉讼证据若干问题的规定》第 4 条第 3 款规定的进一步细化。法律要求一个完整的行政行为应当包括行政行为的内容、时间及告知行政相对人诉权和起诉期限。行政机关在作出涉及他人权益的行政行为时，有责任和义务告知行政相对人享有的诉权和起诉期限。因此，如果被告认为原告起诉超过法定起诉期限的，基于“谁主张，谁举证”的证据规则，此时应当由被告承担相应举证责任。

党的二十届三中全会《中共中央关于进一步全面深化改革 推进中国式现代化的决定》明确指出，要“着力解决干部乱作为、不作为、不敢为、不善为问题”。强制拆除行为因具有强制性，涉及被强制主体的重大财产权益，因此，必须严格遵守法定程序，保障被强制主体依法获得救济的权利。“程序是法治和恣意而治的分水岭”，只有行政机关实施强制拆除时，及时作出强制拆除决定，依法表明身份，依法送达法律文书、依法采取强制措施，公民、法人或者其他组织才能及时通过申请行政复议、提起行政诉讼等方式来维护自身合法权益，让强制拆除纠纷得以及时通过法治化渠道获得解决，避免久拖不决，防范恶性事件发生。各级人民法院要以《强制拆除案件被告及起诉期限批复》的公布为契机，在强制拆除主体不明的情况下，做实司法为民理念，依职权协助原告查明实施主体，确定适格被告，确保当事人依法获得救济的权利落到实处，努力让人民群众在每一个司法案件中感受到公平正义。

（撰稿人：耿宝建、阎巍、易旺）

最高人民法院
关于办理行政申请再审案件若干问题的规定

法释〔2021〕6号

（2021年3月1日最高人民法院审判委员会第1833次会议通过
2021年3月25日最高人民法院公告公布 自2021年4月1日起施行）

为切实保障当事人申请再审的权利，切实有效解决行政争议，结合人民法院行政审判工作实践，根据《中华人民共和国行政诉讼法》的规定，制定本解释。

第一条 当事人不服高级人民法院已经发生法律效力的判决、裁定，依照行政诉讼法第九十条的规定向最高人民法院申请再审的，最高人民法院应当依法审查，分别情况予以处理。

第二条 下列行政申请再审案件中，原判决、裁定适用法律、法规确有错误的，最高人民法院应当裁定再审：

（一）在全国具有普遍法律适用指导意义的案件；

（二）在全国范围内或者省、自治区、直辖市有重大影响的案件；

（三）跨省、自治区、直辖市的案件；

（四）重大涉外或者涉及香港特别行政区、澳门特别行政区、台湾地区的案件；

（五）涉及重大国家利益、社会公共利益的案件；

（六）经高级人民法院审判委员会讨论决定的案件；

（七）最高人民法院认为应当再审的其他案件。

第三条 行政申请再审案件有下列情形之一的，最高人民法院可以决定由作出生效判决、裁定的高级人民法院审查：

（一）案件基本事实不清、诉讼程序违法、遗漏诉讼请求的；

（二）再审申请人或者第三人人数众多的；

（三）由高级人民法院审查更适宜实质性化解行政争议的；

（四）最高人民法院认为可以由高级人民法院审查的其他情形。

第四条　已经发生法律效力的判决、裁定认定事实清楚，适用法律、法规正确，当事人主张的再审事由不成立的，最高人民法院可以迳行裁定驳回再审申请。

第五条　当事人不服人民法院再审判决、裁定的，可以依法向人民检察院申请抗诉或者检察建议。

第六条　本解释自 2021 年 4 月 1 日起施行。本解释施行后，最高人民法院此前作出的相关司法解释与本解释相抵触的，以本解释为准。

附件：

1. 中华人民共和国最高人民法院决定书（最高人民法院决定由高级人民法院审查用）

2. 中华人民共和国最高人民法院通知书（最高人民法院决定由高级人民法院审查时通知再审申请人用）

3. 中华人民共和国最高人民法院行政裁定书（最高人民法院迳行驳回再审申请用）

附件 1

中华人民共和国最高人民法院
决定书

（××××）最高法行决 × 号

×××× 高级人民法院：

根据《中华人民共和国行政诉讼法》第九十条、《最高人民法院关于办理行政申请再审案件若干问题的规定》第三条的规定，现将再审申请人 ××× 诉 ×××（机关名称）一案，交由你院审查。请你院依照《中华人民共和国行政诉讼法》及其司法解释的相关规定进行审查处理。

×××× 年 ×× 月 ×× 日

（院印）

附件 2

中华人民共和国最高人民法院
通知书

（××××）最高法行通 × 号

×××（再审申请人）：

根据《中华人民共和国行政诉讼法》第九十条、《最高人民法院关于办理行政申请再审案件若干问题的规定》第三条的规定，本院将再审申请人×××诉×××（机关名称）一案，交由××××高级人民法院审查。请等待审查结果。对高级人民法院审查后作出的判决、裁定仍然不服的，可以依照《最高人民法院关于适用〈中华人民共和国行政诉讼法〉的解释》第一百一十七条的规定向人民检察院申请抗诉或者检察建议。

特此通知。

××××年××月××日

（院印）

附件 3

中华人民共和国最高人民法院
行政裁定书

（××××）最高法行申 × 号

再审申请人（一、二审诉讼地位）：×××，……。

被申请人（一、二审诉讼地位）：×××，……。

（以上写明当事人和其他诉讼参与人的姓名或者名称等基本信息）

再审申请人×××因诉×××（机关名称）一案，不服××××高级人民法院×××号行政判决（裁定），向本院申请再审。本院依法对本案进行了审查，现已审查终结。

×××向本院申请再审，请求……（简要列明请求和理由）。

本院认为，×××的再审申请不符合《中华人民共和国行政诉讼法》第九十一条规定的情形。依照《最高人民法院关于适用〈中华人民共和国行政诉讼法〉的解释》第一百一十六条第二款、《最高人民法院关于办理行政申请再审案件若干问题的规定》第四条之规定，裁定如下：

驳回×××的再审申请。

审　判　长×××
审　判　员×××
审　判　员×××
××××年××月××日
（院印）
法官助理×××
书　记　员×××

【导读及适用要点】

一、明确最高人民法院裁定再审案件的基本类型

为了切实有效发挥最高人民法院统一法律适用的职能作用，结合最高人民法院四级法院职能定位改革方案和《民事诉讼法》相关规定，《最高人民法院关于办理行政申请再审案件若干问题的规定》（以下简称《办理行攻申请再审案件规定》）第2条规定了最高人民法院应当裁定再审的七种情形：在全国范围具有普遍法律适用指导意义的案件、有重大影响的案件、跨行政区域案件、重大涉外或者涉港澳台案件、涉及重大国家利益和社会公共利益的案件、经高级法院审委会讨论决定的案件以及最高人民法院认为应当再审的其他案件等七种情形。

二、明确决定由高级人民法院审查的具体案件类型

《行政诉讼法》第 90 条规定“当事人对已经发生法律效力的判决、裁定，认为确有错误的，可以向上一级人民法院申请再审”。该条对于接收申请再审材料后如何处理并未进行规定。司法实践中，最高人民法院对行政申请再审案件查核后，发现一些案件由下级法院审查处理更能有效化解矛盾，更能有效保障当事人实体权利，更能有效实现“官”了民了，更能有效实质性化解纠纷。基于此，《办理行政申请再审案件规定》对接收申请再审材料后如何处理作了进一步细化。

三、明确径行裁定驳回申请再审的情形

《办理行政申请再审案件规定》第 4 条结合《行政诉讼法司法解释》第 116 条第 2 款的规定，对迳行裁定驳回再审申请的情形进行了明确。

四、重申当事人就再审判决、裁定向人民检察院申请抗诉或者检察建议的权利

《办理行政申请再审案件规定》第 5 条规定了当事人对再审判决、裁定不服的救济途径，即根据《行政诉讼法司法解释》第 117 条的规定向人民检察院申请抗诉或者检察建议。

综上，《办理行政申请再审案件规定》的出台将对准确实施《行政诉讼法》，切实及时有效保障人民群众合法权益，推动行政纠纷实质性化解，优化四级法院职能定位，起到积极的推动作用。

最高人民法院
关于正确确定县级以上地方人民政府行政诉讼被告资格若干问题的规定

法释〔2021〕5号

（2021年2月22日最高人民法院审判委员会第1832次会议通过
2021年3月25日最高人民法院公告公布　自2021年4月1日起施行）

为准确适用《中华人民共和国行政诉讼法》，依法正确确定县级以上地方人民政府的行政诉讼被告资格，结合人民法院行政审判工作实际，制定本解释。

第一条　法律、法规、规章规定属于县级以上地方人民政府职能部门的行政职权，县级以上地方人民政府通过听取报告、召开会议、组织研究、下发文件等方式进行指导，公民、法人或者其他组织不服县级以上地方人民政府的指导行为提起诉讼的，人民法院应当释明，告知其以具体实施行政行为的职能部门为被告。

第二条　县级以上地方人民政府根据城乡规划法的规定，责成有关职能部门对违法建筑实施强制拆除，公民、法人或者其他组织不服强制拆除行为提起诉讼，人民法院应当根据行政诉讼法第二十六条第一款的规定，以作出强制拆除决定的行政机关为被告；没有强制拆除决定书的，以具体实施强制拆除行为的职能部门为被告。

第三条　公民、法人或者其他组织对集体土地征收中强制拆除房屋等行为不服提起诉讼的，除有证据证明系县级以上地方人民政府具体实施外，人民法院应当根据行政诉讼法第二十六条第一款的规定，以作出强制拆除决定的行政机关为被告；没有强制拆除决定书的，以具体实施强制拆除等行为的行政机关为被告。

县级以上地方人民政府已经作出国有土地上房屋征收与补偿决定，公民、法人或者其他组织不服具体实施房屋征收与补偿工作中的强制拆除房屋等行为提起诉讼的，人民法院应当根据行政诉讼法第二十六条第一款的规定，以作出强制拆除决定的行政机关为被告；没有强制拆除决定书的，以县级以上地方人民政府确定的房屋征收部门为被告。

第四条 公民、法人或者其他组织向县级以上地方人民政府申请履行法定职责或者给付义务，法律、法规、规章规定该职责或者义务属于下级人民政府或者相应职能部门的行政职权，县级以上地方人民政府已经转送下级人民政府或者相应职能部门处理并告知申请人，申请人起诉要求履行法定职责或者给付义务的，以下级人民政府或者相应职能部门为被告。

第五条 县级以上地方人民政府确定的不动产登记机构或者其他实际履行该职责的职能部门按照《不动产登记暂行条例》的规定办理不动产登记，公民、法人或者其他组织不服提起诉讼的，以不动产登记机构或者实际履行该职责的职能部门为被告。

公民、法人或者其他组织对《不动产登记暂行条例》实施之前由县级以上地方人民政府作出的不动产登记行为不服提起诉讼的，以继续行使其职权的不动产登记机构或者实际履行该职责的职能部门为被告。

第六条 县级以上地方人民政府根据《中华人民共和国政府信息公开条例》的规定，指定具体机构负责政府信息公开日常工作，公民、法人或者其他组织对该指定机构以自己名义所作的政府信息公开行为不服提起诉讼的，以该指定机构为被告。

第七条 被诉行政行为不是县级以上地方人民政府作出，公民、法人或者其他组织以县级以上地方人民政府作为被告的，人民法院应当予以指导和释明，告知其向有管辖权的人民法院起诉；公民、法人或者其他组织经人民法院释明仍不变更的，人民法院可以裁定不予立案，也可以将案件移送有管辖权的人民法院。

第八条 本解释自 2021 年 4 月 1 日起施行。本解释施行后，最高人民法院此前作出的相关司法解释与本解释相抵触的，以本解释为准。

【导读及适用要点】

一、明确土地征收中的强制拆除以及县级以上地方人民政府责成有关职能部门对违法建筑实施强制拆除情形下被告资格确定规则

《最高人民法院关于正确确定县级以上地方人民政府行政诉讼被告资格若干问题的规定》(以下简称《规定》)第2条和第3条系根据《行政诉讼法》第26条第1款规定的“谁行为，谁被告”的被告资格确定原则，明确对有强制拆除决定书的，以作出强制拆除决定的行政机关为被告；没有强制拆除决定书的，以直接实施强制拆除行为的行政机关为被告，便于当事人准确提起诉讼，及时有效就地化解纠纷。

二、明确法定具体职能部门经县级以上地方人民政府指导作出行政行为情形下被告资格确定规则

实践中，基于行政管理的考虑，县级以上地方人民政府往往通过听取报告、召开会议、组织研究、下发文件等方式对职能部门进行指导，职能部门据此作出相应行政行为。此种情形下，应当以最终对外作出行政行为的行政机关为被告。

三、明确县级以上地方人民政府将履责申请转送法定下级人民政府或者相应职能部门情形下被告资格确定规则

公民、法人或者其他组织向县级以上地方人民政府申请履行法定职责或者给付义务，法律、法规、规章规定该职责或者义务属于下级人民政府或者职能部门的行政职权，县级以上地方人民政府已经转送下级人民政府或者相应职能部门处理并告知申请人，申请人起诉要求履行法定职责或者给付义务的，以下级人民政府或者该职能部门为被告。

四、明确涉不动产登记以及政府信息公开案件中被告资格确定规则

《不动产登记暂行条例》第7条规定了不动产登记机构以及实际履行该职

责职能部门的不动产登记职权，《政府信息公开条例》第 4 条规定了政府信息公开工作机构的法定职能。基于上述规定，《规定》分别明确了涉不动产登记以及政府信息公开案件如何确定被告的问题。

五、明确人民法院释明义务

为了切实保障当事人诉讼权利，及时有效化解行政争议，《规定》第 7 条明确规定了人民法院的指导和释明义务。

最高人民法院
关于审理行政协议案件若干问题的规定

法释〔2019〕17 号

（2019 年 11 月 12 日最高人民法院审判委员会第 1781 次会议通过
2019 年 11 月 27 日最高人民法院公告公布　自 2020 年 1 月 1 日起施行）

为依法公正、及时审理行政协议案件，根据《中华人民共和国行政诉讼法》等法律的规定，结合行政审判工作实际，制定本规定。

第一条　行政机关为了实现行政管理或者公共服务目标，与公民、法人或者其他组织协商订立的具有行政法上权利义务内容的协议，属于行政诉讼法第十二条第一款第十一项规定的行政协议。

第二条　公民、法人或者其他组织就下列行政协议提起行政诉讼的，人民法院应当依法受理：

（一）政府特许经营协议；

（二）土地、房屋等征收征用补偿协议；

（三）矿业权等国有自然资源使用权出让协议；

（四）政府投资的保障性住房的租赁、买卖等协议；

（五）符合本规定第一条规定的政府与社会资本合作协议；

（六）其他行政协议。

第三条　因行政机关订立的下列协议提起诉讼的，不属于人民法院行政诉讼的受案范围：

（一）行政机关之间因公务协助等事由而订立的协议；

（二）行政机关与其工作人员订立的劳动人事协议。

第四条　因行政协议的订立、履行、变更、终止等发生纠纷，公民、法人或者其他组织作为原告，以行政机关为被告提起行政诉讼的，人民法院应当依法受理。

因行政机关委托的组织订立的行政协议发生纠纷的，委托的行政机关是被告。

第五条　下列与行政协议有利害关系的公民、法人或者其他组织提起行政诉讼的，人民法院应当依法受理：

（一）参与招标、拍卖、挂牌等竞争性活动，认为行政机关应当依法与其订立行政协议但行政机关拒绝订立，或者认为行政机关与他人订立行政协议损害其合法权益的公民、法人或者其他组织；

（二）认为征收征用补偿协议损害其合法权益的被征收征用土地、房屋等不动产的用益物权人、公房承租人；

（三）其他认为行政协议的订立、履行、变更、终止等行为损害其合法权益的公民、法人或者其他组织。

第六条　人民法院受理行政协议案件后，被告就该协议的订立、履行、变更、终止等提起反诉的，人民法院不予准许。

第七条　当事人书面协议约定选择被告所在地、原告所在地、协议履行地、协议订立地、标的物所在地等与争议有实际联系地点的人民法院管辖的，人民法院从其约定，但违反级别管辖和专属管辖的除外。

第八条　公民、法人或者其他组织向人民法院提起民事诉讼，生效法律文书以涉案协议属于行政协议为由裁定不予立案或者驳回起诉，当事人又提起行政诉讼的，人民法院应当依法受理。

第九条　在行政协议案件中，行政诉讼法第四十九条第三项规定的“有具体的诉讼请求”是指：

（一）请求判决撤销行政机关变更、解除行政协议的行政行为，或者确认该行政行为违法；

（二）请求判决行政机关依法履行或者按照行政协议约定履行义务；

（三）请求判决确认行政协议的效力；

（四）请求判决行政机关依法或者按照约定订立行政协议；

（五）请求判决撤销、解除行政协议；

（六）请求判决行政机关赔偿或者补偿；

（七）其他有关行政协议的订立、履行、变更、终止等诉讼请求。

第十条 被告对于自己具有法定职权、履行法定程序、履行相应法定职责以及订立、履行、变更、解除行政协议等行为的合法性承担举证责任。

原告主张撤销、解除行政协议的，对撤销、解除行政协议的事由承担举证责任。

对行政协议是否履行发生争议的，由负有履行义务的当事人承担举证责任。

第十一条 人民法院审理行政协议案件，应当对被告订立、履行、变更、解除行政协议的行为是否具有法定职权、是否滥用职权、适用法律法规是否正确、是否遵守法定程序、是否明显不当、是否履行相应法定职责进行合法性审查。

原告认为被告未依法或者未按照约定履行行政协议的，人民法院应当针对其诉讼请求，对被告是否具有相应义务或者履行相应义务等进行审查。

第十二条 行政协议存在行政诉讼法第七十五条规定的重大且明显违法情形的，人民法院应当确认行政协议无效。

人民法院可以适用民事法律规范确认行政协议无效。

行政协议无效的原因在一审法庭辩论终结前消除的，人民法院可以确认行政协议有效。

第十三条 法律、行政法规规定应当经过其他机关批准等程序后生效的行政协议，在一审法庭辩论终结前未获得批准的，人民法院应当确认该协议未生效。

行政协议约定被告负有履行批准程序等义务而被告未履行，原告要求被告承担赔偿责任的，人民法院应予支持。

第十四条 原告认为行政协议存在胁迫、欺诈、重大误解、显失公平等情形而请求撤销，人民法院经审理认为符合法律规定可撤销情形的，可以依法判决撤销该协议。

第十五条　行政协议无效、被撤销或者确定不发生效力后，当事人因行政协议取得的财产，人民法院应当判决予以返还；不能返还的，判决折价补偿。

因被告的原因导致行政协议被确认无效或者被撤销，可以同时判决责令被告采取补救措施；给原告造成损失的，人民法院应当判决被告予以赔偿。

第十六条　在履行行政协议过程中，可能出现严重损害国家利益、社会公共利益的情形，被告作出变更、解除协议的行政行为后，原告请求撤销该行为，人民法院经审理认为该行为合法的，判决驳回原告诉讼请求；给原告造成损失的，判决被告予以补偿。

被告变更、解除行政协议的行政行为存在行政诉讼法第七十条规定情形的，人民法院判决撤销或者部分撤销，并可以责令被告重新作出行政行为。

被告变更、解除行政协议的行政行为违法，人民法院可以依据行政诉讼法第七十八条的规定判决被告继续履行协议、采取补救措施；给原告造成损失的，判决被告予以赔偿。

第十七条　原告请求解除行政协议，人民法院认为符合约定或者法定解除情形且不损害国家利益、社会公共利益和他人合法权益的，可以判决解除该协议。

第十八条　当事人依据民事法律规范的规定行使履行抗辩权的，人民法院应予支持。

第十九条　被告未依法履行、未按照约定履行行政协议，人民法院可以依据行政诉讼法第七十八条的规定，结合原告诉讼请求，判决被告继续履行，并明确继续履行的具体内容；被告无法履行或者继续履行无实际意义的，人民法院可以判决被告采取相应的补救措施；给原告造成损失的，判决被告予以赔偿。

原告要求按照约定的违约金条款或者定金条款予以赔偿的，人民法院应予支持。

第二十条　被告明确表示或者以自己的行为表明不履行行政协议，原告在履行期限届满之前向人民法院起诉请求其承担违约责任的，人民法院应予支持。

第二十一条　被告或者其他行政机关因国家利益、社会公共利益的需要依法行使行政职权，导致原告履行不能、履行费用明显增加或者遭受损失，原告请求判令被告给予补偿的，人民法院应予支持。

第二十二条 原告以被告违约为由请求人民法院判令其承担违约责任，人民法院经审理认为行政协议无效的，应当向原告释明，并根据原告变更后的诉讼请求判决确认行政协议无效；因被告的行为造成行政协议无效的，人民法院可以依法判决被告承担赔偿责任。原告经释明后拒绝变更诉讼请求的，人民法院可以判决驳回其诉讼请求。

第二十三条 人民法院审理行政协议案件，可以依法进行调解。

人民法院进行调解时，应当遵循自愿、合法原则，不得损害国家利益、社会公共利益和他人合法权益。

第二十四条 公民、法人或者其他组织未按照行政协议约定履行义务，经催告后不履行，行政机关可以作出要求其履行协议的书面决定。公民、法人或者其他组织收到书面决定后在法定期限内未申请行政复议或者提起行政诉讼，且仍不履行，协议内容具有可执行性的，行政机关可以向人民法院申请强制执行。

法律、行政法规规定行政机关对行政协议享有监督协议履行的职权，公民、法人或者其他组织未按照约定履行义务，经催告后不履行，行政机关可以依法作出处理决定。公民、法人或者其他组织在收到该处理决定后在法定期限内未申请行政复议或者提起行政诉讼，且仍不履行，协议内容具有可执行性的，行政机关可以向人民法院申请强制执行。

第二十五条 公民、法人或者其他组织对行政机关不依法履行、未按照约定履行行政协议提起诉讼的，诉讼时效参照民事法律规范确定；对行政机关变更、解除行政协议等行政行为提起诉讼的，起诉期限依照行政诉讼法及其司法解释确定。

第二十六条 行政协议约定仲裁条款的，人民法院应当确认该条款无效，但法律、行政法规或者我国缔结、参加的国际条约另有规定的除外。

第二十七条 人民法院审理行政协议案件，应当适用行政诉讼法的规定；行政诉讼法没有规定的，参照适用民事诉讼法的规定。

人民法院审理行政协议案件，可以参照适用民事法律规范关于民事合同的相关规定。

第二十八条　2015 年 5 月 1 日后订立的行政协议发生纠纷的，适用行政诉讼法及本规定。

2015 年 5 月 1 日前订立的行政协议发生纠纷的，适用当时的法律、行政法规及司法解释。

第二十九条　本规定自 2020 年 1 月 1 日起施行。最高人民法院以前发布的司法解释与本规定不一致的，适用本规定。

【导读及适用要点】

一、明确行政协议的定义和范围，切实保障行政协议当事人的合法权益

行政协议的定义和范围，是审理行政协议案件的首要问题，有助于明确行政协议案件的具体受案范围，也是切实保障行政协议当事人合法权益的必然要求。

一是明确了行政协议的内涵。《最高人民法院关于审理行政协议案件若干问题的规定》（以下简称《行政协议规定》）第 1 条规定，行政机关为了实现行政管理或者公共服务目标，与公民、法人或者其他组织协商订立的具有行政法上权利义务内容的协议，属《行政诉讼法》第 12 条第 1 款第 11 项规定的行政协议。根据这一规定，行政协议包括 4 个要素：一是主体要素，即必须一方当事人为行政机关；二是目的要素，即必须是为了实现行政管理或者公共服务目标；三是内容要素，协议内容必须具有行政法上的权利义务内容；四是意思要素，即协议双方当事人必须协商一致。只有满足这 4 个要素，才属于行政协议。通过对行政协议内涵的规定，明确行政协议与民事合同之间的区别。

二是明确规定了行政协议的范围。《行政诉讼法》规定，政府特许经营协议、土地房屋征收补偿协议等协议属于行政协议范围。《行政协议规定》第 2 条对除上述两类协议之外的类型进行了列举，主要包括：矿业权等国有自然资源使用权出让协议；政府投资的保障性住房的租赁、买卖等协议；符合

《行政协议规定》第1条规定的政府与社会资本合作协议；其他行政协议。通过对国有自然资源使用权出让协议案件的审理，将有效解决过去一段时间，国有自然资源领域政府不履约、不监管、权力寻租等乱象，确保国有资产等国家利益得到有力保护；通过对政府投资的保障性住房的租赁、买卖等协议案件的审理，将有力保障城市低收入群体的“房子是用来住的”合法权益；通过对政府与社会资本合作协议案件的审理，将有利于保障社会资本方参与公私合作的积极性和安全感，有利于营造公平竞争环境，有利于非公有制经济健康发展。

三是明确排除了行政机关签订的若干种类的协议。司法实践中，有的行政机关签订的协议并非行政协议。《行政协议规定》第3条规定了两类容易与行政协议混淆的协议：行政机关之间因公务协助等事由而订立的协议、行政机关与其工作人员订立的劳动人事协议，因不符合行政协议的基本要素，不属于人民法院行政诉讼受案范围。

二、明确行政协议诉讼主体资格，保障当事人诉讼权利

《行政协议规定》在保持我国行政诉讼“民告官”基本模式不变的前提下，构建了审理行政协议争议必需的当事人及相关制度。

一是明确了行政协议诉讼的当事人资格。基于行政协议诉讼“民告官”的定位，《行政协议规定》第4条、第6条规定，因行政协议的订立、履行、变更、终止等产生纠纷，公民、法人或者其他组织作为原告，以行政机关为被告提起行政诉讼的，人民法院应当依法受理。人民法院受理行政协议案件后，被告就该协议的订立、履行、变更、终止等提起反诉的，人民法院不予准许。

二是明确了行政协议诉讼特有的原告资格。行政协议往往涉及国家利益和社会公共利益，也涉及行政管理目标的实现，因此，在行政协议订立过程中，需要遵循“公开、公平、公正”的行政法原则。行政协议案件中，行政协议的订立和履行不仅涉及协议当事人的权利义务，也涉及行政协议当事人之外的利害关系人的权利义务。《行政协议规定》第5条不再局限于民事合同的相对性原则，规定了行政协议中利害关系人的原告资格。为了保证公平竞争权人在行政协议订立中的权益，规定了公平竞争权人的原告资格；为了保

障被征收征用人、公房承租人等弱势群体的实体权益，规定了用益物权人和公房承租人的原告资格。

三、坚持方便当事人诉讼的原则，确保减轻当事人的诉讼负担

为了维护人民法院的权威性，方便当事人诉讼，减轻当事人的诉讼负担，体现行政审判的担当意识，《行政协议规定》在保障行政相对人协议诉讼权利方面作了有针对性的规定。

一是明确了推定管辖制度。《行政协议规定》第 8 条规定，公民、法人或者其他组织向人民法院提起民事诉讼，生效民事裁定以涉案协议属于行政协议为由不予立案或者驳回起诉，当事人又提起行政诉讼的，人民法院应当依法立案，从而减少了民事诉讼和行政诉讼均不受理、相互踢皮球的情况。

二是明确了选择管辖制度。为了保障协议相对人一方的协议利益，同时考虑到行政协议是基于平等自愿签订的，《行政协议规定》第 7 条参考民事合同案件的管辖，确定行政协议的当事人可以约定管辖的法院。当事人书面协议约定选择被告所在地、原告所在地、协议履行地、协议订立地、标的物所在地等与争议有实际联系地点的人民法院管辖的，人民法院从其约定，但违反级别管辖和专属管辖的除外。如此可以减少行政干预，以充分保护民营企业在内的行政相对人在行政协议案件中的合法权益，营造良好的营商环境。

三是明确了诉讼类型转换。行政协议诉讼是公法诉讼，具有维护国家利益和社会公共利益的客观诉讼性质。《行政协议规定》第 22 条规定，原告以被告违约为由请求人民法院判令其承担违约责任，人民法院经审理认为行政协议无效的，应当向原告释明，并根据原告变更后的诉讼请求判决确认行政协议无效；因被告的行为造成行政协议无效的，人民法院可以依法判决被告承担赔偿责任。原告经释明拒绝变更诉讼请求的，人民法院可以判决驳回其诉讼请求。

四、坚持行政协议诉讼的全面管辖原则，确保案件公正审理

行政协议诉讼既包括了行政机关行使行政优益权的行政行为诉讼，也包括了行政机关不依法履行、未按照约定履行协议义务的违约诉讼。《行政协议规定》第 9 条、第 10 条、第 27 条、第 28 条针对不同的诉讼请求，确立了不

同的审理规则和法律适用原则。

一是明确行政协议诉讼种类。为了便于当事人提起行政协议诉讼，《行政协议规定》根据《行政诉讼法》的规定，明确了行政协议诉讼的具体种类，主要包括：请求判决撤销行政机关变更、解除行政协议的行政行为，或者确认该行政行为违法；请求判决行政机关依法履行或者按照行政协议约定履行义务；请求判决确认行政协议的效力；请求判决行政机关依法或者按照约定订立行政协议；请求判决撤销、解除行政协议；请求判决行政机关赔偿或者补偿等，基本上包括了所有的行政协议诉讼类型，确保当事人诉求在诉讼中得到实现。

二是明确了不同诉讼类型的举证责任。《行政协议规定》根据当事人的不同诉求，结合行政机关在行政协议中的地位，区别情况规定了举证责任。被告对于具有法定职权、履行法定程序、履行相应法定职责以及订立、履行、变更、解除行政协议等行为的合法性承担举证责任；原告主张撤销、解除行政协议的，对撤销、解除行政协议的事由承担举证责任；对行政协议是否履行发生争议的，由负有履行义务的当事人承担举证责任。

三是明确了法律及司法解释的全面适用。《行政协议规定》规定，人民法院审理行政协议案件，应当适用《行政诉讼法》的规定；《行政诉讼法》没有规定的，参照适用《民事诉讼法》的规定。人民法院审理行政协议案件，可以参照适用民事法律规范关于民事合同的相关规定。2015 年 5 月 1 日后订立的行政协议发生纠纷的，适用《行政诉讼法》及《行政协议规定》；2015 年 5 月 1 日前订立的行政协议发生纠纷的，适用当时的法律、行政法规及司法解释。

五、坚持对行政机关行使优益权行为的合法性审查，确保行政机关“法无授权不可为”原则的坚决落实

根据《行政诉讼法》第 12 条第 1 款第 11 项的规定，行政协议具有实现行政机关行政管理的“单方性”的一面，应当按照一般行政行为进行全面审查。也就是说，人民法院在审理行政协议案件时，应该坚持合法性审查的原则。不同于民事合同案件，人民法院在审查行政行为合法性时，不受原告诉讼请求的限制，应当审查行政机关相关行为是否合法。

一是明确对行政优益权行为的合法性审查。《行政协议规定》第 11 条坚持对被诉行政行为合法性进行审查，明确规定，人民法院审理行政协议案件，应当根据《行政诉讼法》第 70 条的规定对被告订立、履行、变更、解除行政协议的行为是否具有法定职权、是否滥用职权、适用法律法规是否正确、是否遵守法定程序、是否明显不当、是否履行相应法定职责进行合法性审查。

二是明确对行政优益权行为的裁判方式。针对行政机关作出的单方变更、解除行政协议等行使优益权的行为，《行政协议规定》第 16 条规定了不同的裁判方式：在履行行政协议过程中，可能出现严重损害国家利益、社会公共利益的情形，被告作出变更、解除协议的行政行为后，原告请求撤销该行为，人民法院经审理认为该行为合法的，判决驳回原告诉讼请求；给原告造成损失的，判决被告予以补偿。被告变更、解除行政协议的行政行为存在《行政诉讼法》第 70 条规定情形的，人民法院判决撤销或者部分撤销，并可以责令被告重新作出行政行为；被告变更、解除行政协议的行政行为违法，人民法院可以依据《行政诉讼法》第 78 条的规定判决继续履行协议、采取补救措施；给原告造成损失的，判决被告予以赔偿。

三是明确行政机关依法行使行政职权造成损害的补偿。《行政协议规定》第 21 条规定，被告或者其他行政机关因国家利益、社会公共利益的需要依法行使行政职权，导致原告履行不能、履行费用明显增加或者遭受损失，原告请求判令被告给予补偿的，人民法院应予支持。

六、依法确认行政协议的效力，确保国家利益、社会公共利益和私人合法权益的平衡

根据行政协议的特点，结合《行政诉讼法》和《民法典》合同编等民事法律规范，《行政协议规定》明确了行政协议无效、效力待定、可撤销、可解除等具体情形，并对相关问题如何处理作出了规定，从而确保国家利益、社会公共利益和私人合法权益的平衡，寻求各方面利益的最大化。

一是明确行政协议无效情形。《行政协议规定》第 12 条结合行政协议的特点和《行政诉讼法》关于无效行政行为的规定，对行政协议无效作了明确。行政协议存在《行政诉讼法》第 75 条规定的重大且明显违法情形的，人民法院应当确认行政协议无效；人民法院可以适用民事法律规范确认行政协议无

效；行政协议无效的原因在一审法庭辩论终结前消除的，人民法院可以确认行政协议有效。

二是明确行政协议效力待定情形。《行政协议规定》第13条规定，法律、行政法规规定应当经过其他机关批准等程序后生效的行政协议，在一审法庭辩论终结前未获得批准的，人民法院应当确定该协议不发生效力；行政协议约定被告负有履行批准程序等义务而被告未履行，原告要求被告承担赔偿责任的，人民法院应予支持。

三是明确行政协议可撤销情形。《行政协议规定》参照《民法典》等民事法律规范的规定，规定了行政协议可撤销的情形。其第14条规定，原告认为行政协议存在胁迫、欺诈、重大误解、显失公平等情形而请求撤销，人民法院经审理认为符合法律规定的可撤销情形的，可以依法判决撤销该协议。

四是明确行政协议解除情形。《行政协议规定》第17条规定，原告请求解除行政协议，人民法院认为符合约定或者法定解除情形且不损害国家利益、社会公共利益和他人合法权益的，可以判决解除该协议。

七、坚持行政协议充分赔偿原则，确保行政协议当事人实体权益的有效实现

《行政诉讼法》将行政协议纳入行政诉讼的受案范围，重要目的在于坚决保障行政相对人在行政协议案件中的合法权益，防止政府行为逃避司法监督，防止公法遁入私法。因此，《行政协议规定》在裁判方式、赔偿标准等方面，对行政相对人及利害关系人给予强有力的司法保护。

一是明确了行政协议的给付判决。为了确保行政协议当事人实际权益，司法解释规定了行政给付判决。《行政协议规定》第19条规定，被告未依法履行、未按照约定履行行政协议，人民法院可以依据《行政诉讼法》第78条的规定判决被告继续履行，并明确继续履行的具体内容；被告无法履行或者继续履行无实际意义的，人民法院可以判决被告采取相应的补救措施；给原告造成损失的，判决被告予以赔偿。

二是明确了行政协议违约责任。行政机关违约的，应当充分赔偿当事人的实际损失，该实际损失不仅包括直接损失，也包括预期损失。《行政协议规定》第19条、第20条规定，原告要求按照约定的违约金条款或者定金条款

予以赔偿的，人民法院应予支持。被告明确表示或者以自己的行为表明不履行行政协议义务，原告在履行期限届满之前向人民法院起诉请求其承担违约责任的，人民法院应予支持。

三是明确了被告的缔约过失责任。《行政协议规定》第13条、第15条第2款依照《民法典》合同编的规定明确了被告的缔约过失责任，即协议约定被告负责履行批准等程序而被告未履行，原告要求被告承担赔偿责任的，人民法院应予支持。因被告的原因导致协议被确认无效或者被撤销，可以同时判决责令被告采取补救措施；给原告造成损失的，人民法院应当判决被告予以赔偿。

八、规范行政协议案件的强制执行，确保国家利益、社会公共利益及时实现

基于行政协议诉讼“民告官”的定位，《行政协议规定》第24条规定，行政机关认为行政相对人不依法、不依约履行行政协议的，可以根据《行政诉讼法》和《行政强制法》的规定，向人民法院申请强制执行，经人民法院审查认为相关行为合法有效、内容明确且具有可执行性的，应当作出准予执行的裁定。

一是行政机关作出履行协议决定作为执行名义。根据《行政强制法》和《行政诉讼法》的规定，行政机关必须作出行政决定之后，相对人既不履行又不提起复议或者诉讼的，行政机关可以将行政决定作为执行名义向人民法院申请强制执行。如果行政协议未规定行政机关享有强制执行权，则行政相对人未按照协议履行，行政机关有权依据协议内容作出相应行政决定，并向人民法院申请执行该行政决定。

二是行政机关作出处理决定作为执行名义。如果法律、行政法规规定行政机关对行政协议享有监督协议履行的职权，行政机关有权对不履行协议义务的相对人作出处理决定。根据《行政强制法》和《行政诉讼法》的规定，行政相对人未按照协议履行，行政机关依法作出行政决定后，可以向人民法院申请执行该行政决定，人民法院可以参照《行政强制法》的规定进行审查并决定是否执行。

此外，《行政协议规定》对行政协议约定仲裁条款的，明确了原则上应当确认该条款无效，但法律、行政法规或者我国缔结、参加的国际条约另有规定的除外。对于起诉期限和诉讼时效的适用，公民、法人或者其他组织对行政机关不依法履行、未按照约定履行行政协议提起诉讼的，诉讼时效参照民事法律规范确定；对行政机关变更、解除行政协议等行政行为提起诉讼的，起诉期限依照《行政诉讼法》及其司法解释确定。

《行政协议规定》对《行政诉讼法》规定的行政协议制度的基本内容作了规定，对如何审理行政协议案件进行了规范，初步构建了具有中国特色的行政协议诉讼体系，对推进社会主义法治政府、诚信政府建设，推动中国本土行政法学和行政诉讼法学的发展，必将起到重要的促进作用。

（撰稿人：黄永维　梁凤云　杨科雄）

最高人民法院
关于审理工伤保险行政案件若干问题的规定

法释〔2014〕9号

（2014年4月21日最高人民法院审判委员会第1613次会议通过
2014年6月18日最高人民法院公告公布　自2014年9月1日起施行）

为正确审理工伤保险行政案件，根据《中华人民共和国社会保险法》《中华人民共和国劳动法》《中华人民共和国行政诉讼法》《工伤保险条例》及其他有关法律、行政法规规定，结合行政审判实际，制定本规定。

第一条　人民法院审理工伤认定行政案件，在认定是否存在《工伤保险条例》第十四条第（六）项“本人主要责任”、第十六条第（二）项“醉酒或者吸毒”和第十六条第（三）项“自残或者自杀”等情形时，应当以有权机构出具的事故责任认定书、结论性意见和人民法院生效裁判等法律文书为依据，但有相反证据足以推翻事故责任认定书和结论性意见的除外。

前述法律文书不存在或者内容不明确，社会保险行政部门就前款事实作出认定的，人民法院应当结合其提供的相关证据依法进行审查。

《工伤保险条例》第十六条第（一）项“故意犯罪”的认定，应当以刑事侦查机关、检察机关和审判机关的生效法律文书或者结论性意见为依据。

第二条 人民法院受理工伤认定行政案件后，发现原告或者第三人在提起行政诉讼前已经就是否存在劳动关系申请劳动仲裁或者提起民事诉讼的，应当中止行政案件的审理。

第三条 社会保险行政部门认定下列单位为承担工伤保险责任单位的，人民法院应予支持：

（一）职工与两个或两个以上单位建立劳动关系，工伤事故发生时，职工为之工作的单位为承担工伤保险责任的单位；

（二）劳务派遣单位派遣的职工在用工单位工作期间因工伤亡的，派遣单位为承担工伤保险责任的单位；

（三）单位指派到其他单位工作的职工因工伤亡的，指派单位为承担工伤保险责任的单位；

（四）用工单位违反法律、法规规定将承包业务转包给不具备用工主体资格的组织或者自然人，该组织或者自然人聘用的职工从事承包业务时因工伤亡的，用工单位为承担工伤保险责任的单位；

（五）个人挂靠其他单位对外经营，其聘用的人员因工伤亡的，被挂靠单位为承担工伤保险责任的单位。

前款第（四）、（五）项明确的承担工伤保险责任的单位承担赔偿责任或者社会保险经办机构从工伤保险基金支付工伤保险待遇后，有权向相关组织、单位和个人追偿。

第四条 社会保险行政部门认定下列情形为工伤的，人民法院应予支持：

（一）职工在工作时间和工作场所内受到伤害，用人单位或者社会保险行政部门没有证据证明是非工作原因导致的；

（二）职工参加用人单位组织或者受用人单位指派参加其他单位组织的活动受到伤害的；

（三）在工作时间内，职工来往于多个与其工作职责相关的工作场所之间的合理区域因工受到伤害的；

（四）其他与履行工作职责相关，在工作时间及合理区域内受到伤害的。

第五条 社会保险行政部门认定下列情形为“因工外出期间”的，人民法院应予支持：

（一）职工受用人单位指派或者因工作需要在工作场所以外从事与工作职责有关的活动期间；

（二）职工受用人单位指派外出学习或者开会期间；

（三）职工因工作需要的其他外出活动期间。

职工因工外出期间从事与工作或者受用人单位指派外出学习、开会无关的个人活动受到伤害，社会保险行政部门不认定为工伤的，人民法院应予支持。

第六条 对社会保险行政部门认定下列情形为“上下班途中”的，人民法院应予支持：

（一）在合理时间内往返于工作地与住所地、经常居住地、单位宿舍的合理路线的上下班途中；

（二）在合理时间内往返于工作地与配偶、父母、子女居住地的合理路线的上下班途中；

（三）从事属于日常工作生活所需要的活动，且在合理时间和合理路线的上下班途中；

（四）在合理时间内其他合理路线的上下班途中。

第七条 由于不属于职工或者其近亲属自身原因超过工伤认定申请期限的，被耽误的时间不计算在工伤认定申请期限内。

有下列情形之一耽误申请时间的，应当认定为不属于职工或者其近亲属自身原因：

（一）不可抗力；

（二）人身自由受到限制；

（三）属于用人单位原因；

（四）社会保险行政部门登记制度不完善；

（五）当事人对是否存在劳动关系申请仲裁、提起民事诉讼。

第八条 职工因第三人的原因受到伤害，社会保险行政部门以职工或者其近亲属已经对第三人提起民事诉讼或者获得民事赔偿为由，作出不予受理工伤认定申请或者不予认定工伤决定的，人民法院不予支持。

职工因第三人的原因受到伤害，社会保险行政部门已经作出工伤认定，职工或者其近亲属未对第三人提起民事诉讼或者尚未获得民事赔偿，起诉要求社会保险经办机构支付工伤保险待遇的，人民法院应予支持。

职工因第三人的原因导致工伤，社会保险经办机构以职工或者其近亲属已经对第三人提起民事诉讼为由，拒绝支付工伤保险待遇的，人民法院不予支持，但第三人已经支付的医疗费用除外。

第九条　因工伤认定申请人或者用人单位隐瞒有关情况或者提供虚假材料，导致工伤认定错误的，社会保险行政部门可以在诉讼中依法予以更正。

工伤认定依法更正后，原告不申请撤诉，社会保险行政部门在作出原工伤认定时有过错的，人民法院应当判决确认违法；社会保险行政部门无过错的，人民法院可以驳回原告诉讼请求。

第十条　最高人民法院以前颁布的司法解释与本规定不一致的，以本规定为准。

【导读及适用要点】

一、明确了一些特殊情况下承担工伤保险责任的用人单位

一般情况下，职工只有一个工作单位，承担工伤保险责任的用人单位是工伤发生时职工的工作单位，但随着社会的发展，劳动关系形态日益复杂，经常出现与职工存在用人关系的单位有两个或者两个以上的情形，具体由哪个单位承担工伤保险责任容易产生争议。为此，《最高人民法院关于审理工伤保险行政案件若干问题的规定》（以下简称《工伤保险行政规定》）第 3 条专门对双重劳动关系、派遣、指派、转包和挂靠关系等五类比较特殊的工伤保险责任主体作了规定：“社会保险行政部门认定下列单位为承担工伤保险责任单位的，人民法院应予支持：（一）职工与两个或两个以上单位建立劳动关系，工伤事故发生时，职工为之工作的单位为承担工伤保险责任的单位；（二）劳务派遣单位派遣的职工在用工单位工作期间因工伤亡的，派遣单位为承担工伤保险责任的单位；（三）单位指派到其他单位工作的职工因工伤亡的，指派单位为承担工伤保险责任的单位；（四）用工单位违反法律、法规规定将承包业务转包给不具备用工主体资格的组织或者自然人，该组织或者自然人聘用

的职工从事承包业务时因工伤亡的，用工单位为承担工伤保险责任的单位；（五）个人挂靠其他单位对外经营，其聘用的人员因工伤亡的，被挂靠单位为承担工伤保险责任的单位。前款第（四）、（五）项明确的承担工伤保险责任的单位承担赔偿责任或者社会保险经办机构从工伤保险基金支付工伤保险待遇后，有权向相关组织、单位和个人追偿。"《工伤保险行政规定》第3条概括的特定情况下确定承担工伤保险责任的用人单位的规则，与民事法律的劳动关系和责任分配密切相关，从工伤保险角度对有关民事问题进行了完善和发展。

一是形态多样的劳动关系。这涉及《工伤保险行政规定》第3条第1款第1项规定的多重劳动关系和第2项、第3项规定的以单一劳动关系为基础的指派、派遣关系。（1）多重劳动关系。《工伤保险行政规定》第3条第1款第1项规定："职工与两个或两个以上单位建立劳动关系，工伤事故发生时，职工为之工作的单位为承担工伤保险责任的单位。"有一种观点认为，根据劳动关系的唯一性特征，劳动者同时存在两个或两个以上的劳动关系的，后面存在的劳动关系应当视为劳务关系。但是，在国有企业改制过程中，许多职工停薪留职、内退、下岗待岗等，同时这些职工又与其他单位建立了劳动关系，如果不承认后者劳动关系的合法性不利于保护职工的合法权益。因此，最高人民法院《关于审理劳动争议案件适用法律若干问题的解释（三）》①（法释〔2010〕12号）第8条规定："企业停薪留职人员、未达到法定退休年龄的内退人员、下岗待岗人员以及企业经营性停产放长假人员，因与新的用人单位发生用工争议，依法向人民法院提起诉讼的，人民法院应当按劳动关系处理。"②依据这一规定，法律和司法解释允许双重或者多重劳动关系同时存在。那么，职工如果出现工伤，哪个用人单位承担工伤保险责任呢？为此，按照"谁受益，谁负责"的原则，人力资源和社会保障部《关于实施〈中华人民共和国社会保险法〉若干规定》第9条规定："职工（包括非全日制从业人员）在两个或两个以上用人单位同时就业的，各用人单位应当分别为职工缴纳工伤保险费。职工发生工伤，由职工受到伤害时其工作的单位依法承担工伤保

① 已失效。

② 对应《劳动合同法》第77条。

险责任。"《工伤保险行政规定》第3条第11款第1项规定将之吸收并上升为司法解释的内容："职工与两个或两个以上单位建立劳动关系，工伤事故发生时，职工为之工作的单位为承担工伤保险责任的单位"。（2）以单一劳动关系为基础的指派、派遣关系。指派、派遣关系情况下承担工伤保险责任用人单位的确定，主要考虑了职工与指派、派遣单位以及实际工作单位形成的双重工作关系，与第1项规定中的多个劳动关系存在区别。职工与多个用人单位形成的多个劳动关系之间互相独立，无法区分主次，而在指派、派遣关系中，两个用人关系存在主次区别，职工与指派和派遣单位之间的用人关系是主要的、独立的用人关系，而与被指派或被派遣到的实际工作单位之间的用人关系是因指派和派遣而形成的次要的、附属的用人关系，不能独立存在。另外，劳务派遣关系中用人单位的确定，除考虑以上因素外，还考虑了《劳动合同法》第58条的规定，即劳务派遣单位是本法所称用人单位，应当履行用人单位对劳动者的义务。故《工伤保险行政规定》第3条第1款第2项、第3项规定派遣单位为和指派单位为承担工伤保险责任的单位。总的来说，《工伤保险行政规定》第3条第1款第1项、第2项、第3项规定总结了实践中存在的一些劳动关系形态，丰富和发展了劳动关系的理论和制度。

二是拟制劳动关系。这涉及转包关系和挂靠关系。（1）转包关系。《工伤保险行政规定》第3条第1款第4项规定："用工单位违反法律、法规规定将承包业务转包给不具备用工主体资格的组织或者自然人，该组织或者自然人聘用的职工从事承包业务时因工伤亡的，用工单位为承担工伤保险责任的单位。"本项是关于存在转包关系的情况下，发生工伤事故时确定用人单位的规定。《工伤保险行政规定》以有利于保护职工为原则，是对原劳动和社会保障部2005年5月25日劳社部发〔2005〕12号《关于确立劳动关系有关事项的通知》第4条关于"建筑施工、矿山企业等用人单位将工程（业务）或经营权发包给不具备用工主体资格的组织或自然人，对该组织或自然人招用的劳动者，由具备用工主体资格的发包方承担用工主体责任"规定的发展，也吸纳了人力资源和社会保障部《关于执行〈工伤保险条例〉若干问题的意见》（人社部发〔2013〕34号）第7条"具备用工主体资格的承包单位违反法律、法规规定，将承包业务转包、分包给不具备用工主体资格的组织或者自然人，该组织或者自然人招用的劳动者从事承包业务时因工伤亡的，由该具备用工主体资格的承包单位承担用人单位依法应承担的工伤保险责任”的精神。（2）挂靠关系。《工伤保险行政规定》第3条第1款第5项规定：“个人挂靠其他单位对外经营，其聘用的人员因工伤亡的，被挂靠单位为承担工伤保险责任的单位。”本项是关于挂靠关系中确定用人单位的规定。最高人民法院行政庭〔2006〕行他字第17号《关于车辆挂靠其他单位经营车辆实际所有人聘用的司机工作中伤亡能否认定为工伤问题的答复》[①]已经予以明确。关于挂靠经营过程中，聘用的人员与挂靠单位之间是否存在劳动关系的问题，存在不同认识。笔者认为，本项规定主要是从有利于职工的角度出发，其原理与转包关系中无用工主体资格组织或自然人聘用的人从事发包工程遭受工伤情况下的用人单位确定的原理相同，属于拟制劳动关系，这是对《工伤保险条例》将劳动关系作为工伤认定前提的一般规定之外的特殊情形处理。

在这里需特别说明的是，所谓的拟制劳动关系本质上是一种事实劳动关系。之所以称为“拟制劳动关系”，是因为当前民事法学过于拘泥于“劳动关系和劳务关系”的区别，将一些本来属于事实劳动关系的情形（如转包关系和挂靠关系）归类到劳务关系，导致一些本来应由《劳动法》规范的法律关系推到一般民事关系中处理。这样做不利于保护劳动者，不利于规范用工市场和用工关系，也导致了虽然我国颁布了大量的劳动法律法规，但是劳动者的合法权益始终不能得到周全的保护，从而危及社会稳定和发展。因此，在劳动关系成为当代最重要的社会关系的今天，我们这样的一个社会主义国家应当尽早摒弃那种传统落后的劳动关系理论和制度，努力构建符合我国社会发展需要的劳动关系理论和制度，保护劳动者，规范用工市场和用工关系，夯实社会主义的社会基础。

三是法律责任分担。由于转包关系和挂靠关系中职工和承担工伤保险责任的用人单位之间是一种法律拟制的劳动关系，对职工造成伤害的实际侵权人仍然是不具有用工主体资格的组织、自然人。确定具有用工资格的单位和被挂靠单位作为承担工伤保险责任的用人单位，虽然有利于保护职工的合法权益，但在责任的承担上，由用人单位或者工伤保险基金支付工伤保险待遇，会出现免除实际侵权人赔偿责任的不公平现象。为解决这一问题，《工伤保险

① 已失效。

行政规定》第 3 条第 2 款明确了承担工伤保险责任的用人单位和社会保险经办机构在实际承担工伤保险责任后，可以根据实际支出的工伤保险待遇，向实际侵权人行使追偿权。该规定不仅突出保护劳动者的合法权益，还力求在用工单位之间以及用工单位与其他责任主体之间合理分配责任。此外，在指派、派遣关系中也存在责任分担问题。《工伤保险行政规定》第 3 条第 1 款第 2 项、第 3 项规定派遣单位和指派单位为承担工伤保险责任的单位，而《工伤保险条例》第 43 条第 3 款规定："职工被借调期间受到工伤事故伤害的，由原用人单位承担工伤保险责任，但原用人单位与借调单位可以约定补偿办法。"依据该款规定，工伤保险责任也可由指派、派遣和被指派、被派遣单位通过约定进行分配。

二、细化了工伤认定中的"三工"等核心问题

《工伤保险行政规定》分 4 条对工伤认定中的核心问题作出了规定。

（一）工作原因、工作时间和工作场所

在我国，工伤保险制度历经几次变化，法律法规对"三工"的规定不尽相同。《企业职工工伤保险试行办法》[①]（劳部发〔1996〕266 号）第 8 条规定，职工由于"从事本单位日常生产、工作或者本单位负责人临时指定的工作的，在紧急情况下，虽未经本单位负责人指定但从事直接关系本单位重大利益的工作的""经本单位负责人安排或者同意，从事与本单位有关的科学试验、发明创造和技术改造工作的""在生产工作的时间和区域内，由于不安全因素造成意外伤害的"等负伤、致残、死亡的，应当认定为工伤。前两项实际仅强调了工作原因这个要素，而未特别要求具备工作时间和工作场所要素；第三项虽强调了工作时间和工作区域要素，但对"不安全因素"并未强调工作原因。

《社会保险法》第 36 条规定："职工因工作原因受到事故伤害或者患职业病，且经工伤认定的，享受工伤保险待遇……"。该条对工伤的工作原因作出了规定，而对工作时间和工作场所未作规定。2003 年与 2010 年颁布的《工伤保险条例》对一般工伤的三种情形都作了相同规定："在工作时间和工作场所

---

① 已失效。

内，因工作原因受到事故伤害的”“工作时间前后在工作场所内，从事与工作有关的预备性或者收尾性工作受到事故伤害的”“在工作时间和工作场所内，因履行工作职责受到暴力等意外伤害的”。据此，一般工伤认定均必须具备工作原因、工作时间、工作场所三大要素。但对于三要素间的关系，法律法规并未作出明确规定，在实践中争议较大。一种意见认为，工作原因、工作场所和工作时间都是认定工伤的法定要件，这些要件的地位同等重要，只有完全具备这三个要件，才能认定为工伤。第二种意见认为，工作原因是核心要件，是认定工伤的充分条件。只要是工作原因就足以认定工伤，而工作场所、工作时间是辅助条件。第三种意见认为，工作原因、工作场所和工作时间都属于认定工伤的充分条件，只具备其中一个要素就应当认定为工伤。第四种意见认为，在工作场所和工作时间遭受伤害的，不论是否是工作原因，均应当认定为工伤。笔者认为，工作原因是核心要素，是认定工伤的充分条件。只要是工作原因，就足以认定工伤，即使不在通常意义的工作时间、工作场所内。这一点在我国是有明确法律依据的，即《社会保险法》第36条。工作场所、工作时间是工伤认定的辅助要素，它们的作用，一方面是进一步强调工作原因，另一方面是在工作原因无法查明时，用以推定是否属于工作原因。在工伤认定中，工作原因不仅是认定工伤的充分条件，而且还是认定工作场所、工作时间的核心标准。一般来说，一旦具备工作原因，其所涉及的时间和区域就是工作时间和工作场所。从这个意义上来说，现行《工伤保险条例》的相关规定还有待进一步完善。

现有法律法规对“三工”的规定比较原则，好处在于具有较大的解释空间，便于满足不断发展的实践需求；缺点是缺乏操作性，容易导致工伤认定行政审判法律适用的不统一。针对实践中的各种复杂情况，我们确定了以下三个原则：一是应当考虑是否履行工作职责、是否受用人单位指派、是否与工作职责有关、是否基于用人单位的正当利益等因素；二是对工作时间的认定应当考虑是否属于因工作所需的时间；三是对工作场所的认定则应当考虑是否属于因工作涉及的区域以及自然延伸的合理区域。在此基础上，《工伤保险行政规定》第4条规定，以下情形应当认定为工伤：职工在工作时间和工作场所内受到伤害，用人单位或者社会保险行政部门没有证据证明是非工作原因导致的；职工参加用人单位组织或者受用人单位指派参加其他单位组织的活动受到伤害的；在工作时间内，职工来往于多个与其工作职责相关的工作场所之间的合理区域因工受到伤害的；其他与履行工作职责相关，在工作时间及合理区域内受到伤害的。

1. 职工在工作时间和工作场所内受到伤害，用人单位或者社会保险行政部门没有证据证明是非工作原因导致的。工伤认定的“三工”要素中，工作原因是核心要件，是认定工伤的充分条件。即使不在工作时间、工作场所内，但只要是工作原因，同样应当认定为工伤。工作场所和工作时间在工伤认定中一方面是补强工作原因，另一方面是在工作原因无法查明时，用以推定是否属于工作原因。因此，在工作场所和工作时间内，没有证据证明非工作原因导致职工伤亡的亦应认定为工伤。此外，最高人民法院行政审判庭《关于职工因公外出期间死因不明应否认定工伤的答复》(〔2010〕行他字第 236 号）答复如下：“职工因公外出期间死因不明，用人单位或者社会保障部门提供的证据不能排除非工作原因导致死亡的，应当依据《工伤保险条例》第十四条第五项和第十九条第二款的规定，认定为工伤。”这一答复解决了因工外出死亡原因不明的工伤认定问题。

2. 职工参加用人单位组织或者受用人单位指派参加其他单位组织的活动受到伤害的。关于职工在参加本单位或者受用人单位指派参加其他单位组织的集体活动受到伤害是否认定工伤的问题，争议较大。笔者认为，如果属于用人单位强制要求或者鼓励参加的集体活动，这些活动可以被认为是工作的一个组成部分，应该属于工作原因，由此受到的伤害应当认定为工伤。理由如下：（1）单位组织员工集体活动，从行为定性分析属单位集体行为，而不是员工私利行为。单位是集体活动的倡导者、组织者、管理者、交通工具提供者、资金提供者。员工在外出集体活动中，始终处于单位的组织管理中，员工始终是被管理状态。（2）从单位组织员工集体活动的目的看，其旨在调节员工身心，提高员工工作积极性，增强凝聚力。（3）《国务院法制办公室对〈关于职工参加单位组织的体育活动受到伤害能否认定为工伤的请示〉的复函》(国法秘函〔2005〕311 号）指出：“作为单位的工作安排，职工参加体育训练活动而受到伤害的，应当依照《工伤保险条例》第十四条第一项中关于‘因工作原因受到事故伤害的’的规定，认定为工伤。”

3. 在工作时间内，职工来往于多个与其工作职责相关的工作场所之间的合理区域因工受到伤害的。职工工作有时并不是只固定在一个区域内。因为工作性质不同，有些职业的工作区域常常是不固定的（如新闻工作者、船员）；有些职业的工作区域较广（如邮递员）。即使同一工厂的职工由于分工不同，也会影响工作场所的认定。一般来说，多数职工以车间作为工作场所，但工厂管理人员或者保安负责厂区的管理和保卫工作，其工作场所就可以以整个厂区为限。但在作出工作场所认定时，也应注意不能无限扩大化，如员工宿舍、绿地等生活场所，有证据证明与工作确实无关，即使其在厂区内，对于一般职工而言也不宜认定为工作场所。因此，对工作场所的认定，既不宜过于宽泛，也不宜过于狭窄。实践中将完成工作所应当经过或可能经过的区域确定为工作场所比较合理。这里所说的“为履行工作职责应当经过或可能经过的场所”是对工作场所的合理延伸，因其与工作职责有直接关联，应当认定为工作场所。因此，职工来往于多个与其工作职责相关的工作场所之间的合理区域因工受到伤害的，应当认定为工伤。

4. 其他与履行工作职责相关，在工作时间和涉及的合理区域内受到伤害的。此项既为兜底条款，又是对《工伤保险条例》第 14 条第 1 项“在工作时间和工作场所内，因工作原因受到事故伤害的”规定作出的进一步解释，其意在界定何为“三工”。

（二）因工外出期间的工伤认定

《工伤保险条例》第 14 条第 5 项规定，职工因工外出期间，由于工作原因受到伤害或者发生事故下落不明的，应当认定为工伤。虽然该条例制定者指出，（1）“因工外出期间”既包括职工受单位指派离开本职岗位到本地其他地方，也包括出差到外地、境外，但不包括外出游览、娱乐等非工作原因的时间。（2）这里的“事故”，包括安全事故、意外事故以及自然灾害等各种形式的事故。（3）“由于工作原因受到伤害”是指由于工作原因直接或间接造成的包括事故伤害、暴力伤害和其他形式的伤害。[①] 但是，其中有一些问题仍有待于进一步澄清。为此，《工伤保险行政规定》第 5 条规定：“社会保险行政部门认定下列情形为‘因工外出期间’的，人民法院应予支持：（一）职工受

① 国务院法制办公室政法人力资源社会保障法制司、人力资源和社会保障部法制司、工伤保险司编：《最新工伤保险条例释义》，中国法制出版社 2011 年版，第 41 页。

用人单位指派或者因工作需要在工作场所以外从事与工作职责有关的活动期间；（二）职工受用人单位指派外出学习或者开会期间；（三）职工因工作需要的其他外出活动期间。职工因工外出期间从事与工作或者受用人单位指派外出学习、开会无关的个人活动受到伤害，社会保险行政部门不认定为工伤的，人民法院应予支持。”这一规定，从“因工外出期间”的认定和“因工外出期间”的工伤认定两方面作出了规定。

1. 对“因工外出期间”的认定。“因工外出期间”属于“工作时间”的一种特殊情形。《工伤保险条例》第 14 条第 5 项规定，职工因工外出期间，由于工作原因受到伤害或者发生事故下落不明的，应当认定为工伤。这里的“因工外出期间”和通常意义的“工作时间”是不同的。通常意义的“工作时间”多数发生在工作场所或工作岗位内，而“因工外出期间”则发生在工作场所和工作岗位之外，是用人单位为了工作指派职工或者职工因工作需要，在工作场所或工作岗位以外从事与工作有关的活动期间。因此，“因工外出期间”无法从工作场所或者工作岗位中推出来，故人民法院对“因工外出期间”的认定，应当根据职工外出是否因工作或者为用人单位的正当利益等方面综合考虑。职工“因工外出”时，外出的原因是工作的需要，并且“因工外出”一般也是经过企业的负责人或者企业内的相关负责人安排或者批准、认可的。因此，职工“因工外出”应当算作职工工作的一部分。在职工“因工外出”期间，工作安排和进行与其在单位时有所不同，职工不必遵守在单位时的工作时间制度，可以根据工作需要自己安排时间。因此，职工“因工外出”所受的伤害可能发生的范围很大，包括职工往返在内的全部外出时间。[①] 也即是说，职工因工外出开始到外出行为终结的这一段时间均属于“工作时间”，除非有充分证据证明其间存在职工从事与工作完全无关的个人活动期间，如外出游览、娱乐、购物等非工作原因的时间。

为了更好地明确“因工外出期间”的有关情形，《工伤保险行政规定》第 5 条第 1 款列举了三种情形：（1）职工受用人单位指派或者因工作需要在工作场所以外从事与工作职责有关的活动期间。在实践中，对“因工外出”是否必须受用人单位指派存在较大争议。一种意见认为，必须受用人单位指派。

---

① 程琥：《工伤保险》，法律出版社 2007 年版，第 173 页。

理由为人力资源和社会保障部《关于执行〈工伤保险条例〉若干问题的意见》第1条规定:《工伤保险条例》第十四条第五项规定的“因工外出期间”的认定，应当考虑职工外出是否属于用人单位指派的因工作外出，遭受的事故伤害是否因工作原因所致。另一种意见认为，除受用人单位指派外，职工因工作需要在工作场所以外从事与工作职责有关的活动也属于“因工外出”。理由为“因工外出”情形较为复杂，不宜“一刀切”，只要因工作外出均为“因工外出”。经研究认为，第二种意见比较合理。“因工外出期间”的认定标准为是否因工作外出，单位指派只是因工作外出的表现形式之一，并不是全部，因此，职工及其近亲属有证据证明即使没有单位指派，但是因工作需要外出也应认定为“因工外出”，其所涉时间也应当认定为“因工外出期间”。(2)职工受用人单位指派外出学习或者开会期间。这实际上是因工外出期间的特殊情形。用人单位为了提高员工素质或者加强内外交流，指派职工外出学习或者开会，职工外出学习或者开会期间应当认定为“因工外出期间”。(3)职工因工作需要的其他外出活动期间。此为兜底条款，不属于第1项、第2项情形的“因工外出期间”可以归入到这一款。在实践中，用人单位长期外派工作的职工受到伤害或者发生事故，其外派期间是否属于“因工外出期间”存在争议。我们认为，“因工外出期间”具有临时性，只是为了完成工作任务而临时离开工作场所或工作岗位，而长期外派工作期间则不具有临时性，它往往是较长时间在工作单位之外从事工作。因此，长期外派工作的期间不属于“因工外出期间”。如果用人单位长期外派工作的职工发生事故伤害，且符合《工伤保险条例》第1条、第14条、第15条规定，而又不属于第16条的情形之一，职工或者其近亲属、工会组织主张认定工伤的，人民法院应予支持。也就是说，用人单位长期外派工作的职工受到伤害或者发生事故，应当按照一般的工伤认定标准予以认定是否属于工伤。

2.“因工外出期间”的工伤认定。《工伤保险条例》第14条第5项规定:“职工因工外出期间，由于工作原因受到伤害或者发生事故下落不明的，应当认定为工伤。”但是，对于如何理解这里所规定的“工作原因”，存在较大争议。一种意见认为，职工受到的伤害与其从事的工作有直接的、紧密的联系的，应当认定工伤。另一种意见认为，原则上不属于个人原因受到伤亡的均应认定为工伤。经研究认为，一是“因工外出期间”较之一般工作时间存在许多不可预测的风险，这些风险由职工承担不甚公平。二是《工伤保险条例》第14条第5项规定的“由于工作原因受到伤害”是指由于工作原因直接或间接造成的包括事故伤害、暴力伤害和其他形式的伤害。[①]既包括与工作直接有关而形成的伤害，也包括开展工作过程中所发生的伤害，如外出途中产生的伤害，因住宿、餐饮等场所存在的不安全因素产生的伤害等。职工在因工外出期间，虽然工作任务和工作目的都很明确，但是由于执行既定任务的环境与一般的单位环境不同，职工要为执行任务做很多准备工作，有时为了实现工作目的，还需要进行一些社交和公关活动。因此，这些准备活动和真正的工作活动都构成职工外出期间的工作行为。这时如果职工由于工作原因受到事故伤害，按照工伤保险的基本精神，也应该认定为工伤。[②]三是最高人民法院行政审判庭《关于职工外出学习休息期间受到他人伤害应否认定为工伤问题的答复》(〔2007〕行他字第9号）认为：“职工受单位指派外出学习期间，在学习单位安排的休息场所休息时受到他人伤害的，应当认定为工伤。”综上，这里的“工作原因”是一个范围很广的概念。只要不属于职工从事与工作或者受用人单位指派外出学习、开会无关的个人活动受到伤害的，原则上应当认定为《工伤保险条例》第14条第5项规定的“由于工作原因受到伤害”。故《工伤保险行政规定》第5条第2款规定：“职工因工外出期间从事与工作或者受用人单位指派外出学习、开会无关的个人活动受到伤害，社会保险行政部门不认定为工伤的，人民法院应予支持。”理解这一条款要注意以下两方面：一方面，如何理解“个人活动”。一般来说，“个人活动”指的是个人原因的探亲、访友、娱乐、游玩、购物等活动。职工在因工外出期间从事违法行为或者完全是个人目的的行为而产生的伤害，与职工从事职业所创造的利益无关，并非满足职业利益的需要，显然不应认定为工伤，否则对用人单位是不公平的。另一方面，理解这一条款主要是理解其反向解释。依据《工伤保险行政规定》第5条第2款规定，凡是属于职工因工外出期间从事个人活动受到伤害，社会保险行政部门不认定为工伤。但是在实践中，职工因工外出期间从事的活动可能是个人活动，也可能是公务活动，甚至有可能是

① 国务院法制办公室政法人力资源社会保障法制司、人力资源和社会保障部法制司、工伤保险司编：《工伤保险条例释义》，中国法制出版社2011年版，第41页。

② 程琥：《工伤保险》，法律出版社2007年版，第173页。

说不清楚性质的一些其他活动受到伤害。个人活动和公务活动依据《工伤保险行政规定》第5条第2款规定和《工伤保险条例》第14条第5项规定分别不认定为工伤或者认定为工伤均是明确的，但是职工因工外出期间从事其他原因不明活动受到伤害的，应当从《工伤保险行政规定》第5条第2款规定的反向解释进行理解，亦即，凡是因工外出期间不属于个人活动受伤的，应当认定为工伤。这也是之所以一再强调“因工外出期间”较之一般工作时间存在许多不可预测的风险，这些风险由职工承担不甚公平，其工作原因应当作广义理解的必然结果。

（三）上下班途中

关于“上下班途中”，在司法实践中，可谓是“公说公有理、婆说婆有理”，最高人民法院也屡次对此问题作出批复答复，以明确其适用。但从总体上看，效果并不理想。“上下班途中”虽然规定在《工伤保险条例》中，但不属于我们所说的“专业术语”，而是日常用语。这一特征要求我们必须以普通人的观念对待它。从“上下班途中”用语来看，是指职工以上下班为目的，在合理时间内往返于工作地和居住地的合理路线的途中。对“上下班途中”的认定，可以参照是否以上下班为目的、上下班路途的方向、距离的远近及时间因素等综合判断。它包括以下四方面：

1. 空间因素。“上下班途中”的空间指的是，居住地与工作地之间的合理路径。所谓合理路径，一般是两地的最直接、最通达的路线。但是在职工没有走最直接、最通达的路线上下班受到伤害时，还应当充分考虑职工绕道的理由。一般来说，理由正当的，绕道也应视为合理路线。若绕道其他地方办理其他事务，而该事务与其工作、回家或者日常生活没有必然联系的话，则该过程就不应认定为上下班途中。对职工绕道的正当理由原则上由职工承担举证责任，用人单位有异议的，由用人单位对理由不正当承担举证责任。对“上下班途中”的空间理解，要注意居住地或工作地在不同的情境下，有不同的情形。虽然2002年原劳动和社会保障部将“职工在上下班途中”解释为“职工从居住住所到工作区域之间的路途”。[①] 但此后针对同一问题，国务

① 劳动和社会保障部办公厅《关于如何理解〈企业职工工伤保险试行办法〉有关内容的答复意见》（劳社厅函〔2002〕143号）二、第8条第9款中提到的“职工在上下班途中”系指职工从居住住所到工作区域之间的路途。

院2003年与2010年颁布的两个《工伤保险条例》第14条第6项中，仍然只规定了“上下班途中”的条件，并未进一步将“上下班途中”限定为“职工从居住住所到工作区域之间的路途”。因此，关于上下班的路径问题产生了较大分歧。笔者认为，不管《工伤保险条例》立法者是出于何种考虑，毕竟公开颁布的国务院行政法规没有对“上下班途中”作出进一步限定，而从“上下班途中”的本意而言，主要还是职工从居住住所到工作地之间的路途，且“上下班途中”的情况又比较复杂，因此，对“居住地”和“工作地”可以作广义的理解。所谓的“居住地”是指单位提供的宿舍、实际居住地、临时居住地或者经常居住地以及配偶、父母、子女居住地等。如最高人民法院《关于非固定居所到工作场所之间的路线是否属于“上下班途中”的答复》（〔2008〕行他字第2号）认为，“如邹某确系下班直接回其在济南的住所途中受到机动车事故伤害，应当适用《工伤保险条例》第十四条第六项的规定。”而所谓的“工作地”是指一处或者其中一处、固定或者不固定工作地、职工来往于多个与其工作相关的工作场所之间的合理区域、因工外出所涉及的区域以及本单位或者经本单位同意参加其他单位组织的集体活动地等。

2. 时间因素。“上下班途中”的时间指的是，在居住地和工作地等空间因素确定后，从居住地到工作地或者工作地到居住地的合理时间。所谓合理时间，除了考虑两地的距离外，还应当充分考虑道路的畅通情况、代步工具的种类和性能、气候变化情况等因素，足以保证劳动者能够顺利到达居住地或者工作地。目前，由于企业普遍不提供住宿条件，而职工又经常加班加点，有些单位实行计件工资，管理不是十分严格的单位还可能存在职工“自行决定”加班的情况，甚至职工存在迟到早退的现象，这些致使《工伤保险条例》所指“上下班途中”的认定非常困难。“上下班途中”包括职工正常工作的上下班途中，也包括职工加班加点的上下班途中。如原劳动和社会保障部[①]《关于实施〈工伤保险条例〉若干问题的意见》指出：“上下班途中”既包括职工正常工作的上下班途中，也包括职工加班加点的上下班途中。所以，一般来说，职工加班加点、提前上班、推迟下班，只要有证据证明确是为了工作，其在前往或离开工作地的途中都应该认定为上下班途中。

---

① 现为人力资源和社会保障部。

在实践中，职工由于种种原因未按规定的时间上下班，擅自迟到、早退涉及的时间是否属于上下班途中？第一种意见认为，迟到、早退违反劳动纪律，但这种违反劳动纪律的行为其过错不足以导致其失去工伤保险的资格。因为这种过错和失去工伤保险的资格这一后果相比严重不合比例。第二种意见认为，迟到、早退是一种违反劳动纪律的行为，应当受到相应的制裁，迟到、早退的途中不应被认定为上下班途中。本来将上下班途中认定为工伤已是对劳动者的扩大保护，将早退定为工伤离立法本意更远，缺乏法律依据。第三种意见认为，对于迟到、早退还要区分两种情形：经过批准的，应当视为上下班，而没经过批准擅自离岗回家的，不视为上下班。笔者认为，上述情况要结合职工在其中的过错，职工无过错的，只是由于客观原因引起的，应当认定为上下班途中；职工即使有过错但不属于极其不合理的，亦应当认定为上下班途中。因此，职工迟到、早退因属于违反劳动纪律，应当受到劳动纪律的制裁，但原则上并不影响其“上下班途中”的认定。也就是，“上下班途中”的认定，从居住地到工作地或者工作地到居住地的过程这一时间因素，原则上并不会受到提早或推迟上下班的影响。

“上下班途中”的时间不仅涉及职工正常工作、加班加点、迟到早退，而且还涉及早到迟退。职工早到迟退涉及的时间是否属于上下班途中？如单位规定的下班时间是下午5点，而职工没有回家，也没有加班工作，只是一个人待在单位或者在单位与别人聊天，直到晚7点后回家发生交通事故，能否认定是合理的下班途中；又如单位规定的上班时间是早8点，职工早6点就在去单位的线路上发生交通事故，而平时是7点或7点30分才去上班，但职工当天就是想早去单位，能否认定是合理的上班途中，是容易引起纠纷的问题。笔者认为，原则上，在合理范围内仍应认定为上下班途中。

3. 目的因素。人力资源和社会保障部《关于工伤保险有关规定处理意见的函》认为，《工伤保险条例》第14条第6项规定的“上下班途中”是指合理的上下班时间和合理的上下班路途。笔者认为，理解“上下班途中”的规定，除合理的上下班时间和上下班路途外，还必须以“上下班”为目的。因为以上下班为目的是上下班途中的实质内容，而合理的上下班时间和上下班路途是上下班途中的时空表现形式。因此，有些职工从事日常工作生活所必需的活动，且在合理时间内和采取合理路线未改变以“上下班”为目的的途中，亦应当认定为“上下班途中”。

4. 合理因素。如上所说，“上下班途中”一般应结合上下班行程路径、时间和目的三个方面综合进行分析，但是对这三个方面综合分析必须符合“合理性”。上下班的时间、路线以及目的不合理，如从单位到住宿地所使用的时间过长，或者选择了南辕北辙的路线等，则可能否定其上下班行为；如果上下班时间以及目的地趋于合理，则可以支持其上下班行为。因此，对“上下班途中”的认定，不能失去合理性的基础。但是，该合理性不能作过于扩张的解释，也不宜作过于狭窄的理解，对于上下班路线、时间以及目的合理性的把握应当有一个度。

一方面，上下班途中的路线是否合理问题。上下班途中的路线涉及居住地和工作地之间的距离，上下班路线是否合理，应就具体个案进行分析。一般来说，职工的居住地和工作地之间的途径应不限于最短路线，而应为合理路线。在实践中，关于何为“合理路线”，争议较大的问题是职工在上下班途中绕道是否属于上下班途中。笔者认为，应当视绕道的原因而定。对于绕道的原因，实践中有因客观原因（突发事件、交通堵塞、天气恶劣等）而绕道，因私事而绕道等多种情形。因客观原因绕道的，原则上要认定为“上下班途中”，而因私事而绕道的，不能“一刀切”，如职工在上下班途中从事属于日常工作生活所必需的活动，且在合理时间内未改变以上下班为目的的合理路线的途中，应当视为“上下班途中”，其他的原则上不认定为“上下班途中”。前者如接送孩子上学放学、去菜市场买菜等绕道，后者如为下班后朋友聚会等。

另一方面，上下班途中的“时间”是否合理问题。“上下班途中”的时间不仅涉及职工正常工作、加班加点，而且还涉及迟到早退、早到迟退。但是，这些所涉时间是否合理，对认定“上下班途中”影响较大，在实践中也有争议。笔者认为，与上下班途中路径是否合理一样，根据引起的原因而判定是否属于合理范围。只要有正当理由的，均属于合理范围。如有些职工存在正当理由，即使提早 6 个小时上班，下班后 5 个甚至是 10 多个小时还在回家的途中，均属于“上下班途中”。

《工伤保险条例》虽对“上下班途中”具体内容并无明确规定，但总结各种“上下班途中”情形，对“上下班途中”的认定至少应当考虑以下三个要素：一是目的要素，即以上下班为目的；二是时间要素，即上下班时间是否合理；三是空间要素，即往返于工作地和居住地的路线是否合理。为了更好地指导下级法院审理相关行政案件，《工伤保险行政规定》第6条规定："对社会保险行政部门认定下列情形为'上下班途中'的，人民法院应予支持：（一）在合理时间内往返于工作地与住所地、经常居住地、单位宿舍的合理路线的上下班途中；（二）在合理时间内往返于工作地与配偶、父母、子女居住地的合理路线的上下班途中；（三）从事属于日常工作生活所需要的活动，且在合理时间和合理路线的上下班途中；（四）在合理时间内其他合理路线的上下班途中。"其中，第1项、第2项为同一情形，其着眼于不同情形下的居住地与工作地的上下班途中，将居住地除界定为公认的住所地、经常居住地、单位宿舍外，还包括配偶、父母、子女居住地；第3项是为了解决实践中常见但又争议较大的特定上下班情形，如上下班途中从事接送孩子上学放学、去菜市场买菜等日常工作生活所必需的活动，且在合理时间内未改变以上下班为目的的合理路线的途中；第4项为兜底条款。凡是符合以上要素的，即使没有在本条中予以罗列亦应认定为"上下班途中"。比如在实践中，有时会出现职工同时有上述几个居住地，而且职工已到达其中的一个居住地（如临时居住地如单位安排的宿舍），又赶往另一个居住地时发生交通事故的情形，是否认定工伤？这一问题主要争议的是，职工下班回到其中的一个居住地后是否属于下班过程完成。相关的行政机关和法院均一致认为下班过程尚未结束，仍应认定为属于"上下班途中"。如原国务院法制办公室对安徽省人民政府法制办公室《关于〈工伤保险条例〉第十四条第（六）项适用问题的请示》的复函（国法秘复函〔2008〕375号）指出，职工从单位宿舍至其父母家的情形，属于《工伤保险条例》第14条第6项规定的"在上下班途中"。同时，《工伤保险行政规定》第6条第4项这一兜底条款也对上下班途中的上下班目的、时间及空间等要素予以提示。

总而言之，对"上下班途中"的判断，首先要考虑是否以上下班为目的。"以上下班为目的"是判断上下班途中的核心。目前，人民法院和社会保险行政部门之所以确立"合理时间""合理路线"标准，是因为"上下班为目的"是主观的东西，以上下班为目的是人的内心活动，具有较强的主观色彩，需凭借外在因素如时空因素、一般社会生活经验及社会情理等对一些非常规下的所谓“上下班途中”进行合理性的综合考量。这涉及社会学解释的问题。所谓的社会学解释，是在多种法律解释出现不同结果时，为选择最佳的一种解释，法官“依社会道德观念”“依社会上一般观念”解释法律，它比较偏重于社会效果的预测及其目的之考量。“上下班途中”作为一个法律概念，随着社会发展和变迁，含义不断丰富。如居住地日益复杂；工作场所更由于电子办公的普及而难以判断；因人口流动性大，异地工作或异地婚姻大量涌现，“上下班途中”判断显得更加复杂。因此，必须以变化后的社会及社会观念重新审视“上下班途中”。如上所述，职工在上下班途中从事日常工作生活所必需的、合理的活动，而是否合理可以根据一般社会生活经验及社会情理等综合考量。这实际上已包括社会学解释方法。最高人民法院《关于非固定居所到工作场所之间的路线是否属于“上下班途中”的答复》(〔2008〕行他字第2号）就是因为随着我国户籍制度的改革和公路交通的发展，城市人口流动性日益加大，有些职工平常在一个地方工作，周末到另一个地方居住的情形越来越多，因此该答复反映出的有关不固定居住地的法律问题具有普遍意义。正所谓“如社会急遽变迁，社会目的与法律目的不同时，则应以社会学的解释为之，始能切合社会之需要”①。

（四）关于工伤认定申请法定期限的规定

依据《工伤保险条例》和《工伤认定办法》规定，用人单位工伤认定申请法定期限遇有特殊情况，经报社会保险行政部门同意，申请时限可以适当延长，而工伤职工或者其近亲属的一年工伤认定申请法定期限是否可以适当延长则没有明确规定。对此，有不同意见：第一种意见认为，《工伤保险条例》第17条第2款规定的是除斥期间，不能延长；第二种意见认为，应不属于除斥期间，可以适当延长；第三种意见认为，应不属于除斥期间，但不要用延长的方式，最合理的是采用起算点的重新确定方式。可以借鉴民事诉讼中诉讼时效的有关规定，起算点从申请人知道或应当知道该项权利时开始起算。也就是，可以申请延长，具体是否延长，由社会保险行政部门根据具体情况确定。笔者认为，一方面，工伤认定的申请时限依法可以延长甚至中止或者中断。理由如下：一是《工伤保险条例》第17条第2款并未规定工伤职

① 杨仁寿：《法学方法论》，中国政法大学出版社1999年版，第128页。

工或者其近亲属工伤认定申请期限为除斥期间，不排除延长甚至中止或者中断；二是原国务院法制办对《关于对〈工伤保险条例〉第十七条、第六十四条关于工伤认定申请时限问题的请示》(国法秘函〔2005〕39号）的复函亦明确“申请工伤认定时限应扣除因不可抗力耽误的时间”，这也说明工伤职工或者其近亲属工伤认定申请期限不为除斥期间，可以延长甚至中止或者中断。三是将工伤职工或者其近亲属工伤认定申请期限理解为除斥期间，则用人单位的工伤认定申请期限可以延长而工伤职工或者其近亲属工伤认定申请期限不能延长而违背平等原则，即使考虑到因为双方的实际地位和能力不同而工伤职工或者其近亲属工伤认定申请期限长于用人单位的，也因为无法排除类似不可抗力的原因导致工伤职工或者其近亲属无法在申请期限内行使权利的情况。综上，受伤职工或者其近亲属、工会组织工伤认定申请期限依法可以延长，甚至中止或者中断。

那么，受伤职工或者其近亲属、工会组织工伤认定申请期限具备哪些正当理由依法可以延长，甚至中止或者中断。《行政诉讼法司法解释》第43条规定：“由于不属于起诉人自身的原因超过起诉期限的，被耽误的时间不计算在起诉期间内。因人身自由受到限制而不能提起诉讼的，被限制人身自由的时间不计算在起诉期间内。”参考该条规定，将工伤认定申请期限延长的正当理由规定为“不可归责于当事人的原因”。故《工伤保险行政规定》第7条第1款规定：“由于不属于职工或者其近亲属自身原因超过工伤认定申请期限的，被耽误的时间不计算在工伤认定申请期限内。”一般来说，这里所说的“不可归责于当事人的原因”主要包括客观原因和社会保险行政部门、用人单位等不当致使受伤职工或者其近亲属耽误工伤认定申请这两种情形。为了明确具体情形，《工伤保险行政规定》第7条第2款规定：“有下列情形之一耽误申请时间的，应当认定为不属于职工或者其近亲属自身原因：（一）不可抗力；（二）人身自由受到限制；（三）属于用人单位原因；（四）社会保险行政部门登记制度不完善；（五）当事人对是否存在劳动关系申请仲裁、提起民事诉讼。”具体而言：

一是因不可抗力或者人身自由受到限制而耽误工伤认定申请的。受伤职工或者其近亲属因不可抗力而耽误工伤认定申请的，应当将耽误期限予以扣除，否则对受伤职工或者其近亲属不公平。国务院法制办对《关于对〈工伤保险条例〉第十七条、第六十四条关于工伤认定申请时限问题的请示》(国法秘函〔2005〕39号)的复函也指出“申请工伤认定时限应扣除因不可抗力耽误的时间”;《行政诉讼法司法解释》第43条规定:因人身自由受到限制而不能提起诉讼的,被限制人身自由的时间不计算在起诉期间内。因此,因人身自由受到限制而不能提起工伤认定申请的期限亦应当予以扣除。

二是因属于用人单位原因而耽误工伤认定申请的。实践中,包括以下情形:(1)有不少职工工伤意识不强,一些用人单位有意欺骗受伤职工或者其近亲属,虽也给予受伤职工必要的治疗和支付一定的待遇,一旦超过法定申请期限,就撒手不管。(2)用人单位借故与职工协商申请工伤认定事宜,一旦超过法定申请期限,就不再协商。(3)用人单位在与职工协商过程中同意申请工伤认定,但一直拖延申请,导致职工超过申请期限的。这些情形下一般用人单位大多未缴纳工伤保险费用。因此,在理解工伤认定申请期限的问题上,要考虑职工实际所处的弱势地位,对其申请权利进行充分保障,因属于用人单位原因而耽误工伤认定申请期限的,耽误的期限依法应当予以扣除。

三是因社会保险行政部门登记制度不完善而耽误工伤认定申请的。由于社会保险行政部门登记制度不完善,工伤申请人已申请工伤认定却无从查证,申请人有证据证明是因社会保险行政部门登记制度不完善导致的,被耽误的时间可以扣除或者中断计算。

四是因双方当事人对是否存在劳动关系发生争议而申请仲裁、提起民事诉讼而耽误工伤认定申请的。申请人申请劳动仲裁、提起民事诉讼程序确认劳动关系,是否属于申请期限的中断或者中止的事由?一种意见认为,不是中断或者中止事由。申请人应先提出工伤认定申请,再通过民事诉讼或劳动仲裁确认劳动关系。因为提起仲裁、民事诉讼,并不影响同时申请工伤认定,在社会保险行政部门受理申请人申请后,会要求其提供劳动关系的相关证据,申请人可以以正在仲裁或诉讼为由要求延长举证期限。另外,有人进一步认为,不应将其视为申请期限的中断或者中止事由的理由为:工伤补偿一定要及时,补偿及时到位,可以使职工得到更多的生存、康复的机会,可以避免职工及其家属的生活陷入困境。如果认可中断事由,这实际上就大大推迟了职工得到工伤补偿的时间。况且,工伤认定部门同样具备对劳动关系存在与否的认定能力,在工伤认定过程中,对劳动关系存在与否有争议,没有必要通过劳动仲裁来解决。综上，不应将双方当事人对是否存在劳动关系发生争议而申请仲裁、提起诉讼视为申请期限的中断或者中止事由。另一种意见认为，应该属于工伤认定申请期限中断或者中止的法定事由。用人单位和劳动者之间存在劳动关系，是受伤职工认定为工伤的前提条件之一。因为工伤认定是以确认劳动关系为基础的，劳动关系不存在也就不可能认定工伤了。双方当事人因是否存在劳动关系发生争议而申请仲裁、提起民事诉讼而耽误的时间应当依法予以中断或者扣除，否则受伤职工或者其近亲属无法在申请工伤时提供《工伤保险条例》第 18 条第 2 款第 2 项规定的“与用人单位存在劳动关系（包括事实劳动关系）的证明材料”。我们认为，如果没有《民事诉讼法》等法律规定“申请仲裁、提起民事诉讼”，社会保险行政部门在行使工伤认定职权中独自对劳动关系进行判断是最为理想的，也可以大大缩短职工得到工伤补偿的时间。不过，由于《民事诉讼法》等法律明确规定对劳动关系可以申请仲裁、提起民事诉讼，工伤申请人可以在法定工伤认定申请期限内对劳动关系申请仲裁、提起民事诉讼。因此，由此耽误的期限依法应当中断或者中止。如四川省高级人民法院《关于审理工伤认定行政案件若干问题的意见》第 12 条规定：“有下列情形之一的，人民法院应当认定劳动保障行政部门作出不予受理工伤认定申请的决定证据不足，适用法规错误：……（三）受伤害职工在工伤认定申请期限内向劳动和社会保障行政部门提出了工伤认定申请，但因劳动关系争议而申请仲裁或提起诉讼，致使其在劳动关系确认后再次提出工伤认定申请逾期的。”

另外，如果已经进入工伤认定行政程序，双方当事人对是否存在劳动关系发生争议而申请仲裁或者提起民事诉讼的，其耽误的时间是否计入工伤认定时间？笔者认为，社会保险行政部门在行使工伤认定职权中有权对劳动关系进行判断，这意味着其排除了当事人申请仲裁或者提起民事诉讼的权利。因此，原则上不应该存在这个问题。但是由于实践中对这个问题认识不一致，有些案件在已经进入工伤认定行政程序的情况下，双方当事人对是否存在劳动关系发生争议而申请仲裁或者提起民事诉讼的，那么，可以将耽误时间进行中断或者中止计算。如北京市高级人民法院《关于审理工伤认定行政案件若干问题的意见（试行）》第 5 条规定：“工伤认定行政程序中，因双方当事人对是否存在劳动关系发生争议而申请仲裁提起诉讼的，该仲裁、诉讼的时间不计入工伤认定的期间。”

五是因其他正当理由超过法定申请期限的。这属于兜底条款。在实践中还可以包括以下情形：（1）职工因其他客观原因无法申请工伤认定的，如遭遇意外伤害丧失行为能力，又无法找到近亲属的，或者近亲属死亡等。这属于不可归责受伤职工原因，依法应将耽误的时间予以扣除。（2）社会保险行政部门同意延长申请时限的。社会保险行政部门不管基于什么理由同意延长申请时限的，均属于不可归责受伤职工原因，依法应将耽误的时间予以扣除。（3）《工伤保险行政规定》第7条第2款对另一种情形未作规定：社会保险行政部门要求申请人补正申请材料而耽误工伤认定申请的。《工伤保险条例》第18条规定：“提出工伤认定申请应当提交下列材料：（一）工伤认定申请表；（二）与用人单位存在劳动关系（包括事实劳动关系）的证明材料；（三）医疗诊断证明或者职业病诊断证明书（或者职业病诊断鉴定书）。工伤认定申请表应当包括事故发生的时间、地点、原因以及职工伤害程度等基本情况。工伤认定申请人提供材料不完整的，社会保险行政部门应当一次性书面告知工伤认定申请人需要补正的全部材料。申请人按照书面告知要求补正材料后，社会保险行政部门应当受理。”依据这一规定，一方面，社会保险行政部门违反上述规定要求补正申请材料而耽误工伤认定申请的，耽误的时间应当扣除或者中断；另一方面，即使是合法要求补正申请材料而耽误时间也要扣除。如北京市高级人民法院《关于审理工伤认定行政案件若干问题的意见（试行）》第5条第1款规定：“劳动保障部门要求工伤认定申请人补正申请材料的时间不计算在工伤认定申请的期间内，待补正材料时间届满后继续计算。”（4）职工所受伤害在事故发生时未发现但能够证明是由事故所造成的，从伤害确诊之日起未超过法定申请期限的。《工伤保险条例》及相应的《工伤认定办法》规定，应当自事故伤害发生之日或者被诊断、鉴定为职业病之日起算。《工伤保险条例》第17条第2款规定“事故伤害发生之日”作为申请工伤认定的起算点。但是，在实践中，对“事故伤害发生之日”存在不同理解。一种意见认为其指的是“事故发生之日”；另一种意见则认为“事故伤害发生之日”是指“事故伤害结果发生或者发现之日”。笔者认为，“伤害”是基于工伤事故而发生的，伤害结果与工伤事故之间存在因果关系。一般来说，工伤事故发生时，伤害结果也随之发生，但也存在一些例外：工伤事故发生后，伤害后果尚未发生。在这种情况下，工伤认定申请主体无法预知是否会产生伤害后果、会产生什么样的伤害后果，也无法预知伤害后果会引发什么样的损失，当然也就无从提出工伤认定申请。也就是说，“事故伤害发生之日”和“工伤事故发生之日”是不同的。据此理解，“事故伤害发生之日”主要指的是事故伤害发生且伤害结果发生或者发现之日，而不是事故发生之日。为了更客观地确定“事故伤害结果发生或者发现之日”，可以将其表述为“伤害确诊之日”。因此，职工所受伤害在事故发生时未发现但能够证明是由事故所造成的，从伤害确诊之日起未超过法定申请期限的，社会保险行政部门依法不得以超过法定期限为由不予受理。

三、明确了由于第三人的原因造成工伤的三种处理方式

由于第三人侵权导致职工工伤的，根据原《侵权责任法》[①]和《社会保险法》的规定，职工可以向侵权的第三人要求民事侵权赔偿，也可以向工伤保险基金要求享受工伤保险待遇，从而出现民事侵权责任和工伤保险责任如何处理的问题。这是《社会保险法》立法中的一个重要问题，也曾是原《侵权责任法》和《工伤保险条例》立法中的一个热点问题。《社会保险法》制定之时，对于这两种法律关系的竞合，如何处理，有不同意见。（1）第一种意见，根据民事侵权赔偿的“填平原则”，认为受伤害的职工只能在民事侵权赔偿和工伤保险待遇中选择一项，如果享受了工伤保险待遇，工伤保险基金就取得了对第三人的代位追偿权；如果工伤职工追究第三人民事赔偿责任的，不能再享受工伤保险待遇。（2）第二种意见，应当实行工伤保险与第三人侵权赔偿相结合，由工伤保险基金先行支付，民事侵权赔偿超出工伤保险待遇的部分，归工伤职工所有。（3）第三种意见，职工应当同时享受工伤保险待遇和民事侵权赔偿。由于对这一问题分歧比较大，《社会保险法》未对这一问题作出规定，但认为工伤职工可以分别按照原《侵权责任法》和《社会保险法》要求侵权赔偿和享受工伤待遇。同时，由于实际发生的医疗费用数额明确，且费用凭据只有一份，因此工伤职工只能享受一份。因此，《社会保险法》第42条规定：“由于第三人的原因造成工伤，第三人不支付工伤医疗费用或者无

① 现为《民法典》侵权责任编。

法确定第三人的，由工伤保险基金先行支付。工伤保险基金先行支付后，有权向第三人追偿。”笔者认为，依据《社会保险法》第42条规定，除工伤医疗费用外，职工可以同时享受工伤保险待遇和民事侵权赔偿。也就是一般所说的有限的“双赔”或者“一补一赔”。理由如下：

其一，在理论上，工伤职工有权同时享受工伤保险待遇和获得民事侵权赔偿。（1）工伤保险待遇与民事侵权赔偿性质不同，不得替代。工伤保险待遇属于公法领域的补偿，人身损害赔偿则属于私法领域的赔偿，二者不能混用，也不能相互替代。工伤保险待遇是职工参加工伤保险应得的劳动待遇，不能因用人单位之外的第三人承担了民事侵权赔偿责任，而剥夺职工应得到的工伤保险待遇。（2）侵权损害填平法则难以适用于人身损害赔偿。生命健康无法用金钱来衡量，不存在填平问题，也不存在工伤职工获得意外收益的问题。（3）工伤保险金是用人单位而不是侵权的第三人缴纳的，那么用人单位以外的第三人承担民事责任不能免除接受用人单位工伤保险金的工伤保险基金支付受伤职工工伤保险待遇的法定义务，否则工伤保险基金便拥有了“享受权利而不承担义务”的特权。正是基于这一理由，所谓民事侵权主体的第三人承担民事责任后，工伤保险基金仍支付工伤职工工伤保险待遇会造成工伤保险基金不当损失是不能成立的。

其二，从法律上，也可以得出除工伤医疗费用外，工伤职工有权同时享受工伤保险待遇和获得民事侵权赔偿的结论。《社会保险法》《工伤保险条例》明确规定了构成工伤应享受相关待遇，同时没有规定第三人侵权工伤应当扣减第三人赔偿部分，也没有规定工伤保险基金或用人单位追偿权（除工伤医疗费用）。现行法律和行政法规没有明确规定受伤职工只能得到一份赔偿或者补偿，限制受伤职工只能得到一份赔偿的做法缺乏法律依据。不过，依据《社会保险法》第42条规定，医疗费用在工伤医疗费用范围内，工伤职工只能享受一份。

其三，从程序上，除工伤保险基金先行赔付，民事赔偿补差程序外，目前主要的先民事侵权赔偿后工伤保险待遇的补差程序过于复杂，缺乏操作性，难以切实保障职工权益，极易导致工伤职工一方面因侵权赔偿不能及时到位，而另一方面又因民事先行而不能享受工伤保险待遇的两难境地。

其四，从标准上，提高工伤保险待遇标准，逐渐缩小民事侵权赔偿与工伤保险待遇之间的差距，并不必然导致“双重赔偿”已失去合理性。《工伤保险条例》将一次性工亡补助金标准改为全国上一年度城镇居民人均可支配收入的20倍，一次性工亡补助金可达38.2万元，以后还会逐年递增，大幅度提高了工伤保险待遇标准。据此有人认为，“双重赔偿”已失去合理性。笔者认为，长远来看，提高工伤保险赔偿标准，甚至达到民事人身损害赔偿标准，从利益衡量看，在一定程度上可以达到法律救济的平衡，减少当事人选择不同请求权带来的处理后果失衡，也切实发挥工伤保险制度的应有功能，避免制度设计的重叠，降低社会发展成本，尤其可以减少所谓“受害人不应因遭受侵害获得意外收益原则”的顾虑。但是，工伤保险赔偿标准恐怕不易达到民事人身损害赔偿标准。理由如下：（1）工伤保险待遇和人身损害赔偿所谓相同项目（如前者的“伤残补助金”和后者的“残疾赔偿金”），两者的计算依据大相径庭，难以标准一致。（2）即使个别相同项目（如一次性工亡补助金标准）几乎达到民事人身损害赔偿标准，也不意味着其他相同项目也与民事侵权赔偿标准一致。（3）人身损害赔偿中的精神损害抚慰金、营养费等项目并不包含在工伤保险待遇中，故难以排除个别项目（如精神损害抚慰金、营养费）可以兼得。也就是说，在不同项目中，工伤保险待遇是永远不可能达到民事侵权损害赔偿标准的。综上，工伤保险待遇几乎是不可能达到民事侵权损害标准的，以《工伤保险条例》提高一次性工亡补助金为由认为“双重赔偿”已失去合理性是不能成立的。

其五，在目前情况下，认为工伤职工有权同时享受工伤保险待遇和获得民事侵权赔偿即意味着可以实际上获得双重赔付也是不符合现实情况的。（1）在实践中，侵权人具有完全赔偿能力的并不多见。即使法院判决侵权人支付赔偿金，也难以执行到位。从实际情况来看，侵权人的赔偿往往不足以弥补受害人的实际损失。（2）工伤职工进行民事诉讼要花费很大的人力和金钱成本。如果把诉讼成本除去，受到工伤的职工即使胜诉，扣除成本后所多获得的利益也是非常有限的。（3）民事诉讼实行的是“谁主张谁举证”的举证原则，工伤职工存在举证不能而无法获得民事赔偿的巨大风险，想象中的双重赔付在现实中不会大量出现。

为此，按照《社会保险法》第42条规定的精神和上述理由，《工伤保险行政规定》第8条明确：一是职工因第三人的原因受到伤害，社会保险行政部门以职工或者其近亲属已经对第三人提起民事诉讼或者获得民事赔偿为由，作出不予受理工伤认定申请或者不予认定工伤决定的，人民法院不予支持。二是职工因第三人的原因受到伤害，社会保险行政部门已经作出工伤认定，职工或者其近亲属未对第三人提起民事诉讼或者尚未获得民事赔偿，起诉要求社会保险经办机构支付工伤保险待遇的，人民法院应予支持。三是职工因第三人的原因导致工伤，社会保险经办机构以职工或者其近亲属已经对第三人提起民事诉讼为由，拒绝支付工伤保险待遇的，人民法院不予支持，但第三人已经支付的医疗费用除外。上述规定，从行政诉讼角度充分保障了工伤职工取得工伤保险待遇的权利。此外，最高人民法院《关于审理人身损害赔偿案件适用法律若干问题的解释》第 12 条第 2 款[①] 规定："因用人单位以外的第三人侵权造成劳动者人身损害，赔偿权利人请求第三人承担民事赔偿责任的，人民法院应予支持。"这一规定从民事诉讼角度出发规定，不管受伤职工是否申请工伤保险待遇或者获得工伤保险待遇，其请求第三人承担民事赔偿责任的，人民法院应予支持。综合上述规定，这一围绕因第三人造成工伤的法律体系（包括《社会保险法》第 42 条和最高人民法院的两个司法解释有关规定），既在实体上承认了长期争论不休的有限"双赔"，亦即除工伤医疗费用外，职工可以同时享受工伤保险待遇和民事侵权赔偿，又在程序上理顺了有关民事程序与行政诉讼的关系，允许工伤职工自行选择救济程序的顺序（包括同时寻求民事和行政救济），从而解决了长期困扰因第三人造成工伤的职工寻求救济的程序障碍。

四、发展和完善了人民法院关于审理工伤保险行政案件的诉讼制度

《工伤保险行政规定》分 3 条发展和完善了人民法院审理工伤保险行政案件中的有关行政诉讼问题。

（一）有关特定工伤事实的认定

《工伤保险条例》第 14 条、第 15 条规定了认定工伤或者视同工伤的具体条件，而第 16 条亦明确具有特殊情形时，职工即使应当认定工伤或者视同工

① 对应最高人民法院《关于审理人身损害赔偿案件适用法律若干问题的解释》（2022 年修正）第 3 条第 2 款。

伤，但也不认定工伤或者视同工伤。为了明确《工伤保险条例》第 14 条、第 16 条关于不认定为工伤或者视同工伤的特殊事实认定规则，《工伤保险行政规定》第 1 条规定，人民法院审理工伤认定行政案件，在认定是否存在《工伤保险条例》第 14 条第 6 项“本人主要责任”、第 16 条第 2 项“醉酒或者吸毒的”和第 16 条第 3 项“自残或者自杀的”等情形时，应当以有权机构出具的事故责任认定书、结论性意见和人民法院生效裁判等法律文书为依据，但有相反证据足以推翻事故责任认定书和结论性意见的除外。前述法律文书不存在或者内容不明确，社会保险行政部门就前款事实作出认定的，人民法院应当结合其提供的相关证据依法进行审查。《工伤保险条例》第 16 条第 1 项“故意犯罪”的认定，应当以刑事侦查机关、检察机关和审判机关的生效法律文书或者结论性意见为依据。《工伤保险行政规定》第 1 条的主要目的在于明确《工伤保险条例》第 14 条、第 16 条关于不认定工伤或者不视同工伤的特定工伤事实的认定问题。本条主要明确以下三点内容：

1. 特定工伤事实是否存在，原则上应当以有权机构的事故责任认定书、结论性意见和人民法院的生效裁判等法律文书为判断依据。特定工伤事实是否存在，涉及特定部门或者特殊机构的专业分析和权威判断，如交通事故责任、自杀、醉酒等，专业的权威机构判断或者经诉讼程序对证据严格审核后认定的事实，属于公认的证明力较高的证据材料。但上述“不得认定为工伤或者视同工伤”的事由应由哪个国家机关作出确认，以什么形式作出，《工伤保险条例》对此未作出规定，由此导致了实践中存在巨大分歧。根据公权力法定原则，《工伤保险条例》第 14 条第 6 项“非本人主要责任”和第 16 条规定的“不得认定为工伤或者视同工伤”的事由原则上应由有权机关作出确认。如北京市高级人民法院《关于审理工伤认定行政案件若干问题的意见（试行）》第 14 条规定：《工伤保险条例》第 16 条规定的“不得认定为工伤或者视同工伤”的法定事由应由有权机构作出确认。虽然《工伤保险条例》规定“不得认定为工伤或者视同工伤”和“非本人主要责任”的事由应由相关职权部门作出确认，但是不同的事由由不同有权机关作出确认，即使是相同的事由在不同的程序阶段或者不同的情形，作出确认的机关也是不同的。如对“故意犯罪”的事实应由公安机关、检察院、法院在其职权范围内作出认定；对“非本人主要责任”事由应由不同的交通管理部门在其职权范围内作出认定；对“自残或自杀”原则上由公安机关等司法部门在其职权范围内作出认定。而上述国家机关作出排除工伤事实的认定，一般通过有权机构的事故责任认定书、结论性意见以及刑事侦查机关、检察机关和审判机关的生效法律文书或者结论性意见作出。

2. 有关法律文书的排除问题。也不排除有关法律文书出现错误的可能，本条同时也规定了出现相反证据的处理方式。其一，认定“本人主要责任”“醉酒或者吸毒”和“自残或者自杀”等情形，应当以有权机构出具的事故责任认定书、结论性意见和人民法院生效裁判等法律文书为依据，但有相反证据足以推翻事故责任认定书和结论性意见的除外；其二，“故意犯罪”的认定，应当以刑事侦查机关、检察机关和审判机关的生效法律文书或者结论性意见为依据，但是如果发现上述生效法律文书或者结论性意见认定的事实有重大问题的，按照最高人民法院《关于行政诉讼证据若干问题的规定》第70条规定，应当中止诉讼，通过法定程序予以纠正后恢复诉讼。

3. 没有有权机构事故责任认定书及结论性意见或人民法院的法律文书时，社会保险行政部门可以结合相关证据作出事实认定，但是，涉及“故意犯罪”事实的认定，必须以刑事侦查机关、检察机关和审判机关的生效法律文书和结论性意见为依据，社会保险行政部门无权认定。这主要是考虑到，虽然特殊情形的认定具有较强的专业技术特点，但在当事人无法获得相关法律文书或者法律文书内容不明确时，社会保险行政部门基于履行工伤认定的法定职责的需要，根据《工伤保险条例》第19条的规定，行使调查核实权对是否存在特定工伤事实作出的明确认定，人民法院应当依法予以审核。在实践中，有些工伤认定案件中，因没有有权机关出具的“非本人主要责任的交通事故”“醉酒”“自杀”等特定工伤事实的认定意见，社会保险行政部门往往以无相关认定意见，无法判断是否属于特定情形为由，长时间中止工伤认定程序或者不认定为工伤。笔者认为，因存在特定工伤事实而排除工伤认定，社会保险部门的不予认定工伤决定必须以能够证明存在特定工伤事实的证据为依据，如果没有相关证据，而职工受伤害符合认定为工伤的其他条件，则应当认定为工伤，不能以没有有权机构的法律文书为由拖延认定或不予认定。

（二）有关劳动关系的行政诉讼程序处理

用人单位和职工之间存在劳动关系，是受伤职工认定为工伤的前提条件之一。《工伤保险行政规定》第 2 条规定："人民法院受理工伤认定行政案件后，发现原告或者第三人在提起行政诉讼前已经就是否存在劳动关系申请劳动仲裁或者提起民事诉讼的，应当中止行政案件的审理。"依据这一规定，人民法院在受理工伤认定行政案件后发现职工或者用人单位对是否存在劳动关系发生争议，在处理方式上应当区分情况分别对待。第一种情况是，职工和用人单位对是否存在劳动关系发生争议，提起行政诉讼前已经申请劳动仲裁或者提起民事诉讼的，人民法院应当中止正在审理的工伤认定行政案件；第二种情况是职工和用人单位对是否存在劳动关系发生争议，没有申请劳动仲裁或者提起民事诉讼的，人民法院可以在审理工伤认定行政案件时一并对是否存在劳动关系进行审查。主要理由是：社会保险行政部门在工伤认定程序中，具有认定受到伤害的职工与企业之间是否存在劳动关系的职权。社会保险行政部门在工伤认定程序中已经对是否存在劳动关系作出了判断，进入到行政诉讼程序后，人民法院可以对社会保险部门就是否存在劳动关系的认定进行审查，职工或者用人单位无须就是否存在劳动关系另行申请劳动仲裁或者提起民事诉讼。另外，效率和便民问题也是处理方式选择上的重要考量因素。《社会保险法》第 36 条第 2 款规定，认定程序应当尽可能简便。如果社会保险行政部门已对是否存在劳动关系作出了判断，在行政诉讼中再要求原告或者第三人另行申请劳动仲裁或者提起民事诉讼，中止行政诉讼，必然会因繁多的程序导致效率低下，往往耽误了受伤职工及时治疗和康复，也导致在实践中很多劳动者因程序繁杂而放弃申请工伤认定或者匆忙和用人单位达成不平等的协议，造成更多的社会矛盾，不利于职工权益保护。一并进行审查，亦有利于防止用人单位因工伤认定对己不利时，故意就是否存在劳动关系申请劳动仲裁或者提起民事诉讼，借此拖延行政案件的审理，损害工伤职工合法权益。

客观地说，依据《工伤保险行政规定》第 2 条规定，原告或者第三人在提起行政诉讼前如未申请劳动仲裁或者提起民事诉讼的，人民法院无须中止行政案件的审理，从而加快了工伤认定法律程序，对保护受伤职工的合法权益具有积极意义。但在这里，还有两个问题需要探讨：

一方面，原告或者第三人在提起行政诉讼前未就是否存在劳动关系申请劳动仲裁或者提起民事诉讼的，而在人民法院受理工伤认定行政案件后提起的，依据《工伤保险行政规定》第2条规定，无须中止工伤认定行政案件的审理，但是，原告或者第三人已就是否存在劳动关系申请劳动仲裁或者提起民事诉讼的，如何处理？笔者认为，审理工伤认定行政案件的人民法院应当通知受理劳动仲裁或者民事诉讼的有关机关和法院，由有关机构和法院要求原告或者第三人撤回申请或者起诉，原告或者第三人不撤回申请或者起诉的，有关机构和法院依法予以驳回或者不予受理。

另一方面，以“提起行政诉讼前已经就是否存在劳动关系申请劳动仲裁或者提起民事诉讼”以判断人民法院是否中止审理工伤认定行政诉讼是一种妥协的做法，并未彻底解决工伤认定程序不简便的问题。《劳动法》《劳动争议调解仲裁法》《民事诉讼法》规定，对劳动关系存在争议的，可以申请劳动争议调解仲裁或者提起民事诉讼。如《劳动法》第77条规定，用人单位与劳动者发生劳动争议，当事人可以依法申请调解、仲裁、提起诉讼，也可以协商解决；第79条规定，劳动争议发生后，当事人可以向本单位劳动争议调解委员会申请调解；调解不成，当事人一方要求仲裁的，可以向劳动争议仲裁委员会申请仲裁。当事人一方也可以直接向劳动争议仲裁委员会申请仲裁。对仲裁裁决不服的，可以向人民法院提起诉讼。而《劳动法》《工伤保险条例》和最高人民法院的批复答复也肯定了社会保险行政部门对是否存在劳动关系的认定权。《工伤保险条例》第18条第1款规定：“提出工伤认定申请应当提交下列材料：（一）工伤认定申请表；（二）与用人单位存在劳动关系（包括事实劳动关系）的证明材料；（三）医疗诊断证明或者职业病诊断证明书（或者职业病诊断鉴定书）。”该规定说明，社会保险行政部门在工伤认定之前应当审查职工与用人单位之间是否存在劳动关系。也就是说，确认职工与用人单位之间是否存在劳动关系是社会保险行政部门的一项行政职权。最高人民法院行政审判庭《关于劳动行政部门在工伤认定程序中是否具有劳动关系确认权请示的答复》（〔2009〕行他字第12号）指出：“根据《劳动法》第九条和《工伤保险条例》第五条、第十八条的规定，劳动行政部门在工伤认定程序中，具有认定受到伤害的职工与企业之间是否存在劳动关系的职权。”由此，最高人民法院依《劳动法》和《工伤保险条例》进一步明确在工伤认定程序中，社会保险行政部门具有认定受到伤害的职工与企业之间是否存在劳动关系的行政职权。由此，产生了劳动仲裁、民事诉讼与社会保险行政部门工伤认定两个程序何者为先的问题。

有一种观点认为，依据《劳动法》《劳动争议调解仲裁法》《民事诉讼法》相关规定，劳动关系争议必须先申请劳动仲裁或者提起民事诉讼，不管是在社会保险部门工伤认定程序中，还是在人民法院审理工伤认定行政案件中。笔者并不赞同。在工伤认定这个问题上，最需要的是效率，认定程序应当尽可能简便。劳动关系争议无须先申请劳动仲裁或者提起民事诉讼，工伤认定行政程序及行政诉讼程序可以一并处理。此外，社会保险行政部门既然依法具有认定劳动关系存在与否的法定职权，那么如社会保险行政部门已经受理工伤认定申请，其也必然要对劳动关系是否存在作出认定。社会保险行政部门工伤认定程序可以排除劳动争议仲裁或者民事诉讼管辖权。即使在社会保险行政部门作出工伤认定决定后未失去法律效力之前，基于行政行为公信力，劳动仲裁或者民事诉讼也一样无权作出相反认定，更不需要再作相同认定。因此，社会保险行政部门一旦受理工伤认定申请后，劳动争议仲裁部门或者民事法庭就无权就劳动关系存在与否作出裁决。这意味着三点：一是在社会保险行政部门工伤认定过程中，对劳动关系尚有争议的，社会保险行政部门不得告知申请人到当地劳动争议仲裁部门申请裁决或者向人民法院提起民事诉讼。二是在社会保险行政部门工伤认定过程中，如用人单位和职工就劳动关系存在与否申请劳动仲裁或者提起民事诉讼的，劳动争议仲裁部门和人民法院已受理的，应当通知仲裁机关终止仲裁或者相关法院的相关法庭终止审判。三是在工伤认定受理之前，如用人单位和职工就劳动关系存在与否已申请劳动仲裁或者提起民事诉讼的，社会保险行政部门或者人民法院应当中止工伤认定行政案件的处理。但用人单位和职工自愿撤回申请劳动仲裁或者民事诉讼的，社会保险行政部门和人民法院应当恢复处理程序。总之，工伤认定之时，既要尊重《劳动法》和《工伤保险条例》赋予社会保险行政部门的劳动关系认定权，也要尊重《劳动法》《劳动争议调解仲裁法》和《民事诉讼法》等法律授予劳动仲裁机构和民事法庭的法定职权。

对于上述第一、二点，有人认为，人社部门设有专门处理劳动关系争议的劳动争议仲裁委员会，《劳动法》和《民事诉讼法》也规定，人民法院民事审判庭专门处理劳动关系争议。劳动仲裁或者民事诉讼和工伤认定是两个完全不同的程序，劳动关系的认定应由专业职能部门即劳动争议仲裁委员会或者人民法院民事审判庭来行使。如社会保险行政部门直接认定有争议的劳动关系，等于剥夺了当事人相关的民事和仲裁程序权利。笔者认为，这种观点不能成立。首先，劳动争议仲裁委员会本来就设在人社部门之下，人社部门处理劳动关系的专业性毋庸置疑；其次，社会保险行政部门对劳动关系的认定不具备终局性。当工伤认定当事人对社会保险行政部门就劳动关系存在与否所作出的认定存在异议时，可以通过提起行政诉讼推翻社会保险行政部门的认定。也就是说，社会保险行政部门作出的工伤认定决定不是最终裁决，人民法院的行政审判仍然有权确定受到伤害的职工与企业之间是否存在劳动关系。有关是否存在劳动关系的最终决定权，仍属于人民法院。因此，谈不上剥夺当事人提起诉讼的权利。[①]况且，不管是行政审判庭还是民事审判庭均是以人民法院名义从事相关审判活动的，劳动关系在两者中的任何一个审理在制度上并无障碍，切不可以法院内部分工为由妨碍当事人享受高效快捷的司法服务。也正是基于这一理由，笔者认为，未来立法可以通过行政附带民事诉讼解决这两种程序相互衔接的问题。甚至在必要时，也可以考虑民事附带行政诉讼，这一处理程序中，民事程序不仅可以解决关于劳动关系的民事争议，还可以附带解决工伤认定的行政诉讼，确保劳动者享受高效快捷的司法服务。

3. 关于因提交虚假材料导致工伤认定错误的判决种类

依据《行政诉讼法》第 54 条第 1 项规定，具体行政行为证据确凿，适用法律、法规正确，符合法定程序的，人民法院经过审理判决维持。《行政诉讼法》第 70 条规定，行政行为有下列情形之一的，人民法院判决撤销或者部分撤销，并可以判决被告重新作出行政行为：（1）主要证据不足的；（2）适用法律、法规错误的；（3）违反法定程序的；（4）超越职权的；（5）滥用职权的；（6）明显不当的。但是，有些具体行政行为属于既不是完全合法合理无法判决维持，又不能简单撤销了事。为此有必要创设新的判决种类，最高人民法院《关于执行〈中华人民共和国行政诉讼法〉若干问题的解释》（以下简

① 蔡小雪：《劳动行政部门在工伤认定程序中具有劳动关系的确认职权》，载最高人民法院行政审判庭编：《行政执法与行政审判》2009 年第 4 集（总第 36 集），中国法制出版社 2010 年版，第 34 页。

称《执行行政诉讼法解释》)[①]对此作了补充性规定：一是驳回原告的诉讼请求判决。对原告要求作为的诉讼请求不能成立或者被诉具体行政行为虽然合法但存在合理性问题或者因法律、政策变化需要变更或者废止的等情况，可以判决驳回原告的诉讼请求。《执行行政诉讼法解释》第56条规定："有下列情形之一的，人民法院应当判决驳回原告的诉讼请求：(一)起诉被告不作为理由不能成立的；(二)被诉具体行政行为合法但存在合理性问题的；(三)被诉具体行政行为合法，但因法律、政策变化需要变更或者废止的；(四)其他应当判决驳回诉讼请求的情形。"[②]二是确认合法或者有效的确认判决。《执行行政诉讼法解释》第57条第1款规定："人民法院认为被诉具体行政行为合法，但不适宜判决维持或者驳回诉讼请求的，可以作出确认其合法或者有效的判决。"三是确认被诉具体行政行为违法或者无效的确认判决。《执行行政诉讼法解释》第57条第2款规定："有下列情形之一的，人民法院应当作出确认被诉具体行政行为违法或者无效的判决：(一)被告不履行法定职责，但判决责令其履行法定职责已无实际意义的；(二)被诉具体行政行为违法，但不具有可撤销内容的；(三)被诉具体行政行为依法不成立或者无效的。"[③]四是确认被诉具体行政行为违法但保留其法律效力的判决。《执行行政诉讼法解释》第58条规定："被诉具体行政行为违法，但撤销该具体行政行为将会给国家利益或者公共利益造成重大损失的，人民法院应当作出确认被诉具体行政行为违法的判决，并责令被诉行政机关采取相应的补救措施；造成损害的，依法判决承担赔偿责任。"[④]

对工伤保险行政案件的裁判种类的正确选择，不仅涉及审理工伤保险行政案件的理念和导向问题，更重要的是涉及对第三人合法权益的平等保护问题。针对工伤保险行政案件的特殊性以及行政合法性原则与信赖利益原则、法安定性原则关系在其中牵绊，不宜适用撤销判决或者维持判决，而是应当适用驳回诉讼请求判决或确认判决。《工伤保险行政规定》第9条规定："因

---

① 最高人民法院《关于执行〈中华人民共和国行政诉讼法〉若干问题的解释》(法释〔2020〕8号)根据最高人民法院《关于适用〈中华人民共和国行政诉讼法〉的解释》(法释〔2018〕1号)的规定已废止，自2018年2月8日起不再适用。

② 对应《行政诉讼法》第69条。

③ 对应《行政诉讼法》第74条、第75条。

④ 对应《行政诉讼法》第74条。

工伤认定申请人或者用人单位隐瞒有关情况或者提供虚假材料，导致工伤认定错误的，社会保险行政部门可以在诉讼中依法予以更正。工伤认定依法更正后，原告不申请撤诉，社会保险行政部门在作出原工伤认定时有过错的，人民法院应当判决确认违法；社会保险行政部门无过错的，人民法院可以驳回原告诉讼请求。”

社会保险行政部门的工伤认定决定如存在实体问题的，人民法院原则上应当判决撤销。但是，在实践中有时社会保险行政部门的工伤认定决定的实体问题是由于工伤认定当事人隐瞒有关情况或者提供虚假材料导致的，社会保险行政部门并无过错，亦在诉讼中依法予以改正，原告又不撤诉的，应当如何处理？依据《执行行政诉讼法解释》第50条第3款规定“被告改变原具体行政行为，原告不撤诉，人民法院经审查认为原具体行政行为违法的，应当作出确认其违法的判决；认为原具体行政行为合法的，应当判决驳回原告的诉讼请求”[①]，社会保险行政部门在诉讼中依法予以改正了原工伤认定决定，原告不撤诉，人民法院经审查认为原工伤认定决定违法的，应当作出确认其违法的判决；认为原工伤认定决定合法的，应当判决驳回原告的诉讼请求。但是，在工伤认定行政案件中，因工伤认定申请人隐瞒有关情况或提供虚假材料导致工伤认定决定错误的，社会保险行政部门依法予以改正且在作出原工伤认定决定时无过错，人民法院是否应当依据《执行行政诉讼法解释》第50条规定作出确认原工伤认定违法的判决，在实践中争议较大。一种意见认为，依据《执行行政诉讼法解释》第50条规定，应当作出确认原工伤认定决定违法的判决；另一种意见认为，此种情形下社会保险行政部门毕竟在作出原工伤认定决定时无过错且依法已予以改正，判决驳回原告的诉讼请求为妥。

行政法学理论中有客观违法和主观违法之分。所谓客观违法指的是行政机关作出的具体行政行为只要不符合法律规定，不管行政机关主观过错如何，亦应当承担法律责任（包括行政赔偿）；而主观违法指的是行政机关作出的具体行政行为不符合法律规定，并不是其承担法律责任（包括行政赔偿）的唯一条件，还要考虑行政机关主观过错如何。主观违法是一种对过错归责原则的回归。最高人民法院《关于审理房屋登记案件若干问题的规定》第12条规

---

① 对应《行政诉讼法》第74条第2款。

定："申请人提供虚假材料办理房屋登记，给原告造成损害，房屋登记机构未尽合理审慎职责的，应当根据其过错程度及其在损害发生中所起作用承担相应的赔偿责任。"第13条规定："房屋登记机构工作人员与第三人恶意串通违法登记，侵犯原告合法权益的，房屋登记机构与第三人承担连带赔偿责任。"最高人民法院《关于审理行政许可案件若干问题的规定》第13条规定："被告在实施行政许可过程中，与他人恶意串通共同违法侵犯原告合法权益的，应当承担连带赔偿责任；被告与他人违法侵犯原告合法权益的，应当根据其违法行为在损害发生过程和结果中所起作用等因素，确定被告的行政赔偿责任；被告已经依照法定程序履行审慎合理的审查职责，因他人行为导致行政许可决定违法的，不承担赔偿责任。在行政许可案件中，当事人请求一并解决有关民事赔偿问题的，人民法院可以合并审理。"上述司法解释规定在行政赔偿归责原则上采用过错原则。不仅以行政机关的过错确定其是否应当承担行政赔偿责任，还根据其过错程度及其在损害发生中所起作用承担相应的赔偿责任。现在的行政审判实践不仅在行政赔偿的承担方面日益强调行政机关的主观过错，也在选择判决种类时充分考虑行政机关过错因素。最高人民法院《关于审理公司登记行政案件若干问题的座谈会纪要》中"一、以虚假材料获取公司登记的问题"规定："因申请人隐瞒有关情况或者提供虚假材料导致登记错误的，登记机关可以在诉讼中依法予以更正。登记机关依法予以更正且在登记时已尽到审慎审查义务，原告不申请撤诉的，人民法院应当驳回其诉讼请求。原告对错误登记无过错的，应当退还其预交的案件受理费。登记机关拒不更正的，人民法院可以根据具体情况判决撤销登记行为、确认登记行为违法或者判决登记机关履行更正职责。"综上，经研究认为，造成工伤认定决定错误的原因是多种多样的。既可能有社会保险行政部门主观方面的原因也有工伤认定申请人隐瞒有关情况或提供虚假材料以及其他客观方面的原因。不同的原因处理的方式应当不同，否则对社会保险行政部门是不公平的，不利于其积极改正错误，也会纵容有些人故意隐瞒有关情况或者提供虚假材料谋取不法利益。借鉴最高人民法院《关于审理公司登记行政案件若干问题的座谈会纪要》相关条款，《工伤保险行政规定》第9条规定："因工伤认定申请人或者用人单位隐瞒有关情况或者提供虚假材料，导致工伤认定错误的，社会保险行政部门可以在诉讼中依法予以更正。工伤认定依法更正后，原告不申请撤诉，社会保险行政部门在作出原工伤认定时有过错的，人民法院应当判决确认违法；社会保险行政部门无过错的，人民法院驳回原告诉讼请求。”这一条文是关于“因工伤认定申请人或者用人单位隐瞒有关情况或者提供虚假材料，导致工伤认定错误的”判决种类的规定。依据这一规定，人民法院驳回原告诉讼请求必须符合以下条件：一是因工伤认定申请人或者用人单位隐瞒有关情况或者提供虚假材料导致工伤认定错误，而不是社会保险行政部门自身原因导致的；二是社会保险行政部门在诉讼中依法对被诉工伤认定予以更正，且经人民法院审查该更正为合法；三是原告不申请撤诉；四是社会保险行政部门在作出原工伤认定时无过错。如社会保险行政部门有过错的，人民法院应当判决确认违法。

（撰稿人：杨科雄）

最高人民法院
关于审理民事、行政诉讼中司法赔偿案件适用法律若干问题的解释

法释〔2016〕20号

（2016年2月15日最高人民法院审判委员会第1678次会议通过
2016年9月7日最高人民法院公告公布　自2016年10月1日起施行）

根据《中华人民共和国国家赔偿法》及有关法律规定，结合人民法院国家赔偿工作实际，现就人民法院赔偿委员会审理民事、行政诉讼中司法赔偿案件的若干法律适用问题解释如下：

第一条　人民法院在民事、行政诉讼过程中，违法采取对妨害诉讼的强制措施、保全措施、先予执行措施，或者对判决、裁定及其他生效法律文书执行错误，侵犯公民、法人和其他组织合法权益并造成损害的，赔偿请求人可以依法向人民法院申请赔偿。

第二条　违法采取对妨害诉讼的强制措施，包括以下情形：

（一）对没有实施妨害诉讼行为的人采取罚款或者拘留措施的；

（二）超过法律规定金额采取罚款措施的；

（三）超过法律规定期限采取拘留措施的；

（四）对同一妨害诉讼的行为重复采取罚款、拘留措施的；

（五）其他违法情形。

第三条 违法采取保全措施，包括以下情形：

（一）依法不应当采取保全措施而采取的；

（二）依法不应当解除保全措施而解除，或者依法应当解除保全措施而不解除的；

（三）明显超出诉讼请求的范围采取保全措施的，但保全财产为不可分割物且被保全人无其他财产或者其他财产不足以担保债权实现的除外；

（四）在给付特定物之诉中，对与案件无关的财物采取保全措施的；

（五）违法保全案外人财产的；

（六）对查封、扣押、冻结的财产不履行监管职责，造成被保全财产毁损、灭失的；

（七）对季节性商品或者鲜活、易腐烂变质以及其他不宜长期保存的物品采取保全措施，未及时处理或者违法处理，造成物品毁损或者严重贬值的；

（八）对不动产或者船舶、航空器和机动车等特定动产采取保全措施，未依法通知有关登记机构不予办理该保全财产的变更登记，造成该保全财产所有权被转移的；

（九）违法采取行为保全措施的；

（十）其他违法情形。

第四条 违法采取先予执行措施，包括以下情形：

（一）违反法律规定的条件和范围先予执行的；

（二）超出诉讼请求的范围先予执行的；

（三）其他违法情形。

第五条 对判决、裁定及其他生效法律文书执行错误，包括以下情形：

（一）执行未生效法律文书的；

（二）超出生效法律文书确定的数额和范围执行的；

（三）对已经发现的被执行人的财产，故意拖延执行或者不执行，导致被执行财产流失的；

（四）应当恢复执行而不恢复，导致被执行财产流失的；

（五）违法执行案外人财产的；

（六）违法将案件执行款物执行给其他当事人或者案外人的；

（七）违法对抵押物、质物或者留置物采取执行措施，致使抵押权人、质权人或者留置权人的优先受偿权无法实现的；

（八）对执行中查封、扣押、冻结的财产不履行监管职责，造成财产毁损、灭失的；

（九）对季节性商品或者鲜活、易腐烂变质以及其他不宜长期保存的物品采取执行措施，未及时处理或者违法处理，造成物品毁损或者严重贬值的；

（十）对执行财产应当拍卖而未依法拍卖的，或者应当由资产评估机构评估而未依法评估，违法变卖或者以物抵债的；

（十一）其他错误情形。

第六条 人民法院工作人员在民事、行政诉讼过程中，有殴打、虐待或者唆使、放纵他人殴打、虐待等行为，以及违法使用武器、警械，造成公民身体伤害或者死亡的，适用国家赔偿法第十七条第四项、第五项的规定予以赔偿。

第七条 具有下列情形之一的，国家不承担赔偿责任：

（一）属于民事诉讼法第一百零五条①、第一百零七条第二款②和第二百三十三条③规定情形的；

（二）申请执行人提供执行标的物错误的，但人民法院明知该标的物错误仍予以执行的除外；

（三）人民法院依法指定的保管人对查封、扣押、冻结的财产违法动用、隐匿、毁损、转移或者变卖的；

（四）人民法院工作人员与行使职权无关的个人行为；

（五）因不可抗力、正当防卫和紧急避险造成损害后果的；

（六）依法不应由国家承担赔偿责任的其他情形。

① 现为《民事诉讼法》（2023 年修正）第 108 条。
② 现为《民事诉讼法》（2023 年修正）第 110 条第 2 款。
③ 现为《民事诉讼法》（2023 年修正）第 244 条。

第八条 因多种原因造成公民、法人和其他组织合法权益损害的，应当根据人民法院及其工作人员行使职权的行为对损害结果的发生或者扩大所起的作用等因素，合理确定赔偿金额。

第九条 受害人对损害结果的发生或者扩大也有过错的，应当根据其过错对损害结果的发生或者扩大所起的作用等因素，依法减轻国家赔偿责任。

第十条 公民、法人和其他组织的损失，已经在民事、行政诉讼过程中获得赔偿、补偿的，对该部分损失，国家不承担赔偿责任。

第十一条 人民法院及其工作人员在民事、行政诉讼过程中，具有本解释第二条、第六条规定情形，侵犯公民人身权的，应当依照国家赔偿法第三十三条、第三十四条的规定计算赔偿金。致人精神损害的，应当依照国家赔偿法第三十五条的规定，在侵权行为影响的范围内，为受害人消除影响、恢复名誉、赔礼道歉；造成严重后果的，还应当支付相应的精神损害抚慰金。

第十二条 人民法院及其工作人员在民事、行政诉讼过程中，具有本解释第二条至第五条规定情形，侵犯公民、法人和其他组织的财产权并造成损害的，应当依照国家赔偿法第三十六条的规定承担赔偿责任。

财产不能恢复原状或者灭失的，应当按照侵权行为发生时的市场价格计算损失；市场价格无法确定或者该价格不足以弥补受害人所受损失的，可以采用其他合理方式计算损失。

第十三条 人民法院及其工作人员对判决、裁定及其他生效法律文书执行错误，且对公民、法人或者其他组织的财产已经依照法定程序拍卖或者变卖的，应当给付拍卖或者变卖所得的价款。

人民法院违法拍卖，或者变卖价款明显低于财产价值的，应当依照本解释第十二条的规定支付相应的赔偿金。

第十四条 国家赔偿法第三十六条第六项规定的停产停业期间必要的经常性费用开支，是指法人、其他组织和个体工商户为维系停产停业期间运营所需的基本开支，包括留守职工工资、必须缴纳的税费、水电费、房屋场地租金、设备租金、设备折旧费等必要的经常性费用。

第十五条 国家赔偿法第三十六条第七项规定的银行同期存款利息，以作出生效赔偿决定时中国人民银行公布的一年期人民币整存整取定期存款基准利率计算，不计算复利。

应当返还的财产属于金融机构合法存款的，对存款合同存续期间的利息按照合同约定利率计算。

应当返还的财产系现金的，比照本条第一款规定支付利息。

第十六条　依照国家赔偿法第三十六条规定返还的财产系国家批准的金融机构贷款的，除贷款本金外，还应当支付该贷款借贷状态下的贷款利息。

第十七条　用益物权人、担保物权人、承租人或者其他合法占有使用财产的人，依据国家赔偿法第三十八条规定申请赔偿的，人民法院应当依照《最高人民法院关于国家赔偿案件立案工作的规定》予以审查立案。

第十八条　人民法院在民事、行政诉讼过程中，违法采取对妨害诉讼的强制措施、保全措施、先予执行措施，或者对判决、裁定及其他生效法律文书执行错误，系因上一级人民法院复议改变原裁决所致的，由该上一级人民法院作为赔偿义务机关。

第十九条　公民、法人或者其他组织依据国家赔偿法第三十八条规定申请赔偿的，应当在民事、行政诉讼程序或者执行程序终结后提出，但下列情形除外：

（一）人民法院已依法撤销对妨害诉讼的强制措施的；

（二）人民法院采取对妨害诉讼的强制措施，造成公民身体伤害或者死亡的；

（三）经诉讼程序依法确认不属于被保全人或者被执行人的财产，且无法在相关诉讼程序或者执行程序中予以补救的；

（四）人民法院生效法律文书已确认相关行为违法，且无法在相关诉讼程序或者执行程序中予以补救的；

（五）赔偿请求人有证据证明其请求与民事、行政诉讼程序或者执行程序无关的；

（六）其他情形。

赔偿请求人依据前款规定，在民事、行政诉讼程序或者执行程序终结后申请赔偿的，该诉讼程序或者执行程序期间不计入赔偿请求时效。

第二十条　人民法院赔偿委员会审理民事、行政诉讼中的司法赔偿案件，有下列情形之一的，相应期间不计入审理期限：

（一）需要向赔偿义务机关、有关人民法院或者其他国家机关调取案卷或者其他材料的；

（二）人民法院赔偿委员会委托鉴定、评估的。

第二十一条 人民法院赔偿委员会审理民事、行政诉讼中的司法赔偿案件，应当对人民法院及其工作人员行使职权的行为是否符合法律规定，赔偿请求人主张的损害事实是否存在，以及该职权行为与损害事实之间是否存在因果关系等事项一并予以审查。

第二十二条 本解释自2016年10月1日起施行。本解释施行前最高人民法院发布的司法解释与本解释不一致的，以本解释为准。

【导读及适用要点】

一、非刑事司法赔偿的主体

（一）赔偿请求人

在非刑事司法赔偿中，因人民法院及其工作人员行使职权而遭受损害的公民、法人和其他组织，有取得国家赔偿的权利。赔偿请求人必须是作为人民法院职权行为相对一方，其合法权益受到侵害，以自己的名义请求赔偿的公民、法人和其他组织。通常只有作为人民法院职权行为直接实施对象的直接受害人才享有赔偿请求权，但在受害公民死亡、受害法人或者其他组织终止等特别情况下，赔偿请求人资格发生转移，间接受害人也可以成为请求权人。需要指出的是，最高人民法院《关于审理民事、行政诉讼中司法赔偿案件适用法律若干问题的解释》（以下简称《解释》）第17条还明确了用益物权人、担保物权人、承租人或者其他合法占有使用财产的人，可以依据《国家赔偿法》第38条规定申请赔偿。在非刑事赔偿司法实践中，除财产所有权人以外，财产的抵押权人、质权人、留置权人、使用人、承租人，以及其他合法占有财产的权利人的合法权益也可能因人民法院违法、错误行使职权等受到损害。对于上述主体能否成为赔偿请求人，以往法律、司法解释未有明确规定，实践中存在分歧。《国家赔偿法》第36条规定，侵犯公民、法人和其他组织的财产权造成损害的，应当予以赔偿。该财产权的涵义不仅指所有权，还包括他物权、债权、知识产权以及其他具有金钱价值的合法权益类型。因此，原则上无论公民、法人和其他组织是否为被侵犯财产的所有权人，凡因人民法院违法、错误行使职权侵害其合法财产权益的，国家应当承担相应的赔偿责任。

（二）赔偿义务机关

同为司法赔偿，刑事赔偿的赔偿义务机关包括公安机关、国家安全机关、检察机关、审判机关、监狱管理机关，而非刑事司法赔偿的赔偿义务机关仅限于审判机关。一般情况下，非刑事司法赔偿中的赔偿义务机关是实施司法行为的人民法院。但在实践中，人民法院司法行为经上级人民法院复议改变后给当事人造成损害的情形亦有发生，该类案件应以作出原司法行为的人民法院为赔偿义务机关，还是以复议机关作为赔偿义务机关，需要统一认识。《民事诉讼法》主要规定了四种复议，即司法强制措施复议、保全复议、先予执行复议和执行复议。上级人民法院未能正确查明事实或者错误适用法律，作出的复议损害复议申请人、相对人或者其他利害关系人的合法权益的，如仍由实施司法行为的人民法院作为赔偿义务机关，与“权力与责任相一致”的法治原则、国家赔偿法规范公权行使的立法宗旨难以相洽。因此，《解释》第 18 条规定，违法采取强制措施、保全措施、先予执行措施或者执行错误，系因上一级人民法院复议改变原裁决所致的，由该上一级人民法院作为赔偿义务机关。也就是说，司法行为经上级人民法院复议维持的，由作出原司法行为的人民法院为赔偿义务机关。如下级人民法院原司法行为正确，复议机关改变错误并导致损害的，复议机关应作为赔偿义务机关

二、非刑事司法赔偿侵权行为的类型与范围

《解释》效仿《国家赔偿法》，采取“一般条款＋具体列举”的总分体例。《解释》第 1 条规定了非刑事司法赔偿的一般条款，除对非刑事司法赔偿责任构成进行了共性抽象，确立了所有非刑事司法赔偿的责任构成基础和请求权规范基础，明确了非刑事司法赔偿适用违法归责、过错归责为主的多元归责原则以外，还涵括作为与不作为的行为形态，包括违法采取司法强制措施、保全措施、先予执行措施、错误执行等侵权类型，对《解释》全篇起到了提纲挈领的作用。《解释》第 2 条至第 6 条对非刑事司法赔偿侵权行为的类型与

范围进行了具体列举，丰富并体系化了可赔偿的行为范围，为人民法院及其工作人员划下了不当为、不该做的红线。

（一）对违法采取先予执行措施予以单列

《解释》将违法先予执行予以单列，理由是：第一，先予执行的目的在于特定金钱义务的给付、特定行为的紧急制止和具体行政行为的实施，表现出保全和执行的双重性质。在法律和司法解释上，先予执行有其独特的适用范围和法定条件，具有国家赔偿责任构成中违法性判断的独立性，不能简单地将其与保全、执行混为一谈。第二，先予执行在立法体例上与保全、执行分离并列。《民事诉讼法》将先予执行置于第九章“保全和先予执行”中，与保全并列，同时与执行明确区分；《行政诉讼法》亦将其与保全区隔开来，《解释》在体例安排上亦应相循，不应混同。第三，审判实践中，人民法院已经长期受理并审查违法先予执行的案件，既审查具体的先予执行措施，也审查裁量先予执行的职权行为。

（二）对错误执行和违法保全行为着重规范

在非刑事司法赔偿审判实践中，被申请赔偿的司法行为主要是错误执行和违法保全，这两类案件分别占非刑事司法赔偿案件的60%和25%左右，合计占非刑事司法赔偿案件的80%以上。为此，《解释》以法律、司法解释、部门规章及实践情况为前提，着重对错误执行和违法保全这两类侵权行为进行了规范，将现有法律和司法解释中关于人民法院在保全、执行程序中应尽的法定义务予以囊括，更好地贯彻落实《国家赔偿法》救济权利、规范公权的立法宗旨。

（三）对侵权行为范围的列举予以丰富

《解释》对违法采取司法强制措施、违法采取保全措施、违法采取先予执行措施、错误执行这四类侵权行为的具体范围进行了细分和明确。第一，违法采取对妨害诉讼的强制措施。《解释》与2000年最高人民法院《关于民事、行政诉讼中司法赔偿若干问题的解释》[①]（以下简称《民行司法赔偿解释》）的规定内容基本一致，但对表述和项序进行了调整。第二，违法采取保全措施。与2000年《民行司法赔偿解释》相比，《解释》根据审判实践和新《民事诉

① 已失效。

讼法》及其司法解释的变化，增加了对不动产、特定动产、不宜长期保存的物品违法采取保全措施，以及违法采取行为保全措施的内容；并对原规定的内容、表述和语序进行了调整。需要注意的是，《解释》对违法采取保全措施并不仅限于2000年《民行司法赔偿解释》规定的依职权保全的情形，还包括人民法院在依申请保全过程中违法行使职权造成损害的情形。第三，违法采取先予执行措施。主要包括违反法定条件决定先予执行，以及超过诉讼请求的数额和范围执行两种情形。通过这一规定，以期防范个别法院滥用职权，不能公平对待当事人，违反法律规定的条件和范围裁定先予执行，以及极少数当事人与法院工作人员勾结，恶意申请先予执行后撤诉，损害另一方当事人利益等现象发生。第四，对判决、裁定及其他生效法律文书执行错误。在2000年《民行司法赔偿解释》的基础上，《解释》第5条第3项、第4项、第6项吸收了最高人民法院《关于审理人民法院国家赔偿确认案件若干问题的规定》[①]（以下简称《国家赔偿确认规定》）关于故意拖延执行、不执行，应当恢复执行而不恢复，违法将案件执行款物执行给其他当事人、案外人等三种情形的规定；第7项、第8项、第9项新增了违法对抵押物、质物、留置物采取执行措施，对执行中查封、扣押、冻结的财产不履行监管职责，对不宜长期保存的物品违法采取执行措施等三种情形的规定；第10项将违法拍卖、变卖、以物抵债的情形区分为两类，一类是违法拍卖，另一类是依法应当评估而未评估被变卖或者以物抵债。此外，《解释》还对人民法院工作人员在民事诉讼、行政过程中侵害公民人身权，造成公民身体伤害或者死亡的事实行为进行了规定。

三、侵犯财产权的损害赔偿

非刑事司法赔偿案件主要涉及财产的返还、修复和赔偿，财产损害赔偿的计算规则一直以来都是非刑事司法赔偿审判的热点和难点；特别是在财产不能恢复原状或者灭失的情形下，如何确定损失，在实践中有较大争议。对此，《解释》从以下几个方面进行了规范。

① 已失效。

（一）明确了财产损害赔偿的一般原则和特殊规则

第一，《解释》规定凡涉及财产损害赔偿的，仍应以《国家赔偿法》第36条为一般原则，即能返还的返还、能恢复的恢复，不能返还或者恢复原状的予以赔偿。第二，财产不能恢复原状或者灭失的，原则上按照侵权行为发生时市场价格计算直接损失。《解释》沿用了2000年《民行司法赔偿解释》以侵权行为发生时作为计算时点的规定，而没有采用损失发生时的计算时点。理由是：在损害赔偿原理上，涉及侵犯财产权的损害时点计算，通说以侵权行为发生时的市场价格作为受损财产的原值，侵权行为发生时往往就是损失发生时，但前者较后者的时点更为确定，便于实务理解和操作，有利于司法裁量的统一。第三，对于一些特定财产如不动产、稀缺物品或者大宗商品等，受到侵权损害的时间较长且受损财产价值发生较大波动的，按照财产原值计算直接损失，显然有失公允。为此，《解释》进一步规定市场价格无法确定或者该市场价格不足以弥补受害人所受损失的，可以采取其他合理方式计算损失，以更加公允地计算财产损失，更加充分地救济权利。这里所说的其他方式可以是资产重置的方法，可以根据财产所在地价格统计数据来计算，还可以委托有关专业机构评估等，具体由人民法院结合案件实际情况决定。

（二）丰富了可赔偿的财产损害范围

在财产损害中，直接损失是现有财产的减少，间接损失是可得利益的丧失。在民事赔偿上，对财产损害适用全部赔偿和实际损害赔偿的原则，不仅要赔偿直接损失，对确定的间接损失也要予以赔偿。在国家赔偿上，对于人身损害的赔偿，包括医疗费、护理费、残疾生活辅助具费、康复费、丧葬费等直接损失，也包括误工费、残疾赔偿金、死亡赔偿金、被扶养人生活费等间接损失；对于财产损害的赔偿，《国家赔偿法》2010年修改前仅限于直接损失，修法后增加了对利息的赔偿，从而扩及至间接损失。《解释》根据《国家赔偿法》的修法精神，在《国家赔偿法》第36条第7项规定返还执行的罚款或者罚金、追缴或者没收的金钱，解除冻结的存款或者汇款的，应当支付银行同期利息，以及2000年《民行司法赔偿解释》第12条第3项规定对贷款在借贷状态下的贷款利息予以赔偿的基础上，进一步规定应当返还的财产属于现金的，应当支付利息。

此外，对于可赔偿的直接损失范围也进一步予以明确。比如，对于拍卖、变卖财产的损失，《解释》在《国家赔偿法》第 36 条第 5 项规定的基础上进一步区分和细化。如果应当返还的财产已经依照法定程序拍卖或者变卖的，视该依法拍卖或者变卖的价值为财产直接损失的体现，按照《国家赔偿法》第 36 条第 5 项的规定给付拍卖或者变卖款。如果人民法院违反法定程序拍卖的，或者变卖的价款明显低于财产价值的，支付相应的赔偿金。又如，对于停产停业期间必要的经常性费用开支，《解释》在 2000 年《民行司法赔偿解释》规定的基础上，除对留守职工工资、必须缴纳的税费、水电费予以列举并进一步明确之外，还增加了应当缴纳的房屋场地租金、针对租赁设备生产的设备租金和针对自有设备生产的设备折旧费等。

（三）确定了银行同期存款利息的计算基准

对于以何种利率计算银行同期存款利息，《国家赔偿法》未作规定，非刑事司法赔偿实践中做法不一。在比较法上，《日本刑事补偿法》第 4 条、第 5 条规定对侵害财产权的赔偿标准为"由于执行罚金或罚款而给予的补偿，应在已经征收罚金或罚款额的基础上，按照从征收的次日起至决定补偿之日止的日期，加上年息 5 厘（年利率 5%）的数额交付补偿金"；《美国联邦侵权赔偿法》第 2411 条规定为"依据 1346 条对美国联邦政府提起之民事诉讼所成立之终局判决，自判决之日起至为清偿判决而提出之拨款获得批准之日或不超过该日后三十日，其利息按年利率 4% 计算"。《解释》起草过程中经调研认为，如借鉴上述立法例的模式，以较为成熟、稳定的市场化利率即资本平均利润率来客观计算资金孳息的损失，能够做到赔偿数额合理、适当，计算方式简便。为此，《解释》明确以作出生效赔偿决定时中国人民银行公布一年期人民币整存整取定期存款基准利率作为银行同期存款利息的固定计算基准，不计算复利。如应当返还的财产属于金融机构合法存款的，在存款合同存续期间，按照合同约定利率计算利息。这意味着，对于应当返还的合法存款，其存款利率高于一年期人民币整存整取定期存款基准利率的，存款合同存续期间的利息赔偿是"就高不就低"，以更好地保护存款人的合法权益。

四、侵犯人身权的损害赔偿

非刑事司法赔偿以财产损害赔偿为主，但人民法院及其工作人员在民事、行政诉讼过程中侵犯公民人身权的，也应当对人身损害予以赔偿。人民法院及其工作人员在民事、行政诉讼过程中侵犯人身权的行为包括法律行为和事实行为。法律行为主要是指违法采取拘留措施等行为；事实行为包括作为和不作为行为，主要是指《解释》第6条规定的殴打、虐待或者唆使、放纵他人殴打、虐待，以及违法使用武器、警械等行为。无论是法律行为还是事实行为，作为还是不作为行为，如果侵犯了相对人的人身权，国家都应当承担赔偿责任。需要注意的是，人民法院工作人员的行为比如殴打、虐待等，不属于行使职权的行为，但只要与行使职权有关，或者是作为行使职权的一种手段，或者是假借行使职权之便实施的，或者是在行使职权的时间或场所实施的，国家应当对由此造成相对人的身体伤害或死亡的结果承担赔偿责任。即使人民法院工作人员因上述行为已被追究刑事责任，国家也应当承担赔偿责任。

对于精神损害赔偿，根据《国家赔偿法》第35条规定，适用于行政赔偿、刑事赔偿中侵犯人身权造成严重后果的情形，未明文规定适用于非刑事司法赔偿。人民法院及其工作人员在民事、行政诉讼过程中实施违法拘留、殴打、虐待等行为，侵犯公民人身权，造成的损害后果有可能不亚于行政赔偿、刑事赔偿中的损害后果。如将非刑事司法赔偿排除在精神损害赔偿条款的适用范围之外，就会背离《国家赔偿法》尊重和保障人权的立法初衷，故《解释》将精神损害赔偿首次引入非刑事司法赔偿领域，完善了《国家赔偿法》精神损害的适用范围。根据《解释》第11条的规定，非刑事司法赔偿案件中，人民法院及其工作人员侵犯公民人身权造成精神损害的，应当依照《国家赔偿法》第35条的规定，在侵权行为影响的范围内，为受害人消除影响、恢复名誉、赔礼道歉；造成严重后果的，还应当支付相应的精神损害抚慰金。需要注意的是，在侵犯人身权致人精神损害造成严重后果的情形下，消除影响、恢复名誉、赔礼道歉与精神损害抚慰金这两种责任方式应当同时适用。

五、国家不承担赔偿责任和减轻国家赔偿责任的情形

《解释》对申请保全错误，申请先予执行后败诉，错判执行回转，申请执行人提供执行标的物错误，保管人侵权，人民法院工作人员个人侵权，不可抗力、正当防卫和紧急避险致害等国家不承担赔偿责任的情形予以规定；并

对数个原因造成同一损害、受害人有过失、损失已获补救等应当减轻国家赔偿责任的情形中，如何确定国家赔偿责任范围予以明确。在审判实践中，正确适用国家不承担赔偿责任和减轻国家赔偿责任的条款，理顺关系、分清责任尤为必要。

（一）国家不承担赔偿责任的情形

正确适用国家不承担赔偿责任的条款，需要从两个方面把握：一方面防止以国家赔偿责任替代民事责任。人民法院在民事、行政诉讼过程中，处于居中裁判的地位，人民法院在行使职权过程中因违法侵权而产生的赔偿义务关系与当事人双方之间原有的债权债务关系是两种不同性质的法律关系，二者不能相互替代，不能因人民法院有违法侵权行为而使原债权债务关系归于无形，用全体纳税人的钱为个别民事主体“埋单”。另一方面防止以民事责任逃避国家赔偿责任。在申请保全错误、申请先予执行后败诉、申请执行人提供执行标的物错误、保管人侵权等情形中，同时还存在人民法院及其工作人员违法或者过错行使职权行为的，人民法院对自身的违法或者过错侵权行为承担相应的国家赔偿责任，不能因申请保全人、申请先予执行人、申请执行人、保管人等承担民事责任而逃避依法应当承担的国家赔偿责任。

（二）减轻国家赔偿责任的情形

正确适用减轻国家赔偿责任的条款，要准确把握非刑事司法赔偿中违法归责、过错归责为主的归责原则，穷尽其他救济途径的归责前提。因多个原因或与有过失造成的损害，国家赔偿限于人民法院自身违法侵权行为造成损害的部分，而不能替代当事人、第三人、案外人等其他责任人的民事责任。损失已经法定程序获得赔偿、补偿的，人民法院对该部分损失国家不承担赔偿责任。具体而言：第一，对于数个原因造成同一损害结果的非刑事司法赔偿案件，主要根据作用力来确定国家赔偿责任的份额。实践中，此类案件经常发生。比如，人民法院对公民违法采取拘留措施，在拘留期间，同仓人侵犯公民人身权，而人民法院工作人员未及时制止，导致公民人身伤害的。又如，人民法院工作人员在执行中存在违法情形，但第三人或者案外人也存在过错，甚至还有不可抗力等自然原因，共同导致损害结果发生的。对于此类情形，依照作用力来确定国家赔偿责任的份额。需要说明的是，《解释》中的“作用力”，系就原因力而言，具体指导致同一损害结果的数个原因中，各原因对于该损害后果的发生或者扩大所起的作用力。除原因力以外，还应当考虑过错程度等其他因素，采取原因力为主、过错程度等其他因素为辅的原则来确定国家赔偿责任的份额。第二，受害人对损害结果的发生或者扩大也有过错的，可以减轻赔偿义务机关的责任，这是与有过失情形中的过失相抵。实践中，此类案件较为常见。比如，人民法院违法保全财产并导致损害，但被保全人对属于自己所有且就地保全的财产不尽注意义务，放任财产被他人或者自然原因损害，甚至自己故意弃毁财产的，对于因自身过错导致损害的部分，可以减轻人民法院的责任。第三，损失已经法定程序获得赔偿、补偿的，人民法院对该部分损失不承担国家赔偿责任。在民事、行政诉讼过程中，当事人或者第三人主张人民法院的职权行为侵害其合法权益的，法律、司法解释提供了权利救济渠道。比如司法强制措施的复议、保全和先予执行的复议、执行程序中的复议和异议以及执行监督制度等。在诉讼程序或者执行程序尚未终结时，当事人或者第三人通过上述救济途径主张权利，人民法院查证属实并对其所遭受损害通过回转、返还、修复或者赔偿予以救济的，应视为损失已经获得弥补。对于该部分损害，当事人或者第三人在诉讼、执行程序终结后，又请求国家赔偿的，人民法院不应承担赔偿责任。

六、国家赔偿程序与诉讼程序、执行程序的衔接

非刑事司法赔偿一般以穷尽其他救济途径作为国家赔偿责任发生的前提，即国家赔偿程序是最后的救济程序。通常只有诉讼程序或者执行程序终结，在此过程中采取的司法行为是否违法、是否造成损害结果等才能最终确定。如未终结即申请国家赔偿，会造成诉讼程序或者执行程序与国家赔偿程序并存的情况，人民法院赔偿委员会也无法进行终局性审查。因此，《解释》继受了最高人民法院《关于适用〈中华人民共和国国家赔偿法〉若干问题的解释（一）》（以下简称《国家赔偿法解释（一）》）第8条的规定，以民事、行政诉讼程序或者执行程序终结作为启动国家赔偿程序的一般原则。

非刑事司法赔偿实践中情况复杂多样，有些案件诉讼程序或者执行程序虽未终结，但司法行为已被确认违法、损害结果已无法补救。为及时救济受到侵害的权利，实现国家赔偿的实质正义，需要对诉讼程序或者执行程序终结原则的例外情形进行规定。《解释》第19条按照“已确认违法或者撤销原

措施”“已确认合法权利”“事实行为”和“相对独立性”等四类标准，主要归纳了五种可以在诉讼程序或者执行程序终结前启动赔偿程序的情形：一是人民法院已依法撤销对妨害诉讼的强制措施的，这是对《国家赔偿法解释（一）》第8条规定的例外情形的继受。二是实施了侵犯公民人身权的事实行为的，无须等待诉讼程序或者执行程序终结。三是通过执行标的异议之诉或者民事诉讼审判监督程序已经确认财产权属的，与原诉讼程序或者执行程序显然区隔，具备启动赔偿程序的独立性。四是上级法院通过生效法律文书确认下级法院行使职权违法或者人民法院自己确认违法，且在诉讼程序或者执行程序内已无法予以补救的。五是赔偿请求人有证据证明其请求与诉讼程序或者执行程序无关的。

需要说明的是，司法实践中存在个别法院利用中止执行、终结本次执行程序等形式将执行案件长期挂案，以规避公民、法人或者其他组织申请国家赔偿的情形，这既不利于对受到公权侵害的赔偿请求人的权利救济，也不利于对依法保全、执行的人民法院的公信维护。对此，在掌握《解释》第19条规定的以民事、行政诉讼程序或者执行程序终结作为启动国家赔偿程序的原则时，也不可一概而论，不能仅以未作出终结执行裁定，简单作为判定执行程序尚未终结的形式要件。有的案件虽未作出终结执行裁定，但裁定中止执行或者终结本次执行程序后已不具备恢复执行条件无法重新启动执行，或者对于不具有执行终结条件的案件裁定中止执行或者终结本次执行程序，致实际损害结果已经发生，且无法通过其他救济途径获得补救的，也应认为执行程序已经实际终结。

七、非刑事司法赔偿中赔偿委员会的司法审查权

2010年《国家赔偿法》修改以前，包括非刑事司法赔偿案件在内的国家赔偿案件的处理适用“确赔分离”原则。根据1994年《国家赔偿法》的规定，赔偿请求人申请国家赔偿须先后经过确认、赔偿两道程序，未经确认违法的，不能进入国家赔偿程序。确认程序中，确认主体是赔偿义务机关或者复议机关；赔偿程序中，决定主体依次是赔偿义务机关、复议机关和人民法院赔偿委员会。单独的确认前置程序广受诟病的理由在于：一是赔偿义务机关自己确认自己违法，违反了“自然公正原则”。二是确认程序是获得国家赔

偿的前置程序，成为阻碍赔偿请求人踏入国家赔偿的“门槛”。三是确认程序解决的违法确认问题，也可以在后续程序解决，确认程序属于程序上的重复设置。

2010年《国家赔偿法》修改后取消了单独的确认前置程序，否定了赔偿义务机关的终局确认权，明确了司法终局的原则，确立了人民法院赔偿委员会的终局司法审查权，实现了国家赔偿程序的“确赔合一”。这一修改，统一了确认违法与决定赔偿的裁决结果，防范了以内部监督阻隔外部监督，畅通了请求赔偿的渠道，体现了人权保障的法治进步。对于实行违法归责、过错归责，但又没有在既定程序中予以确认的致害行为，人民法院赔偿委员会在国家赔偿程序中一并判断其违法性或者过错以及造成损害的大小。但是，司法实践仍存在一些诸如“程序性违法是否要赔偿”“违法但没有损失是否要赔偿”的疑惑，反映出未能摆脱以往陈旧思路，分裂、机械地看待职权行为的违法性与损害后果，不能从国家赔偿责任构成诸要素之间的联系来看待案件，缺乏对责任构成的整体把握的问题。特别是在非刑事司法赔偿案件中，因为天然地缺乏“不法先定”（比如在刑事赔偿中体现为撤销案件、不起诉、判决无罪等）的环节，使得这一问题尤为突出。为此，《解释》第21条规定，人民法院赔偿委员会审理非刑事司法赔偿案件，应当按照国家赔偿责任的构成要件，即对人民法院及其工作人员行使职权的行为是否符合法律规定，赔偿请求人主张的损害事实是否存在，以及该职权行为与损害事实之间是否存在因果关系等事项一并予以审查。具体而言，人民法院赔偿委员会审理非刑事司法赔偿案件过程中，按照责任构成要件进行损害赔偿要素审查，系判断国家赔偿责任是否成立的应有之义，而违法性审查系其中的主要环节，且为司法审查的重点之一。民事、行政诉讼有些情形亦视为有法定性（即视为确认），如果已通过执行异议、复议或者监督纠正错误执行行为，但未能在原执行程序中获得补救的，人民法院赔偿委员会在司法审查中即可省却违法性审查的环节。与刑事诉讼不同的是，民事、行政诉讼实践多数情况在程序终结后无法定性（即未确认违法），应当由人民法院赔偿委员会在审理非刑事司法赔偿案件过程中将违法性、损害后果以及因果关系合并审查，即“确赔合一”司法审查。

（撰稿人：刘合华　陈现杰　苏　戈　杨　磊　梁　清）

最高人民法院
关于违法的建筑物、构筑物、设施等
强制拆除问题的批复

法释〔2013〕5号

（2013年3月25日最高人民法院审判委员会第1572次会议通过
2013年3月27日最高人民法院公告公布　自2013年4月3日起施行）

北京市高级人民法院：

根据行政强制法和城乡规划法有关规定精神，对涉及违反城乡规划法的违法建筑物、构筑物、设施等的强制拆除，法律已经授予行政机关强制执行权，人民法院不受理行政机关提出的非诉行政执行申请。

【导读及适用要点】

一、关于“非诉行政执行申请”的理解

从最高人民法院《关于违法的建筑物、构筑物、设施等强制拆除问题的批复》（以下简称《批复》）表述内容看，所谓“非诉行政执行申请”，是指当事人在法定期限内不申请行政复议或者提起行政诉讼，又不履行行政决定，没有行政强制执行权的行政机关可以自期限届满之日起三个月内，依法向人民法院提出的强制执行申请。其直接依据来自《行政强制法》第53条、《行政诉讼法》（2017年修正）第97条以及最高人民法院有关司法解释的规定。①

① 《行政强制法》第53条规定：“当事人在法定期限内不申请行政复议或者提起行政诉讼，又不履行行政决定的，没有行政强制执行权的行政机关可以自期限届满之日起三个月内，依照本章规定申请人民法院强制执行”；《行政诉讼法》第97条规定：“公民、法人或者其他组织对行政行为在法定期限内不提起诉讼又不履行的，行政机关可以申请人民法院强制执行，或者依法强制执行。”

申请主体是行政机关，申请执行的依据是其作出的生效的行政决定。从《批复》表述的准确性而言，重在强调人民法院不受理行政机关提出的有关限期拆除决定等的非诉行政执行申请。

强调“非诉”的意义，首先在于严格区分是否属于诉讼中的强制执行。在诉讼案件中，根据《行政诉讼法》第94条、第95条、第96条和《行政诉讼法司法解释》第83条的规定，对发生法律效力的行政判决书、行政裁定书、行政赔偿判决书和行政赔偿调解书，负有义务的一方当事人拒绝履行的，对方当事人可以依法申请人民法院强制执行。即属于诉讼中的“申请人民法院强制执行”情形。至于一些地方行政机关在诉讼中申请人民法院“先予执行”被诉行政行为的，原则上不得准许。而非诉行政强制执行的前提是“非诉”。

其次在于严格区分行政机关有无行政强制执行权。只有无行政强制执行权的行政机关才可以向法院提出非诉行政执行申请。而《行政强制法》《城乡规划法》已经授权县级以上人民政府可以责成有关部门强制拆除。需要说明的是，司法实践中对《行政强制法》第44条规定的“行政机关可以依法强制拆除”存在两种争议：一种意见认为是完全授权，即只要是“违法的建筑物、构筑物、设施等需要强制拆除的”，行政机关都可以依法强制拆除；另一种意见认为是特定授权，即只有其他法律明确规定行政机关的强制拆除权时，才可“依法”强制拆除。该条专门针对违法建筑物、构筑物、设施等的强制拆除问题，具有明确的指向性。孤立地看，可能存在上述争议，但如果结合《城乡规划法》第65条、第68条以及《行政强制法》第34条有关“行政机关依法作出行政决定后，当事人在行政机关决定的期限内不履行义务的，具有行政强制执行权的行政机关依照本章规定强制执行”的规定，则不会产生理解歧义。

此外，有的观点主张作出限期拆除决定的城乡规划主管部门本身没有强制执行权，可以自己名义向法院提出非诉行政执行申请。笔者认为，法律既然规定“县级以上地方人民政府可以责成有关部门采取查封施工现场、强制拆除等措施”，就意味着“强制拆除”要按照行政程序执行，县级以上地方人民政府已经获得了法定授权，同时再去启动非诉执行的司法程序的理由不足。《村庄和集镇规划建设管理条例》第44条有关“当事人逾期不申请复议，也不向人民法院提起诉讼，又不履行处罚决定的，作出处罚决定的机关可以申请人民法院强制执行或者依法强制执行”的“双轨制”的规定，与《行政强制法》《城乡规划法》现行规定精神有出入，尽管该行政法规依然有效，人民法院在司法实践中应当选择适用上位法。

二、关于授权性规定的理解

从《批复》表述内容看，所谓“法律已经授予行政机关强制执行权”，主要是指《行政强制法》《城乡规划法》已经授予了行政机关相应的强制执行权。相关具体条文主要有《行政强制法》第44条和《城乡规划法》第65条、68条等。特别要强调的是，《行政强制法》第44条规定的“行政机关可以依法强制拆除”的所依之“法”应当限于法律。[①] 根据《行政强制法》第13条有关“行政强制执行由法律设定。法律没有规定行政机关强制执行的，作出行政决定的行政机关应当申请人民法院强制执行”的规定，行政强制执行的设定权不同于行政强制措施，应当仅限于法律。当然，目前正在生效实施的一些行政法规、地方性法规直接设定了行政强制执行，如《城市市容和环境卫生管理条例》第37条规定：“凡不符合城市容貌标准、环境卫生标准的建筑物或者设施，由城市人民政府市容环境卫生行政主管部门会同城市规划行政主管部门，责令有关单位和个人限期改造或者拆除；逾期未改造或者未拆除的，经县级以上人民政府批准，由城市人民政府市容环境卫生行政主管部门或者城市规划行政主管部门组织强制拆除，并可处以罚款。”有的观点主张《行政强制法》第44条之“依法”同时包括了依据行政法规。笔者认为，对该法生效之前已设定强制执行的法律以下的规范性文件，不宜一概否定其效力，但也不宜武断地认为不论何种情况之“依法”当然包括依据法规。据悉，《行政强制法》在制定过程中就有过相关争议，为避免出现该法第44条和第13条的解释相矛盾，上述情形宜视为一定阶段的过渡，根据《行政强制法》第15条有关“行政强制的设定机关应当定期对其设定的行政强制进行评价，

① 根据全国人大法工委行政法室有关意见，依照法律规定强制拆除有两种情形：行政机关自行强制执行和申请法院强制拆除。目前我国有多部法律规定了拆除违法建筑，有的规定由行政机关申请法院执行，有的规定由行政机关强制执行（如《城乡规划法》）。参见乔晓阳主编：《中华人民共和国行政强制法解读》，中国法制出版社2011年版，第147页。

并对不适当的行政强制及时予以修改或者废止。行政强制的实施机关可以对已设定的行政强制的实施情况及存在的必要性适时进行评价，并将意见报告该行政强制的设定机关”等规定精神，笔者认为，有关机关对法律以下规范性文件设定行政强制执行的情况有必要逐步加以规范和清理，或上升为法律，或予以废止，以切实落实《行政强制法》的明确规定。

《城乡规划法》有关强制拆除的授权性规定集中体现于两条。该法第65条规定：“在乡、村庄规划区内未依法取得乡村建设规划许可证或者未按照乡村建设规划许可证的规定进行建设的，由乡、镇人民政府责令停止建设、限期改正；逾期不改正的，可以拆除。”理解该规定的要旨在于，乡、镇人民政府既是作出责令停止建设、限期改正等行政决定的主体，也是直接实施强制拆除活动的主体。该法第68条规定：“城乡规划主管部门作出责令停止建设或者限期拆除的决定后，当事人不停止建设或者逾期不拆除的，建设工程所在地县级以上地方人民政府可以责成有关部门采取查封施工现场、强制拆除等措施。”该条规定旨在城乡规划主管部门只是作出责令停止建设、限期拆除等行政决定的主体，而对于直接实施强制拆除活动的主体，须由县级以上地方人民政府“责成有关部门”组织实施。此处的“有关部门”实践中有各种情形，如城市管理局、综合执法局、城建部门所属执法大队乃至少数地方公安部门参与共同组织实施；此处的“责成”程序实践中也各有不同，有的以规范性文件加以明确，有的就个案作出责成决定，有的表现为内部行政程序，有的同时产生外化效果，有的直接以政府名义催告当事人或者作出带有责成内容的强制执行决定，等等。目前，对上述问题的各种规范欠缺，操作不统一，情况较为复杂，影响到人民法院针对当事人就相关行政行为提起诉讼的受理和审查。但可以肯定是，《城乡规划法》规定的“强制拆除”在行为性质上属于典型的行政强制执行，受《行政强制法》调整。

《批复》之所以强调“对涉及违反城乡规划法的违法建筑物、构筑物、设施等的强制拆除”，主要是因为“违法的建筑物、构筑物、设施等”，涉及城乡建设、土地管理、环境保护等多个领域，不同法律有不同规定，行政机关并非在所有情形下都有强制执行权。而《城乡规划法》的上述条文对此作出明确规定，故《批复》重在解决城乡建设规划领域的相关问题。

三、关于司法救济途径与方式

从《批复》表述内容看，重在强调人民法院不受理行政机关提出的相关非诉行政执行申请。由此难免会有某种批评意见认为，既然此前有的法院事实上受理相关案件，现在却明确不予受理，这是“将重活儿甩给行政机关”的推诿做法。应当指出，这是十分偏颇的误解。笔者认为，《批复》是人民法院在广泛征求各方面意见后，依法对《行政强制法》《城乡规划法》作出的司法解释，是对立法本意的客观反映和法律关系的正本清源，在某种程度上也可以说，《批复》是最高人民法院大力支持地方法院排除城乡建设领域的各种不当干预，依法独立公正行使审判权的一项标志性举措。而以综合性、全面性的视角分析，在违法建设的拆除领域，如果行政机关因违法行为侵害了公民、法人和其他组织的合法权益，人民法院可以在以下三个环节能够提供全方位的司法保护与救济。

第一个环节，行政机关以当事人违反《城乡规划法》为由作出责令停止建设、限期改正、限期拆除等决定后，当事人有权向人民法院提起行政诉讼。被告通常是作出上述决定的市、县人民政府城乡规划主管部门或乡、镇人民政府。人民法院对上述决定进行合法性审查，对违法情形可以作出撤销上述决定或确认违法、要求限期重作等判决。司法审查中认定无证建筑、临时建筑是否构成违法建筑时，要综合考虑有无非因当事人一方过错的行政因素、历史因素，实际建设和使用状况等作出全面审查，不能简单一判了之。

第二个环节，在限期改正、限期拆除等决定作出后，强制拆除活动进行前，行政机关如果依照《行政强制法》作出强制执行决定，当事人有权提起行政诉讼。拆除违法建筑领域的行政强制执行存在《城乡规划法》第68条规定的县级以上人民政府“责成”等程序以及《行政强制法》第25条、第37条规定的催告、作出强制执行决定等程序，相关的配套性规定目前尚不健全，司法实践中应注意把握的标准是，如果县级以上人民政府以自己名义作出的“责成”行为直接产生外化效果（如作出“责成决定书”“强制执行决定书”等直接通知当事人），当事人可以县级以上人民政府为被告提起行政诉讼；如果强制执行决定是由被责成的部门作出的，则当事人可以该部门以及作出责成行为的县级以上政府为共同被告。例如，实践中城管部门以其名义作出强制拆除决定，其当然可成为行政诉讼被告；如果政府以其名义作出的“责成决定书”被直接送达给被执行人，可以政府为被告；如果城管部门在以自身名义作出的强制拆除决定中明确表述经过政府“责成”或“批准”，可将两者列为共同被告。需指出的是，在《行政强制法》施行前，有关“责成”行为本身的可诉性存在不同争议：一种代表性观点认为该行为本身并不添加和改变当事人的权利义务，是落实已有的处罚决定的阶段性行政行为，故不可诉；另一种代表性观点认为，从程序审查的严格性以及救济当事人权益的及时性而言，只要行政机关以自身名义作出独立的行政行为，法院即可考虑受理相关诉讼。笔者认为，要客观看待此类行为的具体表现形式，特别是通过判断是否产生外化效果而综合考虑可否纳入行政诉讼受案范围。根据《行政诉讼法》和《行政强制法》有关规定，通常以作出具体行政行为的机关（署名机关）为被告，有时政府明确作出的“责成决定”也可能是强制执行决定的一种表现形式，《行政强制法》已经对强制执行程序各环节作出了较为严密的规定，从程序审查必要性出发，对于产生直接外化效果的行为一定程度上可以考虑受理；如果只是纯粹内部程序，可以考虑不予受理；如果强制执行决定中有经过“责成”“批准”的表述，也可将政府及其部门列为共同被告。人民法院审查重点在于判断强制执行决定的定性及程序的合法性，如是否符合违法建筑构成及是否按要求经过法定的责成、催告程序等，人民法院根据审查情况作出相应的裁判。

第三个环节，当事人针对行政机关实施的强制拆除行为本身也可以依法提起诉讼。《行政强制法》第8条规定：“公民、法人或者其他组织对行政机关实施行政强制，享有陈述权、申辩权；有权依法申请行政复议或者提起行政诉讼；因行政机关违法实施行政强制受到损害的，有权依法要求赔偿。”强制拆除行为作为一种行政行为具有可诉性，即使对违法建筑物、设施、构筑物等的行政处罚决定和强制执行决定本身合法有效，也可能存在实施主体不适格，执行对象错误，擅自扩大执行范围，没有采取适当的动产登记、封存、保管等措施，造成被执行人或其他人合法财产损失，以及违反《行政强制法》第43条规定在夜间或法定节假日实施，或者对居民生活采取停止供水、供电、供热、供燃气等方式实施等情形，当事人对此可依法提起行政诉讼或行政赔偿诉讼。在行政法原理上，强制拆除行为可视为一种行政事实行为。① 过去囿于对《行政诉讼法》有关"具体行政行为"规定的不同理解，行政事实行为是否可诉一直存在争议。经过多年讨论与实践，已形成的基本共识是，行政主体对行政事实行为损害结果应当承担法律责任，在法律上为受到此类行为侵害的公民、法人和其他组织提供救济途径，是现代行政法发展的重要趋势之一。需加说明的是，这一环节中当事人原则上只能针对行政强制执行行为本身的合法性提起诉讼，人民法院一般不对原具体行政行为的合法性进行审查。例如，城管部门组织实施了强制拆除，法院审查重点之一就是该事实有无法定职权依据、执行依据以及操作程序是否合法等。通常，直接实施的行政机关或者以自身名义委托他人实施的行政机关是被告（不排除政府以自身名义直接实施或委托他人实施），人民法院对违法的行政行为可以作出确认违法判决或者行政赔偿判决等。

笔者认为，人民法院在以上三个环节加大司法审查力度，充分发挥司法审判职能，就能够在城乡建设规划领域起到对公民、法人和其他组织合法权益的司法保护作用。最后再次强调，作出《批复》是为了释明法律规定的本身含义，要避免实践中一些认为法院意在单纯减轻受案压力，甚至推卸司法职责的误解。《批复》的出台，更加有利于规范行政强制执行行为，明确司法监督、救济环节与职责，切实体现司法监督的过程性、事后性和中立性。《批复》出台后，需要地方各级人民法院不断强化审查意识，依法监督和规范行政强制执行行为，坚决排除各种不当干预，依法独立公正行使审判权，公正审理相关行政诉讼案件，及时清理已受理的相关非诉行政执行案件，保障人民群众合法权益。同时，认真总结在相关案件审理中的好经验好做法，不断发现新情况新问题，及时逐级向上级人民法院反映。通过切实履行职责，努力让人民群众在每一个司法案件中感受到公平正义，实现社会安定和谐。

（撰稿人：王晓滨）

① 行政事实行为指行政主体以不产生法律约束力，而以影响或改变事实状态为目的实施的行为。

最高人民法院
关于审理政府信息公开行政案件若干问题的规定

法释〔2011〕17号

（2010年12月13日最高人民法院审判委员会第1505次会议通过
2011年7月29日最高人民法院公告公布　自2011年8月13日起施行）

为正确审理政府信息公开行政案件，根据《中华人民共和国行政诉讼法》、《中华人民共和国政府信息公开条例》等法律、行政法规的规定，结合行政审判实际，制定本规定。

第一条　公民、法人或者其他组织认为下列政府信息公开工作中的具体行政行为侵犯其合法权益，依法提起行政诉讼的，人民法院应当受理：

（一）向行政机关申请获取政府信息，行政机关拒绝提供或者逾期不予答复的；

（二）认为行政机关提供的政府信息不符合其在申请中要求的内容或者法律、法规规定的适当形式的；

（三）认为行政机关主动公开或者依他人申请公开政府信息侵犯其商业秘密、个人隐私的；

（四）认为行政机关提供的与其自身相关的政府信息记录不准确，要求该行政机关予以更正，该行政机关拒绝更正、逾期不予答复或者不予转送有权机关处理的；

（五）认为行政机关在政府信息公开工作中的其他具体行政行为侵犯其合法权益的。

公民、法人或者其他组织认为政府信息公开行政行为侵犯其合法权益造成损害的，可以一并或单独提起行政赔偿诉讼。

第二条　公民、法人或者其他组织对下列行为不服提起行政诉讼的，人民法院不予受理：

（一）因申请内容不明确，行政机关要求申请人作出更改、补充且对申请人权利义务不产生实际影响的告知行为；

（二）要求行政机关提供政府公报、报纸、杂志、书籍等公开出版物，行政机关予以拒绝的；

（三）要求行政机关为其制作、搜集政府信息，或者对若干政府信息进行汇总、分析、加工，行政机关予以拒绝的；

（四）行政程序中的当事人、利害关系人以政府信息公开名义申请查阅案卷材料，行政机关告知其应当按照相关法律、法规的规定办理的。

第三条　公民、法人或者其他组织认为行政机关不依法履行主动公开政府信息义务，直接向人民法院提起诉讼的，应当告知其先向行政机关申请获取相关政府信息。对行政机关的答复或者逾期不予答复不服的，可以向人民法院提起诉讼。

第四条　公民、法人或者其他组织对国务院部门、地方各级人民政府及县级以上地方人民政府部门依申请公开政府信息行政行为不服提起诉讼的，以作出答复的机关为被告；逾期未作出答复的，以受理申请的机关为被告。

公民、法人或者其他组织对主动公开政府信息行政行为不服提起诉讼的，以公开该政府信息的机关为被告。

公民、法人或者其他组织对法律、法规授权的具有管理公共事务职能的组织公开政府信息的行为不服提起诉讼的，以该组织为被告。

有下列情形之一的，应当以在对外发生法律效力的文书上署名的机关为被告：

（一）政府信息公开与否的答复依法报经有权机关批准的；

（二）政府信息是否可以公开系由国家保密行政管理部门或者省、自治区、直辖市保密行政管理部门确定的；

（三）行政机关在公开政府信息前与有关行政机关进行沟通、确认的。

第五条　被告拒绝向原告提供政府信息的，应当对拒绝的根据以及履行法定告知和说明理由义务的情况举证。

因公共利益决定公开涉及商业秘密、个人隐私政府信息的，被告应当对认定公共利益以及不公开可能对公共利益造成重大影响的理由进行举证和说明。

被告拒绝更正与原告相关的政府信息记录的，应当对拒绝的理由进行举证和说明。

被告能够证明政府信息涉及国家秘密，请求在诉讼中不予提交的，人民法院应当准许。

被告主张政府信息不存在，原告能够提供该政府信息系由被告制作或者保存的相关线索的，可以申请人民法院调取证据。

被告以政府信息与申请人自身生产、生活、科研等特殊需要无关为由不予提供的，人民法院可以要求原告对特殊需要事由作出说明。

原告起诉被告拒绝更正政府信息记录的，应当提供其向被告提出过更正申请以及政府信息与其自身相关且记录不准确的事实根据。

第六条 人民法院审理政府信息公开行政案件，应当视情采取适当的审理方式，以避免泄露涉及国家秘密、商业秘密、个人隐私或者法律规定的其他应当保密的政府信息。

第七条 政府信息由被告的档案机构或者档案工作人员保管的，适用《中华人民共和国政府信息公开条例》的规定。

政府信息已经移交各级国家档案馆的，依照有关档案管理的法律、行政法规和国家有关规定执行。

第八条 政府信息涉及国家秘密、商业秘密、个人隐私的，人民法院应当认定属于不予公开范围。

政府信息涉及商业秘密、个人隐私，但权利人同意公开，或者不公开可能对公共利益造成重大影响的，不受前款规定的限制。

第九条 被告对依法应当公开的政府信息拒绝或者部分拒绝公开的，人民法院应当撤销或者部分撤销被诉不予公开决定，并判决被告在一定期限内公开。尚需被告调查、裁量的，判决其在一定期限内重新答复。

被告提供的政府信息不符合申请人要求的内容或者法律、法规规定的适当形式的，人民法院应当判决被告按照申请人要求的内容或者法律、法规规定的适当形式提供。

人民法院经审理认为被告不予公开的政府信息内容可以作区分处理的，应当判决被告限期公开可以公开的内容。

被告依法应当更正而不更正与原告相关的政府信息记录的，人民法院应当判决被告在一定期限内更正。尚需被告调查、裁量的，判决其在一定期限内重新答复。被告无权更正的，判决其转送有权更正的行政机关处理。

第十条　被告对原告要求公开或者更正政府信息的申请无正当理由逾期不予答复的，人民法院应当判决被告在一定期限内答复。原告一并请求判决被告公开或者更正政府信息且理由成立的，参照第九条的规定处理。

第十一条　被告公开政府信息涉及原告商业秘密、个人隐私且不存在公共利益等法定事由的，人民法院应当判决确认公开政府信息的行为违法，并可以责令被告采取相应的补救措施；造成损害的，根据原告请求依法判决被告承担赔偿责任。政府信息尚未公开的，应当判决行政机关不得公开。

诉讼期间，原告申请停止公开涉及其商业秘密、个人隐私的政府信息，人民法院经审查认为公开该政府信息会造成难以弥补的损失，并且停止公开不损害公共利益的，可以依照《中华人民共和国行政诉讼法》第四十四条[①]的规定，裁定暂时停止公开。

第十二条　有下列情形之一，被告已经履行法定告知或者说明理由义务的，人民法院应当判决驳回原告的诉讼请求：

（一）不属于政府信息、政府信息不存在、依法属于不予公开范围或者依法不属于被告公开的；

（二）申请公开的政府信息已经向公众公开，被告已经告知申请人获取该政府信息的方式和途径的；

（三）起诉被告逾期不予答复，理由不成立的；

（四）以政府信息侵犯其商业秘密、个人隐私为由反对公开，理由不成立的；

（五）要求被告更正与其自身相关的政府信息记录，理由不成立的；

（六）不能合理说明申请获取政府信息系根据自身生产、生活、科研等特殊需要，且被告据此不予提供的；

（七）无法按照申请人要求的形式提供政府信息，且被告已通过安排申请人查阅相关资料、提供复制件或者其他适当形式提供的；

（八）其他应当判决驳回诉讼请求的情形。

第十三条　最高人民法院以前所作的司法解释及规范性文件，凡与本规

---

① 对应《行政诉讼法》（2017 年修正）第 56 条。

定不一致的，按本规定执行。

【导读及适用要点】

一、关于受案范围

最高人民法院《关于审理政府信息公开行政案件若干问题的规定》(以下简称《政府信息公开行政案件规定》)分3条对受案范围作出规定。

第1条规定的是应当受理的。包括：向行政机关申请获取政府信息，行政机关拒绝提供或者逾期不予答复的；认为行政机关提供的政府信息不符合其在申请中要求的内容或者法律、法规规定的适当形式的；认为行政机关主动公开或者依他人申请公开政府信息侵犯其商业秘密、个人隐私的；认为行政机关提供的与其自身相关的政府信息记录不准确，要求该行政机关予以更正，该行政机关拒绝更正、逾期不予答复或者不予转送有权机关处理的。这些基本涵盖了政府信息公开领域可能引发争议的情形。此外，如果公民、法人或者其他组织认为政府信息公开行政行为侵犯其合法权益造成损害的，还可以一并或单独提起行政赔偿诉讼。

第2条规定的是几种不予受理的情形。包括：因申请内容不明确，行政机关要求申请人作出更改、补充且对申请人权利义务不产生实际影响的告知行为；要求行政机关提供政府公报、报纸、杂志、书籍等公开出版物，行政机关予以拒绝的；要求行政机关为其制作、搜集政府信息，或者对若干政府信息进行汇总、分析、加工，行政机关予以拒绝的；行政程序中的当事人、利害关系人以政府信息公开名义申请查阅案卷材料，行政机关告知其应当按照相关法律、法规的规定办理的。这些起诉虽然都与政府信息公开相关，但或者属于中间性的程序行为，或者属于非政府信息，或者属于信息创制行为，或者属于卷宗阅览权范畴，因而都不是法定的可诉情形。

第3条规定的是针对行政机关没有履行主动公开政府信息义务，能不能直接到法院提起行政诉讼。《政府信息公开行政案件规定》规定：应当告知起诉人先向行政机关申请获取相关政府信息。对行政机关的答复或者逾期不予答复不服的，再向人民法院提起诉讼。这主要是考虑主动公开政府信息的行为并不是针对一个特定的个人作出，因此这种行为具有抽象行政行为的特征，这种诉讼也具有公益诉讼的性质，人民法院对此受理尚没有诉讼法依据。另外，在行政机关不履行主动公开政府信息义务的情况下，《政府信息公开条例》(以下简称《条例》) 还规定了可以向行政机关申请公开，直接起诉也属没有穷尽行政救济手段。

二、关于举证责任分配

公民权利相对于公权力来说往往处于弱势，特别是在政府信息公开方面，这种信息占有的不对称更加突出。《政府信息公开行政案件规定》在有关证据的条款中突出了对行政相对一方的倾斜，以求得实质上的平衡。第 5 条规定：被告拒绝向原告提供政府信息的，应当对拒绝的根据以及履行法定告知和说明理由义务的情况举证。因公共利益决定公开涉及商业秘密、个人隐私政府信息的，被告应当对认定公共利益以及不公开可能对公共利益造成重大影响的理由进行举证和说明。被告拒绝更正与原告相关的政府信息记录的，应当对拒绝的理由进行举证和说明。被告主张政府信息不存在，原告能够提供该政府信息系由被告制作或者保存的相关线索的，可以申请人民法院调取证据。当然，按照《行政诉讼法》规定的举证责任分配原则，原告也应当就一些事项承担说明义务，因此该条还规定：被告以政府信息与申请人自身生产、生活、科研等特殊需要无关为由不予提供的，人民法院可以要求原告对特殊需要事由作出说明。原告起诉被告拒绝更正政府信息记录的，应当提供其向被告提出过更正申请以及政府信息与其自身相关且记录不准确的事实根据。此外，考虑到政府信息中的国家秘密有特殊的定密和审查权限，《政府信息公开行政案件规定》规定，被告能够证明政府信息涉及国家秘密，请求在诉讼中不予提交的，人民法院应当准许。这也是符合国际通行做法的。

三、关于特殊的审理方式

政府信息公开行政诉讼解决的是政府信息能不能公开的问题，所以，在法院最后作出裁判前，都是假定不能公开的，因此是不能允许当事人像在其他案件当中查阅卷宗、交换证据那样自由查阅政府信息的，否则诉讼也就不用往下进行了。国外有所谓“不公开单方审理”的规定，考虑到我国的实际情况，《政府信息公开行政案件规定》没有采用这种提法，而是在第6条规定：“人民法院审理政府信息公开行政案件，应当视情采取适当的审理方式，以避免泄露涉及国家秘密、商业秘密、个人隐私或者法律规定的其他应当保密的政府信息。”

四、关于档案信息

《政府信息公开行政案件规定》第7条规定：“政府信息由被告的档案机构或者档案工作人员保管的，适用《中华人民共和国政府信息公开条例》的规定。政府信息已经移交各级国家档案馆的，依照有关档案管理的法律、行政法规和国家有关规定执行。”将已经移交各级国家档案馆的信息与仍然存放在被告单位档案机构的信息加以区分，意味着行政机关有权力或者有义务依照《条例》的规定处理由其档案机构保存的政府信息的公开问题。这一规定无疑有利于防止行政机关以适用档案法规为借口规避相应政府信息公开。

五、关于不予公开范围

政府信息以公开为原则，不公开为例外，因此，不予公开范围的认定是司法审查的重要内容。在公开征求意见时，多数网民对《政府信息公开行政案件规定》征求意见稿将“三安全一稳定”解释为例外信息持反对意见，认为“三安全一稳定”并非《条例》规定的例外信息，《政府信息公开行政案件规定》不应妄加限缩。而且，“三安全一稳定”作为不确定法律概念，涵盖的信息范围过于宽泛，且与国家秘密等制度之间存在竞合关系，没必要单独列举。此外，征求意见稿考虑到现实需要和国际通行做法，将“过程信息”也列入可以不予公开的范围，同样招致不同意见。审判委员会经过慎重考虑，认为应当严格按照条例的明确规定确定例外信息，因此，《政府信息公开行政案件规定》第8条最终表述为：“政府信息涉及国家秘密、商业秘密、个人隐私的，人民法院应当认定属于不予公开范围。政府信息涉及商业秘密、个人隐私，但权利人同意公开，或者不公开可能对公共利益造成重大影响的，不受前款规定的限制。”

六、关于判决方式

《政府信息公开行政案件规定》共分4条规定了政府信息公开诉讼的判决方式，体现了这样几个特点：

一是紧扣政府信息能否公开这一焦点，使判决尽可能具体，以强化纠纷解决功能。例如，第9条、第10条规定：被告对依法应当公开的政府信息拒绝或者部分拒绝公开的，人民法院应当判决被告在一定期限内公开。并非像以往那样，只能判决撤销，同时责令行政机关重新作出具体行政行为，不服再诉，导致诉讼循环往复，尘埃久难落地。即使被告逾期没有作出任何答复，只要原告一并请求判决被告公开或者更正政府信息且理由成立的，人民法院也不必只原则判决行政机关作出答复，而是可以直接判决其对政府信息予以公开或者更正。另外，人民法院经审理认为被告不予公开的政府信息内容可以作区分处理的，还可以判决被告限期公开可以公开的内容。

二是在预防性权利保护方面作出有益尝试。我国的行政诉讼制度基本属于事后救济，一般情况下，只有在具体行政行为已经作出，权利损害已成既成事实的情况下才能提供法律保护。但政府信息公开有一个特点，就是涉及商业秘密、个人隐私的政府信息一旦公开，就会造成不可逆转的权利侵害，事后再行救济显然“缓不济急”。为了体现“无漏洞且有效的权利保护”，《政府信息公开行政案件规定》第11条规定：被告公开政府信息涉及原告商业秘密、个人隐私且不存在公共利益等法定事由的，人民法院应当判决确认公开政府信息的行为违法，并可以责令被告采取相应的补救措施；造成损害的，根据原告请求依法判决被告承担赔偿责任。政府信息尚未公开的，应当判决行政机关不得公开。同时，还对暂时权利保护作出明确：诉讼期间，原告申请停止公开涉及其商业秘密、个人隐私的政府信息，人民法院经审查认为公开该政府信息会造成难以弥补的损失，并且停止公开不损害公共利益的，可以依照《行政诉讼法》第44条的规定，裁定暂时停止公开。

三是判决结果直接回应原告具体的诉求，不搞答非所问。考虑到政府信息公开具有某些事实行为的特点，《政府信息公开行政案件规定》没有规定维持判决的方式，第12条规定，对于有下列情形之一，被告已经履行法定告知或者说明理由义务的，人民法院应当判决驳回原告的诉讼请求：不属于政府信息、政府信息不存在、依法属于不予公开范围或者依法不属于被告公开的；申请公开的政府信息已经向公众公开，被告已经告知申请人获取该政府信息的方式和途径的；起诉被告逾期不予答复，理由不成立的；以政府信息侵犯其商业秘密、个人隐私为由反对公开，理由不成立的；要求被告更正与其自身相关的政府信息记录，理由不成立的；不能合理说明申请获取政府信息系根据自身生产、生活、科研等特殊需要，且被告据此不予提供的；无法按照申请人要求的形式提供政府信息，且被告已通过安排申请人查阅相关资料、提供复制件或者其他适当形式提供的。

四是坚持能动履职与司法克制的统一。在政府信息是否可以公开问题上，尊重行政机关的首次判断。例如，《政府信息公开行政案件规定》虽然规定人民法院可以直接作出要求行政机关一定期限内公开政府信息的判决，但在第9条同时规定，尚需被告调查、裁量的，判决其在一定期限内重新答复。

（撰稿人：李广宇）

最高人民法院
关于审理涉及农村集体土地行政案件若干问题的规定

法释〔2011〕20号

（2011年5月9日最高人民法院审判委员会第1522次会议通过
2011年8月7日最高人民法院公告公布　自2011年9月5日起施行）

为正确审理涉及农村集体土地的行政案件，根据《中华人民共和国物权法》、《中华人民共和国土地管理法》和《中华人民共和国行政诉讼法》等有关法律规定，结合行政审判实际，制定本规定。

第一条　农村集体土地的权利人或者利害关系人（以下简称土地权利人）认为行政机关作出的涉及农村集体土地的行政行为侵犯其合法权益，提起诉讼的，属于人民法院行政诉讼的受案范围。

第二条　土地登记机构根据人民法院生效裁判文书、协助执行通知书或者仲裁机构的法律文书办理的土地权属登记行为，土地权利人不服提起诉讼的，人民法院不予受理，但土地权利人认为登记内容与有关文书内容不一致的除外。

第三条　村民委员会或者农村集体经济组织对涉及农村集体土地的行政行为不起诉的，过半数的村民可以以集体经济组织名义提起诉讼。

农村集体经济组织成员全部转为城镇居民后，对涉及农村集体土地的行政行为不服的，过半数的原集体经济组织成员可以提起诉讼。

第四条　土地使用权人或者实际使用人对行政机关作出涉及其使用或实际使用的集体土地的行政行为不服的，可以以自己的名义提起诉讼。

第五条　土地权利人认为土地储备机构作出的行为侵犯其依法享有的农村集体土地所有权或使用权的，向人民法院提起诉讼的，应当以土地储备机构所隶属的土地管理部门为被告。

第六条　土地权利人认为乡级以上人民政府作出的土地确权决定侵犯其依法享有的农村集体土地所有权或者使用权，经复议后向人民法院提起诉讼的，人民法院应当依法受理。

法律、法规规定应当先申请行政复议的土地行政案件，复议机关作出不受理复议申请的决定或者以不符合受理条件为由驳回复议申请，复议申请人不服的，应当以复议机关为被告向人民法院提起诉讼。

第七条　土地权利人认为行政机关作出的行政处罚、行政强制措施等行政行为侵犯其依法享有的农村集体土地所有权或者使用权，直接向人民法院提起诉讼的，人民法院应当依法受理。

第八条　土地权属登记（包括土地权属证书）在生效裁判和仲裁裁决中作为定案证据，利害关系人对该登记行为提起诉讼的，人民法院应当依法受理。

第九条　涉及农村集体土地的行政决定以公告方式送达的，起诉期限自公告确定的期限届满之日起计算。

第十条　土地权利人对土地管理部门组织实施过程中确定的土地补偿有异议，直接向人民法院提起诉讼的，人民法院不予受理，但应当告知土地权利人先申请行政机关裁决。

第十一条　土地权利人以土地管理部门超过两年对非法占地行为进行处

罚违法，向人民法院起诉的，人民法院应当按照行政处罚法第二十九条第二款的规定处理。

第十二条 征收农村集体土地时涉及被征收土地上的房屋及其他不动产，土地权利人可以请求依照物权法第四十二条第二款[①]的规定给予补偿的。

征收农村集体土地时未就被征收土地上的房屋及其他不动产进行安置补偿，补偿安置时房屋所在地已纳入城市规划区，土地权利人请求参照执行国有土地上房屋征收补偿标准的，人民法院一般应予支持，但应当扣除已经取得的土地补偿费。

第十三条 在审理土地行政案件中，人民法院经当事人同意进行协调的期间，不计算在审理期限内。当事人不同意继续协商的，人民法院应当及时审理，并恢复计算审理期限。

第十四条 县级以上人民政府土地管理部门根据土地管理法实施条例第四十五条的规定，申请人民法院执行其作出的责令交出土地决定的，应当符合下列条件：

（一）征收土地方案已经有权机关依法批准；

（二）市、县人民政府和土地管理部门已经依照土地管理法和土地管理法实施条例规定的程序实施征地行为；

（三）被征收土地所有权人、使用人已经依法得到安置补偿或者无正当理由拒绝接受安置补偿，且拒不交出土地，已经影响到征收工作的正常进行；

（四）符合《最高人民法院关于执行〈中华人民共和国行政诉讼法〉若干问题的解释》[②]第八十六条规定的条件。

人民法院对符合条件的申请，应当裁定予以受理，并通知申请人；对不符合条件的申请，应当裁定不予受理。

第十五条 最高人民法院以前所作的司法解释与本规定不一致的，以本规定为准。

---

① 对应《民地典》第243条第2款。

② 《最高人民法院关于执行〈中华人民共和国行政诉讼法〉若干问题的解释》已于2018年2月6日被《最高人民法院关于适用〈中华人民共和国行政诉讼法〉的解释》（法释〔2018〕1号）废止并替代。

【导读及适用要点】

一、涉及农村集体土地行政案件的受案范围

涉及农村集体土地的行政行为包括土地的征收征用、土地出让、土地登记、土地许可、土地处罚、土地确权和强制措施等行政行为及其相应的不作为。土地权利人或利害关系人（以下简称土地权利人）对上述行为不服，均可以提起行政诉讼。鉴此，最高人民法院《关于审理涉及农村集体土地行政案件若干问题的规定》(以下简称《规定》) 第 1 条规定："农村集体土地的权利人或者利害关系人认为行政机关作出的涉及农村集体土地的行政行为侵犯其合法权益，依法提起诉讼的，属于人民法院行政诉讼的受案范围。"

关于涉及农村集体土地的行政行为排除司法审查的问题，司法解释规定了一种情形，即根据人民法院、仲裁机构的生效法律文书作为土地权属登记的可诉性的问题。我们认为，按照原《物权法》第 28 条[①]的规定，人民法院或者仲裁机构作出确权判决或裁决后，新的土地权利人就直接取得了土地所有权或使用权。土地权属登记机构必须按照判决或裁决作出登记，而不能对判决、协助执行通知书或裁决的合法性进行审查，此时的登记行为实际上并非土地权属登记机构的独立意志。不过土地权属登记机构登记的内容与法律文书的内容不一致时，登记就有了独立于司法意志的因素，应为可诉。故《规定》第 2 条规定，土地登记机构根据人民法院生效裁判文书、协助执行通知书或者仲裁机构的法律文书办理的土地权属登记行为，土地权利人不服提起诉讼的，人民法院不予受理，但土地权利人认为登记内容与有关文书内容不一致的除外。

虽然《规定》只规定了一种排除司法审查的行政行为，但是原《执行行政诉讼法解释》所规定的不属于人民法院受案范围的行政案件，同样适用于涉及农村集体土地的行政行为。

---

① 对应《民法典》第 229 条。

二、关于农村集体经济组织成员的原告资格问题

实践中，常常遇到农村集体经济组织或村民委员会等对涉及农村集体土地的行政行为不起诉的情况，导致农民权益受到损害而无法得到救济，引起群体性的上访。为了依法保护农民的合法权益，有必要赋予具有代表性的农民以集体名义提起诉讼，故《规定》第3条第1款规定，村民委员会或者农村集体经济组织对涉及农村集体土地的行政行为不起诉的，过半数的村民可以以集体经济组织名义提起诉讼。

另外，很多地方通过“农转非”的形式，将农民转为城市居民，原农村集体经济组织成建制撤销，原村民委员会不复存在。如果涉及原集体土地权益受到侵犯，对谁有资格起诉的问题有不同意见。有的主张原村民的多数即可起诉，也有的主张应由居委会起诉。我们认为，居委会是群众自治组织，对居民的财产没有管理权，因此居委会没有原告主体资格，可以由原集体经济组织的多数村民提起行政诉讼。故《规定》第3条第2款规定，农村集体经济组织成员全部转为城镇居民后，对涉及农村集体土地的行政行为不服的，过半数的原集体经济组织成员可以提起诉讼。

三、关于土地实际使用人的原告资格问题

实践中，很多农村集体土地的使用人没有土地权属证书，有的是因为当地从没发放过土地权属证书，有的是由于土地权属转移正在办理土地权属证书过程中，也有的属于非法占地。有人主张只有持有土地权属证书的使用权人才具有原告资格。我们认为，土地实际使用人即使没有权属证书，只要是合法享有土地使用权的，当其土地权益受到侵害时仍应赋予其诉权；对于非法占地的，人民法院受理后，可以裁定驳回其起诉。《规定》第4条规定，土地使用权人或者实际使用人对行政机关作出涉及其使用或实际使用的集体土地的行政行为不服的，可以以自己的名义提起诉讼。

四、关于土地储备机构的被告资格问题

实践中，人民政府或土地管理部门设立了一些土地储备机构，这些机构往往以自己的名义实施征地或强制拆除集体土地上的附着物的行为，土地权

利人认为上述机构的行为侵害自己合法权益的，能否以土地储备机构为被告提起行政诉讼？我们认为，根据《土地储备管理办法》[①]第3条的规定，土地储备机构应为市、县人民政府批准成立、具有独立的法人资格、隶属于国土资源管理部门、统一承担本行政辖区内土地储备工作的事业单位，因此这类土地储备机构不具有行政主体资格，对其行使行政职权的行为，应由其所隶属的行政机关做被告。故《规定》第5条规定，土地权利人认为土地储备机构作出的行为侵犯其依法享有的农村集体土地所有权或使用权的，向人民法院提起诉讼的，应当以土地储备机构所隶属的土地管理部门为被告。

五、关于土地行政案件复议前置的问题

《规定》将土地确权决定作为复议前置的案件，有必要对该条规定作限缩性解释，故《规定》第6条第1款和第7条规定，土地权利人认为乡级以上人民政府作出的土地确权决定侵犯其依法享有的农村集体土地所有权或者使用权，经复议后向人民法院提起诉讼的，人民法院应当依法受理。土地权利人认为行政机关作出的行政处罚、行政强制措施等行政行为侵犯其依法享有的农村集体土地所有权或者使用权，直接向人民法院提起诉讼的，人民法院应当依法受理。

二是法律、法规规定应当先申请行政复议的土地行政案件，复议机关作出不受理复议申请的决定或者以不符合受理条件为由驳回复议申请，复议申请人不服的，应以谁为被告的问题。我们认为，复议机关根据《行政复议法》第17条[②]和《行政复议法实施条例》第48条第1款第2项的规定，作出不予受理复议申请和驳回行政复议申请的决定，是认为申请人不符合行政复议的受理条件，从程序上作出的决定，并未进行实体的审查。所以，不能将这种情况视为已经作出维持原具体行政行为的复议决定，而对原具体行政行为提起行政诉讼。否则，有些已经超过复议期限等不符合行政复议受理条件的案件，复议机关不受理，法院却予以受理，使复议前置的规定失去意义。复议为必经程序的，行政相对人未经行政复议当然不具有对实体问题的起诉权。

---

① 已失效。

② 对应《行政复议法》（2023年修订）第30条。

但为了保护行政相对人的合法权益，防止行政机关滥用不受理复议申请的决定权，行政相对人应当享有司法救济的权利。所以，复议申请人可以对复议机关不受理复议申请或驳回复议申请的决定提起诉讼。故《规定》第6条第2款规定，法律、法规规定应当先申请行政复议的土地行政案件，复议机关作出不受理复议申请的决定或者以不符合受理条件为由驳回复议申请，复议申请人不服的，应当以复议机关为被告向人民法院提起诉讼。

六、土地权属登记（包括土地权属证书）在生效裁判和仲裁裁决中作为定案证据，利害关系人对该登记行为能否提起诉讼的问题

原《执行行政诉讼法解释》第44条第10项[①]规定，诉讼标的为生效判决的效力所羁束的行政行为不可诉。问题是民事判决和仲裁裁决将土地权属证书作为证据使用，并未对行政行为的合法性进行审查，只是作为证据审查，因此不属于“羁束”的情形。故《规定》第8条规定，土地权属登记（包括土地权属证书）在生效裁判和仲裁裁决中作为定案证据，利害关系人对该登记行为提起诉讼的，人民法院应当依法受理。

七、涉及农村集体土地的行政行为以公告方式送达的，起诉期限如何计算的问题

涉及农村集体土地的行政行为通过公告送达的有两种情形：一种是依法通过张贴公告的形式告知土地权利人，往往是涉及多人的，不宜一一送达；另一种情形是因为找不到当事人，行政机关依照《民事诉讼法》规定的方式公告送达。我们认为，如果行政行为依法以张贴公告的形式告知的，公告确定的期限届满之日，可以推定当事人已经知道行政行为，否则行政行为总是处于不确定状态。而由于种种原因无法向当事人送达行政行为的，行政机关可以参照《民事诉讼法》的有关规定公告送达，起诉期限也应当从公告确定的期限届满之日起计算。故《规定》第9条规定，涉及农村集体土地的行政决定以公告方式送达的，起诉期限自公告确定的期限届满之日起计算。

---

① 对应《行政诉讼法司法解释》第69条第1款第9项。

八、对土地补偿裁决的处理问题

根据《土地管理法》第2条的规定，国家为了公共利益的需要，可以依法对土地实行征收或者征用并给予补偿。如果土地权利人和当地人民政府就征地补偿标准达不成协议的，不能直接向人民法院提起诉讼，应依照《土地管理法实施条例》第25条的规定，由行政机关作出裁决，对行政机关作出的裁决不服的，可以向人民法院提起行政诉讼。故《规定》第10条规定，土地权利人对土地管理部门组织实施过程中确定的土地补偿有异议，直接向人民法院提起诉讼的，人民法院不予受理，但应当告知土地权利人先申请行政机关裁决。

九、关于土地违法行为的处罚时效问题

由于历史或者管理上的原因，非法占用农村集体土地的违法行为被发现时很多都超过两年，这时还能否进行处理和处罚？我们认为，非法占地后，其后果一直处于持续状态，对这类违法行为不予处罚不利于保护土地资源和制裁违法行为，因此应依照《行政处罚法》第29条第2款[①]关于“违法行为有连续或者继续状态的，从行为终了之日起计算”的规定处理。故《规定》第11条规定，土地权利人以土地管理部门超过两年对非法占地行为进行处罚违法，向人民法院起诉的，人民法院应当按照《行政处罚法》第29条第2款的规定处理。

十、关于已经纳入城市规划区的农村集体土地上房屋的征收补偿问题

实践中，有些农村集体土地虽然已经被批准征收，但由于种种原因，有关部门对农村集体土地上的房屋没有补偿，也一直由原住户继续使用。若干年后，有关部门补偿安置时，房屋所在的地方已经纳入城市规划区，周围的房屋价格已经城市化，如果仍然按照农村集体土地上附着物的标准补偿，难以解决农民的居住问题。对此问题如何解决，我们认为，虽然因为土地性质不同，征收集体土地上房屋的补偿不能直接适用《国有土地上房屋征收与补

① 对应《行政处罚法》（2021年修订）第36条第2款。

偿条例》，但由于房屋所在的土地已经城市化，如果按照农村集体土地补偿，会无法保障农民的权益。因此，可以参照《国有土地上房屋征收与补偿条例》的补偿标准予以补偿。由于国有土地上房屋征收补偿中实际上已经包含了地价，如果征收农民集体土地时已经对土地进行了补偿，那么按照国有土地上房屋征收补偿标准对其补偿时，应当扣除已经取得的土地补偿费。故《规定》第 12 条第 2 款规定，征收农村集体土地时未就被征收土地上的房屋及其他不动产进行安置补偿，补偿安置时房屋所在地已纳入城市规划区，土地权利人请求参照执行国有土地上房屋征收补偿标准的，人民法院一般应予支持，但应当扣除已经取得的土地补偿费。

十一、关于协调期间不计入审限的问题

由于土地行政案件的复杂性，很多纠纷产生时间久远，协调难度大，需要花费更多时间进行协调。为了鼓励人民法院加强协调，争取案结事了，规定人民法院经当事人同意组织当事人进行协调的期间，不计算在审理期限内。同时为了防止法院久拖不决，规定如当事人不同意继续协商的，应当及时审理，并恢复计算审理期限。故《规定》第 13 条规定，在审理土地行政案件中，人民法院经当事人同意进行协调的期间，不计算在审理期限内。当事人不同意继续协商的，人民法院应当及时审理，并恢复计算审理期限。

十二、关于申请人民法院执行责令交出土地决定的审查问题

根据《土地管理法实施条例》第 45 条[①]的规定，对违反土地管理法律、法规规定，阻挠国家建设征用土地的，县级以上人民政府土地管理部门可以作出责令交出土地的决定；拒不交出土地的，可以申请人民法院强制执行。实践中，由于征地行为违法或有关部门工作不到位，导致土地权利人拒不交出土地。为了依法保护土地权利人的合法权益，人民法院应当严格审查强制执行的依据是否合法、合理。故《规定》第 14 条规定，县级以上人民政府土地管理部门根据《土地管理法实施条例》第 45 条[②]的规定，申请人民法院执

① 对应《土地管理法实施条例》(2021 年修订) 第 62 条。

② 同上。

行其作出的责令交出土地决定的，应当符合下列条件：（1）征收土地方案已经有权机关依法批准；（2）市、县人民政府和土地管理部门已经依照《土地管理法》和《土地管理法实施条例》规定的程序实施征地行为；（3）被征收土地所有权人、使用人已经依法得到安置补偿或者无正当理由拒绝接受安置补偿，且拒不交出土地，已经影响到征收工作的正常进行；（4）符合原《执行行政诉讼法解释》第 86 条[①] 规定的条件。人民法院对符合条件的申请，应当裁定予以受理，并通知申请人；对不符合条件的申请，应当裁定不予受理。

（撰稿人：赵大光　杨临萍　马永欣）

最高人民法院
关于审理房屋登记案件若干问题的规定

法释〔2010〕15 号

（2010 年 8 月 2 日最高人民法院审判委员会第 1491 次会议通过
2010 年 11 月 5 日最高人民法院公告公布　自 2010 年 11 月 18 日起施行）

为正确审理房屋登记案件，根据《中华人民共和国物权法》、《中华人民共和国城市房地产管理法》、《中华人民共和国行政诉讼法》等有关法律规定，结合行政审判实际，制定本规定。

第一条 公民、法人或者其他组织对房屋登记机构的房屋登记行为以及与查询、复制登记资料等事项相关的行政行为或者相应的不作为不服，提起行政诉讼的，人民法院应当依法受理。

第二条 房屋登记机构根据人民法院、仲裁委员会的法律文书或者有权机关的协助执行通知书以及人民政府的征收决定办理的房屋登记行为，公民、法人或者其他组织不服提起行政诉讼的，人民法院不予受理，但公民、法人或者其他组织认为登记与有关文书内容不一致的除外。

① 对应《行政诉讼法司法解释》第 155 条。

房屋登记机构作出未改变登记内容的换发、补发权属证书、登记证明或者更新登记簿的行为，公民、法人或者其他组织不服提起行政诉讼的，人民法院不予受理。

房屋登记机构在行政诉讼法施行前作出的房屋登记行为，公民、法人或者其他组织不服提起行政诉讼的，人民法院不予受理。

第三条 公民、法人或者其他组织对房屋登记行为不服提起行政诉讼的，不受下列情形的影响：

（一）房屋灭失；

（二）房屋登记行为已被登记机构改变；

（三）生效法律文书将房屋权属证书、房屋登记簿或者房屋登记证明作为定案证据采用。

第四条 房屋登记机构为债务人办理房屋转移登记，债权人不服提起诉讼，符合下列情形之一的，人民法院应当依法受理：

（一）以房屋为标的物的债权已办理预告登记的；

（二）债权人为抵押权人且房屋转让未经其同意的；

（三）人民法院依债权人申请对房屋采取强制执行措施并已通知房屋登记机构的；

（四）房屋登记机构工作人员与债务人恶意串通的。

第五条 同一房屋多次转移登记，原房屋权利人、原利害关系人对首次转移登记行为提起行政诉讼的，人民法院应当依法受理。

原房屋权利人、原利害关系人对首次转移登记行为及后续转移登记行为一并提起行政诉讼的，人民法院应当依法受理；人民法院判决驳回原告就在先转移登记行为提出的诉讼请求，或者因保护善意第三人确认在先房屋登记行为违法的，应当裁定驳回原告对后续转移登记行为的起诉。

原房屋权利人、原利害关系人未就首次转移登记行为提起行政诉讼，对后续转移登记行为提起行政诉讼的，人民法院不予受理。

第六条 人民法院受理房屋登记行政案件后，应当通知没有起诉的下列利害关系人作为第三人参加行政诉讼：

（一）房屋登记簿上载明的权利人；

（二）被诉异议登记、更正登记、预告登记的权利人；

（三）人民法院能够确认的其他利害关系人。

第七条　房屋登记行政案件由房屋所在地人民法院管辖，但有下列情形之一的也可由被告所在地人民法院管辖：

（一）请求房屋登记机构履行房屋转移登记、查询、复制登记资料等职责的；

（二）对房屋登记机构收缴房产证行为提起行政诉讼的；

（三）对行政复议改变房屋登记行为提起行政诉讼的。

第八条　当事人以作为房屋登记行为基础的买卖、共有、赠与、抵押、婚姻、继承等民事法律关系无效或者应当撤销为由，对房屋登记行为提起行政诉讼的，人民法院应当告知当事人先行解决民事争议，民事争议处理期间不计算在行政诉讼起诉期限内；已经受理的，裁定中止诉讼。

第九条　被告对被诉房屋登记行为的合法性负举证责任。被告保管证据原件的，应当在法庭上出示。被告不保管原件的，应当提交与原件核对一致的复印件、复制件并作出说明。当事人对被告提交的上述证据提出异议的，应当提供相应的证据。

第十条　被诉房屋登记行为合法的，人民法院应当判决驳回原告的诉讼请求。

第十一条　被诉房屋登记行为涉及多个权利主体或者房屋可分，其中部分主体或者房屋的登记违法应予撤销的，可以判决部分撤销。

被诉房屋登记行为违法，但该行为已被登记机构改变的，判决确认被诉行为违法。

被诉房屋登记行为违法，但判决撤销将给公共利益造成重大损失或者房屋已为第三人善意取得的，判决确认被诉行为违法，不撤销登记行为。

第十二条　申请人提供虚假材料办理房屋登记，给原告造成损害，房屋登记机构未尽合理审慎职责的，应当根据其过错程度及其在损害发生中所起作用承担相应的赔偿责任。

第十三条　房屋登记机构工作人员与第三人恶意串通违法登记，侵犯原告合法权益的，房屋登记机构与第三人承担连带赔偿责任。

第十四条　最高人民法院以前所作的相关的司法解释，凡与本规定不一致的，以本规定为准。

农村集体土地上的房屋登记行政案件参照本规定。

【导读及适用要点】

一、房屋登记案件的受案范围

（一）可受理的房屋登记行为

原《物权法》[①]公布之初，各种房屋登记的可诉性就成为房屋登记案件审理当中引起热烈讨论的一个问题。原《物权法》及建设部[②]配套的《房屋登记办法》[③]（以下简称《办法》）关于房屋登记的规定涉及两类行为：一是房屋登记行为，包括房屋所有权登记、抵押权登记、地役权登记三类权利登记，以及异议登记、更正登记、预告登记三类辅助登记。二是相关行政行为，包括是否准予查询、复制登记资料以及撤销登记、收缴权属证书等行为。第二类行为即相关行政行为的可诉性是没有疑问的，可诉性的疑问主要集中在第一类行为，主要是预告登记和异议登记的可诉性。

关于预告登记的可诉性。在调研当中，多数人认为预告登记是行政行为，应为可诉。少数人认为不可诉，理由是预告登记并未创设或者改变物权，只是中间性的登记，体现服务职能。我们倾向于第一种意见，即预告登记可诉。主要理由是：第一，预告登记是行政确认，属于行政行为之一。预告登记确认了两个内容，一是申请人的请求权即实现房屋权利的请求权；二是对抗效力，即对后来发生的与该项请求权内容相同的不动产物权的处分行为，具有对抗的效力。第二，预告登记存在侵权的可能。虽然预告登记是中间性登记，但是这种登记转化为本登记在法律上是可期待的。也就是说，其虽未创设物权，但创设了期待权，即期待物权实现的权利。这种权利对各方当事人的利益都可能产生影响，这种影响虽然不如权利登记那么大，但也相差不多。比如甲冒乙之名与丙签署转让协议，将乙的房屋转让给丙，并办理了房屋预告

① 现为《民法典》物权编。

② 现为住房和城乡建设部。

③ 已失效。

登记。乙得知后，向登记机构提供了鉴定结论等证据，请求撤销预告登记，但登记机构拒绝撤销。此时，预告登记对乙的不利影响是显而易见的。综上，预告登记是行政行为，且有侵权可能，按照《行政诉讼法》第 2 条的规定，应当纳入行政诉讼受案范围。

关于异议登记的可诉性。到目前为止，实践中申请异议登记的情形很少，诉讼案件就更少见，但是其可诉性的争论却不少。第一种意见认为不应受理。主要理由有二：一是异议登记并不创设物权，只是为民事争议的解决提供便利，没有侵权可能；二是受理此类诉讼没有实际意义。因为异议登记只给异议申请人 15 天的期限，如果其 15 天内不提起民事诉讼，则登记自然失效，此时提起行政诉讼的必要性不大。如果其提起民事诉讼，则异议登记相当于民事诉讼的一种保全措施，为司法行为的效力所吸收，行政诉讼不宜介入。第二种意见认为应当区别对待，起诉已经作出的异议登记的，不宜受理；但起诉不作为的，则应当受理。第三种意见认为应当受理，因为异议登记是具体行政行为。

我们倾向于第三种意见，即应当受理。主要理由是：第一，异议登记是具体行政行为。异议登记确实是为民事争议的解决提供便利的一种制度，但提供便利并非无条件的，登记机构必须要对异议申请按照法定要件进行审查，而审查就可能出现失误或者滥用职权。因此，对这种权力就需要监督，尤其是司法监督。第二，异议登记对物权人的利益有影响。异议登记击破原房屋登记的公信力，限制物权行使，其效果与对财产的行政强制措施相当。第三，异议登记限制原房屋权利人的时间可能超过 15 天，如果异议人提起民事诉讼，则异议期就随之顺延，直至民事生效判决作出才有定论。第四，异议登记是登记机构基于独立判断作出的行为，法院受理民事诉讼并不意味着司法对该登记的效力作出新的确认，故异议登记并不为司法行为所吸收。综上，按照《行政诉讼法》第 2 条规定，异议登记应当纳入行政诉讼的受案范围。鉴此，《最高人民法院关于审理房屋登记案件若干问题的规定》（以下简称《房屋登记案件规定》）第 1 条规定："公民、法人或者其他组织对房屋登记机构的房屋登记行为以及与查询、复制登记资料等事项相关的行政行为或者相应的不作为不服，提起行政诉讼的，人民法院应当依法受理。"其中并未排除两种登记。

（二）房屋登记排除司法审查的情形

《房屋登记案件规定》规定了三种情形：（1）根据有权机关法律文书所为的房屋登记。《房屋登记案件规定》第2条第1款规定："房屋登记机构根据人民法院、仲裁委员会的法律文书或者有权机关的协助执行通知书以及人民政府的征收决定办理的房屋登记行为，公民、法人或者其他组织不服提起行政诉讼的，人民法院不予受理，但公民、法人或者其他组织认为登记与有关文书内容不一致的除外。"据此，可分两种情况，一是按照具有确权效果的人民法院判决、仲裁委员会的仲裁书、人民政府的征地决定作出的房屋登记行为。按照原《物权法》第28条[①]的规定，此时，新的权利人已经直接取得了房屋所有权。二是根据人民法院等有权机关作出的协助执行通知书作出的房屋登记行为，登记机构受到有权机关文书效力的拘束。上述两种情况下，登记机构所作的登记并非出于独立意志，承认其可诉性不能起到救济当事人的作用，只能徒增司法负担。（2）换证、补证及更新登记簿的可诉性。《房屋登记案件规定》第2条第2款规定："房屋登记机构作出未改变登记内容的换发、补发权属证书、登记证明或者更新登记簿的行为，公民、法人或者其他组织不服提起行政诉讼的，人民法院不予受理。"根据《办法》第27条的规定，房屋权属证书、登记证明破损的，权利人可以向房屋登记机构申请换发。房屋权属证书、登记证明遗失、灭失的，权利人可以申请补发。另外，登记簿样式修改也会带来更新登记簿的问题。这些行为是否可诉？实践中经常产生疑问。我们认为，这些行为如果没有改变原登记内容，则系重复处置行为，不可诉；反之则可诉。（3）历史遗留问题。《房屋登记案件规定》第2条第3款规定："房屋登记机构在行政诉讼法施行前作出的房屋登记行为，公民、法人或者其他组织不服提起行政诉讼的，人民法院不予受理。"其理由是，在《行政诉讼法》实施之前，房屋登记不属行政诉讼受案范围，按法不溯及既往原则，不应受理。

（三）不影响可诉性的几种特殊情形

《房屋登记案件规定》第3条规定了不影响房屋登记案件可诉性的三种情形：

---

① 对应《民法典》第229条。

1. 房屋灭失。这样的案件多出现在拆迁当中，比较典型的情况是：拆迁人与被拆迁人达成拆迁补偿协议后，有人出来主张权利，认为原来的房屋登记是错误的，自己才是真正的权利人。此时，房屋已经灭失，还可以起诉吗？多数意见认为可诉。少数意见认为不可诉，因为拆迁补偿可以通过裁决来解决，没有必要诉房屋登记行为。我们倾向于可诉，第一，登记行为并不因房屋的灭失而自然消失。第二，拆迁补偿裁决以房产证为依据。可诉的意见还有分歧，一种意见认为，对权利状况有争议的可诉；对房屋自然状况有争议（比如面积大小）的不可诉。因为房屋已经拆除，事实无法查清。另一种意见认为，行政行为都是可诉的，即使是自然状况也是可诉的。行政机关需要提供作出行政行为时的证据，完全可以据此作出不动产登记是否合法的判定。我们倾向于第二种意见。事实能否查清，属于实体审查的问题，即便无法查清，也可以用证据规则尤其是举证责任规则来作出推定。以此作为否定诉权的理由是不恰当的。

2. 房屋登记行为已被登记机构改变，包括房屋登记被注销、变更、更正、撤销。第一，房屋登记被注销，不影响其可诉性，道理与房屋灭失类似。第二，房屋登记被变更和更正。按照《办法》的有关规定，房屋权利人变更权利内容或者房屋自然情况的，应当申请变更登记。权利人、利害关系人认为登记簿记载事项有误的，应当申请更正登记。变更登记或者更正登记之后，原证书收回，重新颁发证书。此时还能否再起诉原登记行为？我们认为应当可诉。因为按照原《执行行政诉讼法解释》第50条第3款关于“被告改变原具体行政行为，原告不撤诉，人民法院经审查认为原具体行政行为违法的，应当作出确认其违法的判决”之规定[①]，原具体行政行为改变的，其可诉性不受影响。第三，房屋登记被撤销。《办法》第81条规定：“司法机关、行政机关、仲裁委员会发生法律效力的文件证明当事人隐瞒真实情况、提交虚假材料等非法手段获取房屋登记的，房屋登记机构可以撤销原房屋登记，收回房屋权属证书、登记证明或者公告作废，但房屋权利为他人善意取得的除外。”登记机构已经撤销了原登记，是否还可以起诉原登记？一种观点认为，登记机构已经撤销了原登记，没有必要再起诉。另一种观点认为，按照《若干解

① 对应《行政诉讼法司法解释》第81条第3款。

释》第50条第3款关于“被告改变原具体行政行为，原告不撤诉，人民法院经审查认为原具体行政行为违法的，应当作出确认其违法的判决”之规定精神，原登记被撤销并不影响其可诉性。我们倾向于第二种意见。因为登记机构撤销的理由是相对人违法，并不涉及其是否尽到审查职责的问题，如果其未尽审查职责，还可能要承担赔偿责任。所以，我们认为不能否认此类诉讼的意义。

（3）生效法律文书将房屋权属证书、房屋登记簿或者房屋登记证明作为定案证据采用。原《执行行政诉讼法解释》第44条第10项[①]规定，诉讼标的为生效判决的效力所羁束的行政行为不可诉。所以，问题就是生效判决（通常是民事判决和行政判决）将房屋登记的结果即房屋权属证书作为证据使用，是否属于“羁束”的情形。比较一致的意见是认为不羁束。不过，我们注意到，有些判决不够严谨，在判决理由说房屋权属证书可以作为定案证据之前，有时会说房产证合法有效，这是否羁束了登记行为的效力？一种意见认为，在民事判决主文中未提到房产证的效力，仅在判决理由中提到，不能作为羁束行政合法性的依据。另一种意见认为，理由中提到也应当算，只有在通过审判监督程序纠正之后，当事人才能提起行政诉讼。我们倾向于第二种意见，即判决理由中提到也应当认为羁束了房屋登记的效力。因为判决理由与主文一样都是判决的重要组成部分，而且具有法律效力的判断出现在理由部分的情形，在实践中并不鲜见。比如在行政行为合法但存在合理性问题时，行政判决一般都是在主文上只写“驳回诉讼请求”，而将对行政行为效力的肯定写在判决理由当中。

二、原告资格问题

（一）债权人诉转移登记的资格问题

此类情形在房屋登记案件中大量出现，争议也很大，各地法院强烈要求对此加以明确。我们认为，债权人一般没有原告资格，因为房屋所有权人把房屋卖掉可获对价，对价仍可还债，并不影响债权。不过，确实存在某些特殊情形应当承认原告资格。鉴此，《房屋登记案件规定》第4条作出如下规

① 对应《行政诉讼法司法解释》第69条第1款第9项。

定："房屋登记机构为债务人办理房屋转移登记，债权人不服提起诉讼，符合下列情形之一的，人民法院应当依法受理：（一）以房屋为标的物的债权已办理预告登记的；（二）债权人为抵押权人且房屋转让未经其同意的；（三）人民法院依债权人申请对房屋采取强制执行措施并已通知房屋登记机构的；（四）房屋登记机构工作人员与债务人恶意串通的。"下面对上述四种情形分别说明：

1. 以房屋为标的物的债权已办理预告登记的。房屋买卖双方办理预告登记后，房屋买受人享有的债权就由普通债权变成了受到特别保护的债权。按照原《物权法》第20条[①]第1款，预告登记后，未经预告登记的权利人同意，处分该不动产的，不发生物权效力。据此，债务人再次转让已作出预告登记的房屋，房屋登记机构不得为其办理房屋转移登记。如果房屋登记机构予以办理，则债权人可以基于预告登记权利人的身份提起行政诉讼。

2. 房屋为抵押物，且转让房屋未经抵押权人同意。原《物权法》第191条[②]第2款规定，抵押期间，抵押人未经抵押权人同意，不得转让抵押财产，但受让人代为清偿债务消灭抵押权的除外。这又分三种情况：一是转让经抵押权人同意，同意则意味着放弃了提出异议的权利；二是转让未经抵押权人同意，但债务人已经代为清偿，此时不仅抵押权消灭，债权也消灭了，自然没有起诉的原告资格；三是转让房屋未经抵押权人同意，且抵押权仍然存在，抵押权人有原告资格。抵押公示的目的当中包括对抵押权人的保护，抵押权人自然有原告资格。

3. 人民法院对房屋采取强制措施。我们认为，债权人在符合以下两个条件时具有原告资格：（1）人民法院采取强制措施的目的在于保障债权实现。如果法院采取强制措施是为了其他利益而非保护特定债权，则债权与房屋并无关联，仍属于普通债权，债权人无原告资格。（2）人民法院已在房屋登记机构办理了该强制措施登记。房屋登记不得对抗司法，但前提是司法的意志先为房屋登记机构所知悉。按照有关司法解释规定，人民法院对房屋采取强制措施，必须通知房屋登记机构。

---

① 对应《民法典》第220条。
② 对应《民法典》第406条。

4. 房屋登记机构工作人员与债务人恶意串通。我们认为，房屋转让方是否负有债务虽非房屋转移登记需要考虑的法定要件，但房屋登记机构故意侵害债权却显然超出了登记规则所能容许的底线。如果房屋登记机构工作人员在明知债务人转让房屋系出于逃债目的，而徇私予以办理，则应承认债权人的诉权。

需要强调一点，本条并非完全列举，只是把实践中已经有共识的四种情形先明确下来，并不排斥法院在实践中继续探索。

（二）利害关系人起诉连续转移登记案件的原告资格

与房屋连续转让相附随，起诉连续转移登记的情形时有发生，各地法院过去认识上并不统一。一种意见认为，法院可以受理起诉第一次转移登记的案件，对于后续转移登记的起诉则不宜受理，因为这样就会损害善意第三人的利益；另一种意见认为，应当允许一并起诉，理由是，后续转移登记的买受人未必都是善意取得，应当给予利害关系人以救济的机会。我们倾向于第二种意见，具体有如下三点内容：第一，利害关系人具有起诉第一次转移登记的原告资格，这一点是没有疑问的。第二，利害关系人是否具有起诉第二次转移登记的资格，在第一次转移登记的司法审查结果出来之前是不明确的。如果判决确认违法（登记效果消灭），则具有起诉第二次登记的资格。反之，则没有。第三，由上述意见可以得出两个判断：一是利害关系人对多次转移登记一并提起诉讼的，人民法院应当一并受理，并先审理第一次转移登记。人民法院判决驳回原告就第一次转移登记提出的诉讼请求，或者确认在先转移登记违法（保留登记效果）的，裁定驳回原告对后续转移登记的起诉；人民法院判决确认第一次转移登记违法（效果消灭）的，则继续审理第二次转移登记。依此类推。根据以上观点，《房屋登记案件规定》第5条规定："同一房屋多次转移登记，原房屋权利人、原利害关系人对首次转移登记行为提起行政诉讼的，人民法院应当依法受理。原房屋权利人、原利害关系人对首次转移登记行为及后续转移登记行为一并提起行政诉讼的，人民法院应当依法受理；人民法院判决驳回原告就在先转移登记行为提出的诉讼请求，或者因保护善意第三人确认在先房屋登记行为违法的，应当裁定驳回原告对后续转移登记行为的起诉。原房屋权利人、原利害关系人未就首次转移登记行为提起行政诉讼，对后续转移登记行为提起行政诉讼的，人民法院不予受理。"

三、起诉和受理问题

（一）法院通知第三人参加诉讼

在调研中，不少法院建议司法解释对于哪些第三人由法院通知参加诉讼，哪些由第三人申请参加诉讼的问题加以明确。考虑到利害关系的明显程度和法院的承受能力，我们认为，房屋登记的权利人以及被诉异议登记、更正登记、预告登记的权利人，他们的利益直接受到判决结果的影响，而且可能是不利影响，按照正当程序之法理，作出不利处分之前应当给利害关系人申辩机会。如果他们被记载于登记簿，则利害关系显而易见，法院通知他们以第三人身份参加诉讼，既是可能的，也是必要的。除了明确记载于登记簿上的权利人之外，其他人如果与房屋登记存在利害关系，应当以人民法院能否确认为标准。如果能确认，则应通知；不能确认的，则由他们自行申请。据此，《房屋登记案件规定》第6条规定："人民法院受理房屋登记行政案件后，应当通知没有起诉的下列利害关系人作为第三人参加行政诉讼：（一）房屋登记簿上载明的权利人；（二）被诉异议登记、更正登记、预告登记的权利人；（三）人民法院能够确认的其他利害关系人。"

（二）房屋登记案件的管辖

按照不动产诉讼专属管辖原则，房屋登记案件一般都应由房屋所在地法院管辖。之所以如此，主要是便于法院现场调查取证。不过，在某些房屋登记案件中，现场调查取证并非必要，因此可以更多地考虑便民之需要，给予原告更多的选择空间。我们认为，请求房屋登记机构履行房屋转移登记、查询、复制登记资料等职责、对房屋登记机构收缴房产证行为提起诉讼，以及因行政复议改变房屋登记行为而引起诉讼等三种情形下，应当给予原告这种选择权。据此，《房屋登记案件规定》第7条规定："房屋登记行政案件由房屋所在地人民法院管辖，但有下列情形之一的也可由被告所在地人民法院管辖：（一）请求房屋登记机构履行房屋转移登记、查询、复制登记资料等职责的；（二）对房屋登记机构收缴房产证行为提起行政诉讼的；（三）对行政复议改变房屋登记行为提起行政诉讼的。"

（三）民行交叉及其处理

原告起诉房屋登记行为时，如果对作为基础关系的转让合同、婚姻、共有、继承等民事行为提出异议，法院如何处理？我们认为，由于基础关系的定性决定着房屋登记行为的存废，在基础关系存在争议时，处理行政争议的时机可能不成熟。因此，恰当的处理是告知当事人先解决民事争议，行政案件暂不立案，但解决民事争议的时间不应计算在行政诉讼起诉期限内。如果行政诉讼已经受理，在民事案件处理期间，应当裁定中止诉讼。鉴此，《房屋登记案件规定》第8条规定："当事人以作为房屋登记行为基础的买卖、共有、赠与、抵押、婚姻、继承等民事法律关系无效或者应当撤销为由，对房屋登记行为提起行政诉讼的，人民法院应当告知当事人先行解决民事争议，民事争议处理期间不计算在行政诉讼起诉期限内；已经受理的，裁定中止诉讼。"

四、审理和判决

（一）复印件、影印件的可采性

房屋登记的档案材料中通常会有复印件、影印件的存在，比如申请人的身份证、户籍证明、户口本、护照、结婚证、营业执照等身份证明材料，房屋登记机构只能在核对原件后收取复印件。法院在审查中，如何看待这些证据的证明力？是否应当要求房屋登记机构提供原件加以核对？对此，有两种不同意见：一种意见认为，应当由被告提供原件进行核对；被告无法提供原件的，人民法院可以调取；复印件、影印件与原件不一致或者原件无法取得且被告不能提供其他证据证明的，人民法院对该复印件、影印件的证明效力不予认可。另一种意见认为，若原件由被告保管，应当由被告提供原件进行核对；被告非自身的原因而不能提供原件的，应提交经核对原件的复印件并作出说明。原告如果仍不认可，则应提供相应的证据。

我们倾向于第二种意见。主要理由是：第一，被告不具有举证能力。由于原件由申请人自己保管，房屋登记机构只能提供档案中保存的复印件，若当事人无法联系到、拒不提供或本来就存在弄虚作假的情况，则房屋登记机构没有途径找到原件，在此情况下，要求房屋登记机构不提供原件就不对复印件的证据效力采信是不合适的。第二，法律要求房屋登记机构在接收复印件时进行核对，如果不给予其信任，这一制度就难以为继，因此，在一般情况下，应当推定被告留存的复印件与原件一致。因此，原告要推翻法律推定，应当提供证据。据此,《房屋登记案件规定》第9条规定:“被告对被诉房屋登记行为的合法性负举证责任。被告保管证据原件的,应当在法庭上出示。被告不保管原件的,应当提交与原件核对一致的复印件、复制件并作出说明。当事人对被告提交的上述证据提出异议的,应当提供相应的证据。”

(二)房屋登记行为合法的判决

一般认为,按照《行政诉讼法》第54条第1项[①]的规定,登记合法;应当判决维持。我们经调研认为,考虑到房屋登记案件的特殊性,不宜判决维持,判决驳回诉讼请求更为适宜。因为法院对登记行为的审查实际上是复审,而不是代替行政机关作出正确的行为。法院认为被诉登记行为合法意味着两点,一是房屋登记机构的审核达到了合理审慎的程度,二是现有证据可以支持登记结果,但是不能排除将来有新的证据可以推翻这一结果。在登记行为未涉诉的情况下,如果当事人发现登记结果错误,可以持有关证据向房屋登记机构申请更正。但是在登记案件中,如果法院判决维持,按照司法优越原则,房屋登记机构不能作出与此相矛盾的行为,即便登记结果错误,亦无更正空间。鉴此,《房屋登记案件规定》第10条规定:“被诉房屋登记行为合法的,人民法院应当判决驳回原告的诉讼请求。”

(三)判决部分撤销

实践中,房屋登记部分撤销的案件比较少见。从2002年以来,判决部分撤销的案件每年全国只有几十件,最多时也不过一百余件。不少法官都提出了部分撤销判决是否适用于物权登记案件的问题,就此问题产生的争论也经常出现。比如一起案件中,开发商将建成楼房的一个整层卖给甲,双方共同申请办理房屋转移登记,登记机构受理了登记申请。在登记机构审核期间,开发商又将整个楼房抵押给乙,登记机构依申请办理了抵押登记,并向抵押权人核发了他项权利证。甲获悉此事,即提起行政诉讼。法院经审查认为,登记机构应当知道开发商已将一个楼房的整层卖给甲,并已申请转移登记。开发商将包含已出售给甲的房屋在内的楼房抵押给乙,而未经甲同意,抵押申请存在明显瑕疵。登记机构在此情况下予以办理抵押登记,未尽审核职责,登记结果有误。关于处理方式,有两种意见。一种意见认为,应当判决部分

① 对应《行政诉讼法》(2017年修正)第69条。

撤销，即将出售给甲的一个整层部分的抵押登记内容撤销即可。因为《行政诉讼法》第 54 条第 2 项[①]规定给予法院根据案件具体情况部分撤销具体行政行为的权力。另一种观点认为只能全部撤销。因为《行政诉讼法》规定的部分撤销是针对所有类型具体行政行为，能否适用还要看被诉行为是否具有可分性。按照物权理论，一物一权，一个物上不能并存两个物权，因此，物权登记也具有不可分性，所以不能判决部分撤销。

我们倾向于第一种意见，即可以适用部分撤销判决。主要理由是：第一，一物一权指的是一个物上不能有两个内容完全一样的物权，比如一个物上只能有一个所有权，但是并不妨碍一个所有权为多个主体所共享即共有关系，也不妨碍某些情况下一个物被拆分成若干独立的物。第二，在共有权登记中，如果登记为共有权人中的某一位或者数位实际上不具备共有人资格，则判决将其剔除不会导致物权的分割，只要其余共有权人或者所有权人（登记簿上登记的共有人只剩下一位）继续享有原来的物权就可以了。第三，如果物是可分的，则根据需要将其分开并分别设定物权，恰恰符合《民法典》物权编关于“明确物的归属，发挥物的效用，保护权利人的物权”之立法目的。行政诉讼中，遇到可分之物的某一部分登记错误、其余部分正确情形，法院当然可以判决撤销错误的部分、保留正确部分。就本案来说，楼房就属于可以分割之物，既可以按层分割，也可以按套分割。所以，法院判决撤销出售给甲的一层房屋的抵押登记，而保留其余部分的抵押登记，就是一个最为恰当的选择。

有的同志认为，全部撤销还是部分撤销区别不大，这个问题不必非搞清楚不可。因为全部撤销后，登记机构还可以重新登记。我们认为，如果走重新登记程序，会增加权利人的负担和交易成本。尤其是在转移登记、抵押登记情形下，需要双方共同申请，如果权利人的相对方不配合，就无法完成交易。所以，审理房屋登记案件需要更为精致的思维，以期准确回应实践中的权利保护需求。

以下两种情况可以适用部分撤销：一是登记存在多个权利主体，其中部分主体权利基础丧失，可以撤销部分主体的房屋登记。二是房屋可分，其中

---

① 对应《行政诉讼法》（2017 年修正）第 70 条。

房屋的登记违法，可以判决撤销该部分房屋的登记行为。鉴此，《房屋登记案件规定》第 11 条第 1 款规定：“被诉房屋登记行为涉及多个权利主体或者房屋可分，其中部分主体或者房屋的登记违法应予撤销的，可以判决部分撤销。”

（四）判决确认违法丧失效果

房屋登记在诉讼前或者诉讼中已被房屋登记机构撤销或者注销，其可诉性不受影响，但是如何判决有必要加以明确。按照《执行行政诉讼法解释》第 57 条第 2 款第 2 项[①] 规定：“被诉具体行政行为违法，但不具有可撤销内容的”，法院应当判决确认登记行为违法。此种情形下，房屋登记的效力在确认违法之前即已被消灭。鉴此，《房屋登记案件规定》第 11 条第 2 款规定：“被诉房屋登记行为违法，但该行为已被登记机构改变的，判决确认被诉行为违法。”

（五）判决确认违法保留效果

按照《执行行政诉讼法解释》第 58 条[②] 的规定，撤销房屋登记将给公共利益造成重大损失的，可以判决确认登记违法，但保留登记效果。我们认为，为了与物权法上善意取得制度相衔接，有必要增加一种情形，即房屋已为第三人善意取得的，即便登记行为违法，亦不应撤销。当然，如果违法可以补救，法院应当判决房屋登记机构采取补救措施。《房屋登记案件规定》第 11 条第 3 款规定：“被诉房屋登记行为违法，但判决撤销将给公共利益造成重大损失或者房屋已为第三人善意取得的，判决确认被诉行为违法，不撤销登记行为。”

五、房屋登记案件赔偿问题

多因一果有两大形态：混合侵权和共同侵权。混合侵权当中，房屋登记机构与第三人并无通谋，房屋登记机构工作人员的主观状态是过失而非故意，第三人的主观状态则可能是故意或者过失。比较典型的情况是，第三人造假并不足以乱真，但其利用登记人员的疏忽大意，最终达到了欺诈目的。此类

① 对应《行政诉讼法》（2017 年修正）第 74 条第 2 款第 2 项。
② 对应《行政诉讼法》（2017 年修正）第 74 条第 1 款第 1 项。

情形，房屋登记机构如何承担责任？讨论当中这个问题的争议很大。我们认为，房屋登记机构应以承担中间性质的按份责任为宜。因为第三人利用房屋登记机构的失误为自己牟利，也就是说，登记错误的最终受益人是第三人，而非房屋登记机构，故房屋登记机构对原告所承担的赔偿责任，最终还是应由第三人买单。为什么要按份？因为过失在性质上有轻重之分，在损害原因力上有大小之分，按照公平原则，其与赔偿责任份额之间应为正比关系。

在调研中有人提出，房屋登记机构承担按份责任不符合原《物权法》第21条[①]规定。按照该条规定，登记机构应当承担无过错责任或者结果责任，即只要登记结果错误，房屋登记机构就应全部赔偿，然后再追偿。在原《物权法》公布时，这种观点较为流行，但随着原《物权法》的实施和《民法典》的出台，过错推定责任渐渐成为实务当中起支配作用的标准。我们经研究认为，在关于赔偿责任承担的诸多方案当中，过错推定责任最具合理性，而且从法律解释上也可以得到论证。原《物权法》第21条第1款[②]规定："当事人提供虚假材料申请登记，给他人造成损害的，应当承担赔偿责任。"其中的"给他人造成损害"通常都意味着房屋登记已经完成，已经完成的房屋登记当然也是错误的。但是按照该款规定，首先应当由当事人承担民事赔偿责任，如果登记机构也有错误怎么办？这个问题由第2款作出回答。所以，联系上下文，该条第2款规定的"登记错误"应当是指房屋登记机构办理登记过程中所犯的错误，这种错误就是未尽到法定的审核职责，具体说就是登记机构的审核未达到原《物权法》第12条规定的审核标准。据此，如果第三人提供虚假材料申请登记，登记机构已尽审核职责仍无法发现的，则应由第三人承担民事赔偿责任，而不能再要求房屋登记机构承担行政赔偿责任。鉴此，《房屋登记案件规定》第12条规定："申请人提供虚假材料办理房屋登记，给原告造成损害，房屋登记机构未尽合理审慎职责的，应当根据其过错程度及其在损害发生中所起作用承担相应的赔偿责任。"

关于登记人员与第三人恶意串通的赔偿责任，我们认为，恶意串通属于共同侵权，而共同侵权的法理是连带赔偿责任。据此，《房屋登记案件规定》

① 对应《行政诉讼法》第74条第1款第1项。
② 对应《民法典》第222条第1款。

第 13 条规定："房屋登记机构工作人员与第三人恶意串通违法登记，侵犯原告合法权益的，房屋登记机构与第三人承担连带赔偿责任。"

六、司法解释的适用范围

《房屋登记案件规定》第 14 条规定："最高人民法院以前所作的相关司法解释，凡与本规定不一致的，以本规定为准。农村集体土地上的房屋登记行政案件参照本规定。"其中第 2 款之所以规定"参照"，是考虑到原建设部《办法》将农村集体土地上的房屋登记也纳入了管辖范围，司法解释应当有所衔接。不过，《办法》层级较低，不能作为司法解释制定依据，故此，本条用了"参照"的表述。

（撰稿人：赵大光　杨临萍　王振宇）

最高人民法院
关于审理行政许可案件若干问题的规定

法释〔2009〕20 号

（2009 年 11 月 9 日最高人民法院审判委员会第 1476 次会议通过
2009 年 12 月 14 日最高人民法院公告公布　自 2010 年 1 月 4 日起施行）

为规范行政许可案件的审理，根据《中华人民共和国行政许可法》（以下简称行政许可法）、《中华人民共和国行政诉讼法》及其他有关法律规定，结合行政审判实际，对有关问题作如下规定：

第一条　公民、法人或者其他组织认为行政机关作出的行政许可决定以及相应的不作为，或者行政机关就行政许可的变更、延续、撤回、注销、撤销等事项作出的有关具体行政行为及其相应的不作为侵犯其合法权益，提起行政诉讼的，人民法院应当依法受理。

第二条　公民、法人或者其他组织认为行政机关未公开行政许可决定或者未提供行政许可监督检查记录侵犯其合法权益，提起行政诉讼的，人民法院应当依法受理。

第三条 公民、法人或者其他组织仅就行政许可过程中的告知补正申请材料、听证等通知行为提起行政诉讼的，人民法院不予受理，但导致许可程序对上述主体事实上终止的除外。

第四条 当事人不服行政许可决定提起诉讼的，以作出行政许可决定的机关为被告；行政许可依法须经上级行政机关批准，当事人对批准或者不批准行为不服一并提起诉讼的，以上级行政机关为共同被告；行政许可依法须经下级行政机关或者管理公共事务的组织初步审查并上报，当事人对不予初步审查或者不予上报不服提起诉讼的，以下级行政机关或者管理公共事务的组织为被告。

第五条 行政机关依据行政许可法第二十六条第二款规定统一办理行政许可的，当事人对行政许可行为不服提起诉讼，以对当事人作出具有实质影响的不利行为的机关为被告。

第六条 行政机关受理行政许可申请后，在法定期限内不予答复，公民、法人或者其他组织向人民法院起诉的，人民法院应当依法受理。

前款“法定期限”自行政许可申请受理之日起计算；以数据电文方式受理的，自数据电文进入行政机关指定的特定系统之日起计算；数据电文需要确认收讫的，自申请人收到行政机关的收讫确认之日起计算。

第七条 作为被诉行政许可行为基础的其他行政决定或者文书存在以下情形之一的，人民法院不予认可：

（一）明显缺乏事实根据；

（二）明显缺乏法律依据；

（三）超越职权；

（四）其他重大明显违法情形。

第八条 被告不提供或者无正当理由逾期提供证据的，与被诉行政许可行为有利害关系的第三人可以向人民法院提供；第三人对无法提供的证据，可以申请人民法院调取；人民法院在当事人无争议，但涉及国家利益、公共利益或者他人合法权益的情况下，也可以依职权调取证据。

第三人提供或者人民法院调取的证据能够证明行政许可行为合法的，人民法院应当判决驳回原告的诉讼请求。

第九条 人民法院审理行政许可案件，应当以申请人提出行政许可申请后实施的新的法律规范为依据；行政机关在旧的法律规范实施期间，无正当理由拖延审查行政许可申请至新的法律规范实施，适用新的法律规范不利于申请人的，以旧的法律规范为依据。

第十条 被诉准予行政许可决定违反当时的法律规范但符合新的法律规范的，判决确认该决定违法；准予行政许可决定不损害公共利益和利害关系人合法权益的，判决驳回原告的诉讼请求。

第十一条 人民法院审理不予行政许可决定案件，认为原告请求准予许可的理由成立，且被告没有裁量余地的，可以在判决理由写明，并判决撤销不予许可决定，责令被告重新作出决定。

第十二条 被告无正当理由拒绝原告查阅行政许可决定及有关档案材料或者监督检查记录的，人民法院可以判决被告在法定或者合理期限内准予原告查阅。

第十三条 被告在实施行政许可过程中，与他人恶意串通共同违法侵犯原告合法权益的，应当承担连带赔偿责任；被告与他人违法侵犯原告合法权益的，应当根据其违法行为在损害发生过程和结果中所起作用等因素，确定被告的行政赔偿责任；被告已经依照法定程序履行审慎合理的审查职责，因他人行为导致行政许可决定违法的，不承担赔偿责任。

在行政许可案件中，当事人请求一并解决有关民事赔偿问题的，人民法院可以合并审理。

第十四条 行政机关依据行政许可法第八条第二款规定变更或者撤回已经生效的行政许可，公民、法人或者其他组织仅主张行政补偿的，应当先向行政机关提出申请；行政机关在法定期限或者合理期限内不予答复或者对行政机关作出的补偿决定不服的，可以依法提起行政诉讼。

第十五条 法律、法规、规章或者规范性文件对变更或者撤回行政许可的补偿标准未作规定的，一般在实际损失范围内确定补偿数额；行政许可属于行政许可法第十二条第（二）项规定情形的，一般按照实际投入的损失确定补偿数额。

第十六条 行政许可补偿案件的调解，参照最高人民法院《关于审理行政赔偿案件若干问题的规定》的有关规定办理。

第十七条 最高人民法院以前所作的司法解释凡与本规定不一致的，按本规定执行。

【导读及适用要点】

一、适用范围

最高人民法院《关于审理行政许可案件若干问题的规定》(以下简称《行政许可规定》）第1条规定了行政许可案件的范围。行政许可是一个动态的过程，其从产生到消亡会出现一系列形态的行政行为。按照《行政许可法》，行政许可行为主要包括两类：一是行政机关对申请人作出的是否准予许可的决定；二是就行政许可的变更、延续、撤回、注销、撤销等事项作出的行政行为。保障《行政许可法》的实施是《行政许可规定》的主要旨趣之一，相应地,《行政许可规定》的适用范围亦应包括当事人针对以上两类行为及相应不作为提起诉讼的案件。《行政许可规定》第1条规定："公民、法人或者其他组织认为行政机关作出的行政许可决定以及相应的不作为，或者行政机关就行政许可的变更、延续、撤回、注销、撤销等事项作出的有关具体行政行为及其相应的不作为侵犯其合法权益，提起行政诉讼的，人民法院应当依法受理。"

二、过程行为的可诉性

行政许可实施过程中存在大量的程序行为，多为通知或者告知，比如受理行政许可申请通知、准予或不准予听证的通知、补正材料的通知、告知申辩权、行政许可有关信息的告知、公示、说明、解释等。这些行为是否具有可诉性？实践中占据主流的观点是，这些行为不具有最终性，当事人起诉这些行为的时机不成熟。我们认为，这种观点在传统理论（即成熟性理论）上有着深厚的根基，可以作为一般标准。但是很多行政法官都已注意到，有时过程行为也可以具有事实上的最终性，并影响公民、法人或者其他组织的合法权益，如果坚持让其等待行政机关作出最终决定后再起诉，则可能使司法救济丧失有利时机，甚至失去意义。我们认为，为了及时有效地监督行政机关依法行政，保护公民、法人或者其他组织的合法权益，此时应当承认过程行为的可诉性，作为通常标准的一个例外。据此，《行政许可规定》第3条规定："公民、法人或者其他组织仅就行政许可过程中的告知补正申请材料、听证等通知行为提起行政诉讼的，人民法院不予受理，但导致许可程序对上述主体事实上终止的除外。"

三、特殊情况下的适格被告

主要有如下两种情形：

第一，内部程序外部化。实践中，上下级行政机关分工实施行政许可的情形非常普遍，主要有两种形式：一是上级批准，下级决定；二是下级初审，上级决定。按照《执行行政诉讼法解释》第19条[①]关于"当事人不服经上级行政机关批准的具体行政行为，向人民法院提起诉讼的，应当以在对外发生法律效力的文书上署名的机关为被告"之规定，此种情形一般应以作出行政许可决定的下级或者上级机关为被告。然而，在上级机关不批准或者下级机关不予初审、不予上报的情况下，利害关系人仅起诉决定机关难获有效的救济。实践中，法院在这一问题上的做法不一。我们经讨论认为，如果上级机关的批准行为和下级机关的初审是法律规定的一个必经程序，则上级机关的批准和不批准或者下级机关的初审不作为，就产生了外化的法律效果，此时应当承认利害关系人的诉权。《行政许可规定》第4条将这一观点与现有规范结合，作出如下规定："当事人不服行政许可决定提起诉讼的，以作出行政许可决定的机关为被告；行政许可依法须经上级行政机关批准，当事人对批准或者不批准行为不服一并提起诉讼的，以上级行政机关为共同被告；行政许可依法须经下级行政机关或者管理公共事务的组织初步审查并上报，当事人对不予初步审查或者不予上报不服提起诉讼的，以下级行政机关或者管理公共事务的组织为被告。"

第二，统一办理许可。《行政许可法》第26条第2款创设了被称为"统一办理"的行政许可新方式。依此方式，地方政府合并数个依法应由多个行

---

① 对应《行政诉讼法司法解释》第19条。

政部门分别办理的许可，指定其中一个部门统一受理许可申请，并向其他相关部门分送有关材料，待相关部门向其提供处理意见后，作出行政许可决定。该规定带来的一个急需明确的问题就是如何确定被告。有两种意见，一种意见认为，当事人不服行政许可决定的，应当以统一办理的机关为被告。当事人不服相关机关意见的，如果该意见对于最后的行政许可具有决定意义，亦应以作出该意见的机关为被告。另一种意见认为，应当以提出有决定意义的处理意见的部门为被告。按照这种意见，如果统一办理的机关作出的行政许可决定完全根据一个或者数个相关机关的意见而为，则不应以其为被告。司法解释起草组最初倾向于第二种意见。主要理由是：第一，在诉其他部门意见的案件中，让统一办理的部门作被告没有太大意义。第二，统一办理有利于高效便民，是《行政许可法》的亮点之一，司法应予支持，而让统一办理部门为其他部门作被告，其积极性易受挫伤。审判委员会经讨论认为，第二种意见更为可取。据此，《行政许可规定》第 5 条规定："行政机关依据《行政许可法》第 26 条第 2 款规定统一办理行政许可的，当事人对行政许可行为不服提起诉讼，以对当事人作出具有实质影响的不利行为的机关为被告。"

四、行政许可办理期限的起算

行政许可办理期限届满之后，起诉不予答复许可申请的时机方为成熟，而行政许可办理期限以行政机关受理许可申请为起算点。确定行政许可办理期限的起算点通常容易确定，但是在行政机关按照《行政许可法》第 33 条规定实行电子政务，当事人采用数据电文方式申请行政许可时，却可能产生疑问。我们经研究认为，这实际上是数据电文申请接收时间如何确定的问题，《电子签名法》第 10 条、第 11 条关于数据电文接收时间的规定具有很强的借鉴意义。不过，该法第 11 条第 2 款规定中"未指定特定系统的，数据电文进入收件人的任何系统的首次时间，视为该数据电文的接收时间"的内容不宜借鉴。主要理由是：《电子签名法》主要规范民事领域，而行政许可属于行政领域，实践中，行政机关都是根据行政许可的特殊性设计了专门系统，来推行电子政务的。鉴此，《行政许可规定》第 6 条规定："行政机关受理行政许可申请后，在法定期限内不予答复，公民、法人或者其他组织向人民法院起诉的，人民法院应当依法受理。前款'法定期限'自行政许可申请受理之日起计算；以数据电文方式受理的，自数据电文进入行政机关指定的特定系统之日起计算；数据电文需要确认收讫的，自申请人收到行政机关的收讫确认之日起计算。”

五、关联行政行为的连带审查

所谓关联行政行为指的是作为行政许可基础的行政行为。比如饭店的营业许可就需要以卫生许可和消防许可等行政行为为基础。关联行政行为在行政许可领域是大量存在的，堪称行政许可与其他行政行为相区别的重要特点之一，因此，对关联行政行为如何审查或者审查到什么程度，就成为一个带有普遍性的问题。我们认为，对关联行政行为的审查程度应当低于对被诉行政行为的合法性审查，具体可以参照《执行行政诉讼法解释》第95条[①]之规定，即非诉执行案件中，对申请执行的具体行政行为的审查。据此，《行政许可规定》第7条规定：“作为被诉行政许可行为基础的其他行政决定或者文书存在以下情形之一的，人民法院不予认可：（一）明显缺乏事实根据；（二）明显缺乏法律依据；（三）超越职权；（四）其他重大明显违法情形。”

六、被告怠于举证及其补救

关于被告怠于举证问题的处理，现有行政诉讼规则与授益行政行为的不适应性暴露得非常明显。按照最高人民法院《关于行政诉讼证据若干问题的规定》第1条规定，被告未在法定期限内提供证据的，视为被诉具体行政行为没有证据。该规定对于侵益性行政行为而言通常不会产生明显问题，但适用于授益行政行为就很容易带来不合理的结果。因为被告怠于举证的不利后果往往由作为申请人或者利害关系人承担，甚至还会损害公共利益。这给行政审判带来不小的困难：适用上述规则，其结果明显不合理；允许第三人举证以及法院调取证据以求合理结果，又缺乏明确的依据。我们经研究认为，应当根据行政许可特点，作出明确的解释性规则，为此类案件的合理解决提供依据。据此，《行政许可规定》第8条第1款规定：“被告不提供或者无正当理由逾期提供证据的，与被诉行政许可行为有利害关系的第三人可以向人

① 对应《行政诉讼法司法解释》第161条第1款。

民法院提供；第三人对无法提供的证据，可以申请人民法院调取；人民法院在当事人无争议，但涉及国家利益、公共利益或者他人合法权益的情况下，也可以依职权调取证据。”

如果上述途径获得的证据能够证明行政许可合法，法院应当如何判决？讨论中有两种不同意见：一是判决确认被诉行政许可行为违法，但保留许可行为的效果。二是判决驳回原告的诉讼请求。因为在此情况下，被告的违法之处并不在行政许可行为，而在于诉讼行为。我们最终采纳了第二种意见。《行政许可规定》第 8 条第 2 款规定：“第三人提供或者人民法院调取的证据能够证明行政许可行为合法的，人民法院应当判决驳回原告的诉讼请求。”

七、新旧法的选择适用

《行政许可规定》对新旧法选择适用的两种特别情形作出了规定。

一是行政机关受理许可申请与作出行政许可决定之间，法律规范发生变更应当适用新法还是旧法的问题。我们认为，原则上应当适用新法。因为法律规范尤其是许可申请条件的变更往往是基于公共利益需要，而申请人的利益与公共利益相比通常不占优势。不过我们也注意到，新法律自公布到实施一般都间隔一段时间，有些行政机关在旧法生效期间受理了行政许可申请，但一直拖延不办，致使本应在旧法期间作出决定的许可事项，延至新法实施，而新法又不利于申请人。这种情况在行政许可实践当中比较常见，我们认为，此时申请人的期待利益更值得保护。据此，《行政许可规定》第 9 条规定：“人民法院审理行政许可案件，应当以申请人提出行政许可申请后实施的新的法律规范为依据；行政机关在旧的法律规范实施期间，无正当理由拖延审查行政许可申请至新的法律规范实施，适用新的法律规范不利于申请人的，以旧的法律规范为依据。”

二是对瑕疵痊愈的处理。所谓瑕疵痊愈指的是，行政许可作出时不符合当时的法律规定，但符合变更后的法律规定，即旧法生效时的行政许可瑕疵被新法治愈。在行政审批制度改革和市场经济不断完善的背景下，放宽许可条件、降低许可门槛的法律变更经常出现。与此相应，瑕疵痊愈的情形往往会伴随出现。如何处理，也就成为一个需要明确的问题。我们认为，第一，行政行为的合法性审查应当以行政行为作出的时间为基准时，因此，合法性审查的法律依据应当是旧法。第二，考虑到许可申请虽不符合旧法但符合新法，被许可人的利益实际上已经受到新法的保护，随着法律的发展，行政许可已经具有一种值得法律保护的法安定性价值，故在处理方式上不宜判决撤销。第三，至此，最为适当的处理方式就是判决许可违法，但保留许可效果。此种判决既可照顾被许可人的利益，也为原告就其损害求偿预留空间。第四，考虑到行政许可决定有时不会损害原告和其他利害关系人的权益和公共利益，判决确认违法并无实际意义，此时判决驳回原告的诉讼请求更为合理。根据以上考虑，《行政许可规定》第10条规定："人民法院审理行政许可案件，被诉准予行政许可决定违反决定时的法律规范但符合新的法律规范的，可以判决确认该决定违法；准予行政许可决定不损害公共利益和当事人合法权益的，可以判决驳回原告的诉讼请求。"

八、不予许可案件的判决

在不予许可案件当中，法院对应否准予行政许可的问题如何审查并处理？也就是说，法院能否就此作出判断？如果经审查认为应当准予许可，能否判令行政机关作出准予许可的决定？这些问题涉及司法权与行政权的关系，在实践中争议较大。第一种意见认为，人民法院不宜就此作出判断，更不用说作出判决。因为是否应当准予许可属于行政机关自由裁量的范围，司法不应介入。第二种意见认为，法院可以在行政机关没有裁量余地时作出判断，并且可以判决责令被告作出准予许可决定。

我们认为，第二种意见更为合理。主要理由是：第一，起诉不予许可决定的案件通常具有撤销之诉和履责之诉的双重属性。就撤销之诉来说，法院的任务就在于确认行政行为是否合法，这种审查是一种复查，而复查意味着，法院在确认行政行为违法的同时，未必清楚什么样的行政行为是正确的。因此，法院即使认定被诉不予许可决定违法，也不必然说明原告应当获得许可。但是就履责之诉来讲，按照《行政诉讼法》保障人民权益的立法宗旨，法院就应当尽可能清楚地交代，对行政机关应当作出一个什么样的行政行为。就不予许可案件来说，法院应当尽其可能对原告是否符合许可条件作出判断。第二，在法律上，限制法院作出清楚判断的主要是自由裁量的因素。原告申请是否符合行政许可条件，如果法律上还有裁量余地，则基于司法权与行政权的分工，应当将这个问题留给行政机关重新作出处理；如果法律上没有裁量余地，或者行政机关已经行使了裁量权，经法院审查后确认裁量权已经限缩为零，为免原告的权益实现徒增变数，法院就应当作出肯定的判断。第三，德国、我国台湾地区等立法例都是以行政裁量作为分界点，在行政行为仍有裁量余地时，法院只能概括地判决行政机关作出处理，但没有裁量余地时，则可以判决行政机关作出特定的许可决定。虽然法院直接判决作出特定许可的做法值得商榷，但这一经验是值得借鉴的。综上考虑，《行政许可规定》第11条规定："人民法院审理不予行政许可决定案件，认为原告请求准予许可的理由成立，且被告没有裁量余地的，可以在判决理由写明，并判决撤销不予许可决定，责令被告重新作出决定。"

九、多因一果的赔偿责任

原告受损的原因往往不限于被告的行政违法，可能还与申请人、其他人或者组织的过错有关。在此关系结构中，如何确定被告的行政赔偿责任，一直令司法实践困扰。经过梳理，主要有三种值得规范的情况：

第一，共同侵权。比较典型的情况是第三人与行政机关工作人员恶意串通损害原告利益的情形。我们认为，参照民法上的共同侵权责任处理原则，行政机关应当承担连带赔偿责任，即其应当与违法的他人共同承担赔偿责任。

第二，混合侵权。指的是申请人、其他人或者组织在行政许可申请当中存在过错，行政机关审查中亦有过失，导致行政许可行为违法。此时行政机关应负何种责任，主要有两种观点：一种观点是按份责任；另一种观点是补充责任。我们最后采纳了按份责任的观点，即行政机关应当承担与其过失性质和程度相应的赔偿责任。

第三，行政机关已尽审慎合理审查职责，由于他人以欺骗等违法过错行为而取得行政许可。有一种观点认为，行政机关应当承担赔偿责任，因为行政许可是违法的。我们认为，从原因力上讲，行政许可的结果错误完全系由他人违法过错行为造成，而与行政机关的许可行为无关，故行政机关不应承担赔偿责任。

关于当事人要求就有关民事争议一并解决如何处理的问题，有两种意见。一种意见认为，应当一并解决，以避免不一致的司法裁判，保证司法救济的及时性。另一种意见认为，不宜合并，行政赔偿诉讼之后，原告可以就其损失未获得部分提起民事诉讼。我们倾向于第一种意见。除前述理由外，还有一点：行政行为与民事侵权行为紧密结合在同一法律事实当中，通常是不可分的。

按照上述观点，《行政许可规定》第13条规定："被告在实施行政许可过程中，与他人恶意串通共同违法侵犯原告合法权益的，应当承担连带赔偿责任；被告与他人违法侵犯原告合法权益的，应当根据其违法行为在损害发生过程和结果中所起作用等因素，确定被告的行政赔偿责任；被告已经依照法定程序履行审慎合理的审查职责，因他人行为导致行政许可决定违法的，不承担赔偿责任。在行政许可案件中，当事人请求一并解决有关民事赔偿问题的，人民法院可以合并审理。"

十、查阅权诉讼

按照《行政许可法》第40条、第61条规定，公众具有查阅行政许可决定和行政许可监督检查记录的权利，由此带来的主要有二：一是原告资格问题；二是判决方式问题。

原告资格方面需要明确之点主要在于，查阅权诉讼的原告范围是否可扩及公众？主要有两种不同意见：第一种意见认为，查阅权诉讼的原告范围须分两种情形：一是因查阅行政许可决定和监督检查记录引起的行政诉讼案件，原告范围应为公众成员；二是因查阅档案材料引起的行政诉讼案件的原告范围应当限于利害关系人。第二种意见认为，因查阅权引起的两类诉讼案件中，原告范围均应以利害关系人为限。我们经研究认为，在目前阶段，第二种意见更为可取。主要理由是，第一，《行政许可法》虽然允许与相关信息没有利害关系的一般公众查询，但并未就司法保护问题作出规定，故这一问题还应按照现行《行政诉讼法》作出判断；第二，此类诉讼具有公益诉讼的意味，而现行《行政诉讼法》却是侧重保护人身权、财产权等合法权益，其立法宗旨并不包括公益诉讼。据此，《行政许可规定》第2条规定："公民、法人或者其他组织认为行政机关未公开行政许可决定或者未提供行政许可监督检查记录侵犯其合法权益，提起行政诉讼的，人民法院应当依法受理。"这里需要注意一点，条款中的"合法权益"主要限于人身权、财产权以及与人身、财产密切相关的其他权益，并不包括单纯的知情权在内。之所以采用这一概念，有两个原因：第一，与《行政诉讼法》保持一致。该法第2条用的就是“合法权益”一词，但这一概念的理解受到该法第11条规定的限制，而按照该法第11条规定，当事人主张的利益主要限于人身权和财产权；第二，为今后的扩展留下弹性和空间。“合法权益”是一个弹性极大的概念，事实上，《行政诉讼法》实施二十年来，其外延已经有了明显拓展，有些与人身权、财产权密切相关的权益已经纳入法律的保护范围，且有继续扩展的趋势。本条沿用法律上的弹性表述，就可免于妨碍法律保护范围的合理拓展。

查阅权诉讼是新类型的行政案件，据此，《行政许可规定》第12条规定：“被告无正当理由拒绝原告查阅行政许可决定及有关档案材料或者监督检查记录的，人民法院可以判决被告在法定或者合理期限内准予原告查阅。”

十一、行政补偿诉讼

《行政许可法》第8条第2款主张财产补偿的权利属于财产权的范畴，应当纳入行政诉讼法的保护范围。不过，行政补偿诉讼不同于一般行政诉讼，有些问题的处理尚无明确规则，亟待明确的有以下三点：

第一，补偿诉讼的起诉时机。有两种观点：一是当事人主张补偿的，可以直接起诉；二是在起诉前必须经过行政机关先行处理。我们倾向于第二种观点。主要理由：其一，行政补偿是行政机关的法定职责。行政机关在废止或者变更许可之时无须当事人申请，即应主动就补偿事宜作出处理决定。其二，法院的优势在于法律问题，行政机关先行处理补偿事宜，有助于查清基础事实，让法院将审查的重点放在法律问题上。据此，《行政许可规定》第14条规定：“行政机关依据行政许可法第八条第二款规定变更或者撤回已经生效的行政许可，公民、法人或者其他组织仅主张行政补偿的，应当先向行政机关提出申请；行政机关在法定期限或者合理期限内不予答复或者对行政机关作出的补偿决定不服的，可以依法提起行政诉讼。”

第二，补偿标准。行政补偿诉讼的实体问题当中，补偿标准问题至关重要。行政补偿的标准首先应当立足于现行法律规范，即法律、法规、规章确定的标准。不过实践中，补偿标准常常缺乏明确的规定，法院如何确定补偿额是一个难题。我们认为，一般应按实际损失确定行政补偿数额。所谓实际损失，不仅包括现有直接损失，还应当包括必然可得利益。这是行政补偿与行政赔偿的区别。另外，我国的特许权补偿具有特殊性。因为按照当前的标准，公共资源使用价格并未完全市场化，因此变更、撤回特许的补偿标准可以考虑适当降低。我们经研究认为，实际投入的损失是行政补偿的底线，考虑到当前特许的具体情况，可以将补偿标准确定于此。再考虑到特许权的市场化是其发展方向，不宜硬性规定为一律实行较低标准。据此，《行政许可规定》第15条规定："法律、法规、规章或者规范性文件对变更或者撤回行政许可的补偿标准未作规定的，一般在实际损失范围内确定补偿数额；行政许可属于《行政许可法》第十二条第二项规定情形的，一般按照实际投入的损失确定补偿数额。"

第三，行政补偿能否适用调解。行政补偿能否调解以及调解适用何种程序，是个有待明确的问题。我们认为，补偿与赔偿具有相似特点，故补偿适用调解程序在理论上是可行的，其程序可以参照最高人民法院《关于审理行政赔偿案件若干问题的规定》（法发〔1997〕10号）第30条、第31条[①]等关于调解的有关规定。据此，《行政许可规定》第16条规定："行政许可补偿案件的调解，参照最高人民法院《关于审理行政赔偿案件若干问题的规定》的有关规定办理。"

（撰稿人：赵大光　杨临萍　王振宇）

① 对应《行政诉讼法》（2017年修正）第60条。

最高人民法院
关于行政诉讼撤诉若干问题的规定

法释〔2008〕2号

（2007年12月17日最高人民法院审判委员会第1441次会议通过
2008年1月14日最高人民法院公告公布　自2008年2月1日起施行）

为妥善化解行政争议，依法审查行政诉讼中行政机关改变被诉具体行政行为及当事人申请撤诉的行为，根据《中华人民共和国行政诉讼法》制定本规定。

第一条　人民法院经审查认为被诉具体行政行为违法或者不当，可以在宣告判决或者裁定前，建议被告改变其所作的具体行政行为。

第二条　被告改变被诉具体行政行为，原告申请撤诉，符合下列条件的，人民法院应当裁定准许：

（一）申请撤诉是当事人真实意思表示；

（二）被告改变被诉具体行政行为，不违反法律、法规的禁止性规定，不超越或者放弃职权，不损害公共利益和他人合法权益；

（三）被告已经改变或者决定改变被诉具体行政行为，并书面告知人民法院；

（四）第三人无异议。

第三条　有下列情形之一的，属于行政诉讼法第五十一条[①]规定的"被告改变其所作的具体行政行为"：

（一）改变被诉具体行政行为所认定的主要事实和证据；

（二）改变被诉具体行政行为所适用的规范依据且对定性产生影响；

（三）撤销、部分撤销或者变更被诉具体行政行为处理结果。

第四条　有下列情形之一的，可以视为"被告改变其所作的具体行政

① 对应《行政诉讼法》(2017年修正)第62条。

行为”：

（一）根据原告的请求依法履行法定职责；

（二）采取相应的补救、补偿等措施；

（三）在行政裁决案件中，书面认可原告与第三人达成的和解。

第五条　被告改变被诉具体行政行为，原告申请撤诉，有履行内容且履行完毕的，人民法院可以裁定准许撤诉；不能即时或者一次性履行的，人民法院可以裁定准许撤诉，也可以裁定中止审理。

第六条　准许撤诉裁定可以载明被告改变被诉具体行政行为的主要内容及履行情况，并可以根据案件具体情况，在裁定理由中明确被诉具体行政行为全部或者部分不再执行。

第七条　申请撤诉不符合法定条件，或者被告改变被诉具体行政行为后当事人不撤诉的，人民法院应当及时作出裁判。

第八条　第二审或者再审期间行政机关改变被诉具体行政行为，当事人申请撤回上诉或者再审申请的，参照本规定。

准许撤回上诉或者再审申请的裁定可以载明行政机关改变被诉具体行政行为的主要内容及履行情况，并可以根据案件具体情况，在裁定理由中明确被诉具体行政行为或者原裁判全部或者部分不再执行。

第九条　本院以前所作的司法解释及规范性文件，凡与本规定不一致的，按本规定执行。

【导读及适用要点】

一、《行政诉讼法》第62条规定的撤诉制度

《行政诉讼法》第62条规定：“人民法院对行政案件宣告判决或者裁定前，原告申请撤诉的，或者被告改变其所作的行政行为，原告同意并申请撤诉的，是否准许，由人民法院裁定。”该条是专门对被告在行政诉讼过程中改变被诉行政行为，原告同意并申请撤诉的情形作出的规定，至少包含以下内容：一是原告因被告改变被诉行政行为而向人民法院提出撤诉，是以当事人

和解为前提的；二是当事人的和解行为发生在行政诉讼中，是行政诉讼的组成部分；三是和解是当事人达成的以终结诉讼为目的的合意，是当事人行使处分权的表现；四是因和解而申请的撤诉须经人民法院确认，经法院裁判准许撤诉后，当事人在诉讼中达成的和解内容就具有了判决的效力；五是该条是专门针对被告在行政诉讼过程中改变被诉行政行为情形而规定的。

《行政诉讼法》第 62 条规定的撤诉、和解制度，给被告一个主动纠错的机会，并以诉讼经济为目的，不仅减少了诉讼时间，缩短了当事人兑现权益的过程，节约了诉讼成本，还对保护公民、法人和其他组织合法权益，化解行政争议起到了很好的作用。该制度的确立还表明：判决并不是解决行政争议的唯一手段，以和解并撤诉的方式结案，更能直接、彻底地解决纠纷，有效化解官民矛盾。另外，在有些案件中，在一些事实状态经过当事人之间的辩论质证仍不能发现真相的情况下，只能通过当事人之间的妥协、和解来解决。无疑，这是一个非常好的诉讼制度。

二、撤诉的条件

《行政诉讼法》第 62 条只是确立了撤诉这样一个诉讼制度，对于依该条规定申请撤诉的条件则没有具体规定。最高人民法院《关于行政诉讼撤诉若干问题的规定》(以下简称《行政诉讼撤诉规定》)将撤诉的条件归纳为四点：(1)申请撤诉是当事人的真实意思表示；(2)被告改变被诉行政行为，不超越职权，不违反法律、法规的禁止性规定，不损害公共利益和他人合法权益；(3)被告已经改变或者决定改变被诉行政行为，并书面告知人民法院；(4)第三人无异议。四个条件须同时具备，才算完全符合撤诉条件。这四个条件体现为五个原则：一是合法性审查原则。行政案件的处理不同于私法自治，必须受到司法权的监督，法院在作出准许原告撤诉裁定之前，应当对原告撤诉行为的合法性进行审查。二是自愿原则。这个原则可以防止原告迫于行政机关的压力违心撤诉。三是有限原则。被告改变被诉行政行为的范围和权力是有限的，从法律授权角度看，行政机关并非对任何行政行为和任何事项都有处分权。四是履行诉讼义务原则。在诉讼中被告改变被诉行政行为，应当书面告知法院，以履行其在行政诉讼中的义务。五是保护诉讼第三人合法权益原则。诉讼第三人的合法权益不能因原告与被告的诉讼和解行为受到侵犯。

在以上四个撤诉条件中，“被告改变被诉行政行为，不超越职权，不违反法律、法规的禁止性规定，不损害公共利益和他人合法权益”这个条件尤为重要，因为它直接关系着被告是否具有与原告进行诉讼和解的行政权力。换言之，它关系到撤诉的适用范围。更具体地说，它涉及被告与原告进行和解的实体法依据。如何理解和运用这个撤诉条件，需要对诉讼中被告的行政处分权进行分析与认定。行政诉讼中，被告与原告进行和解的行为兼具公法行为与诉讼行为两个方面的性质。作为诉讼行为，它是行政诉讼程序的有机组成部分；作为公法契约，它是行政机关以公法上的权利义务为内容与行政相对人达成的合意。行政诉讼中的和解与民事诉讼中双方当事人的和解一样，都遵循处分权主义。但由于行政诉讼中的和解带有公法性质，行政机关的处分权毕竟有限，故被告处分权行使的自由度自然不及私法诉讼中当事人行使的自由度大，双方能够协商妥协的余地也并非无限。这是行政诉讼和解区别于民事诉讼调解的一个明显特征。准确地把握行政诉讼和解与民事诉讼调解的本质区别，有助于我们理解行政诉讼和解的特性、和解的条件和适用范围。

在行政诉讼中，原告的实体处分权范围和方式一般不存在阻却，只要不侵害公共利益、第三人利益，不违反法律的禁止性规定，就可以对自己的实体权利和诉讼权利依其意愿进行处分。可以说，原告实施处分权需要具备的条件只是“其具备所行使请求权的权利主体要件”。但是，被告的实体处分权必须与依法行政原则相契合。因此，和解适用的范围实际上就是被告实体处分权的范围和方式问题，这也与行政诉讼以行政行为的合法性为审查对象相一致。

关于行政诉讼中被告的行政处分权范围的界定，审判实践中常将行政诉讼的案件类型作为界定标准，一般将行政裁决、行政合同、行政奖励、行政赔偿补偿以及行政机关具有自由裁量权等案件类型作为行政机关具有处分权的示例。行政机关对行政裁决具有处分权，是因为被诉的行政行为中包含了民事因素。这种情况出现在被诉行政行为涉及民事当事人的权利义务争议时，此时的行政主体是运用行政职权解决民事纠纷的中立裁判者。在这种案件的解决过程中，民事主体是否和解的意愿将直接关系到行政案件是否可以和解结案。这类诉讼中的行政行为基本上不具有公共性或者公共性很小。随着民事主体和解的达成，行政案件的双方当事人完全可以就行政争议通过和解的方式解决。行政合同纠纷在行政诉讼中可以适用诉讼和解的法律基础是行政合同的合意性，即行政合同是行政主体与行政相对人在协商一致的基础上订立的，存在协商就存在为达成互利而必要的妥协。对于行政奖励行为就要区分内部行政奖励和外部行政奖励。由于内部行政奖励目前被排除在我国行政诉讼受案范围之外，所以在此只讨论外部行政奖励。外部行政奖励案件能够适用和解的基础在于，这种行为的实施只对相对人的权益产生影响而少有影响公共利益的情况，故存在行政机关与相对人协商、讨论的空间。行政机关对行政赔偿之所以具有处分权，是基于我国《行政诉讼法》关于"赔偿诉讼可以适用调解"的规定。行政机关对具有自由裁量权的行政行为具有处分权，这是没有争议的。行政机关在法定自由裁量权范围内并考虑合适的社会成本的条件下，可以作出让步和妥协。应当说，行政机关在自由裁量权范围内的选择都是合法的，只不过对于行政相对人而言，在这些合法的选择中存在着最合理选择的问题。在行政机关违法不作为情形下，原告诉请法院判决被告依法作出相关行政行为。诉讼中，被告基于对不作为违法性的认识，承认自己违法，主动让步，并允诺在合理期限内依据法律作出行政行为，从而与原告达成合意，解决纠纷，终结诉讼，这是符合法律原则的。

其实，用上述列举的方法来确定和解的适用范围并不科学，因为列举不能穷尽，而且有些被列举的案件性质也很复杂，表现为：一种类型下的行政行为，行政机关的处分权并不稳定，有的情况下具有处分权，有的情况下又不具有处分权。举一个简单的例子，外部行政奖励案件能够适用和解的基础在于，这种行为的实施只对相对人的权益产生影响而少有影响公共利益的情况，行政机关在行政奖励中拥有较大的自由裁量权，故存在行政机关与相对人协商、讨论的空间。但是，行政奖励由于法律规定的不同，又可分为羁束裁量性质的行政奖励与自由裁量性质的行政奖励。羁束裁量性质的行政奖励已由法律明确规定了行政奖励的条件、范围、标准、方式、额度等内容，行政机关必须根据法律的明确规定作出行政奖励行为，如对偷漏税的违法行为进行举报，有关法规、规章规定了奖励的明确比例。而自由裁量性质的行政奖励，法律仅对行政机关可以或者应当作出行政奖励作出了原则性规定，并未具体规定行政奖励的条件、范围、标准、方式、额度等内容，则由行政机关自由裁量作出行政奖励。因此，在有法律法规明文规定下，行政机关实施行政奖励必须符合该法律法规的规定；在无法律法规规定条件下，行政机关可以依据自由裁量权作出行政奖励。又如，行政赔偿、补偿案件，在赔偿、补偿的具体范围、方式、数额等方面，行政机关拥有一定的自由裁量权。如果有关国家赔偿、补偿的法律已经对赔偿、补偿的标准、范围、方式、数额等作出具体规定，那么行政机关必须依法执行，没有自行处分的权力，因此也没有与原告进行和解的余地，否则将构成违法。如果采用列举案件类型的方法界定诉讼和解的适用范围，当遇到上述情况时，界定标准就会出现问题。

关于行政诉讼中被告行政处分权范围的界定标准，可以采取排除的方法来解决。以被告实体处分权受限情形为依据，可以将下列行政行为排除在和解的适用范围之外：

羁束性行政行为。行政行为因受法律拘束的程度不同，可分为羁束性和裁量性两种类型。羁束性行政行为受到法律规定的严格限制，又有合法与违法之分。合法的羁束性行政行为，是严格按照法律规定作出的行为，符合法律的立法精神，符合国家利益和公共利益，没有和解的余地。如果允许通过和解的方式加以撤销和改变，必将损害法律的权威性，必将损害国家利益和公共利益。

无效行政行为。违法的羁束性行政行为根据违法程度又有可撤销和无效之别。对于可撤销的行政行为，在诉讼中行政主体意识到自身行为存在问题，则可通过改变被诉具体行政行为的方式，使其行政行为符合法律规定，并与原告达成和解。如果行政行为在诉讼中被发现是有重大明显违法的无效行政行为，则不存在和解的条件。因为无效的行政行为自始就不产生法律效力，相对人无须服从，不存在处分的基础。实践中，对于因法律、法规明确规定“无效”“不能成立”“相对人有权拒绝”等行政行为提起的诉讼，都可直接判断为属于当事人不得进行诉讼和解的情况。无效行政行为属于有重大明显瑕疵的违法行政行为，因其重大明显违法，自始就对相对人不产生效力，因此不存在适用和解程序的空间。但是，如果相对人因无效行政行为受到损失，在诉讼中双方可就有关赔偿的问题达成和解。

合法并且合理的行政行为。合法并且合理的行政行为是不可予以撤销或变更的，因此，不存在行政机关对该行政行为进行处分的可能。需要强调的是，在合法不作为情形下，被告不能以作出一定行政行为而求取原告的合意。

法律法规有禁止性规定或者行政法律关系的性质不适宜和解的行为。如果法律明确、具体地规定了行政机关作出行政行为的条件、范围、方式、幅度等，无论在实体上还是在程序上，无论在认定事实上还是在适用法律上，行政机关都没有选择权，必须严格按照规定行为，不存在和解适用的余地。被告可能违背法律规定和损害国家利益、社会利益及第三人利益的处分情形在禁止之列。

三、被告改变其所作出的行政行为的情形

《行政诉讼法》第 62 条的规定是专门对被告改变被诉行政行为的情形作出的，因此，界定“被告改变其所作的行政行为”的情形是很必要的。《行政诉讼法司法解释》第 22 条，将复议机关改变原行政行为处理结果的情形归为复议机关改变原行政行为。但是，考虑到原规定是对复议决定改变原具体行政行为的情形进行解释，不能涵盖被告在诉讼中改变被诉行政行为的所有情形，因此，《行政诉讼撤诉规定》又作出了几种情形的补充，即根据实践中的做法，把被告根据原告的请求履行法定职责，采取相应的补救、补偿措施以及书面认可原告与第三人达成的和解均视为改变其所作的行政行为的情形。

根据原告的请求履行法定职责，是指被告不依法履行法定职责，原告对被告的不作为提起行政诉讼，请求法院依法判令被告履行法定职责。在诉讼中，被告认识到不作为的错误，主动要求在诉讼中纠正，按照原告的请求履行法定职责。

采取相应的补救、补偿措施，如行政机关在作出有关拆迁的行政裁决后，原告不服提起行政诉讼。在诉讼中，被告认为原告提出的有关补偿请求证据充分，符合法律、法规规定，其作出的行政裁决确实存在问题，于是主动提出补偿措施，并得到原告的认可。这种情况，应视为被告在诉讼中改变了被诉行政行为。

书面认可原告与第三人达成的和解，如在有些由行政机关居中裁决的案件中，民事主体双方当事人自愿就裁决中的民事权益进行和解，但该和解的内容改变了被诉行政行为的内容。如果被告对和解的内容不提出异议，并以书面形式表示认可的，可视为被告在诉讼中改变了被诉行政行为。

需要说明的是，《行政诉讼撤诉规定》分两条对属于或者视为《行政诉讼

法》第62条规定的“被告改变其所作的行政行为”情形作出了列举性规定，没有“其他”情形的兜底条款。这表明，对于被告改变其所作的行政行为，只能严格地解释为六种情况，不再适用于实践中出现的其他情况。

四、关于撤诉制度应遵循的基本原则

《行政诉讼法》没有就撤诉制度的基本原则作专门规定，《行政诉讼撤诉规定》也没有专设条款集中规定撤诉制度中应当遵循的基本原则，但在其他条款中，还是明显地体现了在撤诉程序中当事人（包括人民法院）应当遵循的两个原则：自愿原则和合法兼合理原则。

（一）自愿原则

和民事诉讼调解一样，自愿原则是行政诉讼撤诉程序中的本质属性和核心原则，是衡量撤诉是否合法有效的标尺。自愿原则的本质特征是始终尊重当事人的意志。自愿原则包括当事人程序上的自愿和实体上的自愿两方面。在诉讼程序上，当事人有对撤诉程序的选择和启动权。选择判决还是撤诉，完全是当事人处分权范围内的事，即使法官认为通过和解来解决纠纷对双方更有利，只要一方拒绝，法官不得强行要求当事人进入和解程序。在实体上，和解方案原则上由当事人自己提出，和解的内容应尊重当事人的自愿。当和解失败，法院应当及时恢复案件的审理并及时作出判决。通俗地讲，自愿原则要求整个和解程序的推进都要视双方而非单方当事人的意思而定，当事人通过自愿的和解过程达成的协议完全是双方当事人真实意思的体现。

（二）合法兼合理原则

行政机关在与相对人达成和解时，必然涉及其对行政职权的处分。如不强调其必须在法定职权范围内或者法律基本原则允许的范围内实施该处分权力，则可能造成其所代表的公共利益的损害。因此，在行政诉讼和解中，合法性原则应当得到进一步的强调。合法原则有两个方面的含义：一是和解的程序必须合法，合法的核心是不得违背当事人自愿的原则，和解应当遵循法律规定的程序进行；二是和解协议的内容不得违反实体法的规定，不与法律中的禁止性规定相抵触，不损害国家和社会的公共利益，不损害第三人的合法权益。这是对行政机关在和解中行使处分权的最基本限制，毕竟在行政领域中，有相当大一部分公权力的行使涉及国家利益、公共利益，当发生因和解而给优势的公益造成侵害之危险时，和解将被限制或者禁止。合理原则主要是要求在行政机关拥有自由裁量权的案件中，行政机关应当在法定职权范围内与相对人协商，选择适当的方式甚至作出适当的让步，避免显失公正。

除上述两个原则外，有的学者认为，诚信原则也应当作为行政诉讼撤诉的基本原则，但《行政诉讼撤诉规定》没有对此进行规定，我们认为设立诚信原则的必要性不是很大。诚信原则要求当事人行使权利、履行义务皆应善意真诚、恪守诺言、公平合理。基于行政主体的特殊地位，诚信原则的运用主要是针对行政主体的行为。具体表现为：双方选择通过和解方式解决纠纷必须是出于真实意思表示，而非彼此试探；当事人在和解中必须真实坦诚；双方达成的和解内容不损害公共利益和他人利益；双方必须诚实地履行和解协议。但是，考虑到行政诉讼的特殊性，特别是行政权力的特殊性，《行政诉讼撤诉规定》没有采纳由和解双方当事人自觉履行和解协议的履行方法，而是在第5条专门对和解内容的履行作出了监督性规定，强调和解协议的履行应当在法院作出准许原告撤诉的裁定之前完成，和解协议履行完毕后，才能裁定准许原告撤诉。

在《行政诉讼撤诉规定》的起草过程中，关于公开原则和保密原则的争论是比较激烈的。

我们认为，在诉讼和解过程中，以“不公开为原则、公开为例外”是有一定道理的。首先，公开审判制度是专门为行政审判程序设定的。公开审判制度要求人民法院审判行政案件，除法律规定的情况外，审理过程应当向群众公开，向社会公开，即允许群众旁听，允许新闻记者对庭审过程作采访报道，将案件向社会披露，即使不公开审理的案件，也应当公开宣判。一般认为，公开审判制度的积极意义在于：有利于人民法院接受群众监督，提高办案质量；有利于促使人民法院保障当事人行使诉讼权利；有利于案件的审理和纠纷的解决；有利于进行法制宣传教育。由此可以看出，设立公开审判制度的主要目的在于监督人民法院行使审判权，防止审判权的滥用，保证法院作出强制性裁判的正当性。因为审判是一种强制性的、决定性的纠纷解决方式，其最高价值目标是公正，公开则是作为实现公正的一种保障机制而存在的。但是，当事人进行的诉讼和解与审判不同，和解作为一种合意型的纠纷解决方式，是基于当事人的自愿而进行的，主持和解的法官在和解过程中不具有任何强制力，因而无须以公开和解的方式对法院主持的和解程序进行权力滥用的防范。其次，为了寻求恰当妥善的和解结果，往往需要当事人客观反映事件真相并披露所有必要的细节以及提供充分的信息，不公开地进行协商，更符合当事人的意愿。不过，我们也不能排除当事人依自愿原则希望公开进行和解的可能性，因此，行政诉讼和解“以不公开为原则、公开为例外”为适用原则更为合理。

考虑到目前理论与实践部门均有不同的看法。《行政诉讼撤诉规定》回避了这个原则，认为不同情况应当不同对待。而且，这个原则是否被采用，并不影响和解程序及和解内容的公正性。因为在和解的自愿与合法性、合理性的原则中，已对和解程序的公正、合法性作出了全面而彻底的规范。

五、法官在和解中的地位与作用

尽管行政诉讼中的和解强调当事人自愿，但和解毕竟发生在诉讼程序中，不可能脱离司法权的作用。因此，在当事人和解过程中，法官并非处于完全的消极地位。

在诉讼和解制度中，法官的地位与作用是一个非常重要的内容。行政诉讼中当事人和解最大的缺点就是存在双方实力上的不平衡。在合意中，实力强大、经验丰富的当事人处于优势地位，从而可能主导和解的进行。法官的管理虽然在一定程度上弥补了这些不足，但如果法官过多地介入，又会使协商趋于消退。既要保障当事人合意的纯度，又要使和解因法官的积极作用而获得成功，其关键的问题就是要在这二者之间寻求一个恰当的平衡点。这个平衡点聚集了这样一个内容：当事人始终是合意的决定者，而法官则应为此提供条件和保障；在合意中，法官的地位是中立、公正和消极的，法官只能在充分尊重当事人合意和处分权的前提下发挥能动作用。具体地讲，法官在当事人和解中的职权作用应当仅限于以下几个方面：第一，适时为双方提供协商、对话的机会。法官可以提出案件适合和解的原因和适当的和解建议，引导双方在自愿基础上进入协商程序。第二，指导双方当事人集中地对争议的问题按时提交诉辩理由和证据，并对提交的证据作出归类和认定。第三，法官在和解过程中应当了解争执的真相，帮助双方当事人归纳争议的焦点和分歧，对相关的法律、政策及和解方案作出解释。第四，在必要和可能时，提出纠纷解决的建议和方案，供当事人协商讨论。法官比当事人更了解法律和政策，对案件的看法也较当事人专业，提出的和解方案一般比较合理，但能否被采纳形成合意，必须取决于当事人。第五，在双方当事人达成和解后，法官应当对和解协议进行审查，并通过法定程序对合法的和解协议予以确认。

应当指出，法官既是裁判者又是和解主持者的双重身份决定了其对和解介入会产生双面作用。积极的作用是促进和解达成，消极的作用是可能造成强制和解，因此，有必要对法官介入的消极作用加以限制，发挥其积极的作用。限制法官的消极作用表现为：（1）法官信息开示时必须双方当事人到场，使双方当事人在获得同等信息量的基础上，自主地进行利害调整和纠纷解决的交涉。避免单方接触当事人，保持法官的中立与公正。（2）如果最终无法达成和解而必须作出裁判时，当事人为了达成和解在事实等方面的承认及陈述等，在以后的裁判中不得作为裁判的依据。（3）在诉讼和解过程中，当事人对具有强制和解倾向的法官有申请回避的权利。除上述三项限制外，《行政诉讼撤诉规定》第7条还强调："申请撤诉不符合法定条件，或者被告改变被诉具体行政行为后当事人不撤诉的，人民法院应当及时作出裁判。"这条规定是为了防止可能出现的久调不结问题，明确要求对不符合撤诉条件或者行政机关改变具体行政行为后当事人坚持不撤诉的，要及时恢复审理并作出裁判。

六、撤诉程序方面的规定

（一）和解程序的启动

行政诉讼中的和解是当事人以合意解决纠纷的方式，是当事人通过对各种因素的衡量，为实现其利益最大化而选择的一种结案方式。因受当事人自愿原则的限制，和解程序的启动应取决于双方当事人的共同意愿，即应由一方提出后双方均同意才可进行。当然，法院也可以告知当事人有权要求和解，并征得双方均同意后才可以启动和解程序。对此，《行政诉讼撤诉规定》第1条特别强调，法院只能建议被告改变被诉的行政行为，而和解程序必须由双方当事人启动，这也是诉讼当事人程序主体地位的必然要求。

（二）和解程序的适用阶段

关于和解适用的审级，《行政诉讼撤诉规定》第1条明确了和解首先应适用于一审程序。参照最高人民法院《关于适用〈中华人民共和国民事诉讼法〉

若干问题的意见》第191条[①]关于当事人在二审期间“因和解而申请撤诉，经审查符合撤诉条件的，人民法院应予准许”的精神，《行政诉讼撤诉规定》第8条第1款还将行政诉讼和解适用的审级，确定适用于二审以及审判监督阶段。

综合《行政诉讼撤诉规定》第1条和第8条第1款的规定，人民法院对行政案件立案受理后宣告判决或者裁定前，当事人之间达成和解协议的，原告可以申请撤诉。二审、再审程序中，人民法院对行政案件宣告判决或者裁定前，上诉人、再审申请人与其他当事人达成和解协议的，可以申请撤回上诉或再审申请。

（三）和解程序的终结

和解程序的终结无非产生两种结果，一是和解达成，原告依照法律程序提出撤诉；二是和解失败，法院恢复案件的审理并作出裁判。当然，在这两个结果产生的过程中，还有和解协议成立和生效的条件。

和解达成，原告依照法律程序提出撤诉。《行政诉讼撤诉规定》第5条表明，行政诉讼的撤诉程序应以当事人和解为前提，由原告向法院提出撤诉申请为终结。这正是《行政诉讼法》第62条规定的行政诉讼撤诉制度的完成时态。为防止行政机关在改变被诉具体行政行为后不履行或不及时履行所承诺的义务，致使当事人合法权益再次遭受侵害，甚至由此产生循环诉讼，该条还对行政机关履行义务的情况作出了监督性的规定。

和解协议成立和生效的条件。和解协议是当事人以行政法上的权利义务关系作为标的进行的合意，因此，和解的成立，应以和解当事人在合意的协议书上签字、盖章为标准。和解协议涉及案外人的内容，未经案外人签字认可，对案外人不发生法律效力。当事人进行的诉讼和解是诉讼行为的一部分，和解必须经过法院依法确认，经法院确认后的和解协议才具有强制执行力。因此，行政诉讼和解协议成立的要件与生效的要件是有区别的。当事人签署和解协议后，和解成立；法院对和解协议审查确认后，协议才能生效。依据我国《行政诉讼法》第62条规定的行政诉讼撤诉制度模式，《行政诉讼撤诉

---

① 对应最高人民法院《关于适用〈中华人民共和国民事诉讼法〉的解释》（2022年修正）第337条。

规定》采用的是将有效成立的和解协议的内容载入到法院作出的准许原告撤诉裁定中，通过发生法律效力的裁定，确定和解协议的法律效力。

关于终止和解、恢复审理的条件。终止和解、恢复审理的条件在《行政诉讼撤诉规定》第7条中作出了明确规定。申请撤诉不符合法定条件，是指当事人的申请不符合《行政诉讼撤诉规定》第2条规定的法院裁定准许撤诉的四个条件，即申请撤诉是当事人真实意思表示；被告改变被诉行政行为，不超越职权，不违反法律、法规的禁止性规定，不损害公共利益和他人合法权益；被告已经改变或者决定改变被诉行政行为，并书面告知人民法院；第三人无异议。应当注意，以上四个条件中的任何一个条件都是认定撤诉是否合法的标准，不需要同时具备。

被告改变被诉行政行为后当事人不撤诉，主要有两种情况，一是被告改变了被诉行政行为后，原告不同意，和解未能达成；二是被告改变了被诉行政行为后，原告表示同意，但又明确表示不撤诉。

除了《行政诉讼撤诉规定》第7条规定的两种情况外，是否还有其他应当恢复审理并及时作出判决的情形呢？比如，当事人要求和解，但已经过了很长一段时间进行协商，仍未有结果，当事人还一再表示只想通过和解解决纠纷。在这种情况下，如果设定一个和解期间就可以解决问题了。不过，《行政诉讼撤诉规定》未涉及这个问题。又如在法院审查原告撤诉过程中，当事人认为和解协议违法或无效，应当有权在法律规定的时间内请求法院对和解协议进行审查，确实存在违法或无效的，法院应当作出裁定予以确认，并恢复对原来被诉行政行为案件的审理。这种需要终止和解、恢复审理的情形也未在《行政诉讼撤诉规定》中予以规定。再如当事人虽然达成了和解协议，但在人民法院宣告判决或者裁定前当事人反悔的，算不算需要终止和解、恢复审理的情形呢？除上述列举的情况，实践中是否还存在其他应当恢复审理并及时作出判决的情形，都是《行政诉讼撤诉规定》的未尽事宜。

我们认为，《行政诉讼撤诉规定》第7条并不是针对终止和解、恢复审理的条件作出的唯一规定，上面所列举的情形，应当属于法院终止和解、恢复审理的条件。至于这些终止和解、恢复审理的条件所附带的时间、期限等问题，在法律没有特别规定的情况下，可以留给法官一个根据审判实际和个案的特点解决个案程序问题的自由裁量权。需要再次强调的是：凡是恢复审理的案件，当事人此前为达成和解作出的让步和承认的事实不能作为审判的依据。

七、关于结案方式

一般来说，和解是在相对平等的环境中，通过当事人相互协商、相互妥协、相互谅解而达成的，在原告依照《行政诉讼法》第62条规定向法院提出撤诉申请，法院经审查后认为符合撤诉条件的，依法作出准许原告撤诉的裁定后，当事人理应自动履行。但不排除当事人尤其是被告不如期履行和解的情况，基于和解的执行力，当事人再向法院要求强制执行，这就回到了行政诉讼执行这个棘手的问题上。在充分考虑了行政诉讼和解的特殊性前提下，为防止行政机关在改变被诉行政行为后不履行或不及时履行所承诺的义务，致使当事人合法权益再次遭受侵害，甚至由此产生循环诉讼的情况，法院有必要对行政机关履行义务的情况进行监督。故《行政诉讼撤诉规定》第5条对和解协议的履行情况和实施监控措施作出了规定。

对和解协议履行情况的监督审查，应当包括以下几个方面：被诉行政机关是否已经依照协议作出新的行政行为并书面告知法院；参加和解各方是否已经依照协议履行了赔偿或者给付等义务；不能即时履行的，义务方是否已经明确了履行时间并得到了对方认可；行政争议是否得到妥善解决的其他情形。法院通过采取上述有效手段对和解协议履行情况进行监督审查，不仅可以保障当事人合法权益不会再次遭受侵害，还能杜绝因当事人合法权益再次遭受侵害而产生的循环诉讼。

根据现行法律的规定，被告改变被诉行政行为原告申请撤诉，只能以裁定准许撤诉方式结案。但是，准许撤诉的结案方式存在一些问题：一是法院并没有对被诉行政行为作出评价，不能体现行政机关改变被诉行政行为的过程和内容；二是难以避免行政机关以承诺改变被诉行政行为诱使原告撤诉，原告撤诉后拒不履行承诺的现象。为此，《行政诉讼撤诉规定》第6条和第8条对行政撤诉的结案方式作出了必要的补充和完善：一是作出一审裁定时，可以在裁定理由中载明行政机关改变被诉行政行为的主要内容及履行情况，并根据案件具体情况明确被诉行政行为全部或者部分不再执行。二是准许撤回上诉或者再审申请的裁定可以载明行政机关改变被诉行政行为的主要内容及履行情况，并可以根据案件具体情况。在裁定理由中明确被诉行政行为或者原裁判全部或者部分不再执行。

八、诉讼和解在行政诉讼中的地位

法官要彻底解决当事人之间的冲突，不但要理顺双方法律上的权利义务关系，更重要的是在这个过程中给双方充分的机会进行磋商，互谅互让，从而在纠纷可能涉及的问题上均达成一致的前提下，形成双方都满意并从情感上能够接受的纠纷解决方案，实现当事人间冲突的彻底解决。①

由于行政诉讼属于公法诉讼，行政审判的主要任务仍在于依法审查判断行政行为的合法性，行政机关能够处分的权力毕竟有限，即便是处分那些能够处分的权力，也必须在合法的限度内，故其行使处分权的自由度自然不及当事人在私法诉讼中的自由度。基于行政案件的这种性质，和解在行政诉讼中可以作为一项制度存在，但只能作为判决结案的补充，因为和解只能针对特定的案件，在满足具体条件的情况下才能适用，并且需要考虑诉讼效益等诸多问题，而不能如民事诉讼般作为审理的一大原则，毕竟不是所有的行政案件都能够适用和解。因此，诉讼和解在行政诉讼中的辅助性地位不宜夸大。

（撰稿人：段小京）

① 柴发邦：《体制改革与完善诉讼制度》，中国人民公安大学出版社 1991 年版，第 18 页。

最高人民法院
关于房地产管理机关能否撤销错误的
注销抵押登记行为问题的批复

法释〔2003〕17号

（2003年10月14日最高人民法院审判委员会第1293次会议通过
2003年10月17日最高人民法院公告公布　自2003年11月20日起施行）

广西壮族自治区高级人民法院：

你院《关于首长机电设备贸易（香港）有限公司不服柳州市房产局注销抵押登记、吊销〔1997〕柳房他证字第0410号房屋他项权证并要求发还0410号房屋他项权证上诉一案的请示》收悉。经研究，答复如下：

房地产管理机关可以撤销错误的注销抵押登记行为。

此复

【导读及适用要点】

房地产抵押是抵押人以其合法的房地产以不得转移占有的方式向抵押权人提出债务履行担保的行为，债务人不履行债务时，抵押权人有权依法以抵押的房地产拍卖所得价款优先受偿。抵押权人以房地产登记部门登记时办理的《他项权利证书》为权利凭证。抵押登记有三个法律特征：（1）房地产抵押登记是房地产登记行政主管部门依行政职权作出的行政行为；（2）房地产抵押登记是房地产物权公示的法定方式；（3）抵押登记行为具有拘束力。根据公信原则，凡经过房地产登记主管部门核准并颁发房地产权利证书的，均应公信该房地产权利证书记名的权利人拥有《他项权利证书》所记载的抵押权利，在房管局保存的登记簿上记载的内容具有公示作用。因此房地产登记机关颁发的《他项权利证书》和登记簿上的记载除确认抵押权外，很重要的作用是对抵押权人拥有抵押权这一物上请求权具有公示作用。

房屋抵押登记行为是一种行政确认行为。行政确认是指行政主体依法对行政相对人的法律地位、法律关系或有关法律事实进行甄别，给予确定、认定、证明（或否定）并予以宣告的具体行政行为。行政确认行为具有三个法律特征：其一，行政确认行为的主体是行政主体，即只有行政机关以及法律、法规授权的组织，针对行政法律规范所规定的需要确认的事项，依照法定的程序，根据法定的条件，作出的确认行为才能称之为行政确认；其二，行政确认行为的内容或目的是对行政相对人的法律地位和权利义务的确定或否定；其三，行政确认是国家行政权的组成部分，行政确认行为是行政主体的行政行为；其四，行政确认是要式行为；其五，行政确认是羁束性行政行为，行政确认是对特定法律事实或法律关系是否存在的宣告，而某种法律事实或法律关系是否存在，是由客观事实和法律规定决定的。解决本案涉及以下五个问题：

一是违法行政行为的撤销。行政机关依职权或根据申请或举报对违法的行政行为予以撤销，使其不发生法律效力，恢复到违法行政行为作出前的状态。行政行为一经撤销，原则上具有溯及既往的效力，即自始丧失效力，但如果自始丧失效力对于公共利益、整体利益和善意第三人利益不利时，也可以确定自撤销之日起失去效力。如果因该行政行为是行政相对人的信赖利益等合法权益受到侵害，国家应当承担行政赔偿责任。[①] 本案中房管局恢复 A 公司与 B 公司的抵押登记，实质就是对撤销 A 公司与 B 公司的抵押登记行为的否定，是一种自我纠错行为。同时，该否定行为应当考虑对善意第三人的不利影响。而法释〔2003〕17 号司法解释没有提及对抗善意第三人问题，原因在于是否对抗善意第三人问题属于民事审判的范畴，不属于行政审判解决问题的范围。同时，就本案而言，有关民事主体是否属于善意第三人，不宜在有关行政审判的司法解释中直接进行判断，应当由二审法院根据具体案情进行判断。

某房管局注销 A 公司与 B 公司的抵押登记的违法性。B 公司伪造其与 A 公司债务已经履行完毕的材料向房管局申请注销抵押登记，房管局仅凭这些

① 罗豪才主编：《行政法论》，光明日报出版社 1988 年版，第 160 页。

形式要件比较完备的虚假材料，就办理了注销抵押登记。某房管局的行为违法至少有四个理由：其一，对这些虚假的材料没有依法进行审查、核实；其二，《城市房地产抵押管理办法》第35条规定："抵押合同发生变更或者抵押关系终止时，抵押当事人应当在变更或者终止之日起15日内，到原登记机关办理变更或者注销抵押登记。"本案中某房管局在A公司没有到场的情况下，就办理了注销抵押登记手续，违反了《城市房地产抵押管理办法》第35条规定；其三，在申请人声称其《他项权利证书》丢失没有登报申明作废的情况下，办理注销登记手续，违反了惯例；其四，抵押登记是一项保护交易安全的法定的公示制度，是抵押权人行使优先受偿权的唯一依据，是行政权对物上请求权的确认，如果以"伪造的材料太逼真、行政机关难以看出破绽、责任应由侵权人承担"为由，而否认自己行为的违法性，违背了现代法治国家"责任政府"的理念，损害了抵押权人的信赖利益。

二是关于抵押物连续登记问题。本案中A公司与B公司的抵押登记不能理解成两次登记，一次是1997年3月2日A公司与B公司的抵押登记；一次是1999年6月9日恢复A公司与B公司的抵押登记，第一次被撤销。不适用最高人民法院《关于适用〈中华人民共和国担保法〉若干问题的解释》第58条第2款[①]"因登记部门的原因致使抵押物进行连续登记的，抵押物第一次登记的日期，视为抵押登记的日期，并依此确定抵押权的顺序"的规定。这里"因登记部门的原因"可以理解为过错或者违法，当然抵押权人没有过错。本案中A公司没有过错，房管局给A公司与B公司的抵押进行两次登记，完全是由于房管局的原因，第一次被违法注销之后，根据法释〔2003〕17号司法解释的规定，登记机关可以自我纠错，但是该自我纠错行为同时还应当考虑善意第三人的合法权益，所以在判断抵押登记时间上应当根据C银行是否为善意而进行综合考虑。

三是关于抵押物的两次抵押问题。原《担保法》[②]第35条第2款规定："财产抵押后，该财产的价值大于所担保债权的余额部分，可以再次抵押，但

---

① 最高人民法院《关于适用〈中华人民共和国担保法〉若干问题的解释》（法释〔2000〕44号）根据最高人民法院《关于废止部分司法解释及相关规范性文件的决定》（法释〔2020〕16号）的规定已废止，自2021年1月1日起不再适用。

② 原《担保法》于1995年6月30日第八届全国人民代表大会常务委员会第十四次会议通过。根据《民法典》第1260条规定，《民法典》自2021年1月1日起施行，原《担保法》同时废止。

不得超出余额部分。”本案中的抵押物经评估价值2亿多人民币，1997年3月2日A公司与B公司的抵押的债权是1000万美元，1997年10月10日B公司以其抵押物对C银行的800多万美元债权提供连带担保。显然两次抵押的标的额没有超出抵押物的价值，从理论上讲两债权人都能实现其优先受偿权。但是，目前抵押物的实际价值很可能低于当时评估的价值，所以A公司和C银行都在争第一顺序抵押权人。与本案有牵连的C银行起诉恢复对A公司抵押登记行为一案的判决实际是肯定了C银行的第一顺序抵押权人。本案中房管局恢复A公司与B公司的抵押登记，实质就是对撤销A公司与B公司的抵押登记行为的否定，是一种自我纠错行为，是法释〔2003〕17号司法解释所肯定的行为，但应当同时考虑善意第三人的利益的保护和救济。

四是登记机关是否实质审查。这里主要涉及登记机关的审查权问题。各国对登记机关的审查权的规定主要有两种立法例，其一为实质审查主义，其二为形式审查主义。所谓实质审查主义是指登记机关对登记的物权的存在状况进行实质的审查。为此，登记机关必须享有调查权，在进行登记之前，对物权的存在以及物权的类型和形成过程进行全面的核实。与实质审查权相对应，登记机关如因审查疏忽，使登记的物权与该权利的现实状态不符，就应对因此而受到损害的人承担赔偿责任，因此，实质审查制度总是与登记错误的国家赔偿制度联系在一起的，无国家赔偿制度，则实质审查不可能彻底进行。

我国在抵押登记的审查上采用的应当是实质审查主义。事实上，由于登记制度完全具有行政化的特点，登记机关多年来主要采取的是一种形式审查方式，第一，登记机关不能只享有收费的权利，而不对错误登记的后果负任何责任。必须使登记部门在享受一定利益的同时要承担一定的责任。第二，登记机关对登记内容不承担任何责任，不利于加强登记机关的职责，负责登记的机关很难有压力和动力来履行实质审查的义务。第三，如果因为登记机关的工作人员的严重过错甚至与他人相互勾结、恶意串通，造成交易当事人损害，而登记机关和有关工作人员不承担任何责任，对受害人是极不公平的，同时也不利于树立政府权威。

五是关于信赖利益请求权问题。授益性行政行为是指设定或确定权利或法律上利益的行政行为。房地产抵押登记行为属于授益性行政行为，撤销授益性行政行为意味剥夺相对人已获得的利益，因此，为了保护相对人对该行政行为的信赖利益，对授益性行政行为的撤销应当严格限制。保护当事人的信赖利益，以当事人的信赖值得保护为前提，如果当事人的信赖不值得保护，特别是受益当事人存在主观恶意时，则应当撤销该授益性行政行为。本案中假设C银行属于善意，那么C银行就是出于对先前抵押登记被撤销的事实、不存在权利负担的情况下，才同意以该房产作为抵押物进行担保。A公司抵押权的取得行为也属于善意取得，其抵押权从公示簿上去掉是由于登记机关的违法行为所致，登记机关可以自我纠错，成为第一顺序的抵押权人。假如A公司和C银行都属于善意，那么，A或C中必然有一个抵押权不能完全得到保护，其信赖利益应当给予保护。但是，按照行政责任最小化原则，A公司或C银行的信赖利益应当是债务人B公司不能履行或者不能实现的部分债务，对于这部分债务的责任是否完全由房管局承担，也有不同的观点：有观点认为，房管局应承担补充责任，笔者同意该观点，因为只有这样才能体现责任政府的责任；另有观点认为，房管局应承担补充责任中的份额，如果受益相对人是普通相对人，没有对债务人偿债能力进行判断的能力，行政机关应当承担完全补充责任；受益相对人是银行等特殊相对人，有对债务人偿债能力进行判断的能力，甚至判断能力还超过行政机关，行政机关应当承担部分补充责任。

需要指出的是，因登记机关的过失造成登记错误，所说的过失是指重大过失，即因登记行政机构的疏忽、不负责任而造成登记错误并使当事人蒙受损失。如果因为一般的甚至是轻微过失而发生登记错误，不应该都使登记机关承担责任。

（撰稿人：王　达）

最高人民法院
关于行政诉讼证据若干问题的规定

法释〔2002〕21号

（2002年6月4日最高人民法院审判委员会第1224次会议通过
2002年7月24日最高人民法院公告公布　自2002年10月1日起施行）

为准确认定案件事实，公正、及时地审理行政案件，根据《中华人民共和国行政诉讼法》（以下简称行政诉讼法）等有关法律规定，结合行政审判实际，制定本规定。

一、举证责任分配和举证期限

第一条　根据行政诉讼法第三十二条[①]和第四十三条[②]的规定，被告对作出的具体行政行为负有举证责任，应当在收到起诉状副本之日起10日内，提供据以作出被诉具体行政行为的全部证据和所依据的规范性文件。被告不提供或者无正当理由逾期提供证据的，视为被诉具体行政行为没有相应的证据。

被告因不可抗力或者客观上不能控制的其他正当事由，不能在前款规定的期限内提供证据的，应当在收到起诉状副本之日起十日内向人民法院提出延期提供证据的书面申请。人民法院准许延期提供的，被告应当在正当事由消除后十日内提供证据。逾期提供的，视为被诉具体行政行为没有相应的证据。

第二条　原告或者第三人提出其在行政程序中没有提出的反驳理由或者证据的，经人民法院准许，被告可以在第一审程序中补充相应的证据。

第三条　根据行政诉讼法第三十三条[③]的规定，在诉讼过程中，被告及其诉讼代理人不得自行向原告和证人收集证据。

---

① 对应《行政诉讼法》（2017年修正）第34条。
② 对应《行政诉讼法》（2017年修正）第67条。
③ 对应《行政诉讼法》（2017年修正）第35条。

第四条　公民、法人或者其他组织向人民法院起诉时，应当提供其符合起诉条件的相应的证据材料。

在起诉被告不作为的案件中，原告应当提供其在行政程序中曾经提出申请的证据材料。但有下列情形的除外：

（一）被告应当依职权主动履行法定职责的；

（二）原告因被告受理申请的登记制度不完备等正当事由不能提供相关证据材料并能够作出合理说明的。

被告认为原告起诉超过法定期限的，由被告承担举证责任。

第五条　在行政赔偿诉讼中，原告应当对被诉具体行政行为造成损害的事实提供证据。

第六条　原告可以提供证明被诉具体行政行为违法的证据。原告提供的证据不成立的，不免除被告对被诉具体行政行为合法性的举证责任。

第七条　原告或者第三人应当在开庭审理前或者人民法院指定的交换证据之日提供证据。因正当事由申请延期提供证据的，经人民法院准许，可以在法庭调查中提供。逾期提供证据的，视为放弃举证权利。

原告或者第三人在第一审程序中无正当事由未提供而在第二审程序中提供的证据，人民法院不予接纳。

第八条　人民法院向当事人送达受理案件通知书或者应诉通知书时，应当告知其举证范围、举证期限和逾期提供证据的法律后果，并告知因正当事由不能按期提供证据时应当提出延期提供证据的申请。

第九条　根据行政诉讼法第三十四条①第一款的规定，人民法院有权要求当事人提供或者补充证据。

对当事人无争议，但涉及国家利益、公共利益或者他人合法权益的事实，人民法院可以责令当事人提供或者补充有关证据。

二、提供证据的要求

第十条　根据行政诉讼法第三十一条②第一款第（一）项的规定，当事人

① 对应《行政诉讼法》（2017 年修正）第 39 条。

② 对应《行政诉讼法》（2017 年修正）第 33 条。

向人民法院提供书证的，应当符合下列要求：

（一）提供书证的原件，原本、正本和副本均属于书证的原件。提供原件确有困难的，可以提供与原件核对无误的复印件、照片、节录本；

（二）提供由有关部门保管的书证原件的复制件、影印件或者抄录件的，应当注明出处，经该部门核对无异后加盖其印章；

（三）提供报表、图纸、会计账册、专业技术资料、科技文献等书证的，应当附有说明材料；

（四）被告提供的被诉具体行政行为所依据的询问、陈述、谈话类笔录，应当有行政执法人员、被询问人、陈述人、谈话人签名或者盖章。

法律、法规、司法解释和规章对书证的制作形式另有规定的，从其规定。

第十一条 根据行政诉讼法第三十一条第一款第（二）项的规定，当事人向人民法院提供物证的，应当符合下列要求：

（一）提供原物。提供原物确有困难的，可以提供与原物核对无误的复制件或者证明该物证的照片、录像等其他证据；

（二）原物为数量较多的种类物的，提供其中的一部分。

第十二条 根据行政诉讼法第三十一条第一款第（三）项的规定，当事人向人民法院提供计算机数据或者录音、录像等视听资料的，应当符合下列要求：

（一）提供有关资料的原始载体。提供原始载体确有困难的，可以提供复制件；

（二）注明制作方法、制作时间、制作人和证明对象等；

（三）声音资料应当附有该声音内容的文字记录。

第十三条 根据行政诉讼法第三十一条第一款第（四）项的规定，当事人向人民法院提供证人证言的，应当符合下列要求：

（一）写明证人的姓名、年龄、性别、职业、住址等基本情况；

（二）有证人的签名，不能签名的，应当以盖章等方式证明；

（三）注明出具日期；

（四）附有居民身份证复印件等证明证人身份的文件。

第十四条 根据行政诉讼法第三十一条第一款第（六）项的规定，被告向人民法院提供的在行政程序中采用的鉴定结论，应当载明委托人和委托鉴定的事项、向鉴定部门提交的相关材料、鉴定的依据和使用的科学技术手段、鉴定部门和鉴定人鉴定资格的说明，并应有鉴定人的签名和鉴定部门的盖章。通过分析获得的鉴定结论，应当说明分析过程。

第十五条　根据行政诉讼法第三十一条第一款第（七）项的规定，被告向人民法院提供的现场笔录，应当载明时间、地点和事件等内容，并由执法人员和当事人签名。当事人拒绝签名或者不能签名的，应当注明原因。有其他人在现场的，可由其他人签名。

法律、法规和规章对现场笔录的制作形式另有规定的，从其规定。

第十六条　当事人向人民法院提供的在中华人民共和国领域外形成的证据，应当说明来源，经所在国公证机关证明，并经中华人民共和国驻该国使领馆认证，或者履行中华人民共和国与证据所在国订立的有关条约中规定的证明手续。

当事人提供的在中华人民共和国香港特别行政区、澳门特别行政区和台湾地区内形成的证据，应当具有按照有关规定办理的证明手续。

第十七条　当事人向人民法院提供外文书证或者外国语视听资料的，应当附有由具有翻译资质的机构翻译的或者其他翻译准确的中文译本，由翻译机构盖章或者翻译人员签名。

第十八条　证据涉及国家秘密、商业秘密或者个人隐私的，提供人应当作出明确标注，并向法庭说明，法庭予以审查确认。

第十九条　当事人应当对其提交的证据材料分类编号，对证据材料的来源、证明对象和内容作简要说明，签名或者盖章，注明提交日期。

第二十条　人民法院收到当事人提交的证据材料，应当出具收据，注明证据的名称、份数、页数、件数、种类等以及收到的时间，由经办人员签名或者盖章。

第二十一条　对于案情比较复杂或者证据数量较多的案件，人民法院可以组织当事人在开庭前向对方出示或者交换证据，并将交换证据的情况记录在卷。

三、调取和保全证据

第二十二条　根据行政诉讼法第三十四条第二款的规定，有下列情形之一的，人民法院有权向有关行政机关以及其他组织、公民调取证据：

（一）涉及国家利益、公共利益或者他人合法权益的事实认定的；

（二）涉及依职权追加当事人、中止诉讼、终结诉讼、回避等程序性事项的。

第二十三条 原告或者第三人不能自行收集，但能够提供确切线索的，可以申请人民法院调取下列证据材料：

（一）由国家有关部门保存而须由人民法院调取的证据材料；

（二）涉及国家秘密、商业秘密、个人隐私的证据材料；

（三）确因客观原因不能自行收集的其他证据材料。

人民法院不得为证明被诉具体行政行为的合法性，调取被告在作出具体行政行为时未收集的证据。

第二十四条 当事人申请人民法院调取证据的，应当在举证期限内提交调取证据申请书。

调取证据申请书应当写明下列内容：

（一）证据持有人的姓名或者名称、住址等基本情况；

（二）拟调取证据的内容；

（三）申请调取证据的原因及其要证明的案件事实。

第二十五条 人民法院对当事人调取证据的申请，经审查符合调取证据条件的，应当及时决定调取；不符合调取证据条件的，应当向当事人或者其诉讼代理人送达通知书，说明不准许调取的理由。当事人及其诉讼代理人可以在收到通知书之日起三日内向受理申请的人民法院书面申请复议一次。

人民法院应当在收到复议申请之日起五日内作出答复。人民法院根据当事人申请，经调取未能取得相应证据的，应当告知申请人并说明原因。

第二十六条 人民法院需要调取的证据在异地的，可以书面委托证据所在地人民法院调取。受托人民法院应当在收到委托书后，按照委托要求及时完成调取证据工作，送交委托人民法院。受托人民法院不能完成委托内容的，应当告知委托的人民法院并说明原因。

第二十七条 当事人根据行政诉讼法第三十六条[①]的规定向人民法院申请

---

① 对应《行政诉讼法》（2017年修正）第42条。

保全证据的，应当在举证期限届满前以书面形式提出，并说明证据的名称和地点、保全的内容和范围、申请保全的理由等事项。

当事人申请保全证据的，人民法院可以要求其提供相应的担保。

法律、司法解释规定诉前保全证据的，依照其规定办理。

第二十八条　人民法院依照行政诉讼法第三十六条规定保全证据的，可以根据具体情况，采取查封、扣押、拍照、录音、录像、复制、鉴定、勘验、制作询问笔录等保全措施。

人民法院保全证据时，可以要求当事人或者其诉讼代理人到场。

第二十九条　原告或者第三人有证据或者有正当理由表明被告据以认定案件事实的鉴定结论可能有错误，在举证期限内书面申请重新鉴定的，人民法院应予准许。

第三十条　当事人对人民法院委托的鉴定部门作出的鉴定结论有异议申请重新鉴定，提出证据证明存在下列情形之一的，人民法院应予准许：

（一）鉴定部门或者鉴定人不具有相应的鉴定资格的；

（二）鉴定程序严重违法的；

（三）鉴定结论明显依据不足的；

（四）经过质证不能作为证据使用的其他情形。

对有缺陷的鉴定结论，可以通过补充鉴定、重新质证或者补充质证等方式解决。

第三十一条　对需要鉴定的事项负有举证责任的当事人，在举证期限内无正当理由不提出鉴定申请、不预交鉴定费用或者拒不提供相关材料，致使对案件争议的事实无法通过鉴定结论予以认定的，应当对该事实承担举证不能的法律后果。

第三十二条　人民法院对委托或者指定的鉴定部门出具的鉴定书，应当审查是否具有下列内容：

（一）鉴定的内容；

（二）鉴定时提交的相关材料；

（三）鉴定的依据和使用的科学技术手段；

（四）鉴定的过程；

（五）明确的鉴定结论；

（六）鉴定部门和鉴定人鉴定资格的说明；

（七）鉴定人及鉴定部门签名盖章。

前款内容欠缺或者鉴定结论不明确的，人民法院可以要求鉴定部门予以说明、补充鉴定或者重新鉴定。

第三十三条 人民法院可以依当事人申请或者依职权勘验现场。

勘验现场时，勘验人必须出示人民法院的证件，并邀请当地基层组织或者当事人所在单位派人参加。当事人或其成年亲属应当到场，拒不到场的，不影响勘验的进行，但应当在勘验笔录中说明情况。

第三十四条 审判人员应当制作勘验笔录，记载勘验的时间、地点、勘验人、在场人、勘验的经过和结果，由勘验人、当事人、在场人签名。

勘验现场时绘制的现场图，应当注明绘制的时间、方位、绘制人姓名和身份等内容。

当事人对勘验结论有异议的，可以在举证期限内申请重新勘验，是否准许由人民法院决定。

四、证据的对质辨认和核实

第三十五条 证据应当在法庭上出示，并经庭审质证。未经庭审质证的证据，不能作为定案的依据。

当事人在庭前证据交换过程中没有争议并记录在卷的证据，经审判人员在庭审中说明后，可以作为认定案件事实的依据。

第三十六条 经合法传唤，因被告无正当理由拒不到庭而需要依法缺席判决的，被告提供的证据不能作为定案的依据，但当事人在庭前交换证据中没有争议的证据除外。

第三十七条 涉及国家秘密、商业秘密和个人隐私或者法律规定的其他应当保密的证据，不得在开庭时公开质证。

第三十八条 当事人申请人民法院调取的证据，由申请调取证据的当事人在庭审中出示，并由当事人质证。

人民法院依职权调取的证据，由法庭出示，并可就调取该证据的情况进行说明，听取当事人意见。

第三十九条 当事人应当围绕证据的关联性、合法性和真实性，针对证据有无证明效力以及证明效力大小，进行质证。

经法庭准许，当事人及其代理人可以就证据问题相互发问，也可以向证人、鉴定人或者勘验人发问。

当事人及其代理人相互发问，或者向证人、鉴定人、勘验人发问时，发问的内容应当与案件事实有关联，不得采用引诱、威胁、侮辱等语言或者方式。

第四十条　对书证、物证和视听资料进行质证时，当事人应当出示证据的原件或者原物。但有下列情况之一的除外：

（一）出示原件或者原物确有困难并经法庭准许可以出示复制件或者复制品；

（二）原件或者原物已不存在，可以出示证明复制件、复制品与原件、原物一致的其他证据。

视听资料应当当庭播放或者显示，并由当事人进行质证。

第四十一条　凡是知道案件事实的人，都有出庭作证的义务。有下列情形之一的，经人民法院准许，当事人可以提交书面证言：

（一）当事人在行政程序或者庭前证据交换中对证人证言无异议的；

（二）证人因年迈体弱或者行动不便无法出庭的；

（三）证人因路途遥远、交通不便无法出庭的；

（四）证人因自然灾害等不可抗力或者其他意外事件无法出庭的；

（五）证人因其他特殊原因确实无法出庭的。

第四十二条　不能正确表达意志的人不能作证。

根据当事人申请，人民法院可以就证人能否正确表达意志进行审查或者交由有关部门鉴定。必要时，人民法院也可以依职权交由有关部门鉴定。

第四十三条　当事人申请证人出庭作证的，应当在举证期限届满前提出，并经人民法院许可。人民法院准许证人出庭作证的，应当在开庭审理前通知证人出庭作证。

当事人在庭审过程中要求证人出庭作证的，法庭可以根据审理案件的具体情况，决定是否准许以及是否延期审理。

第四十四条　有下列情形之一，原告或者第三人可以要求相关行政执法人员作为证人出庭作证：

（一）对现场笔录的合法性或者真实性有异议的；

（二）对扣押财产的品种或者数量有异议的；

（三）对检验的物品取样或者保管有异议的；

（四）对行政执法人员的身份的合法性有异议的；

（五）需要出庭作证的其他情形。

第四十五条 证人出庭作证时，应当出示证明其身份的证件。法庭应当告知其诚实作证的法律义务和作伪证的法律责任。

出庭作证的证人不得旁听案件的审理。法庭询问证人时，其他证人不得在场，但组织证人对质的除外。

第四十六条 证人应当陈述其亲历的具体事实。证人根据其经历所作的判断、推测或者评论，不能作为定案的依据。

第四十七条 当事人要求鉴定人出庭接受询问的，鉴定人应当出庭。鉴定人因正当事由不能出庭的，经法庭准许，可以不出庭，由当事人对其书面鉴定结论进行质证。

鉴定人不能出庭的正当事由，参照本规定第四十一条的规定。

对于出庭接受询问的鉴定人，法庭应当核实其身份、与当事人及案件的关系，并告知鉴定人如实说明鉴定情况的法律义务和故意作虚假说明的法律责任。

第四十八条 对被诉具体行政行为涉及的专门性问题，当事人可以向法庭申请由专业人员出庭进行说明，法庭也可以通知专业人员出庭说明。必要时，法庭可以组织专业人员进行对质。

当事人对出庭的专业人员是否具备相应专业知识、学历、资历等专业资格等有异议的，可以进行询问。由法庭决定其是否可以作为专业人员出庭。

专业人员可以对鉴定人进行询问。

第四十九条 法庭在质证过程中，对与案件没有关联的证据材料，应予排除并说明理由。

法庭在质证过程中，准许当事人补充证据的，对补充的证据仍应进行质证。

法庭对经过庭审质证的证据，除确有必要外，一般不再进行质证。

第五十条 在第二审程序中，对当事人依法提供的新的证据，法庭应当进行质证；当事人对第一审认定的证据仍有争议的，法庭也应当进行质证。

第五十一条　按照审判监督程序审理的案件，对当事人依法提供的新的证据，法庭应当进行质证；因原判决、裁定认定事实的证据不足而提起再审所涉及的主要证据，法庭也应当进行质证。

第五十二条　本规定第五十条和第五十一条中的“新的证据”是指以下证据：

（一）在一审程序中应当准予延期提供而未获准许的证据；

（二）当事人在一审程序中依法申请调取而未获准许或者未取得，人民法院在第二审程序中调取的证据；

（三）原告或者第三人提供的在举证期限届满后发现的证据。

五、证据的审核认定

第五十三条　人民法院裁判行政案件，应当以证据证明的案件事实为依据。

第五十四条　法庭应当对经过庭审质证的证据和无需质证的证据进行逐一审查和对全部证据综合审查，遵循法官职业道德，运用逻辑推理和生活经验，进行全面、客观和公正地分析判断，确定证据材料与案件事实之间的证明关系，排除不具有关联性的证据材料，准确认定案件事实。

第五十五条　法庭应当根据案件的具体情况，从以下方面审查证据的合法性：

（一）证据是否符合法定形式；

（二）证据的取得是否符合法律、法规、司法解释和规章的要求；

（三）是否有影响证据效力的其他违法情形。

第五十六条　法庭应当根据案件的具体情况，从以下方面审查证据的真实性：

（一）证据形成的原因；

（二）发现证据时的客观环境；

（三）证据是否为原件、原物，复制件、复制品与原件、原物是否相符；

（四）提供证据的人或者证人与当事人是否具有利害关系；

（五）影响证据真实性的其他因素。

第五十七条 下列证据材料不能作为定案依据：

（一）严重违反法定程序收集的证据材料；

（二）以偷拍、偷录、窃听等手段获取侵害他人合法权益的证据材料；

（三）以利诱、欺诈、胁迫、暴力等不正当手段获取的证据材料；

（四）当事人无正当事由超出举证期限提供的证据材料；

（五）在中华人民共和国领域以外或者在中华人民共和国香港特别行政区、澳门特别行政区和台湾地区形成的未办理法定证明手续的证据材料；

（六）当事人无正当理由拒不提供原件、原物，又无其他证据印证，且对方当事人不予认可的证据的复制件或者复制品；

（七）被当事人或者他人进行技术处理而无法辨明真伪的证据材料；

（八）不能正确表达意志的证人提供的证言；

（九）不具备合法性和真实性的其他证据材料。

第五十八条 以违反法律禁止性规定或者侵犯他人合法权益的方法取得的证据，不能作为认定案件事实的依据。

第五十九条 被告在行政程序中依照法定程序要求原告提供证据，原告依法应当提供而拒不提供，在诉讼程序中提供的证据，人民法院一般不予采纳。

第六十条 下列证据不能作为认定被诉具体行政行为合法的依据：

（一）被告及其诉讼代理人在作出具体行政行为后或者在诉讼程序中自行收集的证据；

（二）被告在行政程序中非法剥夺公民、法人或者其他组织依法享有的陈述、申辩或者听证权利所采用的证据；

（三）原告或者第三人在诉讼程序中提供的、被告在行政程序中未作为具体行政行为依据的证据。

第六十一条 复议机关在复议程序中收集和补充的证据，或者作出原具体行政行为的行政机关在复议程序中未向复议机关提交的证据，不能作为人民法院认定原具体行政行为合法的依据。

第六十二条 对被告在行政程序中采纳的鉴定结论，原告或者第三人提出证据证明有下列情形之一的，人民法院不予采纳：

（一）鉴定人不具备鉴定资格；

（二）鉴定程序严重违法；

（三）鉴定结论错误、不明确或者内容不完整。

第六十三条　证明同一事实的数个证据，其证明效力一般可以按照下列情形分别认定：

（一）国家机关以及其他职能部门依职权制作的公文文书优于其他书证；

（二）鉴定结论、现场笔录、勘验笔录、档案材料以及经过公证或者登记的书证优于其他书证、视听资料和证人证言；

（三）原件、原物优于复制件、复制品；

（四）法定鉴定部门的鉴定结论优于其他鉴定部门的鉴定结论；

（五）法庭主持勘验所制作的勘验笔录优于其他部门主持勘验所制作的勘验笔录；

（六）原始证据优于传来证据；

（七）其他证人证言优于与当事人有亲属关系或者其他密切关系的证人提供的对该当事人有利的证言；

（八）出庭作证的证人证言优于未出庭作证的证人证言；

（九）数个种类不同、内容一致的证据优于一个孤立的证据。

第六十四条　以有形载体固定或者显示的电子数据交换、电子邮件以及其他数据资料，其制作情况和真实性经对方当事人确认，或者以公证等其他有效方式予以证明的，与原件具有同等的证明效力。

第六十五条　在庭审中一方当事人或者其代理人在代理权限范围内对另一方当事人陈述的案件事实明确表示认可的，人民法院可以对该事实予以认定。但有相反证据足以推翻的除外。

第六十六条　在行政赔偿诉讼中，人民法院主持调解时当事人为达成调解协议而对案件事实的认可，不得在其后的诉讼中作为对其不利的证据。

第六十七条　在不受外力影响的情况下，一方当事人提供的证据，对方当事人明确表示认可的，可以认定该证据的证明效力；对方当事人予以否认，但不能提供充分的证据进行反驳的，可以综合全案情况审查认定该证据的证明效力。

第六十八条　下列事实法庭可以直接认定：

（一）众所周知的事实；

（二）自然规律及定理；

（三）按照法律规定推定的事实；

（四）已经依法证明的事实；

（五）根据日常生活经验法则推定的事实。

前款（一）、（三）、（四）、（五）项，当事人有相反证据足以推翻的除外。

第六十九条 原告确有证据证明被告持有的证据对原告有利，被告无正当事由拒不提供的，可以推定原告的主张成立。

第七十条 生效的人民法院裁判文书或者仲裁机构裁决文书确认的事实，可以作为定案依据。但是如果发现裁判文书或者裁决文书认定的事实有重大问题的，应当中止诉讼，通过法定程序予以纠正后恢复诉讼。

第七十一条 下列证据不能单独作为定案依据：

（一）未成年人所作的与其年龄和智力状况不相适应的证言；

（二）与一方当事人有亲属关系或者其他密切关系的证人所作的对该当事人有利的证言，或者与一方当事人有不利关系的证人所作的对该当事人不利的证言；

（三）应当出庭作证而无正当理由不出庭作证的证人证言；

（四）难以识别是否经过修改的视听资料；

（五）无法与原件、原物核对的复制件或者复制品；

（六）经一方当事人或者他人改动，对方当事人不予认可的证据材料；

（七）其他不能单独作为定案依据的证据材料。

第七十二条 庭审中经过质证的证据，能够当庭认定的，应当当庭认定；不能当庭认定的，应当在合议庭合议时认定。

人民法院应当在裁判文书中阐明证据是否采纳的理由。

第七十三条 法庭发现当庭认定的证据有误，可以按照下列方式纠正：

（一）庭审结束前发现错误的，应当重新进行认定；

（二）庭审结束后宣判前发现错误的，在裁判文书中予以更正并说明理由，也可以再次开庭予以认定；

（三）有新的证据材料可能推翻已认定的证据的，应当再次开庭予以认定。

六、附　则

第七十四条　证人、鉴定人及其近亲属的人身和财产安全受法律保护。

人民法院应当对证人、鉴定人的住址和联系方式予以保密。

第七十五条　证人、鉴定人因出庭作证或者接受询问而支出的合理费用，由提供证人、鉴定人的一方当事人先行支付，由败诉一方当事人承担。

第七十六条　证人、鉴定人作伪证的，依照行政诉讼法第四十九条[①]第一款第（二）项的规定追究其法律责任。

第七十七条　诉讼参与人或者其他人有对审判人员或者证人、鉴定人、勘验人及其近亲属实施威胁、侮辱、殴打、骚扰或者打击报复等妨碍行政诉讼行为的，依照行政诉讼法第四十九条第一款第（三）项、第（五）项或者第（六）项的规定追究其法律责任。

第七十八条　对应当协助调取证据的单位和个人，无正当理由拒不履行协助义务的，依照行政诉讼法第四十九条第一款第（五）项的规定追究其法律责任。

第七十九条　本院以前有关行政诉讼的司法解释与本规定不一致的，以本规定为准。

第八十条　本规定自2002年10月1日起施行。2002年10月1日尚未审结的一审、二审和再审行政案件不适用本规定。

本规定施行前已经审结的行政案件，当事人以违反本规定为由申请再审的，人民法院不予支持。

本规定施行后按照审判监督程序决定再审的行政案件，适用本规定。

---

① 对应《行政诉讼法》（2017年修正）第59条。

【导读及适用要点】

一、行政诉讼证据的若干基本范畴

准确理解最高人民法院《关于行政诉讼证据若干问题的规定》(以下简称《行政诉讼证据规定》),必须把行政诉讼证据的几个基本范畴搞清楚。这些基本范畴是理解和适用该规定的重要基础。

(一)行政诉讼证据与行政程序证据

行政诉讼证据,是指在行政诉讼中用以证明案件事实的证据;而行政程序证据,是指行政机关在行政程序中用以证明待证事实的证据。例如,在行政处罚程序中用以证明行政相对人违法行为的证据、在企业注册登记中用以证明注册登记申请符合注册登记条件的材料等,均属于行政程序中的证据。行政程序证据与行政诉讼证据既有区别,又有联系。

1. 行政程序证据与行政诉讼证据的区别

(1)两者是不同法律程序中的证据。由于行政程序与行政诉讼程序是不同的法律程序,故行政诉讼证据与行政程序证据是不同法律程序中的证据,从这种意义上说两者是风马牛不相及的。

(2)两者在基本理念和具体制度设计上存在着差别。行政程序的类型是多样化的,如存在着行政处罚程序、行政登记程序、行政征收程序和行政裁决程序等多种行政程序,不同的行政程序对证据的要求也不一致。例如,在行政处罚程序中,行政机关主要是依靠职权获取其据以作出行政处罚决定的证据,通常只有在法律有明文规定时才可以要求行政相对人提供证据,或者使行政相对人承担不提供证据的不利后果,而且,除非法律另有规定,行政相对人也可以受“不自证有责”原则的保护,即可以拒绝提供于己不利的证据。在企业注册、房地产权属登记等行政注册登记程序中,申请人有提供证明及其注册登记申请符合法定条件的证据的责任,行政机关主要是负责依法对其注册登记申请是否符合法定条件进行审查。在行政裁决程序中,当事人通常负有举证责任,即当事人提供证据,行政机关居中裁决,行政机关也有权调查收集证据。在行政诉讼程序中,法官或者法庭一律居中裁判,证据原则上由当事人提供，法庭只在特殊情况下调取证据。

2. 行政程序证据与行政诉讼证据的联系

由于行政程序中的证据可能进入诉讼程序而成为诉讼程序中的证据，两者由此而产生了密切的关系。

（1）行政程序证据是潜在的行政诉讼证据。如果行政相对人不对具体行政行为提起诉讼，据以作出该具体行政行为的证据也就不进入诉讼程序，从而不能由潜在的行政诉讼证据转化为现实的行政诉讼证据，但一旦行政相对人对具体行政行为提起诉讼，据以作出具体行政行为的证据也就进入行政诉讼程序，成为行政诉讼证据的重要组成部分。因为，行政诉讼证据主要有两部分，即一部分是据以作出被诉具体行政行为所依据的证据，此即所谓的“案卷证据”，也即被告作出具体行政行为时记入案卷并作为认定待证事实依据的证据；另一部分是在诉讼中提供给法庭的其他证据，主要是原告或者第三人提供的证据，以及法庭调取的证据。

（2）行政程序证据是行政诉讼中的复审对象。行政诉讼主要是一种复审程序，即此前一般已经历了完整的行政程序（如行政处罚程序、行政裁决程序、行政许可程序等），行政审判是一种由法院对被诉具体行政行为的复审，类似于上诉审（国外一般直接称其为向法院上诉）。在行政诉讼中，法院对被告作出的具体行政行为的合法性是从认定事实和适用法律两个角度进行审查的，其中认定事实的审查主要是立足于审查行政程序中的证据，因为行政程序中认定的事实同样是证据证明的事实。在证据规则上的突出体现是，行政审判的事实认定是以行政程序搜集的证据为基础，对其在获取和处理证据及得出事实结论上是否符合法律要求，进行审查（对事实的合法性审查，与此相类似者如《民事诉讼法》第 175 条有关“第二审人民法院应当对上诉请求的有关事实和适用法律进行审查”的规定）。因此，行政程序证据是行政诉讼中的复审对象，法院对涉讼的行政程序证据的效力（证据能力和证明力）进行再审查。

（3）行政程序证据与行政诉讼证据具有延续关系。例如，在行政诉讼中存在着对行政程序中的证据活动的尊重问题。《行政诉讼证据规定》第 59 条典型地体现了行政诉讼程序对行政程序的尊重，即行政程序是法定程序，行政相对人有尊重行政程序的义务，倘若有关法律规定赋予行政机关要求行政相对人提供证据的权力，行政相对人在行政程序中拒不提供而在行政诉讼中提供证据的，人民法院在行政诉讼程序中可以否定此类证据的效力。

除上述联系外，行政程序证据与行政诉讼证据在证据的形式、处理（如质证和认证）上也具有相似性。例如，与行政诉讼证据一样，行政程序证据也不外乎有书证、物证、视听资料、证人证言等证据形式；行政程序中有时也存在类似于庭审质证的程序，如行政程序中的听证程序；在行政程序中也存在认证，如排除不真实的或者非法的证据，对证据的证明力进行认定等。相比较而言，由于存在此种类似性，加上行政程序证据相应的制度、理论和实践不如行政诉讼证据制度发达，在行政程序中可以借鉴行政诉讼证据制度进行取证、质证和认证。

（二）证据的“三性”

证据的“三性”，是指证据的关联性、合法性和真实性。它是证据规则中的一组核心概念，因为“三性”贯穿于举证、取证、质证和认证的全过程，决定着证据与非证据、定案根据与非定案根据之间的界限，也决定着证明力的大小。例如，当事人举证和法院取证必须以是否具有“三性”为指导，如果不具有“三性”，就会使所提供的或者调取的证据丧失意义；质证和认证是围绕“三性”展开的，是以“三性”为核心确定证据的效力。在行政程序中，行政程序证据同样要具备“三性”，“三性”也处于同样的重要地位，行政程序中的举证、取证、质证和认证同样必须围绕“三性”展开。

以前我国《证据法》著作多是将“三性”作为证据属性的理论提法，而不作为正式的法律术语使用在法律规范性文件中。理论界对“三性”也有不同的看法，如主流观点认为证据的“三性”应为客观性、关联性和合法性，也有人认为证据具有客观性和关联性就足够了。《行政诉讼证据规定》没有盲从理论上的主流观点，明确规定了证据的“三性”为关联性、合法性和真实性，如其第39条第1款规定：“当事人应当围绕证据的关联性、合法性和真实性，针对证据有无证明效力以及证明效力大小，进行质证。”这里不但没有使用“客观性”的提法，而且在排序上也不同于理论上的通说。如此规定的原因是，使用“真实性”的意图是表明与法庭据以裁判案件的事实为法律事实而不是客观事实一样，据以认定法律事实的证据也是依照法律程序认定的证据，未必与客观事实完全一致。

“关联性、合法性和真实性”的排列，反映了法庭质证和认证的逻辑顺序或者思维逻辑，也是“三性”所具有的不同功能的要求。换言之，对于当事人提供或者法庭调取的证据材料，在质证（以及质证以后的认证）中首先审查是否与待证事实（证明对象）具有关联性，如果不具有关联性，即直接予以排除，对其合法性和真实性不再考虑；如果具有关联性，再进一步审查其是否具有合法性；如果不具有合法性，直接予以排除，不再继续审查其是否具有真实性；如果具有合法性，再进一步审查是否具有真实性。由于合法性是对证据的正当性的判断，即使证据是真实的，也应当因其违法而予以排除，因而，在审查顺序上将合法性排在真实性前面，符合证据活动的规律。

关联性，是指证据与待证事实之间的逻辑关系，即只有对待证事实有证明作用的材料才能成为证据，这种证明作用就是关联性。关联性不是一个法律或者政策问题，而是一个逻辑的或者经验的问题，即关联性是按照逻辑或者经验进行判断的。它反映的是证据材料对待证事实存在与否的实际影响，即如果有某项证据材料，待证事实存在的可能性就越大，否则，待证事实存在的可能性就越小，那么该证据材料与待证事实之间就存在关联性；如果证据材料的存在与否与待证事实是否清楚之间没有关系，那么，两者之间就不存在关联性。例如，某公安机关以某工厂职工金某与其主管副厂长在酒店吃饭时发生争吵扭打为由，按照寻衅滋事对其作出拘留的处罚裁决。金某不服该治安处罚裁决，提起行政诉讼。在庭审中对于金某是否构成寻衅滋事没有充分的证据，但一审法院在判决中罗列了 1970 年以来金某多次因赌博、与车间主任打架、酒后闹事等受到处分或者治安处理的历史，作为此次构成寻衅滋事行为的证据。其实，金某此前屡次发生的类似行为，与此次涉诉的待证事实没有关系，即以前的不良行为不能必然说明其此次也实施了违法行为，两者之间并无证明关系，因而，以前的不良行为与本案待证事实之间没有关联性。再如，某工商行政管理机关在查处煤气公司强制交易行为（强制客户购买其代理销售的保险）时，煤气公司提供一些未遭遇强制交易的客户的证言，但这些证言只能证明这些客户没有遭受强制交易，与煤气公司是否强制他人购买保险无关。

合法性，是指证据的形式和取得程序必须符合法律规定，或者不侵犯他人合法权益。合法性主要是要求获取证据不能不择手段，否则会对社会造成更大的不利影响。

真实性，是保证发现客观真实的需要。但是，对真实性有不同的理解方式。真实性有形式上的真实与内容上的真实之分。形式上的真实，是指证据的载体是真实的；而内容上的真实，是指证据所证明的内容是真实的（最终取决于其能否证真或者证伪）。例如，福建某公司与北京某公司订立购销摩托车的合同，合同上载明的摩托车为“原装进口本田摩托车”，福建某工商局以该批摩托车为非法拼装车为由予以查处，并作出没收该批摩托车的处罚。在查处过程中，福建某公司提供了广东某工商局曾以该批摩托车为拼装车予以没收的行政处罚决定书，因该批摩托车尚有使用价值，当时广东某工商局将该批摩托车交拍卖行拍卖后，将价款上缴国库。福建某公司就是在拍卖时购得该批摩托车，在该案中，福建某公司与北京某公司之间的购销合同与广东某工商局的行政处罚决定书均是能够证明该批摩托车性质的书证，只是其证明的内容截然不同。如果从形式真实来看，合同书确实是真实的，即当事人确实签订了该份合同，而不是事后伪造的；行政处罚决定书也是真实的，不是伪造的。如果从《行政诉讼证据规定》第二部分“提供证据的要求”的规定来看，该规定是从证据的形式真实性入手判断内容真实性的，如提供原件、原物和原始载体（均为最佳证据）的要求，就是为了以形式的真实更好地确定其内容的真实，也即形式越真实，其载明的内容越可靠。上列案件中的合同书和行政处罚决定书均是用于证明摩托车是否为拼装车的书证原件，在形式上均是真实的。但是，由于合同书和行政处罚决定书的来源等情况不同，其载明的内容的真伪需要分析判断，如按照特殊公文书证的证明力一般优于一般公文书证的证明力等规则分析，可以认定行政处罚决定书证明的摩托车的性质更为可信，据此可以认定行政处罚决定书的内容是真实的，合同书的内容是虚假的。这就决定了证据的真实性最终还应当立足于其内容（实体）的真实性，而形式的真实性只是判断内容真实性的途径。当然，对证据的内容的真实性的结论往往就是对待证事实本身得出的最终结论。

（三）证据能力、证明能力与证明效力

证据能力和证明能力是证据法上的重要概念，当然主要是源于大陆法系的概念。证据能力，是指证据的资格，尤其是能否作为定案根据的资格；证明能力，是指具有证据能力的证据对法官确信案件事实是否存在的作用大小。

证据能力，是证明能力的基础，没有证据能力也就无从谈起证明能力，而证明能力又是对有证据能力的证据的证明作用大小的量化。如果用“三性”的概念衡量，同时具备“三性”的证据即为具有证据能力的证据。

《行政诉讼证据规定》没有使用证据能力和证明能力之类的概念，而使用了“证明效力”一词。而且，该规定中的证明效力也应当按照其语境确定其含义。例如，在该规定第39条第1款规定的“针对证据有无证明效力以及证明效力大小，进行质证”中，前一个证明效力相当于证据能力，而后一个证明效力相当于证明力。

（四）定案根据与非定案根据

证据又有定案根据与非定案根据之分。例如，《行政诉讼法》第33条第1款在列举各类证据形式之后，接着在第2款规定“以上证据经法庭审查属实，才能作为认定案件事实的根据”。这意味着在与待证事实具有关联性的证据之中，又有定案根据和非定案根据之分。同时具有“三性”的证据才能够作为定案根据，而不具有合法性或者真实性（因为证据当然具有关联性）的证据不能作为定案根据。定案根据就是能够作为据以认定待证事实是否存在的依据的证据。由于定案根据必须是同时符合“三性”的证据，对真实性的要求必然是同时在形式和内容上均具有真实性，而仅仅具有形式上的真实性是不够的。例如，在上述拼装摩托车案中，合同书载明的摩托车为“日本原装本田车”不属实，故不能作为认定摩托车属性（是否为拼装车）的定案根据。

二、举证责任与举证期限

《行政诉讼证据规定》第一部分规定了“举证责任分配和举证期限”，主要就举证责任在当事人之间的分配方式、举证期限及相关问题作出了规定。

（一）举证责任的含义

按照理论上的通说，举证责任有两层含义，即行为责任与结果责任。行为责任是当事人就其诉讼主张向法院提供证据的责任，又称为主观的举证责任、形式意义上的举证责任等；结果责任又称为败诉风险责任、客观的举证责任等，是指负有举证责任的当事人在不能提供足够的证据证明其主张的案件事实时所要承担的败诉风险（在该两种意义上使用“举证责任”一词在我国已成为约定俗成的用法，但从严格意义上讲，举证责任的字面含义是提供证据的责任，而结果责任是一种证明责任，即当事人一方不能证明特定的案件事实时的败诉风险）。《行政诉讼证据规定》正是在该两种意义上使用了“举证责任”一词，但主要是从结果责任的意义上使用该术语。例如，所谓举证责任分配就是从结果责任（败诉风险）分担的意义上来说的，而不是主要立足于行为责任的分担。而且，行为责任可以与结果责任相分离，即当事人一方可能不负担结果责任，但完全可能仍然承担行为责任。例如，《行政诉讼证据规定》第6条的本意就是，尽管原告对被诉具体行政行为违法的事实主张不负结果责任意义上的举证责任，在其不能提供足够的证据证明被诉具体行政行为违法时并不必然会败诉，例如，即使原告不提供证明被诉具体行政行为违法的证据，只要被告不能证明或者不足以证明（证据不足）其行政行为合法，就应当承担败诉后果，但并不妨碍其承担提供证据的行为责任。

从行为责任上看，“谁主张、谁举证”的原则同样适用于行政诉讼，即当事人对其事实主张均应该提供相应的证据。但是，结果责任只能由一方当事人承担，而承担结果责任的当事人一方具有更大的败诉风险。因为，就行政诉讼而言，被告据以作出被诉行政行为的事实可能出现三种结果：事实被肯定；事实真伪不明（所谓的主要证据不足，大体上可以归入此种情形）；事实被否定。就承担结果责任的被告而言，只有在其事实被肯定时才可能胜诉，在另外两种情况下要承担败诉后果，换言之，承担结果责任的一方当事人具有更大的败诉风险，即除其主张的事实被明确否定而当然败诉外，对事实真伪不明的情形也承担败诉风险。只有在其提供的证据足以使其主张的事实达到相应的证明程度（即证明标准，不同类型的行政行为有不同的证明标准），才可以认定其据以作出具体行政行为的事实清楚。

（二）对举证责任的新规定

与《行政诉讼法司法解释》有关举证责任的规定相比，《行政诉讼证据规定》主要有以下变化：

1. 被告逾期提供证据和延期提供证据

逾期提供证据，是指无正当事由（理由）而在举证期限届满后提供证据的情形；延期提供证据，是指经法院许可而在举证期限届满后提供证据的情形。《行政诉讼法司法解释》规定了逾期提供证据及延期提供证据问题，而《行政诉讼证据规定》也增加了有关延期提供证据的规定。

由于《行政诉讼法司法解释》对可以延期提供证据的正当理由以及如何提出延期提供申请未作规定，《行政诉讼证据规定》第1条第2款对此作出了进一步的规定，即被告因不可抗力或者客观上不能控制的其他正当事由，不能在前款规定的期限内提供证据的，应当在收到起诉状副本之日起10日内向人民法院提出延期提供证据的书面申请。人民法院准许延期提供的，被告应当在正当事由消除后10日内提供证据。逾期提供的，视为被诉具体行政行为没有相应的证据。在起草过程中，一些基层人民法院的审判人员希望对准予延期提供证据的正当事由的范围尽量细化，以避免审判工作中的随意性，也便于抵制不正当干预。为此，《行政诉讼证据规定》对申请延期提供证据的事由进行了明确，即必须是“不可抗力或者客观上不能控制的其他正当事由”，而不是随意用来搪塞的其他事由。

2. 原告的举证责任

《行政诉讼证据规定》对原告举证责任规定的新变化主要是：

第一，《行政诉讼证据规定》对起诉被告不作为案件中原告的举证责任设定了两项例外，完善了《行政诉讼法》有关起诉被告不作为案件的原告举证责任。(1)《行政诉讼法》第38条第1款规定，在起诉被告不作为的案件中，原告应当证明其提出申请的事实。但是，如果被告负有无须原告申请而应主动作为的法定职责，那么原告是否曾提出申请不是其提起诉讼的前提条件，因而《行政诉讼证据规定》第4条第2款第1项规定“被告应当依职权主动履行法定职责”时，被告无须提供证明其在行政程序中曾经提出申请的事实。(2)《行政诉讼证据规定》设定了“原告因被告受理申请的登记制度不完备等正当事由不能提供相关证据材料并能够作出合理说明”而豁免原告对其提出申请的事实的举证责任的例外。主要是因为，我们在起草过程中了解到，有些行政机关缺乏完备的登记制度，或其工作人员缺乏责任心，对当事人在行政程序中提出的申请随意处置，此时如果一概要求原告对其提供申请的事实负举证责任，就会使原告处于极为不利的境地。因此，如果原告提出合理的理由（包括提出适当的证据）说明其曾经提出过申请，而被告受理申请的制度确实不完备，且无法确定原告是否确实提出了申请，此时即可免除其对提出申请的事实的举证责任。这种规定实际上是以要求原告承担释明义务替代其本应承担的举证责任，从而减轻其举证分担。

第二，免除原告对其行政赔偿诉讼中的因果关系的举证责任。《行政诉讼法》第 38 条第 2 款规定，在一并提起的行政赔偿诉讼中，原告应当“对行政行为造成的损害提供证据”。按照字面解释，此时原告须对损害和因果关系负举证责任。考虑到证明因果关系的难度较大，《行政诉讼证据规定》第 5 条免除了原告在行政赔偿诉讼中对因果关系的证明责任，只要求其对受到损害的事实举证，不再要求其对被诉行政行为与损害之间的因果关系承担举证责任。

3. 举证期限

举证期限是对当事人提供证据的时间限制，又称为举证时限。当事人必须在举证期限内提供证据，逾期要承担一定的法律后果。规定举证期限，可以增加当事人提供证据的责任心，防止当事人在提供证据上的无故拖延，有利于提高审判效率，也可以防止当事人无视第一审程序而在第二审程序中搞证据上的“突然袭击”(“证据突袭”)，实现第一审程序的应有价值。

由于行政诉讼的特殊性，《行政诉讼证据规定》对当事人的举证期限作出了区别性规定。(1) 被告应当自收到起诉状副本之日起 10 日内提供据以作出具体行政行为的全部证据和所依据的规范性文件，并在逾期举证后果的措辞上作出了调整，改写为“视为被诉具体行政行为没有相应的证据”。使用“视为”一词是为了突出其拟制性规范属性，即不管事实上被告是否有证据和依据。只要其逾期提供，在法律上就视同其没有相应的证据和依据。(2) 规定了原告和第三人的举证期限。《行政诉讼法》和《行政诉讼法司法解释》对原告举证期限均未规定，《行政诉讼证据规定》第 7 条根据实际情况，规定了原告或者第三人的举证期限，即应当在开庭审理前或者人民法院指定的交换证据之日提供证据。这是一项选择性规定，其选择顺序应当是，如果法院指定了交换证据的日期，该日期就是原告提供证据的最后时间界限；如果没有指定交换证据的日期，应当在开庭审理前提供证据，也即开庭审理（原则上是第一次开庭审理）之前一日为原告提供证据的最后期限。该条还规定了原告延期提供证据和逾期提供证据的后果，即原告因正当事由申请延期提供证据的，经人民法院准许，可以在法庭调查中提供。逾期提供证据的，视为放弃举证权利。同时，为了防止原告或者第三人搞“证据突袭”，维护第一审程序的价值，该条还规定原告或者第三人在第一审程序中无正当事由未提供而在第二审程序中提供的证据，人民法院不予采纳。

4. 对被告补充证据的限制

根据行政程序的“先取证、后裁决”原则，被告作出具体行政行为是以行政程序中的取证为基础的，即必须在已取得的证据的基础上认定事实，并据此作出裁决。在作出具体行政行为之后以及在诉讼程序中不能为证明具体行政行为的，合法性而再行收集新的证据。正是由于该原因，《行政诉讼法》第35条明文规定：“在诉讼过程中，被告及其诉讼代理人不得自行向原告、第三人和证人收集证据。”《行政诉讼证据规定》第3条就此作出重申。

但是，《行政诉讼法》第39条又规定：“人民法院有权要求当事人提供或者补充证据。”为防止在行政审判中无限制地允许被告补充证据，《行政诉讼法》第36条对被告补充证据进行了限制，即“被告在作出行政行为时已经收集了证据，但因不可抗力等正当事由不能提供的，经人民法院准许，可以延期提供。原告或者第三人提出了其在行政处理程序中没有提出的反驳理由或者证据的经人民法院准许，被告可以补充证据”。考虑到前一种情况属于延期提供证据的情形，《行政诉讼证据规定》第2条只是对《行政诉讼法司法解释》第28条第2款规定进行了完善，即“原告或者第三人提出其在行政程序中没有提出的反驳理由或者证据的，经人民法院准许，被告可以在第一审程序中补充相应的证据”。这里限定了补充证据的时间为第一审程序中，当然，该规定仍然具有进一步研究的必要。例如，为反驳“原告或者第三人提出其在行政程序中没有提出的反驳理由或者证据”，而允许被告补充证据，无疑是允许被告为证明其行政行为合法而提供新证据，这与“先取证、后裁决”原则以及行政审判为复审的属性是相悖的。如果将被告补充证据的范围限制在被告在作出行政行为时已收集、因对其不利而未向法庭提供的证据，则属于应当补充的证据。

5. 法院对当事人举证的释明责任

为有效地指导当事人举证，并结合当前一些当事人举证意识特别是举证期限意识还比较淡薄的实际，《行政诉讼证据规定》第8条规定了法院对当事人举证的释明责任，在《行政诉讼证据规定》施行以后，可以通过印制和发放举证须知等方式，搞好当事人举证的指导工作。

（三）原告对符合起诉条件的举证责任

《行政诉讼证据规定》第4条第1款规定：“公民、法人或者其他组织向人民法院起诉时，应当提供其符合起诉条件的相应的证据材料。”此种情况下的提供证据材料不属于本来意义上的举证责任，只是提供证明其符合起诉条件的证据材料，对其提供证据的要求并不太高。《行政诉讼法》第 49 条对起诉条件作出了下列规定：“提起诉讼应当符合下列条件：（一）原告是符合本法第 25 条规定的公民、法人或者其他组织；（二）有明确的被告；（三）有具体的诉讼请求和事实根据；（四）属于人民法院受案范围和受诉人民法院管辖。”在这些条件中，原告主要就其合法权益受到侵犯以及其他事实数据，提供相关的证明材料。

三、提供证据的要求

《行政诉讼证据规定》第二部分规定了“提供证据的要求”，包括对各类证据的要求、对特殊证据的要求以及法院接受证据的责任。该部分的内容本身并不难理解，但其意义不容低估。首先，1989 年公布的《行政诉讼法》及其以前的司法解释对提供证据的要求基本上未作规定，实践中缺乏统一的规范和做法，而其他行政法律法规对证据的形式要求一般也少有规范。其次，尽管该部分只是从法院接受证据的角度对当事人提供证据提出了具体的规范化的要求，对行政机关在行政程序中如何收集和处理证据未作规定，但显然对行政机关在行政程序中如何收集证据具有直接的影响。这些规定将会大大推动行政机关收集证据的规范化。再次，对提供证据的要求，实际上就是对最大限度地追求客观事实的要求。法院据以作出裁判的事实虽然是法律事实，但尽量确保法律事实与客观事实相一致，仍然是证据规则追求的基本目标。对当事人提供证据在形式上提出要求，是确保证据证明的事实与客观事实相符合的重要制度保障。

（一）对各类证据的一般要求

《行政诉讼证据规定》第 10 条至第 15 条按照《行政诉讼法》第 33 条第 1 款规定的证据类型的顺序，分别对书证、物证、视听资料、证人证言、鉴定意见和勘验笔录、现场笔录的提供要求作出了规定，这些规定突出了以下特点：

1. 突出了证据的形式要求。这些要求实际上都是形式要件或者说形式有效性的要求。如对询问等行政程序中的笔录、当事人提供的证人证言、行政程序中的鉴定结论、现场笔录等均作出了详细的规定。不符合形式要件的证据，要么不被法院所接受（如法院可能无法接受其不宜保存的物证），要么其效力受到影响（如未经核对无异的复制件属于补强证据，不具有单独的效力）。当然，尽管《行政诉讼证据规定》对"提供证据的要求"采用了"应当符合下列要求"的措辞，但这种要求基本上不是要解决法院是否接受不符合形式要件的证据的问题，而是立足于当事人提供证据的有效性而提出的要求。换言之，当事人提供的证据如不符合这些要求，法院往往并不拒绝接受，而只是对不符合形式要件的证据的效力另作考虑和处理。

2. 体现了最佳证据的要求，而最佳证据是证明力最强的证据。例如《行政诉讼证据规定》第 10 条第 1 款第 1 项和第 2 项规定表明，书证原件为最佳证据，在不能提供原件时才做其他考虑。而且，该条对原件作出了更为准确的解释，即其包括原本、正本和副本，是否是原件取决于是否为原始制作。同理，第 11 条规定对物证要优先提供原物，第 12 条规定对计算数据、录音、录像等视听资料优先提供原始载体，这些条文同时规定了不能提供原始证据时的替代办法。

3. 考虑了与行政程序的衔接。由于行政审判是对被诉行政行为的司法复审，对行政程序中取得的证据提出明确的要求，具有重要意义，也是行政诉讼证据的固有特色，为此《行政诉讼证据规定》加强了这方面的规定。例如，针对行政机关在行政程序中制作询问、陈述、谈话等笔录不规范的现象，该条对此类证据的最起码的形式要求作出了规定；针对行政程序中鉴定结论的不统一及许多鉴定结论不完整的现象，对鉴定结论的内容提出了要求。这些规定重在规范行政程序中的取证行为，同时又支持依法行政，充分考虑行政程序中的复杂情况。例如，考虑到行政机关在制作现场笔录时当事人有时拒绝签名，以及有时难以找到其他在场人作证或者在场人拒绝签字的情况，第 15 条第 1 款规定："当事人拒绝签名或者不能签名的，应当注明原因。有其他人在现场的，可由其他人签名。"

（二）对特殊证据的要求

（1）适应加入 WTO 以后司法审查任务的加重和涉外案件增多的趋势，对涉外证据及涉港澳台的证据提出了形式上的要求。由于这些证据的特殊性，违反形式要求的此类证据不能作为定案根据。（2）外文证据须有准确的中文译文。（3）对涉密证据（涉及国家秘密、商业秘密和个人隐私的证据）提供要求作出了规定，且特别规定法院对是否属于涉密证据要进行审查，主要是为了避免被告利用自身的便利，将非国家秘密文件说成是国家秘密，为审判设置障碍。

（三）法院接受证据的责任

为增强法院接受证据的责任心，保护提交证据当事人的合法权益，《行政诉讼证据规定》第20条规定了法院接受证据的责任。

四、调取和保全证据

《行政诉讼证据规定》第三部分规定了“调取和保全证据”，涉及调取证据的两种情形及其各自的条件、保全证据申请和保全措施以及鉴定和勘验。

（一）调取证据的两种情形

调取证据，是指法庭以其自己的名义向特定的个人或者组织调查收集证据。《行政诉讼法》第40条规定：“人民法院有权向有关行政机关以及其他组织、公民调取证据。”

《行政诉讼法》虽然规定了人民法院有权调取证据，但未规定调取证据的具体方式。从行政审判实践来看，调取证据的启动方式无非有两种，即依职权主动调取和经当事人申请调取。《行政诉讼证据规定》对两种形式均作出规定，但其基本取向是，在启动调取的程序上，限制主动调取，一般情况下是由当事人申请调取；在申请调取证据上，尽量控制调取的范围，只有确有必要时才准予调取。采取此种规定的主要原因是，被诉行政行为主要是在“先取证、后裁决”的情况下作出的，行政诉讼主要是复审作出行政行为的证据和依据，通常无须调取更多的证据；行政诉讼也是以当事人举证为原则，以法院调取证据为例外，不宜扩张调取证据的范围。

《行政诉讼证据规定》第22条规定了法院主动依职权调取证据的两种情形，就前一种情形而言，由于涉及国家利益、公共利益或者他人合法权益的事实与当事人利益无关，甚至对当事人不利，当事人可能怠于提供证据，甚至故意隐瞒证据，此时需要法庭主动调取证据。例如，在一些登记类行政案件中，被告可能因对是否撤销其登记漠不关心，但撤销登记又会损害到第三人利益，此时法院就不能简单地因为被告没有提供证据而撤销登记，但可以依职权调取证据。

《行政诉讼证据规定》只是规定原告和第三人可以申请调取证据，主要是考虑原告和第三人有时存在搜集证据上的障碍，在搜集证据上处于弱势地位，而被告一般在诉讼程序中也不应再搜集新证据。为此，《行政诉讼证据规定》第 23 条第 1 款作出了规定。当然，如果被告确因客观原因无法提交已经在行政程序中搜集过的证据，且只有法院才能调取到，此时也可以申请法院调取。但这仅限于特殊的例外情况。

参见《行政诉讼证据规定》第 24 条至第 26 条的规定。

（二）保全证据

保全证据是在证据可能灭失或者难以取得的紧急情况下，由法院通过特定的措施将其固定或者保护下来的制度或者行为。例如，物证腐烂、证人出国定居，都可能造成证据可能灭失或者难以取得的情况。《行政诉讼法》第 42 条对证据保全或者保全证据作出了如下规定："在证据可能灭失或者以后难以取得的情况下，诉讼参加人可以向人民法院申请保全证据，人民法院也可以主动采取保全措施。"该规定对于如何申请保全证据以及保全证据的具体措施等均未作规定，《行政诉讼证据规定》对此予以明确。

《行政诉讼证据规定》第 27 条对申请证据保全的期限和相关事项作出了规定。《行政诉讼证据规定》第 28 条对保全证据的具体方法作出了规定。

（三）鉴定与鉴定结论

鉴定是行政机关或者法院将行政程序或者诉讼程序中遇到的专门性问题，提交专业部门或者专业人员进行鉴别并得出结论。行政诉讼中涉及的鉴定结论既包括被告在行政程序中取得的鉴定结论，又包括法院指定鉴定部门得出的鉴定结论。在当前司法实践中，重复鉴定或者无休止地鉴定的现象比较突出，《行政诉讼证据规定》第 29 条至第 32 条对鉴定及鉴定结论的规定的主要意图是限制不必要的重新鉴定和尽量提高鉴定结论的质量。

1. 对行政程序中被告据以作出行政行为的鉴定结论，原告只有在提供必要的证据证明其可能有错误，或者有正当理由说明其可能错误的情况下，才可申请重新鉴定，是否准许由法院在审查其证据和理由后作出决定。申请重新鉴定的具体事由可以参照第 30 条第 1 款的规定。

2. 对当事人申请对人民法院委托的鉴定结论的重新鉴定，《行政诉讼证据规定》第 30 条第 1 款限定了申请重新鉴定的具体事由，该条规定对有缺陷的鉴定结论可通过补充鉴定等方式进行补救，其目的是尽量避免重新鉴定。

3.《行政诉讼证据规定》第 32 条对法院审查鉴定结论的具体内容作出了规定，即人民法院对委托或者指定的鉴定部门出具的鉴定书，应当审查是否具有下列内容：鉴定的内容；鉴定时提交的相关材料；鉴定的依据和使用的科学技术手段；鉴定的过程；明确的鉴定结论；鉴定部门和鉴定人鉴定资格的说明；鉴定人及鉴定部门签名盖章。这些内容欠缺或者鉴定结论不明确的，人民法院可以要求鉴定部门予以说明、补充鉴定或者重新鉴定。这既可以引导委托鉴定部门的委托行为和鉴定部门的鉴定行为，提高鉴定结论的质量，又使审判人员在审查鉴定结论时有章可循和有的放矢。

此外，在诉讼过程中，鉴定原则上通过当事人申请而启动，其本身仍然属于当事人举证的范围。因此，《行政诉讼证据规定》第 31 条作出了规定。由于受“先取证、后裁决”原则的约束，被告在诉讼过程中提供新证据受到了严格限制，因而在大多数情况下，往往都是原告为证明被诉行政行为事实不清而申请鉴定（特别是对行政程序中的鉴定申请重新鉴定）。这与民事诉讼中的鉴定申请有很大的区别。

（四）勘验现场

在行政诉讼中，人民法院为查明争议事实，在有些案件中需要勘验现场。所谓勘验，就是法院为查明案件事实，对物证和现场进行勘查检验。在勘查检验时对勘验情况和勘验结果制作的笔录，称为勘验笔录。例如，在土地权属行政争议中，为弄清楚发生权属争议的土地的现状，需要到现场进行勘验。

为规范勘验行为，《行政诉讼证据规定》对勘验现场的启动程序、勘验笔录的制作以及对勘验结论的异议等问题作出了规定。按照《行政诉讼证据规定》第 33 条的规定，勘验现场的启动方式有两种。

审判人员应当制作勘验笔录，记载勘验的时间、地点、勘验人、在场人、勘验的经过和结果，由勘验人、当事人、在场人签名。勘验现场时绘制的现场图，应当注明绘制的时间、方位，绘制人姓名和身份等内容。当事人对勘验结论有异议的，可以在举证期限内申请重新勘验，是否准许由人民法院决定。

五、证据的对质辨认和核实

近年来，完善质证制度是行政审判方式改革的重要内容，其主要目的是强化庭审功能，增强诉讼的对抗性（即由当事人在诉讼的质证和辩论中发挥主导作用），维护司法公正，提高审判质量和效率。《行政诉讼证据规定》在总结近年来行政审判方式改革经验的基础上，在第四部分规定了“证据的对质辨认和核实”，实际上该部分规定的内容就是“质证”。换言之，质证本身就可以解释为在法庭上对“证据的对质辨认和核实”。质证最基本的法律意义是，它是确定证据效力的必经程序，即未经质证的证据不能作为定案依据。质证直接体现了直接言辞原则和正当程序原则。该部分对质证的原则和例外、质证程序、证人出庭作证等作出了规定。

（一）质证的原则与例外

我国诉讼法和有关司法解释对质证效力的规定是逐渐明确的。例如，《民事诉讼法》第 71 条只是规定“证据应当在法庭上出示，并由当事人互相质证”，而对未经质证的证据效力未作规定。《行政诉讼法司法解释》亦是如此，最高人民法院《关于民事经济审判方式改革问题的若干规定》[①]（1998 年 6 月 19 日）第 12 条明确规定：“未经庭审质证的证据，不能作为定案的根据。”不过，《行政诉讼法》对质证问题未作规定。按照通常理解，该法未规定的程序事项，适用《民事诉讼法》的有关规定，质证问题也不例外。《行政诉讼证据规定》第 35 条第 1 款进一步明确了质证的原则，该条明确了质证是法院认定证据效力的前提，即除另有规定的特殊情况外，不经质证的证据不能作为定案根据。而且，《行政诉讼证据规定》第 49 条至第 51 条对补充的证据、二审程序中提供的新证据及仍有争议的第一审程序认定的证据、审判监督程序中的新证据等仍须质证的规定，均贯彻了证据必须经庭审质证的原则。

《行政诉讼证据规定》规定了有关质证的三种特殊情况：

1. 在庭前交换证据中无争议的证据无需质证。在庭前交换证据过程中没有争议的证据，经记录在卷，并经审判人员在庭审中予以说明后，可以直接予以认定，无需在庭审中出示和质证。

---

① 已失效。

2. 涉密证据的质证。《行政诉讼证据规定》第37条只是规定“涉及国家秘密、商业秘密和个人隐私或者法律规定的其他应当保密的证据，不得在开庭时公开质证”。至于这些涉密证据是否均需质证，此处规定并不明确。对此可以参照民事诉讼证据的有关规定精神处理。例如，《民事诉讼法》第71条规定：“对涉及国家秘密、商业秘密和个人隐私的证据应当保密，需要在法庭出示的，不得在公开开庭时出示。”该条规定并未要求涉密证据必须出示，只是需要在法庭上出示的，不得在公开开庭时出示。最高人民法院《关于适用〈中华人民共和国民事诉讼法〉的解释》第103条第1款规定对此进行了明确：“证据应当在法庭上出示，由当事人相互质证。未经当事人质证的证据，不得作为认定案件事实的根据。”通常而言，如果不存在对国家利益、社会公共利益或者个人利益的重大损害，依法需要保密的证据原则上都要经过庭审出示的质证，不能出示和质证只能作为例外情况。何况，法律设定不在公开开庭时出示的规定，其目的就是在质证价值与保护秘密之间寻求一种平衡，既保护当事人的质证权利，又保护秘密不外泄。此外，对是否属于依法应当保密的证据，法院应当进行审查。这种审查在行政诉讼中更具有意义。因为，在行政诉讼中，作为被告的行政机关往往可以自定哪些资料为秘密，如对涉密证据不能质证，对原告的保护更为不利。这也要求，法院应当从严掌握或者尽量缩小不能质证的涉密证据的范围。

3. 被告拒不到庭时的证据认定。《行政诉讼证据规定》第36条规定：“经合法传唤，因被告无正当理由拒不到庭而需要依法缺席判决的，被告提供的证据不能作为定案的依据，但当事人在庭前交换证据中没有争议的证据除外。”之所以如此规定，是因为在被告不到庭时根本无法质证，因而其提供的证据也就成为未经庭审质证的证据，不能作为定案根据。如此规定也有利于促使被告尊重庭审的价值和法庭的权威。而且，被告作为执行公务的机构，在其具体行政行为被诉时也应当有出庭的特殊义务。

（二）质证程序

《行政诉讼证据规定》第38条至第40条简要地规定了证据的出示、质证的内容、交叉询问等质证程序和规则。主要考虑是，我们正在抓紧起草庭审程序规则，质证又是庭审程序的核心，更为详细的质证程序可以在庭审程序中规定，此处只是出于内容衔接的需要，而对质证程序作出了必要的规定。

《行政诉讼证据规定》第39条第1款规定了质证的内容，法条中对“关联性、合法性和真实性”的排列顺序是有特殊考虑的，主要是基于证据的“三性”具有不同的价值和功能，采取这种顺序更为符合质证的逻辑。关联性是区分证据与非证据的属性。即只有与特定案件具有关联性的材料才能成为该案的证据，经质证发现没有关联性的材料，就无须对其合法性和真实性进行质证，因而关联性是质证中首当其冲应当解决的问题；合法性是对具有关联性的证据材料的价值判断，其目的是排除非法证据，即使内容真实、完全可以证明案件事实的证据，只要其不合法，也不应作为认定案件事实的依据。因而在确定具有关联性之后，就要质证其合法性，然后再进入真实性的质证阶段。此外，此处的“证明效力”实际上是指“证明力”，主要是对案件事实证明作用的大小。

（三）证人出庭作证

当前，证人不能出庭作证的现象具有相当的普遍性。但是，由于历史和现实的种种原因，证人不能出庭作证的现象难以在短期内根本改变，但我们应当知难而进，力争尽快改变这种状况。根本性地改变这种状况需要在立法上建立健全证人作证制度，包括建立证人出庭作证的强制机制和保障机制，完善证人出庭作证的配套制度。在证人出庭作证的立法不完善的情况下，司法解释的作用是有限的，但在力所能及的范围内尽可能完善证人出庭作证制度，仍然是起草《行政诉讼证据规定》时的重要取向，并且，起草人在相关条文中为此付出了很大的努力。

《行政诉讼证据规定》第41条至第48条对证人出庭作证的有关问题作出了规定，并在附则部分规定了证人保障制度。这些规定的主要内容是：

1.明确了证人出庭作证的义务和无须出庭的例外。证人出庭作证不是对当事人的义务，而是对国家的义务。证人出庭作证是原则，不出庭作证属于例外。《行政诉讼证据规定》第41条体现了这种精神。而且，《行政诉讼证据规定》通过第63条第8项规定“出庭作证的证人证言优于未出庭作证的证人证言”以及第71条第3项规定“应当出庭作证而无正当理由不出庭作证的证人证言”不能单独作为定案根据，旨在形成证人出庭作证的激励机制和压力机制，推动证人出庭作证。

2.规定了证人资格，即证人必须是能够正确表达意志的人。证人表达意志的方式有书面的、口头的或者动作的，如聋哑人可以通过动作或者文字表达其所知事实。证人资格通常与证人的年龄无关，只与其意识能力有关，未成年人完全可以作为证人。《行政诉讼证据规定》第44条还针对行政诉讼的特殊性，就行政执法人员出庭作证问题作出了规定。行政执法人员是国家公务人员，应当具有更强的出庭作证意识，如果法庭传唤其出庭作证，执法人员应当积极配合，做积极出庭作证的典范。

3. 明确了证人出庭作证的规则。如出庭作证的证人不得旁听案件的审理，以免庭审情况影响证人的客观作证；除组织证人对质外，法院询问证人时其他证人不得在场，以免证人之间相互影响；证人只能陈述其亲身经历的事实，其根据经历作出的判断、推测或者评论，不能作为定案依据，因为判断证据不属于证人的作证范围。

4. 专业人员出庭说明情况问题。由于行政诉讼涉及大量的专门性问题，该规定第48条规定了对被诉行政行为涉及的专门性问题，可由专业人员出庭说明情况。英美法系国家将此种情况称为专家证人制度，而《行政诉讼证据规定》并未将此种情况下的专业人员纳入证人范畴，但显然是借鉴了专家证人的做法。专业人员不是向法庭陈述其亲历的事实，而是运用其专业技术知识对被诉行政行为涉及的专门性问题进行分析。这些专门性问题主要是科学技术问题，但不包括法律问题。法律的理解和适用是法官的专长，法庭不能就法律的理解和适用问题要求法律专家出庭说明。

六、证据的审核认定

《行政诉讼证据规定》第五部分规定了“证据的审核认定”，实际上该部分内容主要就是理论上所说的“认证”，即由法官对经过庭审质证的证据（以及特殊情况下无须质证的证据），按照法定的程序和依据，对其能否作为定案根据进行衡量，并据此对案件事实作出判断的行为或者过程。其内容涉及审核认定证据的一般要求、根据证据效力划分的认证规则、优势证据（最佳证据）规则、司法认知等。认证规则是《行政诉讼证据规定》的重中之重，其内容也较为庞杂和丰富。

（一）审核认定证据的一般要求和具体方式

《行政诉讼证据规定》第53条至第56条是对认证的一般要求，具有一般性的指导意义。值得一提的是，按照通常的认识，在大陆法系国家认定事实和适用法律都是由训练有素的职业法官完成，其没有形成系统的证据规则；而英美法系国家因其有由陪审团认定事实的传统，为防止未经职业训练的陪审团成员被一些干扰因素误导，发展出一套特殊的证据规则。近年来我国法学界和司法实践中对证据规则的认识受英美法的影响较大，吸收了一些英美法系的证据规则。从目前我国审判实际来看，制定比较详细的证据规则有利于法官在审判工作中掌握和操作，也可以增加证据活动的透明度和可预见性，但无论证据规则如何详尽，均不可能也不必要排除法官在认证中的自由裁量。鉴于这种实际，《行政诉讼证据规定》实际上采用了在证据规则基础上的法官心证思路，其第 54 条典型地体现了这种精神，即法官在遵循客观依据（如法官职业道德、逻辑推理和生活经验）的基础上，对客观存在的证据得出主观上的认识（案件事实）。

我们通常将实践中的认证方法归纳为三种，即个别审查、比较印证和综合分析。个别审查是对单个证据是否符合“三性”的审查；比较印证是对同类证据或者证明同一事实的不同证据的对比分析；综合分析是对全部证据进行总体分析并据此得出整个案件事实的结论。《行政诉讼证据规定》第 54 条提及的“逐一审查”和“对全部证据综合审查”概括了该三种方法，而第五部分的许多条文实际上都是对各种认证方法的规定，如第 55 条、第 57 条等规定的是个别审查方法，第 56 条规定了个别审查和比较印证的方法，第 62 条等规定了比较印证方法。

（二）根据证据效力划分的三类证据的认证规则

根据证据效力的不同，《行政诉讼证据规定》大体上划分了应予排除的证据、需要补强的证据和可以单独作为定案根据的证据。

应予排除的证据是不能作为定案根据的证据。《行政诉讼证据规定》第 57 条至第 62 条规定可以称为证据排除规则，但排除证据的原因、排除的程度等情况是不同的。这些排除规则主要有下列情况：（1）非法证据排除规则。非法证据不能作为定案根据，而非法证据主要是违反法定程序、法定形式或者其他保护他人合法权益的法律规定的证据。例如，《行政诉讼证据规定》第 57 条规定中的“严重违反法定程序收集的证据材料”“以偷拍、偷录、窃听等手段获取侵害他人合法权益的证据材料”“以利诱、欺诈、胁迫、暴力等不正当手段获取的证据材料”，以及第58条规定的“以违反法律禁止性规定或者侵犯他人合法权益的方法取得的证据”，均属于非法证据。值得一提的是，按照《行政诉讼证据规定》对非法证据的规定，以偷拍、偷录、窃听等手段获取的证据并不当然属于应当排除的非法证据，还必须同时具备侵害他人合法权益的条件，才能构成非法证据。因此，最高人民法院《关于未经对方当事人同意私自录制其谈话取得的资料不能作为证据使用的批复》①（1995年3月6日）已与《行政诉讼证据规定》的非法证据排除规定不一致，应适用后者的新规定。（2）漠视行政程序的证据排除规则。例如，第59条规定，被告在行政程序中依照法定程序要求原告提供证据，原告依法应当提供而拒不提供，在诉讼程序中提供的证据，人民法院一般不予采纳。该规定体现了司法复审的特点，因为行政程序是法律设定的程序，行政管理相对人必须尊重行政程序，如果无视行政程序而在诉讼程序中搞证据突然袭击，必然损害行政程序的应有价值。（3）违反“先取证、后裁决”原则的证据排除规则。《行政诉讼证据规定》第60条、第61条规定体现了这种精神，即被诉行政机关在行政程序中未收集或者未采用的证据，不能作为认定该具体行政行为合法的证据，其具体情形见这些条文的规定。（4）排除不具有真实性的证据，如第57条规定的“当事人无正当理由拒不提供原件、原物，又无其他证据印证，且对方当事人不予认可的证据的复制件或者复制品”“被当事人或者他人进行技术处理而无法辨明真伪的证据材料”“不能正确表达意志的证人提供的证言”。这些证据的真实性无法判断，不能作为定案根据。

需要补强的证据，是指证据本身的效力还不足以单独作为定案根据，而必须在其他证据的印证下才能作为定案根据。这也是证据法理论上所说的补强规则。《行政诉讼证据规定》第71条明确了下列证据不能单独作为定案依据：（1）未成年人所作的与其年龄和智力状况不相适应的证言；（2）与一方当事人有亲属关系或者其他密切关系的证人所作的对该当事人有利的证言，或者与一方当事人有不利关系的证人所作的对该当事人不利的证言；（3）应当出庭作证而无正当理由不出庭作证的证人证言；（4）难以识别是否经过修改的视听资料；（5）无法与原件、原物核对的复制件或者复制品；（6）经一

① 已失效。

方当事人或者他人改动，对方当事人不予认可的证据材料；（7）其他不能单独作为定案依据的证据材料。该条规定是非常重要的，它为认定证据是否充分提供了比较具体的标准。此外，《行政诉讼证据规定》第64条规定的“以有形载体固定或者显示的电子数据交换、电子邮件以及其他数据资料”，也可以归入补强证据之列，其本身不足以单独作为定案根据，必须有其他证据印证，即其制作情况和真实性经对方当事人确认，或者以公证等其他有效方式予以证明的，才可以作为定案根据。

可单独作为定案根据的证据是证明力最强的证据，即其本身就可以作为定案根据，无须以其他证据进行印证。例如，《行政诉讼证据规定》第70条表明，裁判文书和裁决文书具有较强的证明力，可以单独作为定案根据。实际上，可单独作为定案根据的证据还是很多的，不限于裁判文书和裁决文书。

在实践中人们经常问“孤证”能否作为定案根据问题，即待证事实只有一个证据证明，此时能否根据该单个证据认定待证事实。对该问题不能作出肯定与否定的简单回答，而需要分析单个证据的性质。例如，如果“孤证”属于能够单独作为定案根据的证据，当然据此足以认定案件事实；如果“孤证”属于补强证据，就不能仅仅根据该证据认定待证事实。

（三）自认规则

《行政诉讼证据规定》第65条至第67条规定了自认规则，即如何认定一方当事人对他方当事人的事实陈述或者提供的证据给予承认的效力。证据法学理论和民事诉讼证据规则是将自认放在举证责任部分的，即自认可以免除当事人的举证责任。但是，自认是当事人一方对另一方的事实主张或者证据的认可，该认可当然属于当事人陈述，而考虑到当事人的陈述也是证据的一种形式，经自认的事实主张或者证据，可以直接予以认定，因而，自认实际上属于认证的范畴。这正是《行政诉讼证据规定》将其纳入认证部分的原因。

《行政诉讼证据规定》第65条规定的是当事人一方对另一方的事实主张的直接承认，即一方主张某某案件事实，另一方表示同意，实际上是双方当事人之间陈述的“碰撞”，该两个相对陈述的一致即足以认定该事实。当然，考虑到行政诉讼中自认的复杂性，该条又设定了例外，即“有相反证据足以推翻的除外”。主张相反证据者对其主张负举证责任。

《行政诉讼证据规定》第67条规定的是当事人一方对另一方提供的证据

的认可，之所以强调不受外力影响，主要是行政诉讼中原告受外力影响的情况比较常见。至于当事人一方提供的证据被另一方当事人否认的，其证据效力实际上应当按照前面对证据效力的分类进行认定。例如，如果属于可以单独作为定案根据的证据，可以直接认定；如果属于需要补强的证据，就应当通过其他证据补强，仅仅其自身不能作为定案根据。

（四）优势证据规则

这里所谓的优势证据规则，是指证明同一事实而又相互矛盾的数个证据之间的证明力大小的比较规则，即按照制作人、形成过程等标准确定不同证据之间的证明力优劣的规则。该规则又被人称为最佳证据规则。在许多案件中，证明同一事实的数个证据往往相互矛盾，有的肯定该事实，有的否定该事实，此时需要法官对这些证据的证明力进行取舍，在此基础上以占优势的证据认定事实。

《行政诉讼证据规定》第 63 条确立的就是优势证据规则，该条规定具有浓厚的法定证据主义色彩，即由司法解释预先设定了不同证据的证明力的优劣。

需要指出的是，《行政诉讼证据规定》第 63 条不是绝对的，如果确实有与该条规定的数个证据效力的优劣不同的情形，应当实事求是地认定，换言之，该条有关证据效力的比较规定本质上属于任意性规范，甚至可以说是一种推定规范，即在一般情况下如此认定，而在特殊情况下不必一概如此认定。在不如此认定的情况下，法官必须阐明理由。法院在适用该规定时应当按照这种逻辑进行操作。该规定虽然对法官对证据证明力的裁量有所限制，或者说是意在限制，但不是强迫法官必须如何裁判，而仍然立足于理性和赋予法官裁量权，仍然赋予法官根据个案裁量案件事实的权力，这是与法定证据主义的根本区别。

七、妨碍证据活动的制裁措施

《行政诉讼证据规定》附则除规定证人、鉴定人及其近亲属的保护、证人和鉴定人出庭费用的支付和生效日期外，还专门解释了《行政诉讼法》有关妨碍行政诉讼行为的制裁规定，这些内容很有特色，也非常重要。

《行政诉讼法》第 59 条对妨碍行政诉讼行为的制裁措施作出了一般性规

定，即“诉讼参与人或者其他人有下列行为之一的，人民法院可以根据情节轻重，予以训诫、责令具结悔过或者处一万元以下的罚款、十五日以下的拘留；构成犯罪的，依法追究刑事责任：（一）有义务协助调查、执行的人，对人民法院的协助调查决定、协助执行通知书，无故推拖、拒绝或者妨碍调查、执行的；（二）伪造、隐藏、毁灭证据或者提供虚假证明材料，妨碍人民法院审理案件的；（三）指使、贿买、胁迫他人作伪证或者威胁、阻止证人作证的；（四）隐藏、转移、变卖、损毁已被查封、扣押、冻结的财产的；（五）以欺骗、胁迫等非法手段使原告撤诉的；（六）以暴力、威胁或者其他方法阻碍人民法院工作人员执行职务，或者以哄闹、冲击法庭等方法扰乱人民法院工作秩序的；（七）对人民法院审判人员或者其他工作人员、诉讼参与人、协助调查和执行的人员恐吓、侮辱、诽谤、诬陷、殴打、围攻或者打击报复的……”。为保障行政诉讼的顺利进行，必须加大制裁此类行为的力度。

《行政诉讼证据规定》第78条将“对应当协助调取证据的单位和个人，无正当理由拒不履行协助义务的”行为，纳入《行政诉讼法》第59条第1款第6项的规定追究其法律责任，主要就是将此种情形归入了“扰乱人民法院工作秩序”的行为之中。

最高人民法院
关于海关行政处罚案件诉讼管辖问题的解释

法释〔2002〕4号

（2002年1月28日最高人民法院审判委员会第1209次会议通过
2002年1月30日最高人民法院公告公布　自2002年2月7日起施行）

为规范海事法院的受理案件范围，根据《中华人民共和国行政诉讼法》的有关规定，现就海关行政处罚案件的诉讼管辖问题解释如下：

相对人不服海关作出的行政处罚决定提起诉讼的案件，由有管辖权的地方人民法院依照《中华人民共和国行政诉讼法》的有关规定审理。相对人向海事法院提起诉讼的，海事法院不予受理。

【导读及适用要点】

一、对《行政诉讼法》关于行政案件管辖权问题的规定的理解

《行政诉讼法》第 4 条第 2 款规定："人民法院设行政审判庭，审理行政案件。"并在第三章中对基层人民法院、中级人民法院、高级人民法院和最高人民法院对行政案件的管辖以及专属管辖、选择管辖、移送管辖、指定管辖等作出了具体规定。从条文的文字来看，该法并没有区分地方法院和专门法院在行政案件管辖方面的区别，既没有对地方法院的行政案件管辖规定特别授权，也没有对专门法院行政案件管辖问题作特别限制。该法中的"人民法院"既包括地方人民法院，也包括专门人民法院在内。也就是说，专门法院也可以受理相关领域的行政案件。

二、关于最高人民法院以前的司法解释的规定

1999 年的最高人民法院《关于执行〈中华人民共和国行政诉讼法〉若干问题的解释》第 6 条[①]规定："各级人民法院行政审判庭审理行政案件和审查行政机关申请执行其具体行政行为的案件。专门人民法院、人民法庭不审理行政案件，也不审查和执行行政机关申请执行其具体行政行为的案件。"这一规定明确排除了专门法院对行政案件的管辖。这主要出于几种考虑：一是在法律依据上，1989 年《行政诉讼法》以及设立专门法院的法律文件没有特别授权其审理行政案件；二是专门法院受理行政案件会导致级别管辖和地域管辖上的困难；三是专门法院受理行政案件可能会造成不便于当事人诉讼和法院审理的情况。

三、海关行政案件不属于海事行政案件

实际上，海关行政案件是否属于海事行政案件的问题才是《最高人民法院关于海关行政处罚案件诉讼管辖问题的解释（以下简称《海关行政处罚案

① 对应《行政诉讼法司法解释》第 3 条。

件》）要解决的核心问题。何谓海事行政案件？海事行政案件，是指在海事管理过程中形成的相对人与海事管辖行政机关之间关于行政行为合法性问题形成的诉讼。一般认为，海事行政仅指与海（水）事相关的管理活动，包括海洋管理、海上或水上交通管理、航道管理、港口管理、港务监督、渔政管理、渔港监督、海洋环境管理等。相对人对行使上述管理职能的行政机关的具体行政行为提起行政诉讼的，为海事行政案件。而海关监管实际上与海洋（水上）活动并无直接关系。海关管理是国家对进出关境的人员、运输工具、货物、行李物品、邮递物品等进行的监督管理。尽管一些海关口岸也设在港口、码头，但其管理对象已经不再是相对人在海上、港口或码头上的行为，而是相对人出入海关口岸的行为，与海事管理事项有明显的区别。所以，对海关的具体行政行为不服而提起的行政诉讼不属于海事行政案件，不应由海事法院管辖。因此，最高人民法院在《海关行政处罚案件》中明确规定，海关行政处罚案件不属于海事行政案件，不由海事法院管辖。

（撰稿人：蒋惠岭
审稿人：邵文虹）

最高人民法院
关于国有资产产权管理行政案件管辖问题的解释

法释〔2001〕6号

（2001年1月10日最高人民法院审判委员会第1156次会议通过
2001年2月16日最高人民法院公告公布 自2001年2月21日起施行）

为了正确适用《中华人民共和国行政诉讼法》第十七条①、第十九条②的规定，现对国有资产产权管理行政案件的管辖问题作出如下解释：

当事人因国有资产产权界定行为提起行政诉讼的，应当根据不同情况确

① 对应《行政诉讼法》（2017年修正）第18条。
② 对应《行政诉讼法》（2017年修正）第20条。

定管辖法院。产权界定行为直接针对不动产作出的，由不动产所在地人民法院管辖。产权界定行为针对包含不动产在内的整体产权作出的，由最初作出产权界定的行政机关所在地人民法院管辖；经过复议的案件，复议机关改变原产权界定行为的，也可以由复议机关所在地人民法院管辖。

【导读及适用要点】

一、直接涉及、间接涉及不动产的产权界定

一般而言，具体行政行为直接涉及不动产产权归属界定及处置，是指针对确定的不动产的产权归属问题进行具体界定及处置而作出的具体行政行为。因对不动产的产权界定及处置不服而提起的行政诉讼，产权界定部门认为，应由不动产所在地人民法院管辖。例如，甲、乙对某一栋楼房的产权归属发生争议，产权界定部门对该栋楼房的产权归属进行了界定，认定该栋楼房的产权归甲。如果乙因对该栋楼房的产权界定不服提起行政诉讼，应由该栋楼房所在地人民法院管辖。

间接涉及不动产的产权界定则指如下情形：例如，甲、乙对某公司（公司总部办公楼在乙所在地）的产权归属发生争议，产权界定部门对该公司的产权归属进行了界定，认定该公司的产权归甲。如果乙对该公司的产权界定不服提起行政诉讼，产权界定部门认为应由产权界定部门所在地人民法院管辖。因为，产权界定部门是对公司产权（包括所有权、经营权）进行界定，乙对该产权界定不服提起的行政诉讼，诉讼标的是公司的整体产权，不是具体的不动产，根据《行政诉讼法》第18条的规定，应由最初作出具体行政行为的行政机关所在地人民法院管辖，即产权界定部门所在地人民法院管辖。

二、处理方式

产权界定部门对涉案单位整体产权作出界定后，当事人对产权界定不服，提起行政诉讼，意味着当事人对整体产权存在异议。由于整体产权中包括了不动产，因此，除非当事人声明对其中的不动产产权没有争议，否则法院是

不能对此作出推定的。在这种情况下，可以有两种不同的处理方式：

一种处理方式是，只要当事人没有对其中的不动产申明没有异议，该案就由不动产所在地人民法院管辖。当事人申明对其中的不动产没有异议，由作出产权界定的行政机关所在地人民法院，也就是被告所在地的人民法院管辖。另一种处理方式是，无论当事人是否对其中的不动产有异议，均由被告所在地的人民法院管辖。

我们认为，第二种处理方式符合《行政诉讼法》的有关规定。主要理由是：

（一）产权界定部门对整体产权进行界定，既可能涉及动产也可能涉及不动产，而其中的不动产可能分布在不同地区，如果采用第一种处理方式，在当事人没有申明对其中的不动产没有异议的情况下，只要是不动产所在地的人民法院（可能有多个）都有管辖权，这可能会造成管辖权上的混乱。

（二）当事人对产权界定部门的整体产权界定不服，提起诉讼，是因整体产权的归属而提起的诉讼。而《行政诉讼法》第20条规定，因不动产提起诉讼的由不动产所在地人民法院管辖。这里的“因不动产”，不能理解为当事人提起诉讼的原因，而是指当事人对针对不动产作出的具体行政行为不服。对产权界定部门针对整体产权作出产权界定行为，当事人提起诉讼，不服的是针对整体产权作出的产权界定行为，不属于“因不动产”的情形。从原告的诉讼请求看，当事人对整体产权界定行为不服，其诉讼请求只能是要求撤销、变更针对整体产权作出的产权界定行为，即使当事人对其中的不动产产权归属不服是提起诉讼的直接原因，或者对其中的不动产产权归属有异议，当事人提起行政诉讼，也不属于“因不动产”提起的行政诉讼。

（三）产权界定部门对整体产权作出界定，当事人提起行政诉讼，不服的是有关整体产权的产权界定行为，其中，既可能是对涉及不动产的界定不服，也可能是对涉及动产的界定不服。而不动产可能在整体产权中只占极少的份额，如果这类案件由不动产所在地人民法院管辖，不利于法院对产权界定行为进行合法性审查。

（撰稿人：甘　雯

审稿人：邵文虹）

第二部分　司法观点

一、行政诉讼总论

1.对于原告起诉的共同被告不符合条件的，人民法院应结合行政机关负责人未出庭的具体表现，决定是否追究责任

由于行政机关难以判断人民法院是否以被告不适格为由而裁定驳回原告对其提起的诉讼，除所有共同被告不适格而无需开庭审理之外，所有共同被告原则上都应当做好负责人出庭的准备。此时，可能存在一些特殊情形，如部分被告认为自己显然不属于适格被告的，并未委派负责人出庭，人民法院应当如何处理，存在两种不同意见：

一种意见认为，应当追究其负责人未出庭的相关责任，主要理由为：人民法院决定开庭审理的，被告无法确定其负责人是否无需出庭，原则上都应当履行负责人出庭义务。负责人出庭与是否裁定驳回对其提起的诉讼属于两个不同层面的问题，该被告未委派负责人出庭，表明其有未履行负责人出庭的意愿及行为，依法应当承担相应责任。

另一种意见认为，由于原告对该被告提起的诉讼最终被人民法院裁定驳回起诉，其负责人实质上无需出庭应诉，以此追究其未出庭的相关责任并无实际意义。

对于前述两种意见的采纳，最高人民法院《关于行政机关负责人出庭应诉若干问题的规定》并未进一步规定，可以在实践经验相对成熟时予以明确。笔者认为，两种意见都有其合理之处，但都不宜过于绝对以此作为所有情形的判断标准，而应当由人民法院根据案件的审理需要以及被告不适格的具体

情形等因素作出处理。如对于该行政机关显然不属于适格被告（如原告明知不适格而故意追加为被告或明显缺乏相关的诉讼知识等），人民法院可以径行裁定驳回原告对该被告的起诉，即按照第二种意见进行处理，避免给相关行政机关增加过多的负责人出庭义务；对于难以直接判断该行政机关是否属于适格被告（如机构改革前、后原行政主体与权利义务承继主体等难以直接确定适格被告主体的），人民法院可以结合行政机关未委派负责人出庭的具体表现，决定采取第一种意见或第二种意见进行处理，但宜以第一种意见进行处理为主。

——章文英编著：《行政机关负责人出庭应诉制度实务指引》，人民法院出版社 2021 年版，第 78~79 页。

2.行政机关负责人未出庭应诉的，结合行政机关过错程度及未出庭原因分情况处理

关于是否需要处理行政机关的负责人未出庭应诉的，有不同观点：一种意见认为应当处理，主要理由为：行政机关属于负责人应当主动出庭而未出庭的情形，且行政机关具有违反诚信原则的表现。另一种意见认为不宜处理，主要理由为：最高人民法院《关于行政机关负责人出庭应诉若干问题的规定》第 12 条关于处理的规定，列举了五项具体情形，并未设及兜底条款。因此，除了所列举的情形，其余情形并不需要进行处理。我们认为，该规定第 12 条第 1 款第 1 项可以作为处理依据，但在具体适用时应当慎重。一方面，要认真审查行政机关负责人未出庭应诉是否有正当理由，有正当理由的，不能处理。没有正当理由的，人民法院没有固定相关的证据可以证明行政机关违反诚信原则的，不宜处理。另一方面，因人民法院未履行通知职责，可推定行政机关负责人未出庭的过错程度不高，人民法院通过通知行政机关负责人出庭应诉以及另行开庭审理等方式促使行政机关负责人实际出庭应诉，其效果要优于简单按行政机关负责人未出庭应诉进行处理的方式。因此，对于行政机关负责人应当主动出庭而未出庭的，通常仅在有证据证明行政机关违反诚信原则，且又单方不同意延期开庭审理等恶意规避负责人出庭应诉义务的情形，人民法院才可以按照该规定第 12 条的规定进行处理。

——最高人民法院行政审判庭编著：《最高人民法院关于行政机关负责人出庭应诉司法解释理解与适用》，人民法院出版社 2021 年版，第 69~70 页。

3.行政机关负责人出庭应诉案件中原告被人民法院按撤诉处理后以同一事实理由再次起诉的，人民法院不予立案

关于撤诉后是否允许原告再诉，面临着利益平衡问题。一方面是要对原告通过司法获得二次救济的必要性及遵从撤诉法理一贯性进行考量；另一方面要斟酌国家司法资源的有限性与遏制原告滥用权利的要求。“无条件地允许撤诉后再诉”或者“一刀切式地不允许再诉”都导致利益衡平的偏颇。

《行政诉讼法》确立的撤诉制度包括原告申请撤诉及拟制撤诉两种情形。拟制撤诉又包括两种情形，即原告未按照法律规定预交案件受理费型和无正当理由拒不出庭或者未经法庭允许中途退庭型。《行政诉讼法司法解释》第 60 条规定，人民法院裁定准许原告撤诉后，原告以同一事实和理由重新起诉的，人民法院不予立案。准予撤诉的裁定确有错误，原告申请再审的，人民法院应当通过审判监督程序撤销原准予撤诉的裁定，重新对案件进行审理。第 61 条规定，原告或者上诉人未按规定的期限预交案件受理费，又不提出缓交、减交、免交申请，或者提出申请未获批准的，按自动撤诉处理。在按撤诉处理后，原告或者上诉人在法定期限内再次起诉或者上诉，并依法解决诉讼费预交问题的，人民法院应予立案。从以上规定来看，原告可否在撤诉后再行起诉要根据撤诉类型的不同而作出区分处理。

首先，准许原告申请撤诉的，原告原则上不得再行起诉。即人民法院尊重原告的处分权，同意其撤诉后，如果其以同一事实和理由重新起诉，人民法院不予立案。允许原告在其撤诉后可以再次起诉，除了引发浪费国家有限司法资源问题外，还有可能使撤诉沦为原告采用恶意诉讼战略的手段。例外的情形是原告再次起诉时事实和理由发生了变化，前诉与后诉的事实与理由并不相同。判断是否为同一事实和理由应以主要的事实和理由为准，次要的事实和理由发生改变并不意味着非同一事实和理由。

其次，未按照法律规定预交案件受理费型的拟制撤诉，原告原则上可以再行起诉。因为此种情形下，原告的“撤诉”行为因为缴费问题未进入受理

阶段，可以视为未起诉，其再次起诉不属于就同一事实和理由重新起诉。原告再行起诉符合立案的条件为：一是原告依法解决诉讼费预交问题；二是原告在法定期限内再次起诉。

最后，无正当理由拒不出庭或者未经法庭允许中途退庭型拟制撤诉，原告原则上不得再行起诉。具体理由为：一是当案件的诉讼标的为行政行为时，行政行为会涉及众多社会关系的稳定性。如果允许原告再次起诉不利于行政机关实施合法、有效的行政管理，影响行政效率。二是在原告已经因滥用诉讼权利承担按撤诉处理的不利后果后，其再次起诉不符合诉讼行为正当性的要求。三是允许原告再次起诉会浪费司法资源，也有损司法审查的严肃性。只有禁止原告再诉才能促使原告审慎对待并行使诉讼权利，成为防止其滥用权利的制约手段。值得注意的是，行政赔偿诉讼可以作为禁止原告再行起诉的例外情形。行政赔偿诉讼与行政诉讼在审查对象、案件处理方式等方面存在不同。行政诉讼审理的对象是被诉行政行为的合法性，而行政赔偿诉讼审理的对象是违法行政行为是否对当事人的合法权益造成损失以及如何赔偿的问题。行政赔偿诉讼与民事（赔偿）诉讼在审查内容、裁判方式等方面具有同质性，都涉及被告对原告的赔偿问题。因此，行政赔偿诉讼处理具体程序问题时，不能简单适用《行政诉讼法》及其司法解释的规定，而应参照《民事诉讼法》及其司法解释的相关规定。《民事诉讼法司法解释》第 214 条第 1 款规定："原告撤诉或者人民法院按撤诉处理后，原告以同一诉讼请求再次起诉的，人民法院应予受理。"因此，原告可再次提起行政赔偿诉讼。

——最高人民法院行政审判庭编著：《最高人民法院关于行政机关负责人出庭应诉司法解释理解与适用》，人民法院出版社 2021 年版，第 181~183 页。

4.行政机关负责人委托相应工作人员的性质属于委托代理人

一种意见认为，属于行政机关负责人个人进行的委派。另一种意见认为，行政机关负责人属于所在机关进行的委托。这里的"委托"是行政机关负责人个人委派，与民法上的委托不同。在行政诉讼法上，委托代理人是指接受当事人、法定代理人的委托，以当事人的名义，在当事人授权范围内代为诉讼行为的人。行政机关负责人不是行政诉讼的当事人，不能“委托”代理人。一般而言，行政机关的负责人可以委派其下级工作人员出庭应诉；行政机关负责人也可以协调政府法制部门委派其工作人员出庭应诉。[①]《行政诉讼法司法解释》第 131 条第 2 款规定“行政机关委托相应的工作人员出庭应诉的，应当向人民法院提交加盖行政机关印章的授权委托书，并载明工作人员的姓名、职务和代理权限”，该规定似乎明确了以行政机关的身份进行委托，进而统一行政诉讼活动当中的相关法律文书。

在行政机关负责人不能出庭的情况下，需要委派行政机关工作人员出庭应诉。对于委派的工作人员，由于其并非当事人，严格讲也属于委托代理人。根据《行政诉讼法》第 31 条的规定，当事人、法定代理人，可以委托一至二人作为诉讼代理人。如果委派的工作人员视为委托代理人，这里出现一个问题，即被委托的相应行政机关工作人员与被告委托的代理律师名额之间是否发生冲突。也就是，出庭的行政机关工作人员是否占用委托律师的名额。因为第 31 条规定的诉讼代理人中，也包括单位工作人员。从委托行政机关相应工作人员和委托律师的目的上看，二者是有差别的，前者是为了从行政行为角度进行应诉，后者是为了从律师提供法律服务角度进行的委托。因此，似乎第三条中委托相应工作人员亦不应占用被告委托律师的名额。

——最高人民法院行政审判庭编著：《最高人民法院行政诉讼法司法解释理解与适用》，人民法院出版社 2018 年版，第 608~609 页。

二、受案范围

5.行政强制执行决定作出前催告行为的不可诉

催告行为是一个准行政行为，当事人对催告通知有异议，可以向催告的行政机关提出申辩。通常情况下，催告行为是不可诉的，当事人不服提起行

① 江必新、梁凤云：《最高人民法院新行政诉讼法司法解释理解与适用》，中国法制出版社 2015 年版，第 60 页。

政诉讼，人民法院应当不予受理。其理由是：通常催告行为并不增加当事人新的权利义务，只是通知当事人按照已经生效的行政决定所确定的义务限期履行。根据《执行行政诉讼法解释》第1条第2款第6项[①]的规定："对公民、法人或者其他组织权利义务不产生实际影响的行为"不属于人民法院行政诉讼的受案范围。先行催告通知只是重复已经生效的行政决定给当事人确定的义务，没有对当事人的权利义务产生实际影响，因此不可诉。

但是，催告行为不可诉的，也不是绝对的。例外的情况是：催告行为改变了生效行政决定确定的义务主体、内容等，当事人的权利义务因催告行为发生变化，经陈述申辩，行政机关仍不予采纳，此时当事人起诉催告行为，应当属于人民法院受案范围。理由是：这时的催告行为不再是对行政决定确定的行政义务的简单重复督促履行，它改变了行政决定的实体内容，构成了一个新的具体行政行为，对当事人的权利义务产生了实际影响，该行为不再是形式意义上的催告通知，不是一个准行政行为，应当属于可诉的行政行为。应当注意的是，当事人对催告行为提起行政诉讼的，必须初步证明催告行为的催告履行的行政法义务，与行政决定确定的行政法义务存在不同之处，催告行为侵犯了行政决定未包含的当事人合法权益。所谓初步证明责任，仅是需要当事人就催告行为与行政决定确定的义务表面存在不同即可，无须证明催告行为确实影响或者侵害了其行政决定内容之外的合法权益，"确实侵害"这个事实应当在进入行政诉讼程序之后，通过实体审查予以查清，而不是在起诉阶段就要求原告举证证明属实，否则，原告对催告行为的起诉条件就成了必须证明其有胜诉的绝对把握，这是不符合诉讼原理的。

——江必新主编、最高人民法院行政强制法研究小组编著：《〈中华人民共和国行政强制法〉条文理解与适用》，人民法院出版社2012年版，第199~200页。

6.行政许可案件的受案范围包括对相关行政行为的作为与不作为

行政许可是一个动态的过程，从申请行政许可到颁发行政许可证或者变更、延续、撤销或注销行政许可等，会产生一系列形态的行政行为。按照行

① 现为《行政诉讼法司法解释》第1条第2款第10项。

政许可法的规定，行政许可行为可以分为两类：一是是否作出准予许可的决定；二是就行政许可的变更、延续、撤回、注销、撤销等事项作出的行政行为。相应地，行政许可案件的范围包括针对以上两类行为及相应的不作为提起诉讼的案件。当事人对以上行政许可行为不服提起诉讼的，人民法院应当依法受理。

需要注意的问题：

一为行政许可作为的行为和行政许可不作为的行为同等重要，随着服务政府法治理念的提高，公民、法人或者其他组织对行政机关不作为的行为越来越关注，请求政府履行职责的案件越来越多。只要属于行政机关履行职责的范畴，尽管其并未颁发许可证，但发生事故仍要追究其责任。因为行政许可法对重许可轻监管的问题予以法律规制，专章明确规定了行政许可机关的监督检查职责及法律责任。

二为行政许可行为有各种形态，大致分为两类，主要为是否准予行政许可行为和行政许可的变更、延续等过程中的行为。但并不局限于列举的行为，还有监督检查行为、查阅权行为、补偿行为、处罚行为甚至执行罚行为等，因难以囊括，故有“等”字。

三为尽管有概括性的规定，但是凡《行政许可法》规定的行为涉及公民、法人或者其他组织的合法权益，均可依据行政许可法提起行政诉讼。但不一定属于行政许可诉讼，有可能属于行政处罚诉讼等，要视具体情况予以鉴别。

四为总结行政许可案件类型，大致可分为行政许可案件、行政许可补偿案件、行政许可赔偿案件。《行政许可法》规定的信赖利益保护原则明确了行政补偿诉讼类型的法律扩张；行政许可申请人对申请材料的真实性负责和行政许可机关审查职责奠定了民事赔偿和行政赔偿的混合，决定了两种赔偿方式的一并解决，从而实现便民诉讼和诉讼经济原则。

——杨临萍：《行政许可司法解释理解与适用》，中国法制出版社 2010 年版，第 7~8 页。

7.行政机关无法律依据授权其内设机构、派出机构或者其他组织行使行政职权的视为行政委托

行政委托是一种法律行为，是指行政机关将其职权的一部分依法委托给其他组织或者个人行使。被委托的组织和个人以委托机关的名义实施具体行政行为，由委托机关承担相应的法律责任。关于行政委托的法律依据，有三种不同的观点：第一种观点认为行政委托必须有法律、法规或者规章的依据。第二种观点认为，某些行政管理领域应当有法律、法规关于委托的明确规定，如税收、行政许可等；在有些行政管理领域，只要不违背法律的精神和法律目的，即可实施委托，如物价、卫生、治安等。第三种观点认为，行政委托与行政授权不同，行政委托可以在没有法律、法规和规章依据的情况下实施。我们认为委托是否有法律依据与委托是否成立是两个问题。因此，行政机关在没有法律、法规或者规章规定的情况下，委托其内设机构、派出机构或者其他组织行使行政职权，当事人不服提起诉讼的，应当以该行政机关为被告。

与此相关，有三个问题需要讨论：

第一，没有法定的委托形式是否影响委托关系成立。有的学者认为，没有法律、法规或规章依据的行政委托关系亦能成立，那么，没有法定形式的情况下，只要能够确定有委托即可。我们认为，法院在确定被告的时候，委托的法律依据与委托的形式不同，没有法律依据的委托可能成立，但没有法定形式的委托则可能不能成立。例如，某县政府通过某个领导，以口头的形式委托其所属的部门行使行政职权。该部门以自己的名义行使了行政职权。相对人不服提起行政诉讼。对于该案中行政委托关系是否成立的问题，有不同观点。我们认为，行政机关行使任何行政职权，都应当遵循正当的法律程序。其中，有必要的法律形式是正当程序的要求。行政委托也是如此，应当有必要的形式。该案中县政府以口头形式委托，应当视为委托形式不合法，不能成立。如果政府以政府令的形式实施委托，即使该委托没有法律依据，仍应当视为委托成立。

第二，被委托机关没有以自己的名义行使行政权力，委托关系是否成立。对此有两种观点：一种观点认为，由于被委托机关没有以委托机关的名义行

使行政职权，行政委托关系不成立；另一种观点认为，委托关系是否成立，应视委托机关的委托行为是否合法，而不受被委托机关行为的影响。上述案例中，若县政府的委托行为合法，即使被委托机关没有以县政府的名义行使行政职权，该委托关系仍然成立。我们同意后一种观点。

第三个需要讨论的问题是，若委托关系成立，是否应当以委托机关为被告。我们认为，委托关系是否成立并不必然决定何机关为被告。

——蔡小雪、甘文：《行政诉讼实务指引》，人民法院出版社 2014 年版，第 60~61 页。

8.行政指导因不具有羁束力和强制力不具可诉性

张某仙诉太原市人民政府不履行法定职责案［最高人民法院（2018）最高法行申 906 号行政裁定书］

裁判要点

对于履行法定职责之诉而言，不仅要看当事人是否向行政机关提出过申请、行政机关是否拒绝履行或者不予答复，更要看当事人申请行政机关履行的是否属于该行政机关的法定职责。指导、支持、帮助等行为，在性质上属于行政指导。通常情况下，行政指导因其不具有羁束力和强制力，不能成为撤销之诉的对象。基于同样的道理，也不能通过提起一个履行法定职责之诉，要求判令行政机关履行行政指导职责，因为，履行法定职责之诉要求作出的行为必须是一个法律行为，但行政指导显然并不属于这样一种旨在设定某种法律后果的个别调整。

最高人民法院认为：本案的起因，源于再审申请人作为居民委员会成员与其所属的居民委员会的争议。根据《城市居民委员会组织法》第 2 条第 1 款的规定，“居民委员会是居民自我管理、自我教育、自我服务的基层群众性自治组织。”虽然《行政诉讼法司法解释》第 24 条第 1 款规定，村民委员会或者居民委员会可以成为行政诉讼的被告，但被诉行为应当限于“依据法律、法规、规章的授权履行行政管理职责的行为”。换句话说，村民委员会或者居民委员会之所以能够成为行政诉讼的被告，不是因为它本身属于行政机关，而是因为它在有些情况下，依据法律、法规、规章的授权，行使了某种行政管理的职权。因此并非村民委员会或者居民委员会作出的所有行为都具有可诉性，可诉的行为仅限于那些既有法律、法规、规章的授权依据，在性质上又属于履行行政管理职责的行为。

本案中，再审申请人并非直接起诉居民委员会，而是以太原市政府为被告，请求人民法院判令太原市政府履行保护公民人身权财产权、保护妇女男女平等的法定职责，具体内容是，由太原市政府责令武家庄居委会给其补发被取消了的一切村民福利。再审申请人提起诉讼的主要依据是《行政诉讼法》第 12 条第 1 款第 6 项。该项规定："申请行政机关履行保护人身权、财产权等合法权益的法定职责，行政机关拒绝履行或者不予答复的。"对于这类履行法定职责之诉而言，不仅要看当事人是否向行政机关提出过申请、行政机关是否拒绝履行或者不予答复，更要看当事人申请行政机关履行的是否属于该行政机关的法定职责。再审申请人主张，《地方各级人民代表大会和地方各级人民政府组织法》第 11 条第 12 项、第 15 项规定了县级以上地方各级人民政府有保护公民财产权、人身权，保障宪法和法律赋予妇女的男女平等权利的法定职责。但是，由哪一级政府履行、如何履行这些法定职责，需要法律、法规或者规章的具体规定。就各级人民政府与居民委员会的关系而言，《城市居民委员会组织法》只是在第 2 条第 2 款中规定："不设区的市、市辖区的人民政府或者它的派出机关对居民委员会的工作给予指导、支持和帮助……"第 20 条规定："……市、市辖区的人民政府的有关部门，可以对居民委员会有关的下属委员会进行业务指导。"这些指导、支持、帮助等行为，在性质上属于行政指导。通常情况下，行政指导因其不具有羁束力和强制力，不能成为撤销之诉的对象。基于同样的道理，也不能通过提起一个履行法定职责之诉，要求判令行政机关履行行政指导职责，因为，履行法定职责之诉要求作出的行为必须是一个法律行为，但行政指导显然并不属于这样一种旨在设定某种法律后果的个别调整。对于本案来讲，更为关键的是，该法并没有将针对居民委员会的行政指导职责赋予像太原市政府这样的设区的市政府，更没有规定设区的市政府有直接责令居民委员会调整其成员福利待遇的法定职责。在一个行政机关明显不具有原告所申请履行的法定职责的情况下，不能因为原告曾经提出过申请并且行政机关拒绝履行或者不予答复而就此拥有了诉权。针对一个明显没有管辖权的行政机关提起履行职责之诉，属于不符合法定起诉条件，人民法院应当不予立案或者裁定驳回起诉。

——最高人民法院第四巡回法庭编：《最高人民法院第四巡回法庭典型行政案件裁判观点 2017—2018》，法律出版社 2020 年版，第 234~238 页。

9.行政机关依职权改变行政合同的行为具有可诉性

平山县渔政站是负责国家所有的黄壁庄水库渔政管理工作的行政机构，该站将黄壁庄水库水面实行承包，是实施行政管理的一种方式。其作出的《通知》虽是基于行政合同约定的特权单方面作出的，但该行为的权力是源于其自身的职权而产生的，本质上属于行使行政职权的行为，并由此而导致两个协议无法履行。因而《通知》不是平等主体之间的民事行为，应当定性为行政行为，当事人对此行为不服，可以依据《行政诉讼法》的有关规定提起行政诉讼。

《会议纪要》是由石家庄市委、市政府信访局共同作出的，虽然石家庄市委属于党的机关，不属于行政机关，其不能成为行政主体，但石家庄市政府信访局属于石家庄政府的下属机关，属于行政主体，因石家庄市委和市政府信访局共同署名作出的《会议纪要》，该纪要具有信访局行使职权的表示，故《会议纪要》可以成为行政行为。《会议纪要》中明确提出“平山县渔政站代表鹿泉市、灵寿县、平山县与承包人签订的承包合同无效，停止执行”。正因为市信访局属于市政府的下属部门，其通过纪要的形式宣布两个协议无效并停止执行，应当认定为行使行政职权的行为。据此，亦应认定《会议纪要》属于行政行为。

但是，《会议纪要》是在石家庄市委、市政府信访局召集三县市水务局、信访办、渔政站等部门负责同志和县、市领导参加的内部协调会后形成的。该纪要仅仅是重申了《通知》内容，并未向张某刚送达，也就意味着，对张某刚不具有任何约束力。

平山县渔政站的《通知》属于对外发生法律效力的文件，石家庄市委和信访局的《会议纪要》不属于对外发生法律效力的文件，根据《执行行政诉讼法解释》第 1 条第 2 款第 6 项[①]“对公民、法人或者其他组织权利义务不产

① 现为《行政诉讼法司法解释》第 1 条第 2 款第 10 项。

生实际影响的行为”不属于人民法院行政诉讼的受案范围的规定，张某刚所诉的《会议纪要》，法院不应受理。

——蔡小雪：《行政机关依职权改变行政合同的行为具有可诉性》，载江必新、贺荣主编、最高人民法院行政审判庭编：《行政执法与行政审判》2012年第5集（总第55集），中国法制出版社2013年版，第188页。

10.“裁执分离”后强制执行行为具有可诉性

各地在推进“裁执分离”改革过程中遇到的一个现实问题是，行政机关或第三人申请法院强制执行后，经适用“裁执分离”原则，由行政机关组织实施之后，该组织实施的强制执行行为是否属于行政诉讼受案范围。一种意见认为，由行政机关组织实施的活动在性质上属于《行政诉讼法司法解释》第1条第2款第7项所规定的“行政机关根据人民法院的生效裁判、协助执行通知书作出的执行行为，但行政机关扩大执行范围或者采取违法方式实施的除外”，通常不属于行政诉讼的受案范围；另一种意见认为，行政非诉案件的执行依据并非法院裁定，而是行政机关的行政决定，其组织实施行为在性质上仍是行政强制执行，应当接受人民法院的司法审查。至于是否存在“行政机关扩大执行范围或者采取违法方式实施”，恰恰是立案受理之后的审查事项，而非限制立案的条件。

我们认同后一种意见主要理念的同时，结合当事人就此类执行行为提起诉讼的理由，在处理方式上可作进一步细分。最高人民法院审判委员会对此问题研究后形成的意见是：行政机关申请人民法院强制执行，人民法院依法作出准予执行裁定后，行政机关就其申请并经法院审查准予执行的行政决定所实施的强制执行行为，其行为本身仍然是行政行为，并非司法行为。因当事人在人民法院受理准予执行案件后未在法定期限内对征收补偿决定提起行政诉讼，其已经丧失对征收补偿决定的诉权，故在行政机关强制执行后当事人针对征收补偿决定提起行政诉讼的，人民法院不应予以受理。行政机关强制执行后，被执行人及利害关系人以征收补偿决定违法等为由笼统起诉执行行为违法的，人民法院也不应予以受理。被执行人及利害关系人以行政机关强制执行行为存在违反法定程序、执行行为超过法院裁定确定的范围等特定情形，造成其不应有的损失为由提起行政诉讼的，属于行政诉讼的受理范围，人民法院应予受理。

结合对上述意见的理解，我们认为，“裁执分离”主要是强制执行的审查活动与组织实施活动在法律主体、法律关系以及法律责任上的分离，尽管有的经过了行政诉讼，但是，对于自身具有强制执行权的行政机关而言，其作出的行政强制执行行为所涉及的权利义务与生效行政判决涉及的权利义务并不完全一致，也就是说，行政强制执行行为在行政裁判之外影响了当事人的权利义务，因此，应当允许被执行人对行政强制执行行为提起行政诉讼。对于根据法院裁判而组织实施强制执行的行政机关而言，尽管其系依据法院裁判而有权组织实施的，但是，法院裁判仅赋予了行政机关组织实施的职权，对于行政机关具体组织实施中的程序是否合法、有无侵犯被执行人的合法权益等问题，难以由先期的法院裁判所预知和羁束，因此应允许被执行人对其后的强制执行行为提起行政诉讼。当然，如果被执行人仅起诉行政机关无组织实施职权或者以征收补偿决定违法等为由笼统起诉执行行为违法的情形可以除外。同样，法院在其后被执行人提起的针对此类行政事实行为的行政诉讼中，通常不再专门审查作为执行依据的行政行为本身的合法性（因在诉讼过程中已经进行过审查），主要审查重点为行政机关在组织实施过程中是否有新出现的行政违法情形。对此，2012 年 4 月 5 日颁布的最高人民法院《关于认真贯彻执行〈关于办理申请人民法院强制执行国有土地上房屋征收补偿决定案件若干问题的规定〉的通知》（法〔2012〕97 号）明确规定了法院“对被执行人及利害关系人认为强制执行过程中具体行政行为违法而提起的行政诉讼或者行政赔偿诉讼，应当依法受理”。另需说明的是，“裁执分离”后的强制执行行为，不仅包括经过行政非诉程序后行政机关组织实施的执行行为，也包括法院在诉讼中作出驳回原告诉讼请求裁定之后，行政机关依据《行政诉讼法》第 95 条经向法院申请并由法院裁定准予执行后所组织实施的执行行为（执行的实体依据依然是生效行政决定）。此外，上述意见指出，如果行政机关强制执行后，被执行人及利害关系人以征收补偿决定违法等为由笼统起诉执行行为违法的，人民法院不应予以受理。根据《行政诉讼法司法解释》第 69 条相关规定精神，已经立案的，应当裁定驳回起诉。

——最高人民法院行政审判庭编著：《最高人民法院行政诉讼法司法解释

理解与适用》，人民法院出版社 2018 年版，第 760~762 页。

11.依据《城市房屋拆迁管理条例》签订的拆迁补偿安置协议不属于行政诉讼受案范围

《城市房屋拆迁管理条例》（2011 年 1 月 21 日废止）第 4 条规定：拆迁人应当依照本条例的规定，对被拆迁人给予补偿、安置；被拆迁人应当在搬迁期限内完成搬迁。本条例所称拆迁人，是指取得房屋拆迁许可证的单位。本条例所称被拆迁人，是指被拆迁房屋的所有人。一般而言，拆迁人与被拆迁人之间的法律关系为民事法律关系。

如刘某诉某区政府房屋拆迁补偿案，刘某认为被拆迁的房屋尚有装修费用未涵盖于其与拆迁人于 2010 年 12 月签订的《住宅房屋拆迁产权调换协议书》内，要求区政府赔偿装修损失及利息。拆迁刘某涉案房屋的法律依据是《城市房屋拆迁管理条例》，区政府并非涉案房屋的征收主体。刘某认为其被拆迁的房屋尚有装修费用未予补偿，应依据《城市房屋拆迁管理条例》的规定向取得房屋拆迁许可证的拆迁人主张权利，而非依据《国有土地上房屋征收与补偿条例》规定向区政府主张权利。

——《最高人民法院第二巡回法庭建庭以来行政案件审理情况分析报告——以申请再审案件为核心（2015.01—2020.06）》。

三、管　辖

12.因不动产提起的行政诉讼不再由中级人民法院管辖

实践中，行政诉讼原告一般对何为因不动产提起的行政诉讼有较深的误解，这也导致其对相关案件的管辖法院、起诉期限的计算等问题产生错误认识。如司法实践中，房屋被征收人对市县人民政府所作的房屋征收补偿决定提起诉讼时，往往会主张该纠纷属于因不动产引起的纠纷，应当由不动产所在地人民法院管辖，在起诉期限上也应当适用 20 年的最长保护期限。从本条司法解释的规定我们可以获知，因不动产提起的行政诉讼，必须是被诉行为产生了不动产物权设立、变更、转让或消灭的法律效果，而非行政诉讼中涉及不动产物权的因素即为因不动产引起的纠纷。

此外，值得注意的是，实践中涉以县级以上政府名义颁发不动产权属证书的案件数量较多，我们认为这类案件一律由中级法院一审，既无必要又大量增加中级人民法院和高级人民法院的工作量。颁发各类不动产权属证书，虽然颁证机关名义上是政府，但实际上均是土地、林业、房屋等政府职能部门的行为。提级管辖的目的在于避免行政干预，而上述物权登记案件表面上是行政争议，而其真正的争议往往是作为平等主体的原告和第三人之间的民事权益争议，政府一般不会干预法院公正审理。因此，最高人民法院《关于行政案件管辖若干问题的规定》[①] 对此规定为：被告为县级以上人民政府的案件由中级法院管辖，但以县级以上人民政府名义颁发不动产权属证书的案件可以除外。2014 年 11 月 24 日公布的《不动产登记暂行条例》第 6 条[②] 规定，国务院国土资源主管部门负责指导、监督全国不动产登记工作。县级以上地方人民政府应当确定一个部门为本行政区域的不动产登记机构，负责不动产登记工作，并接受上级人民政府不动产登记主管部门的指导、监督。第 7 条[③] 规定，不动产登记由不动产所在地的县级人民政府不动产登记机构办理；直辖市、设区的市人民政府可以确定本级不动产登记机构统一办理所属各区的不动产登记。跨县级行政区域的不动产登记，由所跨县级行政区域的不动产登记机构分别办理。不能分别办理的，由所跨县级行政区域的不动产登记机构协商办理；协商不成的，由共同的上一级人民政府不动产登记主管部门指定办理。国务院确定的重点国有林区的森林、林木和林地，国务院批准项目用海、用岛，中央国家机关使用的国有土地等不动产登记，由国务院国土资源主管部门会同有关部门规定。从该条例的规定来看，不动产登记由不动产所在地的县级人民政府不动产登记机构办理。从过去的不动产登记实际情况来看，登记工作也是由不动产所在地的县级人民政府不动产登记机构办理的。

---

① 已失效。

② 对应《不动产登记暂行条例》（2024 年修订）第 6 条。

③ 对应《不动产登记暂行条例》（2024 年修订）第 7 条。

例如，《房屋登记办法》[1]第4条第1款规定，房屋登记，由房屋所在地的房屋登记机构办理。但是，房屋登记簿上盖章的一般是县级以上人民政府。对于县级人民政府作被告的情形，还应当有不动产所在地专属管辖的例外。鉴于今后不动产的登记，不再由县级人民政府而是由不动产登记机构办理，因此，这类案件也将不再由中级人民法院管辖。

——最高人民法院行政审判庭编著：《最高人民法院行政诉讼法司法解释理解与适用》，人民法院出版社2018年版，第83页。

13.行政协议案件中协议选择多个管辖法院采“先受诉法院管辖”规则

从民事诉讼的审判实践来看，可能会出现当事人协议约定多个管辖法院的情形，比如当事人约定由各自所在地、原告所在地或者起诉方所在地人民法院管辖等。这种表述实际上选择了双方当事人所在地的人民法院，即两个以上的人民法院管辖。有的意见认为，这类管辖协议选择法院不唯一，约定不明确，难以确定管辖法院，应当认定为无效。我们认为，对于此类管辖协议，不宜认定为无效，采取认定为有效的处理方式更为妥当。理由包括三点。一是根据民事诉讼的审判实践，协议管辖中约定由原告所在地、起诉方所在地等法院管辖的占比很大，如果认定为无效，则会出现大量无效的管辖协议，不利于实现设立协议管辖制度的初衷。二是民事诉讼审判实践也逐渐从认定为无效转变为承认有效。1992年最高人民法院《关于适用〈中华人民共和国民事诉讼法〉若干问题的意见》第24条规定：“合同的双方当事人选择管辖的协议不明确或者选择民事诉讼法第二十五条规定的人民法院中的两个以上人民法院管辖的，选择管辖的协议无效，依照民事诉讼法第二十四条的规定确定管辖。”按照该条规定，当事人选择两个以上法院的，一律认定为无效。但是2012年民事诉讼法修改后，《民事诉讼法司法解释》对此作出不同的规定。该解释第30条规定：“根据管辖协议，起诉时能够确定管辖法院的，从其约定；不能确定的，依照民事诉讼法的相关规定确定管辖。管辖协议约定两个以上与争议有实际联系的地点的人民法院管辖，原告可以向其中

[1] 已失效。

一个人民法院起诉。”[①] 实际上在2012年民事诉讼法修改以前，最高人民法院已经对此作出了改变。《最高人民法院公报》2005年第8期刊登的最高人民法院（2005）民二终字第94号裁定书认为，双方可向各自住所地人民法院起诉的约定，实质是选择原告住所地人民法院管辖，约定有效。另外，最高人民法院法经〔1994〕266号、法经〔1994〕278号和法函〔1995〕86号等通知对此约定亦予以认可，且认为对此类约定造成的管辖竞合问题，可适用1991年《民事诉讼法》第35条予以解决，即“两个以上人民法院都有管辖权的诉讼，原告可以向其中一个人民法院起诉；原告向两个以上有管辖权的人民法院起诉的，由最先立案的人民法院管辖”。1991年《民事诉讼法》第35条规定被2012年《民事诉讼法》第35条所承继。三是借鉴域外的立法实践。德国、日本的立法均承认此类管辖协议的效力，其虽然要求协议管辖的法院应是特定法院，但又认为不限于唯一法院，既可以协议约定一个法院为其管辖法院，也可以协议约定数个法院为其管辖法院。综上所述，目前，各国和地区解决此类管辖权竞合争议时一般均采用“先受诉法院管辖”的规则，我国民事诉讼实践亦是如此。另外，《行政诉讼法》第21条亦明确了“先受诉法院管辖”规则在行政诉讼中的适用，该条规定：“两个以上人民法院都有管辖权的案件，原告可以选择其中一个人民法院提起诉讼。原告向两个以上有管辖权的人民法院提起诉讼的，由最先立案的人民法院管辖。”因此，对于行政协议纠纷中当事人约定了两个以上管辖法院的情形，完全可以依照《行政诉讼法》第21条的规定来解决管辖权的冲突问题，没有必要认定为无效。

——最高人民法院行政审判庭编著：《最高人民法院关于审理行政协议案件若干问题的规定理解与适用》，人民法院出版社2020年版，第109~111页。

① 对应《民事诉讼法司法解释》（2022年修正）第30条。

四、起诉和受理

14.行政机关超过法定期限未履行职责可以提起不履行法定职责之诉

不履行法定职责之诉，又称作义务之诉。这种诉讼类型又可分类两类：一类是“被拒绝”，即所谓的否定决定之诉；另一类是“未作出”，即所谓的不作为之诉。对于否定决定之诉，由于行政机关已经通过否定性决定拒绝作出行政行为，被拒绝申请的人就可以凭借这个拒绝决定，像提起撤销之诉那样去提起一个义务之诉。也就是说，如果行政机关在履行职责期限之内就作出拒绝决定，则不受履行职责期限的限制，公民、法人或者其他组织可以即时针对拒绝决定提起诉讼。在此情况下，提起义务之诉，就与提起一个撤销之诉一样，适用通常期限。

另外，提起不履行职责之诉，还存在一个起诉时机成熟的问题。“法律不保护权利上的睡眠者”，因此，过于迟延地请求法律救济将不受到法律的保护。但在有些情况下，过早地请求法律救济，同样不被法律所允许。正如最高人民法院在（2017）最高法行申307号王某保诉宣城市政府一案的行政裁定中所指出，“就行政诉讼来说，通常都是针对一个行政处理提起诉讼，这就存在一个起诉时机问题。按照成熟原则，行政程序必须发展到适宜由法院处理的阶段才算成熟，才能允许进行司法审查。起诉行政机关不履行法定职责就是如此。行政机关履行法定职责通常需要一个过程，……如果行政机关超过法定期限未履行职责，公民、法人或者其他组织即可以提起诉讼；反之，如果法定履行职责的期限未届满就提起诉讼，就属于起诉时机不成熟，人民法院应当不予立案或者裁定驳回起诉”。

——最高人民法院行政审判庭编著：《最高人民法院行政诉讼法司法解释理解与适用》，人民法院出版社2018年版，第337~338页。

15.履行职责案件中原告为具有请求行政机关履行职责的主体

履行职责的诉讼系科予义务诉讼，属于广义的给付诉讼。在科予义务诉讼中，只有起诉人可能具有请求行政机关履行职责的主观权利时，才能成为适格的原告。具体可以从以下三方面进行审查：一是其有无提交行政机关负有法定职责的具体规定；二是该规定是否为保护“私人”的权益；三是起诉人是否是规定保护的对象。三个条件缺一不可，只有同时具备，起诉人才具备原告主体资格。

如甲公司诉某区政府履行补偿职责案，甲公司主张其房屋被征收，要求区政府履行补偿职责。首先，区政府作为征收主体，具有补偿职责。其次，有关补偿的规定是为了保护被征收人的合法权益。最后，甲公司只要满足其为征收补偿有关规定的保护对象即为适格原告。根据该案查明的事实，已有生效裁判文书认定依据生效的执行公证书，涉案房屋已经评估作价后抵给了案外人所有。据此，甲公司并不是被征收房屋的所有权人，其并非征收补偿相关规定的保护对象，因而不是提起履责诉讼的适格原告。

——《最高人民法院第二巡回法庭建庭以来行政案件审理情况分析报告——以申请再审案件为核心（2015.01-2020.06）》。

16.行政行为作出后经受让取得权益的债权人不具有撤销之诉原告资格

根据《行政诉讼法》第25条的规定，行政行为的相对人以及其他与行政行为有利害关系的公民、法人或者其他组织，有权提起诉讼。因此，不是行政行为的相对人时，只有与行政行为有利害关系的，才能取得提起行政诉讼的原告资格。这里的与行政行为有利害关系应当指受到行政行为的实际影响，即行政行为实际上处分了其权利义务，包括行政行为增加了其义务或减损了其权利等情形。因此，只有行政行为确与当事人的权利义务增减得失相关的，当事人权利和法律上利益才有受到行政行为侵害的可能性。而且，行政诉讼的裁判基准时，应当以行政行为作出时的事实和法律状态为判断的基准。只有行政行为作出时，受其影响的主体才具备提起诉讼的资格。如果在行政行为作出后事实发生了变化，那么之后参与的主体及其利益也不是行政机关作出行政行为时所能考虑的对象及利益。

——姜伟主编、最高人民法院第四巡回法庭编：《最高人民法院第四巡回法庭疑难案件裁判要点与观点》，人民法院出版社2020年版，第487~492页。

17.施工单位以普通债权人身份对行政机关给其施工建设的建筑物颁发产权证书的行为不具原告资格

由债权的相对性所决定，一般情况下，债权人不具有基于其债权针对行政机关对债务人所作的行政行为提起诉讼的原告资格。《行政诉讼法司法解释》第13条规定，债权人以行政机关对债务人所作的行政行为损害债权实现为由提起行政诉讼的，人民法院应当告知其就民事争议提起民事诉讼，但行政机关作出行政行为时依法应予保护或者应予考虑的除外。建筑工程施工单位因法定的工程价款优先受偿权，原本与行政机关针对建筑物的违法颁证行为具有利害关系，有权依法提起行政诉讼。但是，因破产过程中人民法院以其行使优先受偿权超过法定期限且主张的相关证据系伪证为由确认其不享有优先受偿权。之后，施工单位以普通债权人身份对行政机关给其施工建设的建筑物颁发产权证书的行为不具有原告资格。

最高人民法院《关于审理房屋登记案件若干问题的规定》第4条规定："房屋登记机构为债务人办理房屋转移登记，债权人不服提起诉讼，符合下列情形之一的，人民法院应当依法受理：（一）以房屋为标的物的债权已办理预告登记的；（二）债权人为抵押权人且房屋转让未经其同意的；（三）人民法院依债权人申请对房屋采取强制执行措施并已通知房屋登记机构的；（四）房屋登记机构工作人员与债务人恶意串通的。"在没有明确法律规定的情形下，则应当根据相应的法律精神予以判断，如行政机关作出行政行为时，债权人已经确定且存在合法权益需要保护，行政机关依法可以且应当查明债权人情况，以及行政行为的作出可能损害债权人的合法权益等情况。

附：案情简介

甲公司与乙厂签订合同，约定由甲公司承建乙厂厂房等建筑工程，乙厂欠甲公司部分工程款未支付。后乙厂申请破产，甲公司向破产清算组申报债权并主张优先受偿权。破产清算组以书面形式通知甲公司，确认其债权数额，但以其行使优先受偿权超过法定期限且主张的相关证据系伪证为由确认其不享有优先受偿权。后法院裁定宣告终结乙厂破产程序，未得到清偿的债权不再清偿。甲公司对乙厂享有的债权在破产程序中未获清偿。乙厂破产前，曾向市房管局申请办理相关不动产登记。乙厂在资产剥离办理房产抵押过程中，只有建筑工程临时许可证，但市房管局根据市政府的批示进行审批后同意先办理房产证，有关手续后续补办。此后，由甲公司承建的相关不动产登记在房产证下。其后，该房产证所对应的房产办理多次转移登记，现产权人是丙公司，该房产证已于乙厂破产程序终结后被市房管局收回作废。多年后，甲公司获知该房产证登记信息，以市房管局违法给乙厂办理房屋所有权初始登记侵犯其对乙厂享有的工程价款优先受偿权为由，向法院提起本案诉讼，请求撤销市房管局对乙厂作出的房屋所有权初始登记。

——摘自《行政案件适用调解结案的范围》，载最高人民法院行政审判庭编著：《最高人民法院行政审判庭法官会议纪要（第二辑）》，人民法院出版社2023年版，第86~98页。

18.受委托组织只能在委托范围内实施行政处罚，如果受委托组织超出委托范围，对于超出委托范围的行政处罚行为，应当将行政机关作为被告，受委托组织列为第三人

主要有四种意见：第一种意见认为，由受委托组织作为被告。理由是，根据民法上关于委托代理的理论，对于超出委托权限的部分，应当由受委托组织作为行政诉讼被告。第二种意见认为，应当由委托行政机关作为被告。理由是，委托行为是由委托行政机关作出的，法律效果应当归于委托行政机关。第三种意见认为，应当由委托行政机关和受委托组织作为共同被告。[①]理由是，委托的行政行为是由两个组织共同作出的。第四种意见认为，应当由委托行政机关作为被告，受委托组织作为第三人参加诉讼。我们认为，如果针对的是超出委托事项的行政行为，第四种意见是比较稳妥的。理由如下：

① 杨小君：《析行政诉讼上的授权与委托》，载《法商研究》1998年第3期。

第一，民法上关于委托的规定不能直接适用于行政法，因此不能将民法上关于超越委托范围的规定直接用于行政诉讼当中。况且，民法上尚有表见代理之制，即对于代理人之行为，虽无代理权，而有可使第三人信其有代理权之事由，因而使本人对于相对人负授权人责任之无权代理。[①]行政委托事项由于其具有的对公权力行为的先定力、公定力等效力，相对人一般予以信赖，大多数情况下可准用民法上关于“表现代理”的规定处理，即以委托行政机关作为行政诉讼被告。第二，受委托组织大多数不是行政机关，因此将其与委托行政机关一起列为共同被告，在理论上还存在障碍。但是，对于超越委托事项范围的行为，如果没有受委托组织的参与，案件的事实有可能难以查清。根据《行政诉讼法》的规定，同被诉行政行为有利害关系但没有提起诉讼，或者同案件处理结果有利害关系的，可以作为第三人申请参加诉讼，或者由人民法院通知参加诉讼。受委托组织显然与被诉行政行为存在法律上的权利义务关系，应当列为第三人。

——江必新主编：《行政处罚法条文精释与实例精解》，人民法院出版社2021年版，第111页。

19.被限制人身自由公民的近亲属受委托提起行政诉讼应以被限制人身自由公民为原告

公民因被限制人身自由无法提起行政诉讼委托其近亲属代为起诉的情况不属于原告资格的转移。在这种情况下需要注意以下几个问题：（1）公民被限制人身自由不能提起诉讼，其近亲属可以代为起诉。若公民被限制人身自由但仍能实施诉讼行为的，则不能口头委托近亲属代为起诉。只要行政机关不能举证证明被限制人身自由的公民可以实施诉讼行为，法院就应当受理该公民近亲属依口头委托提起的行政诉讼。（2）被限制人身自由的公民可以以口头或者书面的形式委托近亲属提起诉讼。《行政诉讼法》对委托代理的形式未作规定，根据《民事诉讼法》的规定，委托代理诉讼必须向法院提交书面的委托书。而公民在被限制人身自由的时候，很难进行书面委托。因此，有必要赋予被限制人身自由的公民口头委托权利。（3）近亲属只能以被限制人

① 史尚宽：《民法总论》，中国政法大学出版社2000年版，第545~546页。

身自由的公民的名义提起行政诉讼，而不能以自己的名义提起诉讼。

——江必新、梁凤云：《行政诉讼法理论与实务》(第三版)，法律出版社2016年版，第554页。

20.适格被告包含形式上适格与实质性适格

《行政诉讼法》第49条对适格被告的要求是“明确”，而非“正确”。对于明确的被告与正确的被告的关系，最高人民法院在（2017）最高法行申366号李某山诉怀远县政府一案的裁定中进行了论述，裁定指出：“在行政诉讼中，被告适格包含两个层面的含义。一是形式上适格，亦即《行政诉讼法》第49条第2项规定的‘有明确的被告’。……但‘明确’不代表‘正确’，因此被告适格的第二层含义则是实质性适格，也就是《行政诉讼法》第26条第1款规定的，‘公民、法人或者其他组织直接向人民法院提起诉讼的，作出行政行为的行政机关是被告’。”实质性适格问题相对复杂，通常需要通过实体审理查明，如果通过实体审理确实不构成实质性适格，则以理由不具备为由判决驳回原告的诉讼请求。当然，也不排除在特别明显地不具备实质性适格的情况下，在进入实体审理之前即以起诉不符合法定条件为由裁定驳回起诉。

——最高人民法院行政审判庭编著：《最高人民法院行政诉讼法司法解释理解与适用》，人民法院出版社2018年版，第340页。

21.政府信息公开案件中原告为本级人民政府，被告为与政府信息公开有利害关系的主体

在政府信息公开案件中，针对“利害关系”的审查需满足原告“可能”因为被诉行政行为导致其权益受到损害的条件。如韩某诉某街道办事处（简称办事处）撤销政府信息不存在告知书案，韩某主张其父（已去世）是原海域使用权人，申请公开有关海域使用权征收的政府信息。韩某作为死亡的有权提起诉讼公民的近亲属，办事处作出的信息不存在告知书“可能”导致其权益受到损害。因此，韩某提起该案诉讼已经满足原告“可能”因为被诉行政行为导致其权益受到损害的条件，即与被诉行政行为具有利害关系，具有原告主体资格。

《政府信息公开条例》第4条第1款规定：各级人民政府及县级以上人民政府部门应当建立健全本行政机关的政府信息公开工作制度，并指定机构（以下统称政府信息公开工作机构）负责本行政机关政府信息公开的日常工作。

（2015）行他字第32号最高人民法院《关于政府办公厅（室）能否作为政府信息公开行政争议的行政复议被申请人和行政诉讼被告问题的请示的答复》规定：公民、法人或其他组织向政府办公厅（室）提出的信息公开申请，应当视为向本级人民政府提出。人民政府对公民、法人或其他组织提出的申请，可以政府办公厅（室）的名义进行答复，也可由负责政府信息公开工作的部门加盖"某某人民政府办公厅（室）信息公开专用章"的形式答复。公民、法人或其他组织对以政府办公厅（室）或负责政府信息公开工作部门作出的政府信息公开行政行为不服提起诉讼的，应当以本级人民政府作为被告。

据此，人民法院在审查政府信息公开案件时，对政府办公厅（室）或者负责政府信息公开工作部门作出的政府信息公开行政行为应当视为本级人民政府作出的政府信息公开行为，本级人民政府是政府信息公开案的适格被告。如刘某诉省政府履行政府信息公开职责案，省政府办公厅作为省政府确定的政府信息公开工作主管部门，在收到刘某的信息公开申请后，以自己的名义对刘某作出告知书，应当视为省政府履行了政府信息公开法定职责。

——《最高人民法院第二巡回法庭建庭以来行政案件审理情况分析报告——以申请再审案件为核心（2015.01—2020.06）》

22.村委会可以作为行政诉讼被告

对于村委会作为行政诉讼被告，一些法院作了积极的探索。但是，案件受理的数量非常少。值得一提的是，山东省高级人民法院于1997年12月2日曾经就此类案件作出规范，该院的意见是，对于村委会违法收取乡镇统筹、村提留、违法要求承担劳务、摊派、集资等行政管理行为，应当将村委会作为行政诉讼的被告。该院认为，村委会依据法律、法规（如《农民承担费用和劳务管理条例》）向农民作出的行为，是"法律法规授权的组织实施的行政管理行为"。据了解，山东、湖南一些地方的法院已经受理了若干案件，已经形成一些比较成熟的做法，这些已经成为受理此类案件的有益经验。

综上，村委会可以作为行政诉讼的被告在理论上和实践上是可行的。依据《村民委员会组织法》以及相关法律规定，笔者认为，公民、法人或者其他组织认为村委会下列行政管理行为侵犯其合法权益的，可以作为行政诉讼的被告：享受误工补贴的人员及补贴标准；村集体经济项目的立项、承包方案，村公益事业的经费筹集和建设承包；村集体经济收益的使用；征用土地各项补偿费的使用、分配方案；村民的土地承包经营；宅基地的使用；（以上见《村民委员会组织法》第 24 条）优抚、救灾救济、扶贫助残等款物的发放；村委会协助人民政府开展工作情况（以上见《村民委员会组织法》第 30 条）；由村委会作出的侵害村民合法权益的其他行政管理行为。

——江必新、梁凤云：《行政诉讼法理论与实务》(第三版)，法律出版社 2016 年版，第 656~657 页。

23.经过复议程序的案件起诉时应当重点审查被告是否适格、有无遗漏

对于经过复议程序的案件，公民、法人或者其他组织起诉时应当列谁为被告，是人民法院在立案阶段或者立案之后重点审查的内容之一，实务中要注意区分变更被告和追加被告的适用情形。

1. 被告不适格情形。公民、法人或者其他组织提起诉讼错列被告的，属于“被告主体不适格”，考虑到被起诉的被告不是应当承担法律责任的行政机关，人民法院应当告知公民、法人或者其他组织变更被告，公民、法人或者其他组织不同意变更的，人民法院依法裁定不予立案或者驳回起诉，不能未经告知就简单地依法处理。

2. 遗漏被告情形。人民法院发现原行政行为其实已经经过复议程序，但是公民、法人或者其他组织未告知的，根据“复议机关恒为被告”的诉讼原则，属于遗漏被告，应当追加复议机关为被告。复议机关作共同被告的，应当追加为被告，而不是追加为第三人。

——最高人民法院行政审判庭编著：《最高人民法院行政诉讼法司法解释理解与适用》，人民法院出版社 2018 年版，第 141 页。

24.行政机关与非行政主体联合执法应以行政机关为被告

如果在行政机关和企业等非行政机关联合执法的情形下，首先应当明确这种情形违反了依法行政的要求，正是我们要破除的。如果发生此种情况，应当以作出决定的行政机关作为被告。因为，这种行为包含了行政机关行使职权的意思表示，具有行政性，是行政行为的表现形式之一，因而不能以非行政机关的社会团体为被告。① 但是，如果侵犯公民、法人或者其他组织合法权益，有可能需要承担赔偿责任的，人民法院可以通知非行政机关作为第三人参加诉讼。

如果行政机关和党委共同作出行政行为的，应当以行政机关作为被告。事实上，根据党政分开原则，党委不应当与行政机关共同作出任何属于行政管理权限的行政行为。不能由于党委和行政机关共同作出行政行为就认为此行政行为不可诉，而是应当由行政机关单独作为行政诉讼被告接受司法审查。对于对党委行为不服的，应当通过申诉途径由双方协商解决。有的学者提出，对于党政联合的行政行为，由于党委的行为属于超越职权的行为，应当作为行政诉讼共同被告。理由是，《行政诉讼法》上关于“超越职权”的规定，不仅包括行政机关和被授权组织，而应当作广义的理解，即凡是具有行政管理属性，并具有约束力的行为是越权作出的，属于超越职权的行为，可以作为行政诉讼被告。② 我们认为，《行政诉讼法》上关于超越职权的规定，针对的主要是行政机关之间的越权行为。主要包括以下几种情形：行政机关行使了不属于行政职权的权力；下级行政机关行使上级行政机关行政职权；不具有行政隶属关系的行政机关的行政越权：超越时间、空间管辖范围、方式、幅度作出行政行为等。对于行政机关和党委共同作出行政行为的，由于党委不是行政机关，不能适用《行政诉讼法》上关于超越职权的规定。否则，任何社会组织都可能成为行政诉讼被告，《行政诉讼法》上关于被告资格的规定将失去意义。

---

① 张树义：《冲突与选择——行政诉讼的理论与实践》，时事出版社 1992 年版，第 153 页。

② 朱跃杰：《确认行政诉讼被告的几个问题》，载《法律科学（西北政法学院学报）》1991 年第 3 期。

——江必新、梁凤云：《行政诉讼法理论与实务》（第三版），法律出版社2016年版，第619页。

五、审理与判决

25.法院可以超出原告诉讼请求对行政行为的合法性进行审查

我国《行政诉讼法》确立的是对行政行为的合法性审查原则，这与《民事诉讼法》确立的“不告不理”原则大异其趣。《行政诉讼法》确立的合法性审查原则实际上赋予了法院可以在原告诉讼请求之外作出判决的权力。这个权力既有优势又存在不足。优势在于可以弥补原告在诉讼请求上的弱势，扩大对违法行政行为的监督广度；不足之处在于对于原告的主观意愿尊重不够，导致原告获得的判决并不能解决实际问题。我们认为，《行政诉讼法》确立的是客观诉讼的架构，因此，法院可以超出原告诉讼请求对行政行为合法性进行审查，否则就是法院的失职。同时，在一些涉及原告可以处分的领域、行政机关具有一定的酌处权的领域，应当尊重原告的主观意愿，促使行政纠纷妥善解决。

——江必新、梁凤云：《行政诉讼法理论与实务》（第三版），法律出版社2016年版，第1148页。

26.一审中未提出先予执行申请，二审中提出的由二审法院作出裁定

当事人在一审程序中未提出先予执行的申请，进入二审程序后，当事人提出先予执行的申请的，一审法院能否就申请作出裁定？主要有以下两种观点：第一种观点认为，一审判决引起上诉程序后，判决尚未发生法律效力，一审法院裁定先予执行不违背法律规定。第二种观点认为，虽然法律对此没有作出明确规定，但是一审判决引起上诉程序后，意味着一审程序终结，按照权限划分的原则，对于已经进入二审程序案件的先予执行只能向二审法院

提出，由二审法院作出先予执行的裁定。[①] 可见，由一审法院还是二审法院来裁定的关键在于诉讼案件的系属。

我们赞同第二种意见。理由是：其一，先予执行裁定由二审法院来作出，符合诉讼系属的原理。如果案件进入二审程序，对于案件的处理就应当属于二审法院的职权。一审法院无权就已经属于二审法院的案件作出裁定。其二，案件进入二审程序意味着双方就案件事实或者权利义务关系存在重大分歧或者可能提供新的事实理由于二审法院。如果一审法院在相关事项尚不明朗的情况下作出先予执行裁定，就有可能出现误差。其三，《民事诉讼法》修改之后，对于先予执行也可以适用于第二审程序，二审法院亦可以作出先予执行的裁定。当然，在二审法院作出先予执行的裁定之后，可以由一审法院执行。

——江必新、梁凤云：《行政诉讼法理论与实务》（第三版），法律出版社2016年版，第1275页。

27.二审法院可以作出对上诉人不利的裁判

不利益变更禁止原则并非在任何情况下都要得到遵守。在特定的情形下，二审法院可以作出对上诉人不利的裁判：（1）在双方当事人都提起上诉的情况下，对于对方当事人提起上诉的部分，二审法院可以对本方当事人作出不利的裁判；（2）被上诉人提起附带上诉的情况下，该附带上诉具有上诉的效力。在被上诉人附带上诉的范围内，二审法院可以作出对其不利的裁判；（3）原审裁判在当事人上诉请求、本裁判内容之外尚有违反法律禁止性规定或者其他应当由人民法院依职权进行调查和纠正的事由的，人民法院亦得作出不利上诉人之裁判。

——江必新、梁凤云：《行政诉讼法理论与实务》（第三版），法律出版社2016年版，第1348页。

---

① 王树岭：《先予执行适用中的几个问题》，载《法学论坛》1995年第2期。

六、证据及事实审查

28.行政诉讼证据的证明对象是与被诉具体行政行为合法性有关的案件待证事实

我国《行政诉讼法》第5条[①]规定："人民法院审理行政案件，对具体行政行为是否合法进行审查。"根据这一规定，在行政诉讼中，司法审查的对象是被诉具体行政行为的合法性，这是法院审理行政案件的基本任务。因此，行政诉讼证据的证明对象，应当是与被诉具体行政行为合法性有关的案件待证事实。法院就被诉具体行政行为合法性进行审查，既包括审查被诉行政机关是否具有相应的行政管理职权，是否超越职权或者滥用职权，具体行政行为所依据的法律规范是否正确，行政程序是否合法，也包括具体行政行为所认定的事实证据是否确实充分。那种认为行政诉讼只就被诉具体行政行为的合法性进行审查，只存在法律审而不存在事实审的认识，是对行政诉讼制度的一种误解或者偏见。在行政诉讼中，对事实依据的审查即事实审，与合法性审查原则并不矛盾，具体行政行为关于案件事实的认定是对案件性质作出判断并对案件作出最终处理的基础，案件事实的认定是否具有充分的依据，直接关系到作出该具体行政行为的基础是否存在，理由是否成立，由此作出的判断（如案件的性质）是否准确，以及所以适用的法律是否正确。因此说，对于被诉具体行政行为事实认定的审查，也是行政诉讼合法性审查的重要组成部分，或者说行政诉讼对事实认定的审查也是合法性审查的一个方面，它应当寓于合法性审查之中，而不是游离于合法性审查之外。

——李国光主编：《最高人民法院〈关于行政诉讼证据若干问题的规定〉释义与适用》，人民法院出版社2002年版，第178~179页。

---

① 现为《行政诉讼法》（2017年修正）第6条。

29.被告经复议机关同意收集的证据不能作为认定原具体行政行为合法性的依据

被告在复议中经复议机关同意收集的证据虽然可以作为复议机关的复议裁决的依据，但仍属于被告在作出原具体行政行为以后收集的证据，不能作为被告作出的原具体行政行为的依据。人民法院在审理行政案件中遇到此类情况时，应当适用《执行行政诉讼法解释》第30条第1项[①]和最高人民法院《关于行政诉讼证据若干问题的规定》第60条第1项的规定，不能将其作为认定原具体行政行为合法的根据。

但是需要指出的是，“在行政复议过程中，被告所收集的证据可以间接作为证明被诉具体行政行为合法的证据使用”，其含义是，这些证据主要用来证明申请复议人或者复议中的第三人提出的反驳理由或者新的证据不能成立的证据，不能直接作为认定被诉具体行政行为合法的证据使用，而是间接作为认定被诉具体行政行为合法的证据使用。倘若被告提供的这些证据虽然可以否定申请复议人或者复议中的第三人提出的反驳理由或新的证据，但仍不能直接作为定案证据使用。被告向法庭提供其在作出被诉具体行政行为以前收集的证据不能证明被诉具体行政行为认定的事实的，法院仍应认定被诉具体行政行为主要证据不足，判决予以撤销。

——蔡小雪、甘文:《行政诉讼实务指引》，人民法院出版社2014年版，第291页。

30.无关联证据排除规则的运用可以贯穿审查、质证、认证各环节

第一个阶段是法院在开庭审理前接受当事人提供的证据时，应当对当事人提供的证据的关联性进行初步审查。当事人向法院提供证据时，应当说明每个证据所要证明的对象及其可能性。如果当事人没有说明证据所要证明的对象，而且法院经审查认为当事人提供的证据明显没有可能证明案件事实的，法院应当拒绝接纳这些证据。

---

① 对应《行政诉讼法司法解释》第135条第3款。

第二个阶段是在法庭质证过程中，法庭可以对与案件无关联的证据进行排除。《行政诉讼证据规定》第49条规定："法庭在质证过程中，对与案件没有关联的证据材料，应予排除并说明理由。法庭在质证过程中，准许当事人补充证据的，对补充的证据仍应进行质证。法庭对经过庭审质证的证据，除确有必要外，一般不再进行质证。"

根据该条第1款的规定，法庭在质证的阶段就可以对无关联的证据进行排除。从性质上讲，排除无关联的证据，是一个认证的过程。若法庭能够得出某个证据与案件事实之间没有关联，法庭就不再对其真实性和合法性进行质证和认证。若法庭通过质证，无法对该证据是否与案件有关联作出判断，法庭将由当事人就证据的真实性和合法性进行质证，但法庭不在质证的过程中进行认证。关于该条第1款规定的内容，在起草的时候曾经有过争论。反对该条款规定的观点认为，法庭不应当在质证的过程中对无关联的证据进行排除，因为排除无关联的证据，属于认证的过程，这应当在认证阶段进行。如果在质证阶段排除无关联的证据发生错误，将导致诉讼程序的混乱。我们认为，在质证阶段排除无关联的证据十分必要，主要理由有：第一，法庭不应当就无关联的证据的合法性和真实性进行质证。这不利于保证诉讼程序的效率。第二，质证过程中排除无关联的证据，不否定在认证阶段法庭还可以继续排除无关联的证据。因此，质证过程中排除无关联的证据只是一种初步的排除。法庭审查的严格程度比认证过程排除无关联的证据要弱。因此，发生错误的可能性较小。第三，排除无关联证据发生错误在任何阶段都是不可避免的，即使发生了错误，法庭还可以在认证过程中进行纠正。

第三个阶段是在认证过程中，法庭可以对无关联的证据进行排除。

——甘文：《关于行政诉讼质证程序的几个问题》，载最高人民法院行政审判庭编：《行政执法与行政审判》2005年第4集（总第16集），法律出版社2006年版，第21~23页。

31.行政不作为案件的举证责任根据原告诉讼请求和被告答辩理由予以确定

在不作为行政案件中，被告如果承担举证责任，其举证责任的具体内容应当根据原告的诉讼请求和被告的答辩理由予以确定。具体来说包括以下几个方面：

第一，原告要求履行法定职责被告辩称不属于管辖范围而拒绝答复的案件。在此种情形下，被告辩称不属于其管辖范围的，如果不属于被告管辖范围属于公知事实的，被告得免除举证责任。

第二，对于行政机关辩称已经履行法定职责或者作出行政行为的案件。对于此类情形，被告只需证明其已经按照法律、法规的规定作出行政行为或者履行法定职责即可。在此种情况下，许多原告起诉的实际理由是被告履行法定职责没有达到应有的效果。例如，原告起诉公安机关未能及时救助处于危急状态的孩子，原告针对的是被告未能救助成功这一事实。此时，公安机关只要提供证据证明公安机关接警时间、出警过程、处置结果等事实即可。如果证据显示被告主观没有公务过错，且只是因客观原因未达到原告期望的，法院应当认定被告举证责任已经完成。

第三，对于中间存在行政作为行为的不作为案件。中间存在行政作为行为的情形大多数是在行政不作为行为之前，已经经过了验收、检查、检疫等行政作为行为阶段，这些行政作为行为实际上也是收集证据的阶段。行政机关在经过对这些证据进行分析后可能认为不符合有关法律法规的条件而予以拒绝或者不予答复。此时，行政机关应当提供其在行政作为行为阶段收集的证据以及相关的法律法规规定。此外，还有一种情况是行政不作为的原因在于行政机关根据验收等证据要求公民补充相关材料而公民不补充，行政机关只要提供有关的书面通知、口头通知笔录、送达回执等材料即可完成举证责任。

第四，被告以办案期限尚未届满而不作为的情形。原告如果在行政机关办案期限内以行政机关不作为提起行政诉讼的，行政机关尚未履行法定职责或者未予答复的，行政机关应当提供相应的证据材料证明原告提出申请的时间、行政机关受理的时间以及法律法规等规范性文件规定的办理时限等即完成举证责任。

第五，被告因客观原因无法作为的情形。如果被告确因客观原因如地震、海啸、洪水、冻雪天气等无法履行法定职责的，应当提供相应的证据材料。但是，如果地震、海啸等事项已经成为公知事实，行政机关得免除举证责任。

对于此种情形，有的学者认为，行政机关应当提供主观上是否存在过错的证据。[①]

——江必新、梁凤云：《行政诉讼法理论与实务》(第三版)，法律出版社2016年版，第782~783页。

32.行政赔偿诉讼中原告应对被诉具体行政行为造成损害的事实承担举证责任

《行政诉讼证据规定》第5条明确规定："在行政赔偿诉讼中，原告应当对被诉具体行政行为造成损害的事实提供证据。"该条规定明确了一并提起行政赔偿诉讼和单独提起行政赔偿诉讼的原告都要对因受被诉具体行政行为侵害而遭受损失的事实承担举证责任。同时未明确原告在行政赔偿诉讼中对行使行政职权的行为与损害结果之间因果关系的证明责任，而是让法官根据具体情况来酌定。具体来讲，在一般情况下，行使行政职权的行为与损害结果之间的因果关系应当由原告承担证明责任。

——蔡小雪、甘文：《行政诉讼实务指引》，人民法院出版社2014年版，第153页。

33.法院允许第三人要求被告补充对第三人有利证据的条件

由于被告的疏忽或者其他原因，被告在举证期限内未向法院提供将对原告不利但对第三人和自己有利的证据，第三人要求被告补充这部分证据。此种情况的案件多数发生在诉有关行政许可、行政登记和行政裁决的案件中。被告在举证期限内未向法院提供证据，如果机械地适用《行政诉讼证据规定》第1条的规定，应认定被诉具体行政行为没有证据，法院应判决撤销被诉具体行政行为。但是，此类情况的案件与一般行政案件的区别是，由于被告不举证有可能损害的是第三人的合法权益，为了保护第三人的合法权益，法院应当要求被告补充证据。

这里需要注意以下四个问题：（1）被告不举证只有在涉及第三人的合法

① 李传水：《不作为案举证二题》，载《法律适用》1993年第8期。

权益，第三人向法院提出要求被告补充证据的请求时，法院才可以允许被告补充证据。如果不涉及第三人合法权益或者第三人未提出请求的，法院一般不应允许被告补充证据。（2）此类案件中被告补充的证据如果是在作出被诉具体行政行为之前收集的，可以证明第三人取得的法律文书是合法有效的，但如果是在此之后收集的证据，只能证明第三人取得的法律文书是不合法的。（3）如果被告补充的证据可以证明第三人取得的法律文书是合法的，在这种情况下，因被告未在举证期限内向法院提供证据的行为违法，但第三人取得法律文书是合法的，所以，不宜适用撤销判决，而应判决驳回原告的诉讼请求，诉讼费用应当由被告承担。（4）原告在行政诉讼中提出新的证据，被告不补充有关证据，第三人为维护自身的合法权益有权向法院补充否定原告新的证据的证据。

——蔡小雪、甘文：《行政诉讼实务指引》，人民法院出版社 2014 年版，第 169~170 页。

34.法院根据被告申请调取证据的特殊情形

在特殊情况下，法院还可以根据被告的申请调取证据。我们认为，被告申请法院调取证据的，法院应当作十分严格的审查。所调取的证据应当仅限于行政机关在行政程序中无法收集的证据原件或者原物等，而行政机关在申请法院调取这些证据时应当已经收集到复印件、复制件等。也就是说，法院调取的证据，只限于印证行政机关原有的证据的真实性。

一般情况下，法院不得为了证明被诉具体行政行为的合法性而调取被告在作出具体行政行为时没有收集的证据。但《行政诉讼证据规定》未对法院非基于证明被诉具体行政行为的合法性的前提下，是否可以调取被告作出具体行政行为时没有收集的证据作出规定。我们认为，在被告已经收集了证据的情况下，被告一般不得再向申请法院收集证据，只有在被告缺乏证据的时候，才有可能申请法院调取。因此，若不是基于证明被诉具体行政行为的合法性的前提下，法院仍可以调取被告在作出具体行为时没有收集的证据。

——李国光主编：《最高人民法院〈关于行政诉讼证据若干问题的规定〉释义与适用》，人民法院出版社 2002 年版，第 257 页。

35.当事人对庭前证据交换中无争议的证据在庭审中反悔的，应当进行质证

根据《行政诉讼证据规定》规定，证据应当在法庭上出示，未经质证的证据，不能作为认定案件事实的依据。也就是说，在第一审程序中，当事人向法庭举出的证据及法院经调查取得的证据，应当在庭审中进行质证，未经质证的证据，不得作为定案的依据。但是，《行政诉讼证据规定》第35条第2款规定，当事人在庭前证据交换过程中没有争议并记录在卷的证据，经审判人员在庭审中说明后，可以作为认定案件事实的依据。根据该条的规定，对这类证据不经庭审质证，可以作为认定案件事实依据的，必须同时具备以下两个条件：第一，必须是当事人在庭前证据交换过程中没有争议并记录在卷的证据。对当事人在庭前证据交换过程中没有争议的证据，法院对此没有记录在卷的，仍不能视为当事人没有争议的证据。第二，经法庭在庭审中说明后，当事人仍没有异议的证据，一般情况下，法庭可以直接予以认定。

《行政诉讼证据规定》第35条第2款中没有明确规定在庭前交换证据中没有争议的证据，当事人在庭审中反悔，对该证据又提出质疑，在此种情况下法庭应否对该证据进行质证？目前没有相关的法律对庭前证据交换的法律效力问题作出规定，不宜规定对当事人在庭前证据交换中没有异议，在庭审中反悔的证据不进行质证。[①] 理由有四：第一，《行政诉讼证据规定》第35条第2款规定："……经审判人员在庭审中说明后，可以作为认定案件事实的依据。"如果不允许当事人反悔，则没有必要作此规定，而应直接规定为，当事人庭前证据交换过程中已经表示没有争议的证据，法院可以直接认定。也就是说，该款的规定暗含着当事人可以反悔之意。第二，根据《行政诉讼证据规定》规定，庭前证据交换程序作为庭审程序的前置程序，庭前证据交换仅仅确认哪些证据有争议、哪些证据没有争议。因此，法庭对当事人没有争议但发现问题的证据可以在庭审中进行质证。换言之，庭前证据交换对当事人不具有约束力。第三，庭前证据交换时，当事人是在对其他证据没有质证的

---

① 参见甘文：《行政诉讼证据司法解释之评论》，中国法制出版社2003年版，第77~78页。

情况下作出没有争议的判断，这种判断可能在庭审中通过对其他证据质证后，当事人发现原没有争议的证据存在问题，如果仅因庭前证据交换程序中表示了没有争议，不让当事人对这类证据在庭审中进行质证显然是不公正的。第四，在绝大多数案件中，当事人在庭前证据交换过程中认为没有争议的证据，在庭审中都没有反悔，仅少数案件出现此类问题。换言之，允许当事人反悔，并不影响设立庭前证据交换制度以提高法院审判效率的作用。同时需要指出的是，法院的审判工作应当在保证公正的前提下提高效率，而不应为了提高效率牺牲公正。

——蔡小雪、甘文：《行政诉讼实务指引》，人民法院出版社2014年版，第223~224页。

36.涉及身份关系的行政案件不应排除在自认范围之外

涉及身份关系的行政案件不应排除在自认的范围之外。理由有二：其一，"自认"应当是当事人对自己的行为的承认。对他人的行为，当事人并未经历，其作出的承认显然难以保证其真实性，故不属于自认的范围。行政案件中涉及身份关系的案件中的自认，只有原告对被告所提出不利于其事实的自认，不存在被告对原告有关实体问题上所提出不利于其事实的自认。其二，民事案件中涉及身份关系的案件范围仅包括婚姻关系和亲属关系这两类案件。这两类案件必须尊重当事人本人的意思，纵使其不属于完全行为能力人，也应当让其实施诉讼行为，以便法院依职权对案件事实进行调查，而不论有无自认存在。涉及身份关系的行政案件，法院审查的对象是被诉具体行政行为的合法性问题，人民法院认定被诉具体行政行为违法，只能撤销或者确认违法、无效，而不能直接作出有关确认身份关系的判决。据此，在行政诉讼中，法院适用自认规则对有关身份关系的行政案件作出判决，不会出现将不具有客观真实性的身份关系确定为成立。这也正是行政审判与民事审判的不同点，因此，没有必要将有关身份案件排除在自认之外。尽管在学理上，很多学者认为，对限制人身自由的行政处罚或行政强制措施案件和对行政相对人人身或者财产权益有重大影响的行政案件应当适用排除合理怀疑证明标准。但是，行政诉讼上适用排除合理怀疑的案件与刑事案件有两点不同：一是刑事案件的被告人在诉讼中，人身自由仍然受到司法机关的限制，不具有自由行动的权利，其走向法庭完全是被动的，因此，难以保证其在庭审上作出的对其不利的陈述是完全真实的意思表示。而在行政程序中被限制人身自由的原告，在诉讼中一般获得了人身自由，其走向法庭完全是其主动起诉而启动的，因此，其在法庭上承认被告对其不利的主张，绝大多数情况下是其真实的意思表示。二是行政诉讼上的排除合理怀疑的标准与刑事诉讼上的排除合理怀疑的标准，在程度上仍有一定的距离。刑事处罚剥夺的是被告人的人身自由、生命及财产，是最为严厉的一种制裁措施，因此要求证明标准最高，而行政处罚和行政强制措施中的限制人身自由仅仅剥夺行政相对人短暂的人身自由和较小的财产，与之相比属于较轻微的制裁措施。同时，我们还要考虑行政机关为了公共利益需要保证行政效率的情况。据此，限制人身自由的行政处罚或行政强制措施案件和对行政相对人人身或者财产权益有重大影响的行政案件不应排除在自认之外。

——蔡小雪、甘文：《行政诉讼实务指引》，人民法院出版社 2014 年版，第 314~315 页。

七、法律适用

37.行政处罚对“违法行为发生时”的界定可以参照《刑法》相关规定

行为可以分为即时行为与非即时行为。即时行为没有时间上的延续，因此发生在旧法实施期间就适用旧法，发生在新法实施期间就适用新法，对于即时行为可以适用从旧兼从轻原则。非即时行为又分为继续行为与连续行为，对于这两种行为横跨新法和旧法时该如何适用法律呢？或许《刑法》中关于跨法犯的规定对此具有借鉴意义。最高人民检察院于 1998 年制发的《关于对跨越修订刑法施行日期的继续犯罪、连续犯罪以及其他同种数罪应如何具体适用刑法问题的批复》中，就跨法犯如何处罚作了一些明确的规定。虽然我国《刑法》中并未对此作出明确规定，但是《刑法》第 89 条第 1 款针对追诉期限问题规定："追诉期限从犯罪之日起计算；犯罪行为有连续或者继续状态的，从犯罪行为终了之日起计算。"可以看出，以连续行为或继续行为的终了之时作为整个行为的完成之时。因此，我们认为继续行为横跨新旧法的应当适用新法的规定，但是新法规定比旧法规定的处罚较重时应酌情考虑旧法。而对于连续行为，我们认为可以割裂来看。因为每个连续行为都是一个独立的违法行为，因此发生在旧法阶段的连续行为应适用旧法的规定，而发生在新法阶段的连续行为应适用新法的规定。综上，我们认为，在适用的过程中应像《刑法》规定那样考虑行为的类型。

——江必新主编：《行政处罚法条文精释与实例精解》，人民法院出版社2021年版，第224页。

38.行政机关的个案解释不能作为裁判依据

司法实践中，还有一种对于个案进行解释的"行政解释"，对于此种解释不具有行政解释的法律地位。理由主要是：大多数的个案解释并未经过法定程序，与解释对象不具有同等的法律效力。但是，行政机关可以将此作为其作出行政行为合法性的证明。《立法法》的起草者指出："由于具体应用法律的解释已经产生了实际的法律影响，因此，下级机关在执法过程中，可以将该解释作为其执法合法性的证明"。[①]这种对于个案进行的解释或者答复，对于法院而言，只是作为辅助资料或者参考资料。如果认为该解释与被解释的法律规范的宗旨、精神相符，可以参考并进而认定行政行为的合法性。此种参考资料，法院在裁判文书中可以进行评述，但不能作为依据或者参照。

——江必新、梁凤云：《行政诉讼法理论与实务》（第三版），法律出版社2016年版，第1518~1519页。

39.行政许可作出时不符合当时的法律规定但符合变更后的法律规定的处理

所谓瑕疵痊愈，指的是行政许可作出时不符合当时的法律规定，但符合

---

① 乔晓阳主编：《立法法讲话》，中国法制出版社2000年版，第198页。

变更后的法律规定，即旧法生效时的行政许可瑕疵被新法治愈。在行政审批制度改革和市场经济不断完善的背景下，放宽许可条件、降低许可门槛的法律变更经常出现。与此相应，瑕疵痊愈的情形往往会伴随出现。如何处理，也就成为一个需要明确的问题。我们认为，第一，行政行为的合法性审查应当以行政行为作出的时间为基准时，因此合法性审查的法律依据应当是旧法。第二，考虑到许可申请虽不符合旧法但符合新法，被许可人的利益实际上已经受到新法的保护，随着法律的发展，行政许可已经具有一种值得法律保护的法安定性价值，故在处理方式上不宜判决撤销。第三，至此，最为适当的处理方式就是判决许可违法，但保留许可效果。此种判决既可照顾被许可人的利益，也为原告就其损害预留空间。第四，考虑到行政许可决定有时不会损害原告和其他利害关系人的权益和公共利益，判决确认违法并无实际意义，此时判决驳回原告的诉讼请求更为合理。根据以上考虑，最高人民法院《关于审理行政许可案件若干问题的规定》第10条规定："被诉准予行政许可决定违反当时的法律规范但符合新的法律规范的，判决确认该决定违法；准予行政许可决定不损害公共利益和利害关系人合法权益的，判决驳回原告的诉讼请求。"

——王振宇：《解读〈最高人民法院审理行政许可案件若干问题的规定〉》，载江必新主编：《行政与执行法律文件解读》2010年第2辑（总第62辑），人民法院出版社2009年版，第26~27页。

40.联合规章优先于其中一个部门单独制定的规章

两个以上的国务院部门就涉及其职权范围的事项联合制定的规章规定，优先于其中一个部门单独作出的规定。一般来说，两个以上的国务院部门在起草联合规章时，大都与相关部门经过了征求意见和充分协商的阶段，并且联合规章应当由该几个起草单位主要负责人共同签署。根据《立法法》的规定，涉及两个以上国务院部门职权范围的事项，应当提请国务院制定行政法规或者由国务院有关部门联合制定规章。联合规章为《立法法》所规定，原因在于实际工作中联合规章数量较多，有些行政事务需要多个部门联合进行以及上升为行政法规还不成熟。制定联合规章的目的就在于解决相近的行政职权之间划分以及相应的利益分配的问题，从这个意义上讲，联合规章的效力高于单个国务院部门制定的规章。

——江必新、梁凤云：《行政诉讼法理论与实务》(第三版)，法律出版社2016年版，第1551页。

41.实施性规定应当优先适用

一般来说，实施性规定由于其具有内容较为具体，操作性较强的特征，因此，在适用过程中应当优先适用。优先适用与法律规范的位阶是两个不同的概念。法律规范的位阶主要是针对上位法和下位法的关系使用的概念；适用优先主要是指根据法律规范的内容，一般来讲，越是具体的、具有可操作性的规定就越具有适用的优先性。从行政执法的实际来看，行政机关总是优先适用更具有操作性的、较为具体的实施性规定。例如，最高人民法院认为，行政法规为了贯彻执行法律，地方性法规为了贯彻执行法律、行政法规，就同一问题作出更具体、更详细规定的，应当优先适用。[①] 所以，法院在审查实施性规定时，不能忽视其作为优先适用的法律规范的方面。

——江必新、梁凤云：《行政诉讼法理论与实务》(第三版)，法律出版社2016年版，第1475~1476页。

42.同一法律规范内部条文之间相互不一致的，人民法院应当根据实际情况按照不同条文之间的联系进行解释

在审判实践中，对因自然资源所有权或使用权引发争议的行政诉讼案件，哪些应适用复议前置程序存在不同意见：一种意见认为，适用复议前置程序的案件应具备两个条件：一是相对人认为具体行政行为侵犯了自己合法的使用权或所有权；二是相对人必须“依法取得”了所涉自然资源的所有权或使用权，即必须持有手续完备的使用权或所有权证或法院的裁判文书。这类案件包括不服收回、撤销或变更所有权或使用权证、许可证的，不包括确定自

① 参见最高人民法院《关于印发〈全国经济审判工作座谈会纪要〉的通知》(法发〔1993〕号，1993年5月6日，已失效)。

然资源权属的行政案件。另一种意见认为，相对人认为自己已经“依法取得”了自然资源所有权或使用权的情况比较复杂，有些虽未取得有关证件，但已实际使用多年，他人也无异议，有些存在争议虽经有关部门解决多次仍无结果，争议当事人或多或少都有一定证据或理由认为依法应由自己所有或使用，法院也一时无法判定，因此，当事人提起诉讼的，都应先经过复议，这类案件不仅包括前述案件，也应包括不服确权决定的案件。最高人民法院认为，对于《行政复议法》第 23 条第 1 款第 2 项的规定不能进行孤立理解，应当结合该法第 11 条第 4 项的规定进行体系解释。最高人民法院最后的结论是：根据《行政复议法》第 23 条第 1 款第 2 项的规定，公民、法人或者其他组织认为行政机关确认土地、矿藏、水流、森林、山岭、草原、荒地、滩涂、海域等自然资源的所有权或者使用权的具体行政行为，侵犯其已经依法取得的自然资源所有权或者使用权的，经行政复议后，才可以向人民法院提起行政诉讼；对涉及自然资源所有权或者使用权的行政处罚、行政强制措施等其他具体行政行为提起行政诉讼的，不适用《行政复议法》第 23 条第 1 款第 2 项的规定。

——江必新、梁凤云：《行政诉讼法理论与实务》（第三版），法律出版社 2016 年版，第 1565~1566 页。

八、行政诉讼裁判

43.法律、法规关于行政强制措施的程序规定与行政强制法的程序规定不一致时，适用对当事人有利和对行政机关严格的程序规定

如果法律、法规关于行政强制措施实施程序的具体规定与本法的程序规定存在不一致的情况时，适用对当事人有利和对行政机关严格的程序规定。即，如果单行法的程序规定对当事人有利，应当适用单行法的规定，反之适用本法的规定。如《禁止传销条例》第 22 条第 2 款规定：“现场笔录和查封、扣押清单由当事人、见证人和执法人员签名或者盖章，当事人不在现场或者

当事人、见证人拒绝签名盖章的，执法人员应当在现场笔录中予以注明。”其中，关于见证人拒绝签字或者盖章的规定，较本法关于见证人签名或者盖章的规定明显对行政机关更为有利，在这种情况下，依据上述原则，应当适用本法的规定。如果本法与其他法律之间出现不一致的情况，还需要遵循法律冲突规则予以解决。但考虑到法律、法规冲突属于立法问题，法院在审理中遇到此类问题，原则上应当逐级请示，由最高人民法院依法处理。

——江必新主编、最高人民法院行政强制法研究小组编：《〈中华人民共和国行政强制法〉条文理解与适用》，人民法院出版社2012年版，第125~126页。

44.原告和第三人无正当理由逾期提供证据时，视为放弃举证权利，法院不予审查

原告和第三人逾期提供证据的，视为放弃举证权利。也就意味着，原告和第三人逾期的证据不能作为定案的依据。法官在审理这类案件时，由于原告和第三人逾期提供的反驳证据不能作为定案的依据，被告所提供的证据就带有一定的伪装性，即法官在缺少反驳性证据的情况下，难以发现被告提供的证据是否存在违法性、不真实性和不具有关联性的问题。正因如此，为使行政诉讼建立一种对抗辩式的诉讼程序，保障诉讼制度的公平性，法庭对原告和第三人逾期提供的证据不应一概不进行审查，而应根据情况区别对待。在原告和第三人明显不具有逾期提供证据的正当事由的情况下，法院可以不接纳这些证据。但在原告和第三人的正当事由是否成立尚不明确的情况下，法院应当先接纳原告和第三人逾期提供的证据，并进行审查。如果审查之后，被告有证据证明原告和第三人无正当事由的，对原告和第三人逾期提供的证据，法院不能采纳。但在这种情况下这些证据与法院对被诉具体行政行为的合法性的认定有密切的关系，主要有两种情况：一是原告和第三人逾期提供的证据，不能证明被诉具体行政行为违法，而法院通过审查被告提供的证据，能够证明被诉具体行政行为合法，法院应当判决维持被诉具体行政行为；二是原告和第三人无正当事由逾期提供的证据，能够证明被诉具体行政行为违法，或使法官对被诉具体行政行为合法性产生重大怀疑的，法院应当判决驳

回原告的诉讼请求。如果被诉具体行政行为被原告和第三人逾期提供的证据证明违法，法院维持显然不符合行政诉讼法确定的合法性审查的原则。《行政诉讼法》对于具体行政行为合法性状况的划分以及法院对具体行政行为的合法性判断类型的列举是不完全的，所以《行政诉讼法司法解释》增加法院的判决形式，对原告和第三人逾期提供的证据使法官对被诉具体行政行为合法性产生重大怀疑，在这种情况下法院不宜维持，判决驳回原告的诉讼请求更为妥当。

——蔡小雪、甘文：《行政诉讼实务指引》，人民法院出版社 2014 年版，第 165~166 页。

45.行政裁决案件可以在查清事实基础上直接对裁决结果判决变更

第一，在行政裁决案件中直接作出变更判决，有利于实质性解决当事人纠纷。在行政裁决案件中，行政争议解决的起点和归宿是民事争议的解决，法院如果脱离了对当事人双方民事权利义务的审理，便无从判断行政裁决的合法性。行政裁决案件属于行政诉讼受案范围已经是司法实践中的普遍共识。行政裁决解决的是平等主体当事人之间的民事纠纷，如果该纠纷未经行政机关行政裁决，当事人选择直接到人民法院提起诉讼，人民法院应当作为民事诉讼案件依法受理。因此，人民法院对行政裁决案件中所涉的民事争议享有当然的司法裁判权。如果在当事人的民事争议没有得到实质解决的情况下，人民法院判决撤销行政裁决或责令其重作，有的行政机关可能长时间不作出裁决，导致民事争议久拖不决；有的行政机关则可能再次作出错误裁决，致使当事人重新提起行政诉讼，陷入“循环诉讼怪圈”。因此，人民法院在审理行政裁决案件中，直接作出变更判决彻底解决民事纠纷，有利于正确处理行政诉讼与民事诉讼交叉问题，防止出现相互矛盾或相互推诿，有利于解决行政裁决案件中“官了民不了”的矛盾，实质化解当事人纠纷。

第二，虽然《执行行政诉讼法解释》第 61 条[①]规定：“被告对平等主体之间民事争议所作的裁决违法，民事争议当事人要求人民法院一并解决相关民事争议的，人民法院可以一并审理”，但是这一规定在实际操作中存在一定障

① 对应《行政诉讼法司法解释》第 140 条。

碍。这一规定被许多学者解读为实质上确立了行政附带民事诉讼形式。但是行政裁决案件并非存在两个不同性质的诉，只是在行政诉讼中包含了一个民事争议，其与刑事附带民事诉讼中刑事诉讼与民事诉讼是两个相互独立的诉讼完全不同。如何体现在行政裁决案件中一并审理民事争议，实践中存在困难。尤其是当民事纠纷双方当事人为规避举证责任均不愿以原告身份提起民事诉讼请求时，一并审理就失去了前提条件。

第三，人民法院直接判决变更裁决内容，前提必须是在查清事实的基础上。并且只应当对于违法的裁决内容才予以变更，如果只存在合理性的问题，则应当尊重行政机关的判断。

——周觅：《行政裁决案件可以在查清事实基础上直接对裁决结果判决变更——凌源市某厂诉凌源市某房地产开发有限公司安置补偿争议案》，载最高人民法院行政审判庭编：《行政执法与行政审判》2013年第6集（总第62集），中国法制出版社2104年版，第77~78页。

九、执　行

46.行政机关申请法院强制执行应自被执行人的法定起诉期限届满之日起三个月内提出

非诉强制执行涉及行政强制和法院执行等重要法律程序，应严格遵守《行政强制法》和《行政诉讼法》等法律规定的条件、程序和期限。

关于非诉强制执行的依据。《行政强制法》第13条规定：“行政强制执行由法律设定。法律没有规定行政机关强制执行的，作出行政决定的行政机关应当申请人民法院强制执行”。《行政诉讼法》第97条规定：“公民、法人或者其他组织对行政行为在法定期限内不提起诉讼又不履行的，行政机关可以申请人民法院强制执行，或者依法强制执行”。上述规定对公民、法人或其他组织不履行未提起过行政诉讼的行政行为，规定了两种强制执行途径。一是有法律、法规授权的行政机关可以依法强制执行；二是没有法律、法规授权的行政机关可在法定期限内申请人民法院强制执行。

关于非诉强制执行程序和申请期限。《行政强制法》第53条规定，当事人在法定期限内不申请行政复议或者提起行政诉讼，又不履行行政决定的，没有行政强制执行权的行政机关可以自期限届满之日起三个月内，申请人民法院强制执行。2018年《行政诉讼法司法解释》第156条规定："没有强制执行权的行政机关申请人民法院强制执行其行政行为，应当自被执行人的法定起诉期限届满之日起三个月内提出。逾期申请的，除有正当理由外，人民法院不予受理"。法律之所以规定了较长的申请期限，是考虑到非诉强制执行对行政相对人权益影响大，需要通过司法的执行审查或充分保障当事人救济权利的期限利益，以最大限度地防止行政强制权的滥用。

——《最高人民法院关于行政机关申请法院强制执行政处罚决定时效问题的答复》(节录)(2019年9月10日)。

47.当事人对人民法院强制执行生效具体行政行为的案件提出申诉的，对违法行政决定的执行应由申请执行的行政机关承担赔偿责任

人民法院受理并依据行政机关的基础行政决定实施强制执行行为，本质上具有行政属性。应当视为行政权的一部分。这也是《行政强制法》将此种行政强制执行进行规范的一个重要理论基础。人民法院的强制执行只是保证了生效基础行政决定的执行，人民法院并没有额外地设定任何新的权利和义务。作为执行机关，人民法院虽然也要对基础行政决定的合法性进行审查，但这种审查本身不能改变人民法院强制执行行为的性质。因此，即使是人民法院未能依据《行政强制法》第58条的规定，作出不予执行的裁定，对于事后被认定为违法的行政决定或者符合《行政强制法》第58条规定的行政决定进行了执行，这种赔偿责任也不能由人民法院来承担。而应借鉴《国家赔偿法》第8条的规定，经复议机关复议的，最初造成侵权行为的行政机关为赔偿义务机关，但复议机关的复议决定加重损害的，复议机关对加重的部分履行赔偿义务。在申请法院强制执行中，法院裁定执行，且没有变更基础行政决定的，因基础行政决定违法损害当事人合法权益的，应当由申请执行的行政机关承担赔偿责任。

当然，如果人民法院在强制执行过程中存在违法之处并造成其他损失的，应当分清是非、明确责任，与行政机关在各自的责任范围内，独立承担各自的赔偿责任。人民法院在强制执行中存在以下违法行为并且造成损害的，应当承担国家赔偿责任：在强制执行过程中查封、扣押了与违法行为无关的财产；查封、扣押了公民个人及其所扶养家属的生活必需品；强制执行方法和手段不适当；错误执行基础行政决定所确定的范围和内容；其他扩大了当事人损失的情形等。

——江必新主编、最高人民法院行政强制法研究小组编著：《〈中华人民共和国行政强制法〉条文理解与适用》，人民法院出版社2012年版，第58~59页。

48.行政诉讼中执行和解的范围是人民法院作出的具有明确给付内容的法律文书

在行政诉讼中允许执行和解并非绝对，应当限制在一定的范围之内。从作为执行名义的生效法律文书来说，可以适用执行和解的法律文书包括：人民法院作出的具有明确给付内容的行政判决书、裁决书等、准予执行非诉行政执行的裁定等。从具体的被诉行政行为而言，在下列情形下可以适用执行和解：

1. 行政赔偿调解书

人民法院依照《行政诉讼法》的规定，在执行当事人自愿协商制作的行政赔偿调解书过程中，双方当事人自愿达成新的和解协议的，该和解协议一般情况下变更了行政赔偿调解书的内容，是一个新的民事权益处分，应得允许。

2. 自愿放弃行政赔偿权利

人民法院作出判定行政机关行政行为违法、行政机关赔偿行政相对人财产损失的生效法律文书，在执行过程中，行政机关与行政相对人自愿协商，行政相对人全部放弃或者部分放弃赔偿数额等行政赔偿权利并达成和解协议的，应得允许。

3. 行政补偿案件

在行政补偿案件的执行过程中，当事人双方自愿协商达成协议的，对于行政机关应当向行政相对人给付补偿金为内容的生效裁判文书，当事人得执行和解。

4. 行政协议案件

行政协议案件大多数情况下仅仅涉及行政相对人的民事权益，而行政机关在缔结合同过程中与行政相对人处于平等地位，而非管理者与被管理者的地位。在此类案件的执行过程中，双方协商一致达成协议的，应得允许。

5. 行政机关具有较大行政裁量权的案件

行政机关具有较大的行政裁量权意味着法律允许行政机关对一定的行政事项具有酌处的余地，只要在行政裁量范围之内的，行政机关的取舍都视为合法。在执行过程中，如果行政机关与行政相对人对执行内容达成新的协议的，应得允许，但是要注意不能以侵害国家利益、社会公共利益和他人合法权益作为代价。

6. 行政裁决案件

在特定的行政裁决案件中，法院可以代替行政机关居中就行政裁决事项作出裁判，对于此类裁判内容主要涉及民事权益，作为行政裁决行为中的被裁决人之间可以依据《民事诉讼法》的规定自愿达成和解协议。

——江必新、梁凤云:《行政诉讼法理论与实务》(第三版)，法律出版社2016年版，第1815~1816页。

49.法院受理非诉行政执行后的审查期限可依法灵活计算或延长，但不应超过30日

《行政强制法》第57条规定，法院对行政机关强制执行的申请进行书面审查，并自受理之日起七日内作出执行裁定。实践中，不少法院认为七日的审查期限过短。对于一些人员众多、涉及面广、情况复杂、矛盾激烈的案件，特别是拆迁类案件，如仓促作出结论极易影响社会和谐稳定；且要求人民法院在七日的审查期限内就作出决定，既不利于法院做好协调化解工作，也不符合法院审查实践。因而不少法院主张，对于重大、复杂、可能影响社会稳

定的案件，法院的审查期限可以比照第58条的规定延长至30日。同时，协调化解等工作的时间应当从30日内扣除。我们认为，人民法院对非诉行政强制执行申请的审查期限与人民法院的审查模式直接相关。如果人民法院只是形式审查，那么审查期限就可以规定很短；如果不仅仅是形式审查，那么就不宜简单地规定一个很短的且不能延长的期限。人民法院在审查时，也可以依法灵活采取不计算审查期限、延长审查期限的措施。比如最高人民法院《关于审理涉及农村集体土地行政案件若干问题的规定》第13条规定，在审理土地行政案件中，人民法院经当事人同意进行协调的期间，不计算在审理期限内。当事人不同意继续协商的，人民法院应当及时审理，并恢复计算审理期限。最高人民法院《关于办理申请人民法院强制执行国有土地上房屋征收补偿决定案件若干问题的规定》第4条规定，人民法院应当自立案之日起30日内作出是否准予执行的裁定；有特殊情况需要延长审查期限的，由高级人民法院批准。这些司法解释，实际上都是参考《行政诉讼法》有关审理期限的规定。《行政强制法》虽然对审查期限规定了较为严格的期限，但在法律没有禁止延长审查期限规定的情况下，人民法院在非诉审查时都可以参考。法院在审查和执行时，可以根据实际需要，不计算审限或者延长审限。法院在根据《行政强制法》第57条规定进行书面审查时，如认为案件疑难复杂。行政决定可能存在明显缺乏事实根据或者明显缺乏法律、法规依据，以及其他明显违法并损害被执行人合法权益的，应当依据第58条规定进行审查，并可自受理之日起30日内作出是否执行的裁定。当事人均同意就执行问题进行协商和解的期间，也可不计算在审查期限内。特殊情况需要延长审查期限的，办理相关批准手续即可。

——耿宝建：《实施行政强制法应当注意的十个问题》，载《人民法院报》2013年2月20日。

50.当事人对非诉行政强制执行提出异议的，负责执行的人民法院应审查并书面答复

对人民法院非诉行政强制执行中执行行为的异议，《行政强制法》和《行政诉讼法》都没有作出明确规定。《行政强制法》第56条仅规定了对人民法

院不予受理裁定有异议的，行政机关可以向上一级人民法院申请复议，上一级人民法院应当自收到复议申请之日起15日内作出是否受理的裁定。因此，不论是《行政强制法》还是《行政诉讼法》都没有直接赋予当事人（主要是被执行人或者案外人）向上一级人民法院申请复议的权利。因此，在人民法院进行的非诉行政强制执行中，当事人（主要是被执行人或者案外人）对人民法院的执行行为不服的，虽然有申诉和异议的权利，但目前人民法院缺少制度化的受理和审查的规定，对下级人民法院的异议处理结果不服的（这种异议处理结果可能表现为下级人民法院的裁定，也可能是其他书面答复），上级人民法院如果直接进行复议，目前仍然缺少法律的明确依据。我们认为，当事人认为人民法院非诉行政执行行为违反法律规定的，有权向负责执行的人民法院提出书面异议；负责执行的人民法院也有义务针对异议内容进行审查并就异议是否成立作出书面答复。对于负责执行的人民法院的书面答复仍不服的，当事人可以依法提出申诉，但目前仍不能直接申请上一级人民法院复议。人民法院在处理此类对执行行为提出的异议时，程序上可以参考《民事诉讼法》的相关规定，按最高人民法院《关于执行工作中正确适用修改后民事诉讼法第202条、第204条规定的通知》（法明传〔2008〕1223号）精神办理。

——江必新主编、最高人民法院行政强制法研究小组编：《〈中华人民共和国行政强制法〉条文理解与适用》，人民法院出版社2012年版，第293~295页。

第三部分　指导性案例与人民法院案例库参考案例

一、行政处罚

指导性案例5号：某盐业进出口有限公司苏州分公司诉江苏省苏州市盐务管理局盐业行政处罚案

关键词：行政　行政许可　行政处罚　规章参照　盐业管理

裁判要点

1. 盐业管理的法律、行政法规没有设定工业盐准运证的行政许可，地方性法规或者地方政府规章不能设定工业盐准运证这一新的行政许可。

2. 盐业管理的法律、行政法规对盐业公司之外的其他企业经营盐的批发业务没有设定行政处罚，地方政府规章不能对该行为设定行政处罚。

3. 地方政府规章违反法律规定设定许可、处罚的，人民法院在行政审判中不予适用。

关联索引

《中华人民共和国行政许可法》第15条第1款，第16条第2款、第3款

《中华人民共和国行政处罚法》第13条

《中华人民共和国行政诉讼法》第53条第1款

《中华人民共和国立法法》第79条

基本案情

原告某盐业进出口有限公司苏州分公司（以下简称某公司）诉称：被告江苏省苏州市盐务管理局（以下简称苏州盐务局）根据《江苏省〈盐业管理

条例〉实施办法》(以下简称《江苏盐业实施办法》)的规定，认定某公司未经批准购买、运输工业盐违法，并对某公司作出行政处罚，其具体行政行为执法主体错误、适用法律错误。苏州盐务局无权管理工业盐，也无相应执法权。根据原国家计委、原国家经贸委《关于改进工业盐供销和价格管理办法的通知》等规定，国家取消了工业盐准运证和准运章制度，工业盐也不属于国家限制买卖的物品。《江苏盐业实施办法》的相关规定与上述规定精神不符，不仅违反了《国务院关于禁止在市场经济活动中实行地区封锁的规定》，而且违反了《行政许可法》和《行政处罚法》的规定，属于违反上位法设定行政许可和处罚，故请求法院判决撤销苏州盐务局作出的（苏）盐政一般〔2009〕第001-B号处罚决定。

被告苏州盐务局辩称：根据国务院《盐业管理条例》第4条和《江苏盐业实施办法》第4条的规定，苏州盐务局有作出盐务行政处罚的相应职权。《江苏盐业实施办法》是根据《盐业管理条例》的授权制定的，属于法规授权制定，整体合法有效。苏州盐务局根据《江苏盐业实施办法》设立准运证制度的规定作出行政处罚并无不当。《行政许可法》《行政处罚法》均在《江苏盐业实施办法》之后实施，根据《立法法》法不溯及既往的规定，《江苏盐业实施办法》仍然应当适用。某公司未经省盐业公司或盐业行政主管部门批准而购买工业盐的行为，违反了《盐业管理条例》的相关规定，苏州盐务局作出的处罚决定，认定事实清楚，证据确凿，适用法规、规范性文件正确，程序合法，请求法院驳回某公司的诉讼请求。

法院经审理查明：2007年11月12日，某公司从江西等地购进360吨工业盐。苏州盐务局认为某公司进行工业盐购销和运输时，应当按照《江苏盐业实施办法》的规定办理工业盐准运证，某公司未办理工业盐准运证即从省外购进工业盐涉嫌违法。2009年2月26日，苏州盐务局经听证、集体讨论后认为，某公司未经江苏省盐业公司调拨或盐业行政主管部门批准从省外购进盐产品的行为，违反了《盐业管理条例》第20条，《江苏盐业实施办法》第23条、第32条第2项的规定，并根据《江苏盐业实施办法》第42条的规定，对某公司作出了（苏）盐政一般〔2009〕第001-B号处罚决定书，决定没收某公司违法购进的精制工业盐121.7吨、粉盐93.1吨，并处罚款122363元。某公司不服该决定，于2月27日向苏州市人民政府申请行政复议。苏州市人民政府于4月24日作出了〔2009〕苏行复第8号复议决定书，维持了苏州盐务局作出的处罚决定。

裁判结果

江苏省苏州市金阊区人民法院于2011年4月29日以（2009）金行初字第0027号行政判决书，判决撤销苏州盐务局（苏）盐政一般〔2009〕第001-B号处罚决定书。

裁判理由

法院生效裁判认为：苏州盐务局系苏州市人民政府盐业行政主管部门，根据《盐业管理条例》第4条和《江苏盐业实施办法》第4条、第6条的规定，有权对苏州市范围内包括工业盐在内的盐业经营活动进行行政管理，具有合法执法主体资格。

苏州盐务局对盐业违法案件进行查处时，应适用合法有效的法律规范。《立法法》第79条规定，法律的效力高于行政法规、地方性法规、规章；行政法规的效力高于地方性法规、规章。苏州盐务局的具体行政行为涉及行政许可、行政处罚，应依照《行政许可法》《行政处罚法》的规定实施。法不溯及既往是指法律的规定仅适用于法律生效以后的事件和行为，对于法律生效以前的事件和行为不适用。《行政许可法》第83条第2款规定，本法施行前有关行政许可的规定，制定机关应当依照本法规定予以清理；不符合本法规定的，自本法施行之日起停止执行。《行政处罚法》第64条第2款规定，本法公布前制定的法规和规章关于行政处罚的规定与本法不符合的，应当自本法公布之日起，依照本法规定予以修订，在1997年12月31日前修订完毕。因此，苏州盐务局有关法不溯及既往的抗辩理由不成立。根据《行政许可法》第15条第1款、第16条第3款的规定，在已经制定法律、行政法规的情况下，地方政府规章只能在法律、行政法规设定的行政许可事项范围内对实施该行政许可作出具体规定，不能设定新的行政许可。法律及《盐业管理条例》没有设定工业盐准运证这一行政许可，地方政府规章不能设定工业盐准运证制度。根据《行政处罚法》第13条的规定，在已经制定行政法规的情况下，地方政府规章只能在行政法规规定的给予行政处罚的行为、种类和幅度范围内作出具体规定，《盐业管理条例》对盐业公司之外的其他企业经营盐的批发业务没有设定行政处罚，地方政府规章不能对该行为设定行政处罚。

人民法院审理行政案件，依据法律、行政法规、地方性法规，参照规章。苏州盐务局在依职权对某公司作出行政处罚时，虽然适用了《江苏盐业实施办法》，但是未遵循《立法法》第79条关于法律效力等级的规定，未依照《行政许可法》和《行政处罚法》的相关规定，属于适用法律错误，依法应予撤销。

指导性案例6号：黄某某、何某某、何某诉四川省成都市金堂工商行政管理局行政处罚案

关键词：行政诉讼　行政处罚　没收较大数额财产　听证程序

裁判要点

行政机关作出没收较大数额涉案财产的行政处罚决定时，未告知当事人有要求举行听证的权利或者未依法举行听证的，人民法院应当依法认定该行政处罚违反法定程序。

关联索引

《中华人民共和国行政处罚法》第42条

基本案情

原告黄某某、何某某、何某诉称：被告四川省成都市金堂工商行政管理局（以下简称金堂工商局）行政处罚行为违法，请求人民法院依法撤销成工商金堂处字（2005）第02026号行政处罚决定书，返还电脑主机33台。

被告金堂工商局辩称：原告违法经营行为应当受到行政处罚，对其进行行政处罚的事实清楚、证据确实充分、程序合法、处罚适当；所扣留的电脑主机是32台而非33台。

法院经审理查明：2003年12月20日，四川省成都市金堂县图书馆与原告何某某之夫黄某某联办多媒体电子阅览室。经双方协商，由黄某某出资金和场地，每年向金堂县图书馆缴管理费2400元。2004年4月2日，黄某某以其子何某的名义开通了ADSL84992722（期限到2005年6月30日），在金堂县赵镇桔园路一门面房挂牌开业。4月中旬，金堂县文体广电局市场科以

整顿网吧为由要求其停办。经金堂县图书馆与黄某某协商，金堂县图书馆于5月中旬退还黄某某2400元管理费，摘除了“金堂县图书馆多媒体电子阅览室”的牌子。2005年6月2日，金堂工商局会同金堂县文体广电局、金堂县公安局对金堂县赵镇桔园路门面房进行检查时发现，金堂实验中学初一学生叶某、杨某、郑某和数名成年人在上网游戏。原告未能出示《网络文化经营许可证》和营业执照。金堂工商局按照《互联网上网服务营业场所管理条例》第27条“擅自设立互联网上网服务营业场所，或者擅自从事互联网上网服务经营活动的，由工商行政管理部门或者由工商行政管理部门会同公安机关依法予以取缔，查封其从事违法经营活动的场所，扣押从事违法经营活动的专用工具、设备”的规定，以成工商金堂扣字（2005）第02747号扣留财物通知书决定扣留原告的32台电脑主机。何某某对该扣押行为及扣押电脑主机数量有异议，遂诉至法院，认为实际扣押了其33台电脑主机，并请求撤销该扣留财物通知书。2005年10月8日，四川省金堂县人民法院作出（2005）金堂行初字第13号行政判决书，维持了成工商金堂扣字（2005）第02747号扣留财物通知书，但同时确认金堂工商局扣押了何某某33台电脑主机。同年10月12日，金堂工商局以原告的行为违反了《互联网上网服务营业场所管理条例》第7条、第27条的规定作出了成工商金堂处字（2005）第02026号行政处罚决定书，决定“没收在何某某商业楼扣留的从事违法经营活动的电脑主机32台”。

裁判结果

四川省金堂县人民法院于2006年5月25日作出（2006）金堂行初字第3号行政判决：一、撤销成工商金堂处字（2005）第02026号行政处罚决定书；二、金堂工商局在判决生效之日起30日内重新作出具体行政行为；三、金堂工商局在本判决生效之日起15日内履行超期扣留原告黄某某、何某某、何某的电脑主机33台所应履行的法定职责。宣判后，金堂工商局向四川省成都市中级人民法院提起上诉。四川省成都市中级人民法院于2006年9月28日以同样的事实作出（2006）成行终字第228号行政判决，撤销一审行政判决第3项，对其他判项予以维持。

裁判理由

法院生效裁判认为，《行政处罚法》第42条规定：“行政机关作出责令停产停业、吊销许可证或者执照、较大数额罚款等行政处罚决定之前，应当告知当事人有要求举行听证的权利。”虽然该条规定没有明确列举“没收财产”，但是该条中的“等”系不完全列举，应当包括与明文列举的“责令停产停业、吊销许可证或者执照、较大数额罚款”类似的其他对相对人权益产生较大影响的行政处罚。为了保证行政相对人充分行使陈述权和申辩权，保障行政处罚决定的合法性和合理性，对没收较大数额财产的行政处罚，也应当根据《行政处罚法》第42条的规定适用听证程序。关于没收较大数额的财产标准，应比照《四川省行政处罚听证程序暂行规定》第3条“本规定所称较大数额的罚款，是指对非经营活动中的违法行为处以1000元以上，对经营活动中的违法行为处以20000元以上罚款”中对罚款数额的规定。因此，金堂工商局没收黄某某等三人32台电脑主机的行政处罚决定，应属没收较大数额的财产，对黄某某等三人的利益产生重大影响的行为，金堂工商局在作出行政处罚前应当告知被处罚人有要求听证的权利。本案中，金堂工商局在作出处罚决定前只按照行政处罚一般程序告知黄某某等三人有陈述、申辩的权利，而没有告知听证权利，违反了法定程序，依法应予撤销。

指导性案例60号：盐城市某食品有限公司东台分公司诉盐城市东台工商行政管理局工商行政处罚案

关键词：行政　行政处罚　食品安全标准　食品标签　食品说明书

裁判要点

1. 食品经营者在食品标签、食品说明书上特别强调添加、含有一种或多种有价值、有特性的配料、成分，应标示所强调配料、成分的添加量或含量，未标示的，属于违反《食品安全法》的行为，工商行政管理部门依法对其实施行政处罚的，人民法院应予支持。

2. 所谓“强调”，是指通过名称、色差、字体、字号、图形、排列顺序、文字说明、同一内容反复出现或多个内容都指向同一事物等形式进行着重标识。所谓“有价值、有特性的配料”，是指不同于一般配料的特殊配料，对人体有较高的营养作用，其市场价格、营养成分往往高于其他配料。

关联索引

《中华人民共和国食品安全法》（2021年修正）第26条、第67条第1款（本案适用的是2009年6月1日施行的《中华人民共和国食品安全法》第20条、第42条第1款）

基本案情

原告盐城市某食品有限公司东台分公司（以下简称某公司）诉称：2012年5月15日，被告盐城市东台工商行政管理局（以下简称东台工商局）作出东工商案字〔2012〕第00298号行政处罚决定书，认定原告销售的金龙鱼橄榄原香食用调和油没有标明橄榄油的含量，违反了GB 7718–2004《预包装食品标签通则》的规定，责令其改正，并处以合计60000元的罚没款。原告认为，其经营的金龙鱼橄榄原香食用调和油标签上的“橄榄原香”是对产品物理属性的客观描述，并非对某种配料的强调，不需要标明含量或者添加量。橄榄油是和其他配料菜籽油、大豆油相同的普通食用油配料，并无特殊功效或价值，不是“有价值、有特性的配料”。本案应适用《食品安全法》规定的国务院卫生行政部门颁布的食品安全国家标准，而被告适用的GB 7718–2004《预包装食品标签通则》并不是食品安全国家标准，适用法律错误。综上，请求法院判决撤销被告对其作出的涉案行政处罚决定书。

被告东台工商局辩称：原告某公司经营的金龙鱼牌橄榄原香食用调和油标签正面突出“橄榄”二字，配有橄榄图形，吊牌写明“添加了来自意大利的100%特级初榨橄榄油”，但未注明添加量，这就属于食品标签上特别强调添加某种有价值、有特性配料而未标示添加量的情形。GB 7718–2004《预包装食品标签通则》作为食品标签强制性标准，在《食品安全法》生效后，即被视为食品安全标准之一，直至被GB 7718–2011《预包装食品标签通则》替代。因此，其所作出的行政处罚决定定性准确，合理适当，程序合法，请求法院予以维持。

法院经审理查明：2011年9月1日至2012年2月29日，某公司购进净含量5升的金龙鱼牌橄榄原香食用调和油290瓶，加价销售给千家惠超市，获得销售收入34800元，净利润2836.9元。2012年2月21日，东台工商局行政执法人员在千家惠超市检查时，发现上述金龙鱼牌橄榄原香食用调和油未标示橄榄油的添加量。上述金龙鱼牌橄榄原香食用调和油名称为“橄榄原香食用调和油”，其标签上有“橄榄”二字，配有橄榄图形，标签侧面标示“配料：菜籽油、大豆油、橄榄油”等内容，吊牌上写明：“金龙鱼橄榄原香食用调和油，添加了来自意大利的100%特级初榨橄榄油，洋溢着淡淡的橄榄果清香。除富含多种维生素、单不饱和脂肪酸等健康物质外，其橄榄原生精华含有多苯酚等天然抗氧化成分，满足自然健康的高品质生活追求。”

东台工商局于2012年2月27日立案调查，并于5月9日向原告某公司送达行政处罚听证告知书。原告在法定期限内未提出陈述和申辩，也未要求举行听证。5月15日，被告向原告送达东工商案字〔2012〕第298号行政处罚决定书，认定原告经营标签不符合《食品安全法》规定的食品，属于食品标签上特别强调添加某种有价值、有特性配料而未标示添加量的情形，依照《行政处罚法》《食品安全法》规定，作出责令改正、没收违法所得2836.9元和罚款57163.1元，合计罚没款60000元的行政处罚。原告不服，申请行政复议，盐城市工商行政管理局复议维持该处罚决定。

裁判结果

江苏省东台市人民法院于2012年12月15日作出（2012）东行初字第0068号行政判决：维持东台工商局2012年5月15日作出的东工商案字〔2012〕第00298号行政处罚决定书。宣判后，某公司向江苏省盐城市中级人民法院提起上诉。江苏省盐城市中级人民法院于2013年5月9日作出（2013）盐行终字第0032号行政判决，维持一审判决。

裁判理由

法院生效裁判认为：《食品安全法》第20条第4项规定，食品安全标准应当包括对与食品安全、营养有关的标签、标识、说明书的要求。第22条规定，本法规定的食品安全国家标准公布前，食品生产经营者应当按照现行食用农产品质量安全标准、食品卫生标准、食品质量标准和有关食品的行业标准生产经营食品。GB 7718–2004《预包装食品标签通则》由国家质量监督检验检疫总局和国家标准化管理委员会制定，于2005年10月1日实施；《食品安全法》于2009年6月1日实施，新版的GB 7718–2011《食品安全国家标准预包装食品标签通则》是由国务院卫生行政部门制定，且明确是食品安全国家标准，于2012年4月20日实施。本案原告某公司违法行为发生在2011年9月至2012年2月，GB 7718-2004《预包装食品标签通则》属于当时的食品安全国家标准之一。因此，被告东台工商局适用GB 7718-2004《预包装食品标签通则》对原告作出行政处罚，并无不当。

GB 7718-2004《预包装食品标签通则》规定："预包装食品标签的所有内容，不得以虚假、使消费者误解或欺骗性的文字、图形等方式介绍食品；也不得利用字号大小或色差误导消费者。""如果在食品标签或食品说明书上特别强调添加了某种或数种有价值、有特性的配料，应标示所强调配料的添加量。"这里所指的"强调"，是特别着重或着重提出，一般意义上，通过名称、色差、字体、字号、图形、排列顺序、文字说明、同一内容反复出现或多个内容都指向同一事物等形式表现，均可理解为对某事物的强调。"有价值、有特性的配料"，是指对人体有较高的营养作用，配料本身不同于一般配料的特殊配料。通常理解，此种配料的市场价格或营养成分应高于其他配料。本案中，原告某公司认为"橄榄原香"是对产品物理属性的客观描述，并非对某种配料的强调，但从原告销售的金龙鱼牌橄榄原香食用调和油的外包装来看，其标签上以图形、字体、文字说明等方式突出了"橄榄"二字，强调了该食用调和油添加了橄榄油的配料，且在吊牌（食品标签的组成部分）上有"添加了来自意大利的100%特级初榨橄榄油"等文字叙述，显而易见地向消费者强调该产品添加了橄榄油的配料，该做法本身实际上就是强调"橄榄"在该产品中的价值和特性。一般来说，橄榄油的市场价格或营养作用均高于一般的大豆油、菜籽油等，因此，如在食用调和油中添加了橄榄油，可以认定橄榄油是"有价值、有特性的配料"。因此，某公司未标示橄榄油的添加量，属于违反食品安全标准的行为。东台工商局所作行政处罚决定具有事实和法律依据，应予维持。

指导性案例90号：贝某某诉海宁市公安局交通警察大队道路交通管理行政处罚案

关键词：行政　行政处罚　机动车让行　正在通过人行横道

裁判要点

礼让行人是文明安全驾驶的基本要求。机动车驾驶人驾驶车辆行经人行横道，遇行人正在人行横道通行或者停留时，应当主动停车让行，除非行人明确示意机动车先通过。公安机关交通管理部门对不礼让行人的机动车驾驶人依法作出行政处罚的，人民法院应予支持。

关联索引

《中华人民共和国道路交通安全法》第47条第1款

基本案情

原告贝某某诉称：其驾驶案涉车辆靠近人行横道时，行人已经停在了人行横道上，故不属于“正在通过人行横道”。而且，案涉车辆经过的西山路系海宁市主干道路，案发路段车流很大，路口也没有红绿灯，如果只要人行横道上有人，机动车就停车让行，会在很大程度上影响通行效率。所以，其可以在确保通行安全的情况下不停车让行而直接通过人行横道，故不应该被处罚。海宁市公安局交通警察大队（以下简称海宁交警大队）作出的编号为3304811102542425的公安交通管理简易程序处罚决定违法。贝某某请求：撤销海宁交警大队作出的行政处罚决定。

被告海宁交警大队辩称：行人已经先于原告驾驶的案涉车辆进入人行横道，而且正在通过，案涉车辆应当停车让行；如果行人已经停在人行横道上，机动车驾驶人可以示意行人快速通过，行人不走，机动车才可以通过；否则，构成违法。对贝某某作出的行政处罚决定事实清楚，证据确实充分，适用法律正确，程序合法，请求判决驳回贝某某的诉讼请求。

法院经审理查明：2015年1月31日，贝某某驾驶案涉车辆沿海宁市西山路行驶，遇行人正在通过人行横道，未停车让行。海宁交警大队执法交警当场将案涉车辆截停，核实了贝某某的驾驶员身份，适用简易程序向贝某某口头告知了违法行为的基本事实、拟作出的行政处罚、依据及其享有的权利等，并在听取贝某某的陈述和申辩后，当场制作并送达了公安交通管理简易程序处罚决定书，给予贝某某罚款 100 元，记 3 分的处罚。贝某某不服，于 2015 年 2 月 13 日向海宁市人民政府申请行政复议。3 月 27 日，海宁市人民政府作出行政复议决定书，维持了海宁交警大队作出的处罚决定。贝某某收到行政复议决定书后于 2015 年 4 月 14 日起诉至浙江省海宁市人民法院。

裁判结果

浙江省海宁市人民法院于 2015 年 6 月 11 日作出（2015）嘉海行初字第 6 号行政判决：驳回贝某某的诉讼请求。宣判后，贝某某不服，提起上诉。浙江省嘉兴市中级人民法院于 2015 年 9 月 10 日作出（2015）浙嘉行终字第 52 号行政判决：驳回上诉，维持原判。

裁判理由

法院生效裁判认为：首先，人行横道是行车道上专供行人横过的通道，是法律为行人横过道路时设置的保护线，在没有设置红绿灯的道路路口，行人有从人行横道上优先通过的权利。机动车作为一种快速交通运输工具，在道路上行驶具有高度的危险性，与行人相比处于强势地位，因此必须对机动车在道路上行驶时给予一定的权利限制，以保护行人。其次，认定行人是否"正在通过人行横道"应当以特定时间段内行人一系列连续行为为标准，而不能以某个时间点行人的某个特定动作为标准，特别是在该特定动作不是行人在自由状态下自由地做出，而是由于外部的强力迫使其不得不做出的情况下。案发时，行人以较快的步频走上人行横道，并以较快的速度接近案发路口的中央位置，当看到贝某某驾驶案涉车辆朝自己行走的方向驶来，行人放慢了脚步，以确认案涉车辆是否停下来，但并没有停止脚步，当看到案涉车辆没有明显减速且没有停下来的趋势时，才为了自身安全不得不停下脚步。如果此时案涉车辆明显减速并停止行驶，则行人肯定会连续不停止地通过路口。可见，在案发时间段内行人的一系列连续行为充分说明行人"正在通过人行横道"。最后，机动车和行人穿过没有设置红绿灯的道路路口属于一个互动的过程，任何一方都无法事先准确判断对方是否会停止让行，因此处于强势地位的机动车在行经人行横道遇行人通过时应当主动停车让行，而不应利用自己的强势地位迫使行人停步让行，除非行人明确示意机动车先通过，这既是法律的明确规定，也是保障作为弱势一方的行人安全通过马路、减少交通事故、保障生命安全的现代文明社会的内在要求。综上，贝某某驾驶机动车行经人行横道时遇行人正在通过而未停车让行，违反了《道路交通安全法》第47条的规定。海宁交警大队根据贝某某的违法事实，依据法律规定的程序在法定的处罚范围内给予相应的行政处罚，事实清楚，程序合法，处罚适当。

指导性案例138号：陈某某诉成都市成华区环境保护局环境行政处罚案

关键词：行政　行政处罚　环境保护　私设暗管　逃避监管

裁判要点

企业事业单位和其他生产经营者通过私设暗管等逃避监管的方式排放水污染物的，依法应当予以行政处罚；污染者以其排放的水污染物达标、没有对环境造成损害为由，主张不应受到行政处罚的，人民法院不予支持。

关联索引

《中华人民共和国水污染防治法》（2017年修正）第39条、第83条（本案适用的是2008年2月28日修订的《中华人民共和国水污染防治法》第22条第2款、第75条第2款）

基本案情

陈某某系个体工商户龙泉驿区大面街道办某加工厂业主，自2011年3月开始加工生产钢化玻璃。2012年11月2日，成都市成华区环境保护局（以下简称成华区环保局）在某加工厂位于成都市成华区保和街道办事处天鹅社区一组 × 号的厂房检查时，发现该厂涉嫌私自设置暗管偷排污水。成华区环保局经立案调查后，依照相关法定程序，于2012年12月11日作出成华环保罚字〔2012〕1130-01号行政处罚决定，认定陈某某的行为违反《水污染防治法》第22条第2款规定，遂根据《水污染防治法》第75条第2款规定，作出责令立即拆除暗管，并处罚款10万元的处罚决定。陈某某不服，遂诉至法院，请求撤销该处罚决定。

裁判结果

2014年5月21日，四川省成都市成华区人民法院作出（2014）成华行初字第29号行政判决书，判决：驳回原告陈某某的诉讼请求。陈某某不服，向四川省成都市中级人民法院提起上诉。2014年8月22日，四川省成都市中级人民法院作出（2014）成行终字第345号行政判决书，判决：驳回原告陈某某的诉讼请求。2014年10月21日，陈某某向四川省成都市中级人民法院申请对本案进行再审，该院作出（2014）成行监字第131号裁定书，裁定不予受理陈某某的再审申请。

裁判理由

法院生效裁判认为，某加工厂工商登记注册地虽然在成都市龙泉驿区，但其生产加工形成环境违法事实的具体地点在成都市成华区，根据《行政处罚法》第20条、《环境行政处罚办法》第17条的规定，成华区环保局具有作出被诉处罚决定的行政职权；虽然成都市成华区环境监测站于2012年5月22日出具的《检测报告》认为某加工厂排放的废水符合排放污水的相关标准，但某加工厂私设暗管排放的仍旧属于污水，违反了《水污染防治法》第22条第2款的规定；某加工厂曾因“未办理环评手续、环保设施未验收即投入生产”的违法行为受到过行政处罚，本案违法行为系二次违法行为，成华区环保局在《水污染防治法》第75条第2款所规定的幅度内，综合考虑某加工厂系二次违法等事实，对某加工厂作出罚款10万元的行政处罚并无不妥。

指导性案例139号：上海某建材开发有限公司诉上海市金山区环境保护局环境行政处罚案

关键词：行政　行政处罚　大气污染防治　固体废物污染环境防治　法律适用　超过排放标准

裁判要点

企业事业单位和其他生产经营者堆放、处理固体废物产生的臭气浓度超过大气污染物排放标准，环境保护主管部门适用处罚较重的《大气污染防治法》对其进行处罚，企业事业单位和其他生产经营者主张应当适用《固体废物污染环境防治法》对其进行处罚的，人民法院不予支持。

关联索引

《中华人民共和国环境保护法》第 10 条

《中华人民共和国大气污染防治法》第 18 条、第 99 条

《中华人民共和国固体废物污染环境防治法》第 68 条

基本案情

原告上海某建材开发有限公司（以下简称某公司）不服上海市金山区环境保护局（以下简称金山环保局）行政处罚提起行政诉讼，诉称：金山环保局以其厂区堆放污泥的臭气浓度超标适用《大气污染防治法》进行处罚不当，应当适用《固体废物污染环境防治法》处罚，请求予以撤销。

法院经审理查明：因群众举报，2016 年 8 月 17 日，被告金山环保局执法人员前往某公司进行检查，并由金山环境监测站工作人员对该公司厂界臭气和废气排放口进行气体采样。同月 26 日，金山环境监测站出具了编号为 XF 26—2016 的《测试报告》，该报告中的《监测报告》显示，依据《恶臭污染物排放标准》（GB 14554–1993）规定，臭气浓度厂界标准值二级为 20，经对原告厂界四个监测点位各采集三次样品进行检测，3# 监测点位臭气浓度一次性最大值为 25。2016 年 9 月 5 日，被告收到前述《测试报告》，遂于当日进行立案。经调查，被告于 2016 年 11 月 9 日制作了金环保改字〔2016〕第 224 号责令改正通知书及行政处罚听证告知书，并向原告进行了送达。应原告要求，被告于 2016 年 11 月 23 日组织了听证。2016 年 12 月 2 日，被告作出第 2020160224 号行政处罚决定书，认定 2016 年 8 月 17 日，被告执法人员对原告无组织排放恶臭污染物进行检查、监测，在原告厂界采样后，经金山环境监测站检测，3# 监测点臭气浓度一次性最大值为 25，超出《恶臭污染物排放标准》（GB 14554–1993）规定的排放限值 20，该行为违反了《大气污染防治法》第 18 条的规定，依据《大气污染防治法》第 99 条第 2 项的规定，决定对原告罚款 25 万元。

另查明，2009 年 11 月 13 日，被告审批通过了原告上报的《多规格环保型淤泥烧结多孔砖技术改造项目环境影响报告表》，2012 年 12 月 5 日，前述

技术改造项目通过被告竣工验收。同时，2015年以来，原告被群众投诉数十次，反映该公司排放刺激性臭气等环境问题。2015年9月9日，因原告同年7月20日厂界两采样点臭气浓度最大测定值超标，被告对该公司作出金环保改字〔2015〕第479号责令改正通知书，并于同年9月18日作出第2020150479号行政处罚决定书，决定对原告罚款35000元。

裁判结果

上海市金山区人民法院于2017年3月27日作出（2017）沪0116行初3号行政判决：驳回原告某公司的诉讼请求。宣判后，当事人服判息诉，均未提起上诉，判决已发生法律效力。

裁判理由

法院生效裁判认为，本案核心争议焦点在于被告适用《大气污染防治法》对原告涉案行为进行处罚是否正确。其中涉及《固体废物污染环境防治法》第68条第1款第7项、第2款及《大气污染防治法》第99条第2项之间的选择适用问题。前者规定，未采取相应防范措施，造成工业固体废物扬散、流失、渗漏或者造成其他环境污染的，处1万元以上10万元以下的罚款。后者规定，超过大气污染物排放标准或者超过重点大气污染物排放总量控制指标排放大气污染物的，由县级以上人民政府环境保护主管部门责令改正或者限制生产、停产整治，并处10万元以上100万元以下的罚款；情节严重的，报经有批准权的人民政府批准，责令停业、关闭。前者规制的是未采取防范措施造成工业固体废物污染环境的行为，后者规制的是超标排放大气污染物的行为；前者有未采取防范措施的行为并具备一定环境污染后果即可构成，后者排污单位排放大气污染物必须超过排放标准或者重点大气污染物排放总量控制指标才可构成。本案并无证据可证实臭气是否来源于任何工业固体废物，且被告接到群众有关原告排放臭气的投诉后进行执法检查，检查、监测对象是原告排放大气污染物的情况，适用对象方面与《大气污染防治法》更为匹配；《监测报告》显示臭气浓度超过大气污染物排放标准，行为后果方面适用《大气污染防治法》第99条第2项规定更为准确，故被诉行政处罚决定适用法律并无不当。

指导性案例177号：海南临高某船务有限公司诉三沙市渔政支队行政处罚案

关键词：行政　行政处罚《濒危野生动植物种国际贸易公约》非法运输　珍贵、濒危水生野生动物及其制品　珊瑚、砗磲

裁判要点

我国为《濒危野生动植物种国际贸易公约》缔约国，对于列入该公约附录一、附录二中的珊瑚、砗磲的所有种，无论活体、死体，还是相关制品，均应依法给予保护。行为人非法运输该公约附录一、附录二中的珊瑚、砗磲，行政机关依照《野生动物保护法》等有关规定作出行政处罚的，人民法院应予支持。

关联索引

《中华人民共和国野生动物保护法》（2022年修订）第34条（本案适用的是2009年8月27日修正的《中华人民共和国野生动物保护法》第23条）

《中华人民共和国水生野生动物保护实施条例》第2条、第20条、第28条、第48条

基本案情

砗磲是一种主要生活在热带海域的珍贵贝类，在我国及世界范围内均为重点保护的水生野生动物。砗磲全部9个种均为《濒危野生动植物种国际贸易公约》附录二物种，其中的大砗磲（又名库氏砗磲）为国家一级保护动物。2014年8月21日，海南省公安边防总队海警第三支队在三沙海域开展巡逻管控过程中，发现原告海南临高某船务有限公司（以下简称某公司）所属的“椰丰×”号船违法装载大量砗磲贝壳，遂将其查获，并将该案交由三沙市综合执法局先行查处。后因该案属于被告三沙市渔政支队的职权范围，三沙市综合执法局将该案转交被告具体办理。经查实，原告未持有《水生野生动物特许运输许可证》，涉案船舶共装载砗磲贝壳250吨，经专业机构鉴定和评估，该250吨砗磲贝壳中98%为大砗磲，属国家一级保护动物，2%为砗

蚝（属于砗磲科），属《濒危野生动植物种国际贸易公约》附录二物种，涉案砗磲贝壳总价值为373500元。据此，被告作出琼三沙渔政罚字〔2018〕01号行政处罚决定书，以原告的“椰丰 ×”号船未持有《水生野生动物特许运输许可证》擅自运输砗磲贝壳的行为违反《野生动物保护法》等法律规定，对原告处以没收砗磲贝壳250吨及按照实物价值3倍罚款人民币1120500元的行政处罚。原告不服，向海口海事法院提起行政诉讼，请求撤销该行政处罚决定。

裁判结果

海口海事法院于2018年11月30日作出（2018）琼72行初14号行政判决，认为三沙市渔政支队作出的行政处罚决定事实清楚，证据确凿，适用法律、法规正确，符合法定程序，判决驳回原告某公司的诉讼请求。判决后，某公司提出上诉，海南省高级人民法院于2019年4月10日作出（2019）琼行终125号行政判决：驳回上诉，维持原判。

裁判理由

法院生效裁判认为：我国作为《濒危野生动植物种国际贸易公约》缔约国，应当严格、全面履行公约义务，对已列入该公约附录一、附录二中的珊瑚、砗磲的所有种，无论活体、死体，还是相关制品，均应依法给予保护。砗磲属受保护的珍贵、濒危水生野生动物，砗磲贝壳为受我国法律保护的水生野生动物产品。根据《最高人民法院关于审理发生在我国管辖海域相关案件若干问题的规定（二）》第7条第3款及《水生野生动物保护实施条例》第2条的规定，列入《国家重点保护野生动物名录》中国家一级、二级保护的，以及列入《濒危野生动植物种国际贸易公约》附录一、附录二中所有水生野生动物物种，无论属于活体、死体，还是相关制品（水生野生动物的任何部分及其衍生品），均受到法律保护。案涉大砗磲属《国家重点保护野生动物名录》中的国家一级保护动物，砗蚝属《濒危野生动植物种国际贸易公约》附录二物种，二者均受法律保护。某公司运输行为的客体虽然是砗磲贝壳，但作为双壳纲动物，砗磲的贝壳属于其作为动物的一部分，因此，应当将砗磲贝壳认定为《水生野生动物保护实施条例》第2条规定应受保护的水生野生动物产品；某公司关于其运输的砗磲为死体，不违反法律、行政法规的抗辩不能成立。

非法开发利用野生动物资源“产业链”中所涉及的非法采捕、收购、运输、加工、销售珍贵、濒危野生动物及其制品等行为均构成违法并须承担相应的法律责任。非法运输珍贵、濒危野生动物及其产品的行为是非法开发利用野生动物资源“产业链”的重要一环，应承担相应的法律后果和责任。根据案发时生效的《野生动物保护法》(2009年8月27日修正）第23条、《水生野生动物保护实施条例》第20条及《水生野生动物利用特许办法》第29条的规定，运输、携带国家重点保护野生动物或者其产品出县境的，必须经省、自治区、直辖市政府野生动物行政主管部门或者其授权的单位批准并取得相应许可证明。本案中，某公司未经批准并取得相关许可证明，就将案涉砗磲贝壳从三沙市向海南岛运输，已构成违法，故三沙市渔政支队对其处以罚款具有法律、行政法规依据。

指导性案例178号：北海市某海洋科技有限公司诉北海市海洋与渔业局行政处罚案

关键词：行政　行政处罚　非法围海、填海　海岸线保护　海洋生态环境　共同违法认定　从轻或者减轻行政处罚

裁判要点

1. 行为人未依法取得海域使用权，在海岸线向海一侧以平整场地及围堰护岸等方式，实施筑堤围割海域，将海域填成土地并形成有效岸线，改变海域自然属性的用海活动可以认定为构成非法围海、填海。

2. 同一海域内，行为人在无共同违法意思联络的情形下，先后各自以其独立的行为进行围海、填海，并造成不同损害后果的，不属于共同违法的情形。行政机关认定各行为人的上述行为已构成独立的行政违法行为，并对各行为人进行相互独立的行政处罚，人民法院应予支持。对于同一海域内先后存在两个以上相互独立的非法围海、填海行为，行为人应各自承担相应的行政法律责任，在后的违法行为不因在先的违法行为适用从轻或者减轻行政处罚的有关规定。

关联索引

《中华人民共和国行政处罚法》(2021年修订)第32条(本案适用的是2017年9月1日修正的《中华人民共和国行政处罚法》第27条)

《中华人民共和国海域使用管理法》第42条

基本案情

北海市某海洋科技有限公司(以下简称某公司)诉称:其未实施围海、填海行为,实施该行为的主体是北海市某海水养殖有限公司(以下简称某养殖公司)。即使认定其存在非法围海、填海行为,因其与某养殖公司在同一海域内实施了占用海域行为,应由所有实施违法行为的主体共同承担责任,对其从轻或减轻处罚。北海市海洋与渔业局(以下简称海洋渔业局)以某公司非法占用并实施围海、填海0.38公顷海域,作出缴纳海域使用金15倍罚款的行政处罚,缺乏事实和法律依据,属于从重处罚,请求撤销该行政处罚决定。

海洋渔业局辩称:现场调查笔录及照片等证据证实某公司实施了围海造地的行为,其分别对某公司和某养殖公司的违法行为进行了查处,确定某公司缴纳罚款数额符合法律规定。

法院经审理查明:2013年6月1日,某养殖公司与北海市铁山港区兴港镇石头埠村小组签订《农村土地租赁合同》,约定石头埠村小组将位于石头埠村海边的空地租给某养殖公司管理使用,该地块位于石头埠村海边,左邻避风港,右靠北林码头,与海堤公路平齐,沿街边100米,沿海上进深145米,共21.78亩,作为海产品冷冻场地。合同涉及租用的海边空地实际位置在海岸线之外。同年7月至9月间,某养殖公司雇请他人抽取海沙填到涉案海域,形成沙堆。2016年5月12日,某公司与某养殖公司签订《土地承包合同转让协议》,某公司取得某养殖公司在原合同中的权利。同年7月至9月,某公司在未依法取得海域使用权的情况下,对其租赁的海边空地(实为海滩涂)利用机械和车辆从外运来泥土、建筑废料进行场地平整,建设临时码头,形成陆域,准备建设冷冻厂。

2017年10月,海洋渔业局对该围海、填海施工行为进行立案查处,测定某公司填占海域面积为0.38公顷。经听取某公司陈述申辩意见,召开听证会,并经两次会审,海洋渔业局作出北海渔处罚〔2017〕09号行政处罚决定书,对某公司作出行政处罚:责令退还非法占用海域,恢复海域原状,并处非法占用海域期间内该海域面积应缴纳海域使用金15倍计人民币256.77万元的罚款。某公司不服，提起行政诉讼，请求撤销该行政处罚决定。

裁判结果

北海海事法院于2018年9月17日作出（2018）桂72行初2号行政判决：驳回原告某公司的诉讼请求。宣判后，某公司提出上诉。广西壮族自治区高级人民法院于2019年6月26日作出（2018）桂行终1163号行政判决：驳回上诉，维持原判。

裁判理由

法院生效裁判认为：某公司占用的海边空地在海岸线（天然岸线）之外向海一侧，实为海滩涂。其公司使用自有铲车、钩机等机械，从外运来泥土和建筑废料对某养殖公司吹填形成的沙堆进行平整、充实，形成临时码头，并在临时码头西南面新填了部分海域，建造了临时码头北面靠海一侧的沙袋围堰和护岸设施。上述平整填充场地及围堰护岸等行为，导致海域自然属性改变，形成有效岸线，属于围海、填海行为。某公司未取得案涉0.38公顷海域的合法使用权，在该区域内进行围海、填海，构成非法围海、填海。

某养殖公司与某公司均在案涉海域进行了一定的围海、填海活动，但二者的违法行为具有可分性和独立性，并非共同违法行为。首先，某养殖公司与某公司既无共同违法的意思联络，亦非共同实施违法行为。从时间上分析，某养殖公司系于2013年7月至9月间雇请他人抽取海沙填到涉案海域，形成沙堆。而某公司系于2016年5月12日通过签订转让协议的方式取得某养殖公司在原合同中的权利，并于2016年7月至9月对涉案海域进行场地平整，建设临时码头，形成陆域。二者进行围海、填海活动的时间间隔较远，相互独立，并无彼此配合的情形。其次，某养殖公司与某公司的违法性质不同。某养殖公司仅是抽取海沙填入涉案海域，形成沙堆，其行为违法程度较轻。而某公司已对涉案海域进行了围堰和场地平整，并建设临时码头，形成了陆域，其行为违法情节更严重，性质更为恶劣。最后，某养殖公司与某公司的行为所造成的损害后果不同。某养殖公司的行为尚未完全改变涉案海域的海洋环境，而某公司对涉案海域进行围堰及场地平整，设立临时码头，形成了陆域，其行为已完全改变了涉案海域的海洋生态环境，构成了非法围海、填海，损害后果更为严重。海洋渔业局认定某公司与某养殖公司的违法行为相互独立并分别立案查处，有事实及法律依据，并无不当。某公司主张海洋渔业局存在选择性执法，以及某养殖公司应当与其共同承担责任的抗辩意见不能成立。

某公司被查处后并未主动采取措施减轻或消除其围海、填海造地的危害后果，不存在从轻或减轻处罚的情形，故某公司主张从轻或减轻行政处罚，缺乏法律依据。某公司平整和围填涉案海域，占填海域面积为0.38公顷，其行为改变了该海域的自然属性，形成陆域，对近海生态造成不利的影响。海洋渔业局依据《海域使用管理法》第42条规定的“处非法占用海域期间内该海域面积应缴纳的海域使用金十倍以上二十倍以下的罚款”，决定按15倍处罚，未违反《行政处罚法》关于行政处罚适用的相关规定，符合中国海监总队《关于进一步规范海洋行政处罚裁量权行使的若干意见》对于行政处罚幅度中的一般处罚，并非从重处罚，作出罚款人民币256.77万元的处罚决定，认定事实清楚，适用法律并无不当。

某电子公司诉原山东省威海市环境保护局行政处罚案

——建设项目内容改变的，建设单位应当重新取得相应的环评许可

裁判要旨

环境影响评价关乎周边群众生活环境安全和生产企业自身的可持续发展，当建设项目性质、规模、地点等发生重大变动时，对周围环境影响也相应变化，建设单位依法应当重新报批。

某保健中心诉北京市海淀区生态环境局、海淀区人民政府行政处罚及行政复议案

——环保行政处罚案件中法规竞合时的适用规则

裁判要旨

医疗机构采取不正常运行水污染防治设施的方式，将医疗污水未经处理

直接排入市政管道，依法应予行政处罚。违法行为人的一个违法行为同时触犯两个法律规定，行政机关按照罚款数额高的规定实施处罚的，人民法院予以支持。

陈某某诉北京市平谷区文化和旅游局行政处罚案

——行政处罚的合法性审查问题

裁判要旨

行政相对人在长城保护范围内陆续建设建筑物、构筑物，对长城的历史环境风貌造成严重破坏。行政主管部门为保护历史文化遗产，经履行法定程序、在法定职责范围内对违法行为人作出行政处罚的，人民法院予以支持。

顾某某诉广西壮族自治区防城港市渔政支队行政处罚案

——涉及“三无”渔业船舶行政处罚案件的认定

裁判要旨

违法行为人使用无船名船号、无船舶证书、无船籍港的“三无”渔业船舶和禁用渔具在海上非法捕捞，损害生物多样性和渔业资源的可持续开发利用，依法应予行政处罚，渔业行政管理机关依法取缔“三无”渔船和禁用渔具的，人民法院应予支持。

某机械厂诉原安徽省六安市金安区环境保护局行政处罚案

——需要环境影响评估建设项目的认定

裁判要旨

国家根据建设项目对环境的影响程度，对建设项目的环境影响评价实行分类管理。建设单位应当按照规定组织编制环境影响评价文件。生产经营单位在生活区租用房屋从事机械加工生产经营，属于需要进行环境影响评估的项目，生产经营单位既未履行环境影响评估手续，也未建设相应的环保设施，生产过程中产生的噪声、排放的污染物对周边居民的生活造成不良影响，环境保护部门有权依法对其作出行政处罚决定，责令限期整改，人民法院依法予以支持。

某工业公司诉原四川省内江市环境保护局行政处罚案

——以不正常运行水污染防治设施等逃避监管的方式排放水污染物的，依法应予行政处罚

裁判要旨

排污单位因设备故障不能正常采集、传输数据时，应当及时检修自动监控设备，确保正常采集、传输数据，排污单位未履行法定义务、未及时监测所排放污染物水质情况，造成超标准污染物排放的，属于不正常运行水污染防治设施等逃避监管的方式排放水污染物，依法应予行政处罚。

含山县某某摄影经营部诉含山县市场监督管理局行政处罚案

——行政处罚行为的适用条件

裁判要旨

1. 人民法院在审理行政处罚案件时，应当注意区分行为人的主观故意、行为次数、违法所得、有无具结悔过等情形，针对主观恶性小、违法所得少且能够及时改正的首次轻微违法行为，可以不予行政处罚或给予警告、训诫等与违法情节相一致的轻微处罚。

2. 行政机关作出行政处罚决定，要贯彻"以人为本"的理念，既要根据相关部门法的规定，也要依照《行政处罚法》关于处罚与教育相结合、过罚相当原则及从轻、减轻、免除处罚等相关规定，审慎甄别处理。

余某林诉中国证券监督管理委员会行政处罚案

——被处罚人应对证券机构提供的证明其违法行为的基础事实作出合理说明

裁判要旨

在证券行政处罚案件中，对行政处罚事实认定的证据证明标准，不完全等同于一般的行政处罚领域的证明标准，因证券领域违法行为具有较强的隐蔽性，对于由被处罚人控制、外界难以获取的违法事实的相关证据，证券监管机构提供的证据能够证明违法行为成立的法定基础事实，而被处罚人又不能作出合理说明或者提供证据予以排除的，可以据此认定该违法事实存在。

覃某诉中国证券监督管理委员会行政处罚及行政复议案
——实际控制人指使从事违法行为的认定

裁判要旨

1. 实际控制人“指使”行为的界定与证明标准问题。（1）关于“指使”的界定。实际控制人是指“虽不是公司的股东，但通过投资关系、协议或者其他安排，能够实际支配公司行为的人”。对于立法采用“指使”二字，应紧紧抓住“滥用支配权”这一核心特征，对实际控制人所实施的各种形态的行为进行甄别，将符合上述特征的行为纳入“指使”的范畴予以规制。符合“滥用支配权”特征的“指使”行为主要包含以下几种情形：一是主动组织违法行为，进行策划、分工、协调及指挥；二是授权或委托他人组织违法行为，进行策划、分工、协调及指挥；三是对于他人提出的违法行为实施方案予以肯定，在违法行为实施过程中进行协调或给予帮助，积极促成违法行为效果的实现。（2）关于“指使”的证明标准。对于公司从事的违法行为，判断实际控制人意思的表达、特定信息的传递是否构成“指使”，应当依据所有证据进行综合客观认定，而不能以实际控制人本人认可“指使”、有人指认“指使”、有直接证据指向“指使”行为为据。

2. 实际控制人“指使”行为的责任认定问题。实际控制人应当承担什么责任，取决于实际控制人指使的行为内容。如果实际控制人指使的是管理层人员（高管），通过被指使的高管实施的是高管职权范围的行为，那么实际控制人的指使行为应当比照高管个人的行为承担责任，即“直接负责的主管人员”或者“其他负责的责任人员”责任。如果实际控制人指使的是公司，直接以公司意志的方式行为，那么就应当比照公司的责任来承担自己的法律责任。

河南某电子科技有限公司诉郑州市金水区市场监督管理局行政处罚案

——《行政处罚法》第 33 条“首违不罚”的适用标准

裁判要旨

行政处罚具有制止和惩戒违法行为的性质，同时也有预防和减少违法行为的功能。新修订的《行政处罚法》第 33 条对“首违不罚”作出规定，对于“违法行为轻微并及时改正，没有造成危害后果的，不予行政处罚。初次违法且危害后果轻微并及时改正的，可以不予行政处罚”。市场监管部门对市场经济主体作出行政处罚，应结合相对人的过往经营行为、产生危害后果及严重程度、是否及时改正违法行为、目前财务人力状况及经济市场整体环境等综合考量。如行政相对人系初次违法且危害后果轻微并及时改正，可以适用《行政处罚法》第 33 条“首违不罚”的规定不予行政处罚。如市场监管部门仍决定对此类行为予以行政处罚，应当说明不予适用“首违不罚”的正当理由，否则行政相对人请求人民法院撤销行政处罚决定的，人民法院应予支持。

黄某诉厦门市公安局思明分局、厦门市公安局治安管理行政处罚案

——刑行交叉案件中刑事程序优先原则应有限适用

裁判要旨

1. 在办理刑行交叉的案件时，如果存在刑事案件与行政案件同时调查，且部分刑事程序中搜集的证据被行政案件所使用，但是刑事案件与行政案件又仅仅存在事实与证据上的关联，并不需要以刑事案件作为前提的情形的，通过设定办案期限，能够督促行政机关及时调查取证并及时高效地作出处理，避免行政相对人的权益长期处于不确定状态。

2. 公安机关作出行政处罚决定时关于办案期限应适用的规定为《治安管

理处罚法》第99条及公安部《关于公安机关执行〈中华人民共和国治安管理处罚法〉有关问题的解释》中关于办理治安案件期限问题的规定，根据前述规定，鉴定期间不计入办案期限，治安管理行为人逃跑等客观原因造成案件不能在法定期限内办结的，公安机关仍应当继续进行调查取证，及时依法作出处理决定。因违反治安管理行为人在逃，导致无法查清案件事实，无法收集足够证据而结不了案的，公安机关还应当向被侵害人说明原因。

3. 因关联刑事案件尚在办理并不当然构成行政案件超期的免责事由，人民法院需结合具体案情作出判断。

北京某食品有限公司诉北京市朝阳区市场监督管理局行政处罚案

——针对销售商作出的行政处罚中包含生产商所生产食品违法性事实认定行政案件的审查标准

裁判要旨

1. 对相关法律规定的理解。一是生产商的主体资格问题。行政处罚决定中对生产商的产品“混有异物”的事实认定，如果对其权利义务产生一定实际影响，可认定生产商具有原告诉讼主体资格。但需要指出的是，生产商作为原告能主张的权利范围应区别于行政处罚的直接相对人销售商。二是对法律规定中特定违法行为的理解。《食品安全法》第34条第6项对“混有异物”的概念在该法文本中并无明确解释。综合从法律文本和体系上，食品生产、加工、流通的环节上和立法宗旨上分析，“混有异物”应是指食品中混有与食品属性不同、影响食品质量安全且可能对人体健康造成伤害的物质。显然，将“混有异物”解释为一切所谓不同于该食品属性的异物的混入，并非尊重现实的理性理解。

2. 构成特定违法行为的证明标准。实务中，食品监管部门的调查程序和证据材料均围绕销售商，且基于执法工作人员对法律的理解一般将生产者排除在执法程序之外，故该类案件的审查实际上是对被诉行政处罚决定的全面审查。相应在证明标准上，应结合行政处罚类案件实务中运用证明标准情况和本案特殊情况，至少应达到优势证据标准。如果原告针对“异物”的证据证明力较被告具有明显优势，被告在执法中对所谓“异物”的判定简单机械，仅凭借感官观察即判断形成结论，证据不足、适用法律错误，应不予支持。

张某某诉某区（出口加工区）城市管理局撤销行政处罚案

——行政机关对被纳入征收范围内的集体土地上房屋按照违法建筑的一般处理程序作出行政处罚是否合法的认定

裁判要旨

1. 正当程序原则的价值在于限制公权力、保障私权利，提高政府公信力。在集体土地上房屋被纳入征收范围后，行政机关再启动违法建筑一般处理程序，违反正当程序原则。对违法建筑的查处，行政机关应当加大行政执法的时限性和合理性，将对违建建筑物、构筑物的查处作为常态性工作内容，而不应将其作为推进征收工作的手段。

2. 集体土地上房屋被纳入征收范围后，被征收人的房屋处理应受征收法律关系调整。在集体土地上房屋被纳入征收范围后，应当由征迁实施部门对被征收的集体土地及地上房屋的现状进行调查并将调查情况进行公告，而非由土地管理、城乡规划等执法部门启动违法建筑的一般处理程序，对涉案房屋进行违法认定并拆除。对行政机关“以拆违促拆迁”的行为，行政诉讼应当依法监督。

海南某某公司诉五指山市综合行政执法局、五指山市人民政府行政处罚及行政复议案

——购买瓶装燃气后向小区业主出售的行为构成非法经营燃气活动

裁判要旨

国家对燃气经营实行许可证制度，行政相对人未取得燃气经营许可证，

擅自在小区内从事燃气经营活动，对小区居民生命财产安全构成重大威胁。行政机关作出的行政处罚认定事实清楚、证据充分、适用法律正确。尽管行政机关认定行政相对人的违法所得的证据中的法律依据存在瑕疵，但该瑕疵并未对最终的违法所得结果产生影响。如果仅以该瑕疵撤销行政机关作出的处罚决定和复议决定，将会增加行政执法成本，更不利于执法机关及时、有效地查处行政违法行为。

哈尔滨某某饭店诉哈尔滨市道里区市场监督管理局、哈尔滨市道里区生态环境局行政处罚案

——没有危害性且不能归责于当事人的行政违法行为可以免予处罚

裁判要旨

在行政处罚案件中，应重点审查违法行为人的主观过错、违法行为是否造成危害后果，以及是否存在减轻处罚或免予处罚的因素。老城区的建筑未配套设立专用烟道系历史客观因素，哈尔滨某某饭店已经采取了积极、充分的预防措施，且排放的气体符合相应标准，其违法行为既没有造成大气污染的危害后果，也没有造成危害后果的可能性，依据过罚相当原则，哈尔滨某某饭店不应受到行政处罚，故判决撤销被诉行政处罚决定。

郑某阳诉成都市公安局交通管理局第四分局行政处罚案

——吊销机动车驾驶证为剥夺驾驶人任何类型机动车驾驶资格

裁判要旨

吊销机动车驾驶证是一种剥夺持证人驾驶任何机动车上道路行驶资格的行政处罚，不是只剥夺其对某一准驾车型驾驶资格的行政处罚。违法行为人以过罚不相当为由，请求撤销剥夺其驾驶全部准驾车型资格行政处罚的，人民法院不予支持。因驾驶车辆属于风险等级较高的活动，从《道路交通安全

法》的立法目的来看，是最大程度降低交通风险，保护驾车人、乘车人、行人等生命财产安全，其立法本意应当是存在相关情形就吊销驾照，不区分驾照类别，也只有如此，才能有效保护交通安全。行政执法、司法活动中须正确理解和执行法律法规，符合立法目的和社会管理目标，实现行政处罚制度维护社会秩序、保障公共安全的治理功能。

代某某诉天津市某区公安局行政处罚案

——公安机关经补充调查后作出行政处罚决定的，应先撤销原不予行政处罚决定

裁判要旨

1. 公安机关经调查作出不予行政处罚的决定后，经补充调查又发现新的证据，能够认定违法行为的，应当依法重新作出处理决定，但需先撤销原不予行政处罚决定。

2. 撤销原不予行政处罚决定属于对外发生法律效力的具体行政行为，应当作出撤销原不予行政处罚决定的书面决定并送达行政相对人，不能仅通过内部审批或其他内部手续撤销原不予行政处罚决定后径行作出新的行政处罚决定，否则属于程序违法。

3. 在重新作出的行政处罚决定认定事实清楚、适用法律正确、程序合法的情形下，未明示撤销原不予行政处罚决定并未实质侵害相对人的合法权益，即该违法情形属于程序轻微违法，判决确认重新作出的行政处罚决定程序违法即可，无须予以撤销。

解某成诉某市公安局交通管理支队吊销许可证件及罚款案

——网络代驾情形下代驾达到报废标准车辆的责任不应由代驾司机一方承担

裁判要旨

在网络代驾运营模式中，参与交易主体包括网络平台运营商、代驾司机及平台用户三方，三方构成代驾运输服务中不可分割的整体。代驾司机通过网络平台派遣订单，在提供运输服务后通过该平台分配收益，代驾司机按照用户的代驾需求及平台的派遣任务完成代驾行为，其首要义务是将用户安全送至目的地。代驾具有突出的随机性、临时性的特点，存在着明显的不同于一般概念驾驶人的主客观要件，所以对车辆是否符合安全驾驶条件的审查义务，不应苛责由刚刚接触车辆的代驾司机全权负责。从行业发展角度来看，该审查义务主体还应当包括平台及用户。

某汽车服务有限公司诉上海市工商行政管理局奉贤分局行政处罚案

——签订购买合同情形下认定“违背购买者意愿附加不合理条件”司法审查规则之分析

裁判要旨

购车合同中约定汽车4S店向购车者收取PDI检测费、出库费，但有证据表明上述费用系汽车4S店利用优势地位向购车者收取的不合理费用的，应认定汽车4S店收取上述费用为违反购车者意愿附加其他不合理条件的行为，工商行政机关据此对汽车4S店实施行政处罚，法院应予支持。

上海某电子商务有限公司诉上海市某区生态环境局、上海市某区人民政府环境保护行政处罚及行政复议案
——专业性行政处罚事实认定与行政裁量基准适用的司法审查

裁判要旨

1. 当社会生活噪声排放源位于噪声敏感建筑物内时，噪声通过建筑物结构传播，属于边界噪声的特殊情况，应当按照《社会生活环境噪声排放标准》测定结构传播固定设备室内噪声来确定是否超出噪声排放标准。

2. 行政机关制定的行政裁量基准经司法审查合法有效后应当作为审查被诉行政行为合法性的依据；人民法院认定行政机关适用的裁量基准不具有合法性和合理性，但根据个案情况无须责令行政机关重新作出行政处罚的，可以直接作出变更判决，以促进行政纠纷实质性解决。

上海某云计算股份有限公司诉上海市某区市场监督管理局行政处罚决定案
——《广告法》中绝对化用语规定条款的理解与适用

裁判要旨

《广告法》第 9 条第 3 项规定，广告不得使用“国家级”“最高级”“最佳”等用语。这一规定被称为绝对化用语规定条款。经营者在宣传其所获荣誉时，奖项名称中包含“最佳”等绝对化用语，是否违反上述规定，应当结合具体案情。在属于《广告法》调整范畴的前提下，以是否产生误导消费者、引起不正当竞争的危害后果作为认定是否构成违法行为的要件。

翁某康诉舟山市公安局交通警察支队普陀山大队行政处罚案

——相对人有证据足以证明已经审慎地尽到合理必要的礼让行人注意义务，应认定没有主观过错并依法不予行政处罚

裁判要旨

礼让行人是文明安全驾驶的基本要求。机动车驾驶人驾驶车辆行经人行横道，其有证据足以证明已经审慎地尽到合理必要的礼让行人注意义务，应认定没有主观过错，不予行政处罚。

江苏某某公司诉东台市应急管理局行政处罚案

——加处罚款的计算期间与减免期限

裁判要旨

1. 加处罚款的法律性质是行政执行罚。行政相对人对加处罚款决定不服，可以单独提起行政诉讼。

2. 在起诉期限和诉讼期间，均不停止行政处罚决定的执行，但加处罚款的数额在诉讼期间不予计算。在法院立案受理行政强制执行申请前，行政机关可以减免加处罚款的数额。

江苏某某公司诉苏州市姑苏区应急管理局行政处罚案

——采购项目成交单位即使主张其资质被他人借用亦不影响其成为安全生产责任主体

裁判要旨

参照最高人民法院《关于审理工伤保险行政案件若干问题的规定》第3条的规定及《安全生产法》的立法精神，在对外关系上，一般可将资质出借方和资质借用方作为一个整体，使之共同成为安全生产责任主体。特别是在发包人、安全生产监管部门对资质出借方出借资质事实不知情的情况下，出于对招投标对外公示的信赖及维护交易秩序的稳定，安全生产监管部门将资质出借方作为安全生产责任主体进行监督管理，并无不当。在这种情形下，采购项目成交单位即使主张其资质被他人借用亦不影响其成为安全生产责任主体。

李某诉黑山县公安交通警察大队行政处罚案

——肇事后虽将伤者送至医院，但未接受交通管理部门处理自行离开的，应视为交通肇事后逃逸

裁判要旨

交通肇事逃逸并没有时间和场所的限定，对于肇事后未逃离事故现场，而是在将伤者送至医院后或者等待交通管理部门处理时逃跑的，也应视为交通肇事后逃逸。发生交通事故后，车辆驾驶人具有立即采取必要措施保护现场、抢救伤员及迅速报案的法定义务。肇事者应尽可能地保护受害人员的利益，彰显以人为本的理念，防止事故损失不必要的扩大。同时也为便于公安机关交通管理部门查清事故责任和及时调查取证，车辆驾驶人在报案之后应听候处理、配合调查，不得擅自离开事故现场，脱离事故处理人员的控制，

否则仍可能构成逃逸。

某某公司诉新乡平原管委会、原阳县政府、新乡市政府行政处罚案

——因未达到“三通一平”条件未进行开发利用的，可认定为有正当原因

裁判要旨

1. 可以无偿收回土地使用权的条件应是满 2 年未动工开发且无除外规定的情形。因未按照国有建设用地使用权有偿使用合同或者划拨决定书约定、规定的期限、条件将土地交付给国有建设用地使用权人，致使项目不具备动工开发条件的，属于政府、政府有关部门的行为造成动工开发延迟的情形。土地因未按照约定达到“三通一平”条件而未能开发利用，可以认定有正当原因。不符合无偿收回土地使用权的条件。

2. 依照《城市房地产管理法》第 26 条的规定，超过出让合同约定的动工开发日期满 2 年未动工开发的，人民政府或者土地管理部门依法无偿收回出让的国有土地使用权，属于行政处罚决定。作出程序应符合《行政处罚法》第 40 条和《民事诉讼法》第 92 条第 1 款的规定。

某公司诉文昌市生态环境局、文昌市人民政府行政处罚及行政复议案

——未批先建行政处罚的裁量与新旧环评法的适用

裁判要旨

过罚相当原则要求，行使行政处罚自由裁量权，必须以事实为依据，处罚种类和幅度应当与当事人违法过错程度相适应，与环境违法行为的性质、情节及社会危害程度相当。行政机关作出行政处罚决定，未衡量事实原因、责任过错、违法情节和危害程度等因素，作出的处罚及确定的处罚幅度裁量

依据不足，人民法院依法不予支持。

吕某庆诉中国证券监督管理委员会行政处罚案
——证券投资者控制交易账户行为的认定

裁判要旨

证券监管机关在没有相关人员对证券交易账户进行指认的情况下，亦可根据账户资金往来、IP 地址、MAC 地址、账户组交易等证据认定投资者对账户的控制。

深圳某容器公司诉广东省深圳市发展和改革委员会行政处罚案
——重点排放单位应当按时完成碳排放配额履约

裁判要旨

温室气体重点排放单位应当根据行政主管部门对年度排放报告的核查结果，按照行政主管部门规定的时限，足额清缴碳排放配额。重点排放单位未按时履行清缴或足额清缴碳排放配额义务，行政主管部门依法责令改正后，重点排放单位仍未履行补缴义务，行政主管部门依法作出行政处罚的，人民法院依法予以支持。

某养猪专业合作社诉原湖南省临湘市环境保护局行政处罚案

——行政机关对农村畜禽养殖中的非法排污行为进行行政处罚的合法性认定

裁判要旨

在畜禽养殖生产中，相对人违反规定，随意排放废渣废水，造成环境污染的，行政机关依法作出行政处罚决定，人民法院依法予以支持。

某建材有限公司诉陕西省西安市临潼区文化和旅游体育局行政处罚案

——未经批准在文物保护单位的保护范围内进行工程建设的认定

裁判要旨

行政相对人未经审批，擅自在全国重点文物保护单位范围内进行工程建设，并影响文物安全和历史风貌，破坏文物的真实性和完整性，应当依法承担行政责任。行政机关依法作出行政处罚决定，人民法院依法予以支持。

某电站诉重庆市彭水苗族土家族自治县水利局行政处罚案

——无证取水行为的认定

裁判要旨

在自然保护区的缓冲区内未取得取水许可证的情况下长期取水发电，行政机关依法作出行政处罚决定的，人民法院予以支持。

哈尔滨市某信息技术公司诉黑龙江省齐齐哈尔市生态环境局、齐齐哈尔市人民政府行政处罚及行政复议案

——城镇污水集中处理设施的运营单位应当对城镇污水集中处理设施的出水水质负责

裁判要旨

作为城镇污水集中处理设施的运营单位，承担确保城镇污染物达标排放的义务，在其污水处理超标排放的情况下，生态环境主管部门对其超标排放行为依法作出行政处罚的，人民法院应予支持。

张某良诉安阳市文峰区市场监督管理局行政处罚案

——过罚相当原则的司法适用

裁判要旨

1. 建立进货查验制度是食用农产品销售者的法定义务，不符合免责条款的食用农产品销售者应根据违法程度的不同承担相应责任。履行市场监督管理职责的部门应当根据行政相对人的主体身份选择适用不同法律法规。对食品生产加工小作坊、食品摊贩等违法行为的处罚，应当依照省、自治区、直辖市制定的具体管理办法执行。

2. 行政处罚应当遵循过罚相当原则，即无过不罚、小过小罚、大过重罚，避免过罚明显失当。法院应当通过着重审查行政相对人的过错程度和违法行为的性质、情节及社会危害程度主客观两个维度，准确判断“过”的大小，充分考量过罚“相当”的因素，包括处罚前科、违法所得、悔错态度及经济能力等情形，合理判定行政处罚种类和处罚幅度，规范行政处罚自由裁量权的合理合法行使，保障行政相对人的合法权益，从而有效实现惩罚与教育相结合。

吴某某诉中国证券监督管理委员会行政处罚案

——行政相对人不履行证明协力义务构成证明妨碍的法律效果

裁判要旨

在特定行政管理领域的行政处罚案件中，如果行政相对人在行政程序中拒不配合行政机关调查取证，行政机关即使穷尽调查取证手段也难以获取由其掌控的有关违法事实的证据，从而难以对其违法事实进行符合证明标准的充分证明。而原告在行政诉讼中则往往以行政机关不能充分证明其违法行为而挑战被诉处罚决定的合法性。在此种情形下，如果机械运用被告承担证明责任的证明责任分配规则，非但对行政机关有失公允，而且很可能放纵违法行为。对此，宜通过个案探索特殊案型的行政诉讼中，原告拒不履行证明协力义务，对被告证明责任承担构成妨碍的规制规则，尝试通过证明责任转换、证明标准降低、司法拟制等方式，恢复诉讼对抗状态上的公平与均衡。尤其是在审理证券行政处罚案件时，应当充分考虑部分类型证券违法行为的特殊性，以行政程序中监管机关调查取证职责的行使及被处罚对象配合、协助监管机关提供证据义务的履行为基础，合理确定行政诉讼程序中被告提供证据、承担证明责任的现实可能性。

某图书公司诉北京市石景山区财政局、北京市财政局行政处罚案

——不同投标人投标文件异常一致，但在开标后中标人投标文件存在修改的，是否构成串通投标

裁判要旨

若不同投标人提交的多份投标文件之间的内容及字体、字号、换行等格式完全一致的，属于投标文件异常一致的情形。开标后发现中标人投标文件存在修改的，结合案涉证据能够认定中标人存在逃避调查、替换证据行为的，

应视为投标人串通投标，投标行为无效。

某驾校培训公司诉某省市场监督管理局、国家市场监督管理总局行政处罚及行政复议案

——固定价格垄断协议的认定

裁判要旨

具有竞争关系的经营者签订具有固定价格内容的协议，客观上产生限制竞争的目的和效果，构成签订固定价格垄断协议的行为。经营者主张签订固定价格的协议具有限制低价恶意竞争的意图、固定价格符合市场规律、协议终止后该固定价格仍合理持续的主张，法院不予支持。

广州某某茂贸易有限公司诉黄埔海关、海关总署行政处罚及行政复议案

——涂改头程提单中的实际启运国骗取濒危野生植物制品进口许可证并据以通关的行为构成走私行为

裁判要旨

近年来，源于国内红木家具市场价格一路走高，非法进口濒危木材（特别是西非刺猬紫檀）形势严峻，国家履约压力增大，损害我国国际形象。本案的裁判，细化了走私违法行为处罚对象的认定标准，明确了进口报关单据的收货人、消费使用人，应当对走私行为承担法律责任，同时厘清了涉走私刑事追诉与行政处罚的衔接问题。对于违反我国进出口管理规定及所签定有关国际贸易条约的野生动植物非法贸易行为，积极支持海关严肃查处，突出体现了司法支持濒危野生动植物及其产品的进出口管理，推动保护和合理利用野生动植物资源的鲜明态度。

张某诉上海某交警支队行政处罚案
——行政处罚中事实推定的司法审查路径

裁判要旨

在涉及交通安全的行政处罚案件中，行政机关认定行政相对人具有违法行为，应提供充分证据证明违法行为的存在，不能仅以行政相对人发生单车事故负有全部责任，即推断其必然存在妨碍安全驾驶的行为。

某客运公司诉原东台市农业委员会、原盐城市林业与园林局行政处罚案
——行政处罚数额明显不当应当判决变更

裁判要旨

1. 运输、邮寄或携带省重点和“三有”保护野生动物出县境的，应当持有合法来源证明及检疫证明，从事运输行为的承运人或托运人当然包含于运输主体的范围之内，应当承担违法行为产生的法律后果。

2. 行政处罚必须与违法行为的事实、性质、情节及社会危害程度相当，既要基于维护公共利益和社会秩序，给予违法者足够的惩戒，又要防止对行政相对人造成过度侵害，确保过罚相当。在罚责明显不当的案件中，行政机关作出的行政决定畸重、未考虑法定从轻情节致明显过重，人民法院有予以变更的权力。法院在审理此类案件时应以行政机关的行政处罚结果是否和行政相对人的违法情节、社会危害程度等相适当为审查依据。

某某窝公司诉北京市朝阳区市场监督管理局行政处罚案

——未及时更新广告信息的被动行为不宜认定为虚假广告

裁判要旨

《广告法》第28条第1款规定："广告以虚假或者引人误解的内容欺骗、误导消费者的，构成虚假广告。"关于虚假广告的认定，主要从两方面来分析：一是广告是否具有虚假或者引人误解的内容；二是广告是否具有欺骗、误导消费者的目的。如果广告出现与实际情况不符的内容，仅是服务提供者更名，广告对此内容没有及时更新，并非以欺骗和误导消费者为目的，则不宜认定为虚假广告。

西安某店诉某市某某区市场监督管理局、某市市场监督管理局罚款、没收非法财物及行政复议案

——行政处罚应坚持过罚相当、罚教结合的原则

裁判要旨

1. 在对行政行为的合法性进行审查判断时，须审酌全案事实、性质、情节，当事人生活状况、智识，违法手段及社会危害之程度，坚持处罚与教育相结合原则和过罚相当原则，以达到纠正违法行为的目的。

2. 在适用《药品管理法》的具体条文实施行政处罚时，应受到行政法基本原则的约束，并参酌整个行政实体法律规范体系、行政实体法的立法宗旨及作出行政行为的目的、内容和性质，从整体进行判断。

3. 在行政实体法没有对从轻、减轻情节作出特别规定时，则应当适用《行政处罚法》关于从轻、减轻处罚的相关规定，兼顾公平与效率，进行慎重权衡。

王某诉旬阳市交通运输局罚款案

——邻里互助型“有偿拼车”不应认定为“擅自从事道路旅客运输经营”

裁判要旨

对于“擅自从事道路旅客运输经营”行为的认定，应综合运送目的、运送周期、费用标准、人员关系等因素予以判定。（1）运送目的：行为人以运送为手段，以赚取利润、营利为目的。行为人的主观目的必须结合其客观行为进行判断，营利的目的必然以有偿交易方式实现，但收取费用的客观行为只能认定该行为是有偿的，并不能因此认定行为人主观上就具有营利目的。（2）运送周期：周期性、持续性开展经营，是商业活动的必然要求。道路旅客运输行业的经营时间主要表现为一定时间范围内持续、经常性提供服务。（3）费用标准：出于营利目的，行为人会在合理成本之外加价收取费用以增加利润。（4）人员关系：行为人通常为不特定社会对象提供运送服务以此获取利益。邻里互助型“有偿拼车”因不具有经营性特征，不应认定为擅自从事道路旅客运输经营。

任某明诉江西省南昌市公安局西湖分局治安行政处罚案

——治安管理法定加重处罚情节下“情节特别轻微”之认定

裁判要旨

治安管理处罚中，殴打、伤害60周岁以上的人的，符合《治安管理处罚法》第43条第2款第2项规定的法定加重情节。然而，基于个案情况，从违法行为人年龄、身份、态度，违反治安管理的目的、动机，采用的手段，造成的后果，认错的态度，改正的情况等方面审慎考量，同时适用《治安管理处罚法》第19条“违反治安管理情节特别轻微的，减轻处罚或者不予处罚”

之规定对违法行为人进行量罚，更有利于体现行政处罚过罚相当原则，彰显行政处罚的教育意义。

南平市某运输有限公司诉南平市建阳区交通综合行政执法大队行政处罚案

——危险化学品管理类行政处罚的审查标准

裁判要旨

1. 对危险化学品管理类行政处罚案件认定事实和适用法律问题的审查，除了客观地从物理意义上对行为、事件等进行还原，还应当根据危险化学品管理单位和个人的法定义务，并结合行业惯例、日常生活经验等，对客观事实作出法律上的评价。

2. 判断危险品押运人员的从业资格时，首先依据客观事实和危险化学品运输行业惯例，认定押运员是否履职，再根据危险化学品运输企业应当负有管理运输车辆及其驾驶员、押运人员等法定义务，认定相关企业是否存在明知危险化学品运输车辆应当配备符合法律规定的人员，却未履行管理职责，未及时发现问题致使不具备资格的吴某某实际履行押运职责的情形，从而判断是否存在押运人员未取得从业资格上岗作业之情形。

3. 在危险化学品管理类行政处罚案件的司法审查中，危险化学品管理单位和个人所负有的法定义务影响对法律事实的认定，即该类单位和个人必须先证明自己已依法严格履行相应管理职责，否则视为行为不符合法律规定，应当承担相应的法律责任。

陕西秦某有限公司诉咸阳市市场监督管理局行政处罚案

——行政处罚金额明显过罚不当的人民法院可直接变更处罚金额

裁判要旨

针对行政违法行为情节较为轻微、社会危害性较小等法律规定的从轻、减轻行政处罚的情形，人民法院本着处罚不是目的而是手段的原则，兼顾行政目的的最佳效果和对相对人的最小侵害等裁量因素，认为行政处罚金额明显过罚不当的，可依据《行政诉讼法》第 77 条第 1 款的规定，直接判决变更处罚数额。

施秉县某机动车驾驶培训学校诉贵州省市场监督管理局行政处罚案

——横向垄断协议行政处罚的司法审查

裁判要旨

反垄断执法机构在执法活动中，对经营者之间的协议行为是否构成《反垄断法》所禁止的垄断协议，应当以该协议是否排除、限制竞争为判断标准。除了“其他垄断协议”需要由反垄断执法机构结合实际情况予以认定外，《反垄断法》第 13 条第 1 款列举的固定或变更商品价格等五种情形的协议，明显具有有害公平竞争的效果，反垄断执法机构可以直接认定协议为垄断协议。当然，这种认定是可以由经营者通过提交证据进行抗辩予以推翻的，即证明存在《反垄断法》第 15 条第 1 款第 1~5 项情形且不会严重限制相关市场竞争，能够使消费者分享利益或者存在该条第 6 项、第 7 项规定之情形。

上海某汽车有限公司诉某区市场监督管理局行政处罚案

——保障中小微企业经营权益实质性化解纠纷

裁判要旨

在处理中小微企业吊销营业执照的行政处罚纠纷中，法院应立足于在审理中查明的事实，考虑到单位经营范围与生产资质的特殊性，如恢复其营业执照既能够保障其经营自主权，最大程度发挥企业价值，同时也可以助力母公司实现债务清偿和破产重整，保障债权人的利益等因素，法院可积极介入展开协调化解，提示行政机关规范执法程序，强化服务意识，体现法治的温度。行政机关在了解企业面临的困境后，帮助企业恢复营业执照，助力企业有效推进破产重整。践行双赢多赢共赢的司法理念，体现人民法院延伸司法职能，践行能动司法，对保护中小微企业经营自主权、优化营商环境起到了积极示范作用。

四川某某有限责任公司诉四川省三台县市场监督管理局、三台县人民政府行政处罚及行政复议案

——经营者以精准帮扶的虚假宣传方式参与市场不正当竞争应当处罚

裁判要旨

经营者放任其工作人员假借精准帮扶惠民政策的名义对其商品作虚假或者引人误解的商业宣传，欺骗、误导消费者的，县级以上人民政府履行工商行政管理职责的部门可以认定经营者对其商品作虚假商业宣传，并依据《反不正当竞争法》第20条作出罚款行政处罚决定。

丁某诉上海铁路公安局上海公安处、上海铁路公安局行政处罚及行政复议案

——强行冲闯火车站检票口行为的性质认定

裁判要旨

1. 火车站候车厅和检票口属于供不特定人群停留、等候的公共场所，进入该场所的人员应当自觉遵守车站管理秩序，听从工作人员指挥和安排。故意违反安检规定，不听从工作人员现场指挥，造成公共秩序混乱的，属于《中华人民共和国治安管理处罚法》第二十三条规定的“扰乱公共场所秩序”的行为。

2. 认定扰乱公共场所秩序“情节较重”，可以从行为方式和危害结果等方面综合考虑。从行为方面看，采用推搡、拉扯等方式试图冲闯关卡，与工作人员发生肢体碰撞，手段和方式较为激烈的；从结果方面来看，引起通道挤占、岗位瘫痪，导致车站秩序失控，社会影响恶劣的，应当认定为扰乱公共场所秩序“情节较重”的情形。

峨眉山市综合行政执法局申请执行行政处罚加处罚款案

——加处罚款决定作出的形式、程序及起算时间认定

裁判要旨

1. 因行政相对人不按行政处罚决定履行金钱给付义务而加处罚款的决定，属于行政强制执行措施之一，既可以在行政处罚决定不履行后另行单独作出，也可以在行政处罚决定中附带作出。

2. 无行政强制执行权的行政机关作出的行政处罚及加处罚款决定，行政机关因行政相对人未履行申请法院强制执行的，加处罚款的履行期限应从诉讼终结后行政处罚决定的履行期限届满时重新起算。

冯某兵诉重庆市武隆区市场监督管理局行政处罚决定案

——网络平台交易模式下提供虚假酒店信息的构成虚假商业宣传

裁判要旨

经营者在网络平台发布商品或服务信息时，应当准确无误，不得对其商品的性能、功能、质量、销售状况、用户评价、曾获荣誉等作虚假或者引人误解的商业宣传，欺骗、误导消费者。作虚假或者引人误解的商业宣传，欺骗、误导消费者的，依照《中华人民共和国反不正当竞争法》第8条的规定，应予行政处罚。

本案是依法支持行政机关行政处罚行为，打击网络虚假宣传，维护数字经济时代下互联网竞争秩序的典型案例。近年来，网络预订和网上消费逐渐被大众尤其是年轻消费群体广泛接受。消费者为在旅途中顺利入住酒店，会优先选择通过网络平台上预订房间，但这种只见图不见房、先收钱再入住的交易方式存在一定风险。本案中，冯某某在实际没有线下实体酒店的情况下，在网络平台以虚假的酒店名称、外观照片，并盗用他人的经营地址、营业执照开展酒店住宿营销预订服务，欺骗、误导消费者，构成虚假宣传，扰乱市场竞争秩序，从而受到相应行政处罚。本案裁判依法支持行政机关执法行为，规制数字经济时代下互联网不正当竞争行为，有利于维护网络空间消费者合法权益，规范网络市场竞争秩序，为数字经济发展提供法治保障，也有利于营造诚实守信的良好社会风尚，弘扬社会主义核心价值观，对类似案件的处理具有参考作用。

广东省某工程有限公司诉某市自然资源局行政处罚案

——非法占地历史遗留问题的处理

裁判要旨

行政机关在对历史遗留的未批先建非法占地行为进行处罚时，应当充分考虑全案情况，结合非法占地的原因、过程、时间与各方责任情况，采取既能实现行政管理目的，又能对相对人信赖利益予以保护，对其权益影响和社会资源损害最小的执法方式。作出相应的行政处罚决定亦应符合过罚相当原则。

郭某兰诉宾阳县公安局行政处罚案

——治安处罚案件中"正当防卫"与"互殴"的区分

裁判要旨

在当事人因琐事引发争执、导致双方动手的案件中，应当准确区分互殴和正当防卫的界限，避免简单机械地将任何形式的肢体冲突都认定为互殴。在区分时，需要全面考量案件的各种客观情节，包括事情的起因、对冲突的升级是否有过错、是否采取了明显不相当的暴力等情节。一方当事人在无过错的情况下，面对他人不合理怀疑和过激攻击，采取的反应手段在适度范围内，情节和损害后果等方面没有超过合理限度，属于正当防卫的范畴。

湖北某品种盐有限责任公司蒙城分公司诉蒙城县市场监督管理局行政处罚案

——营销推广性质的扫码免费赠与商品属于经营行为

裁判要旨

1.“扫码免费赠与过期食盐”的行为是否认定为经营行为应当以是否具有产生市场有利效果的目的来综合判断。在具有推广宣传性质的展销会上设有摊位，以扫码方式赠送食盐，是面向消费者对其商品和品牌的宣传行为，具有推广营销的性质，有利于扩大市场上的商标知名度，能产生增加经济利益的影响，应当认定为食品安全法中的经营行为。

2. 行政相对人被查处时，有积极配合，如实陈述违法事实，提供进货来源并主动采取召回措施有效消除危害后果等行为的，行政机关应当依据《中华人民共和国行政处罚法》三十二条的规定，结合违法情节及社会危害后果，予以减轻处罚。

临沂某公司诉临沂高新技术产业开发区管理委员会行政处罚案

——对于产品外观上与电动自行车近似、加装蓄电池即能实现电动自行车功能的，亦须进行强制性产品认证方能销售

裁判要旨

经营者通过网络平台销售所谓“裸车”即不含蓄电池的电动自行车，是否违反电动自行车的产品认证规定，应当从产品的技术规范、商品的销售行为以及强制性产品认证制度的价值进行综合分析。对于产品外观上与电动自行车近似、加装蓄电池即能实现电动自行车功能，且经营者、消费者均以销售、购买电动自行车为目的的，应当将该产品认定为电动自行车，必须进行强制性产品认证才能销售。

某（中国）投资有限公司不服某市场监督管理局行政处罚决定及某区政府行政复议决定案

——虚假宣传不正当竞争行为的认定

裁判要旨

虚假宣传不正当竞争的本质在于“引人误解”而非“虚假”，人民法院应当根据日常生活经验、相关公众一般注意力、发生误解的事实和被宣传对象的实际情况等因素，认定宣传行为是否足以产生引人误解的后果。当专业领域的经营者使用非通用术语进行宣传时，结合该术语的相关专业背景及经营者对该术语的使用历史，若相关公众基于对该术语的认知会对被宣传商品的配置、性能等产生误解，构成虚假宣传。

某服饰加工厂诉滁州市广播电视新闻出版局行政处罚案

——行政处罚应符合比例原则与社会危害程度相当

裁判要旨

1. 以经营为目的的复制加工未经著作权人授权的作品，数量较大的，不仅侵犯了他人的著作权，同时也构成不正当竞争，危害市场经济秩序，构成对行政监管秩序的侵害，应当属于损害公共利益的情形，著作权行政管理部门可以给予行政处罚。在国家版权局《关于查处著作权侵权案件如何理解适用损害公共利益有关问题的复函》中，明确答复“就如何认定损害公共利益这一问题，依据《中华人民共和国著作权法》规定，第四十八条所列侵权行为，均有可能侵犯公共利益。就一般原则而言，向公众传播侵权作品，构成不正当竞争，损害经济秩序就是损害公共利益的具体表现。在“2002 年 WTO 过渡性审议”中，国家版权局也曾明确答复“构成不正当竞争，危害经济秩序的行为即可认定为损害公共利益”根据该答复可以提炼出认定路径为：不正当竞争 + 危害经济秩序 = 损害公共利益。本案二审判决也依据该答复认定

“公共利益”，二审判决在证明构成不正当竞争和危害经济秩序的基础上，增加论证了侵犯行政监管秩序和保护知识产权的行政监管职权，进一步说理完善了该路径，丰富了著作权领域“公共利益”的认定路径，对涉知识产权领域公共利益的界定具有一定的借鉴意义。

2. 行政处罚是手段不是目的，应坚持处罚与教育相结合原则，体现人文关怀，处罚的种类和幅度要与违法行为的性质、情节及社会危害程度相当，符合比例原则。结合本案著作权侵权行为的事实、性质、情节以及社会危害程度，本案对某服饰加工厂给予巨额处罚不符合比例原则和过罚相当原则。一审并未结合案情对行政裁量进行合法性审查，二审法院判决对行政裁量的合法性审查标准，结合修订后的《行政处罚法》作出变更判决，更具合理性和适当性。为著作权侵权行为行政处罚适当性的审查提供了借鉴，规范了该领域行政处罚

某公司诉海南省文昌市生态环境局、海南省文昌市人民政府行政处罚及行政复议案

——行政机关实施行政处罚应当审慎与善意

裁判要旨

1. 随着政府职能转变和行政审批体制改革的推进，环境保护监管制度从事前监管向事中事后监管转变，建设项目环境保护设施竣工验收制度持续简化优化。在环境保护设施竣工验收的主体由环保部门调整为建设单位，严格的 75% 验收工况标准被取消后，环境保护行政主管部门应立即执行新规，及时行政指导企业自行开展环保设施竣工验收，而不应继续执行旧规定、旧标准，更不能不考虑新旧规定过渡期间的特殊原因，滥用行政处罚职权。

2. 法律不应强人所难。行政机关实施行政处罚时必须全面、客观、公正地调查，收集有关证据，行政机关作出行政处罚时应将违法行为客观原因与主观过错等因素与情节纳入考量范围，衡量处罚的必要性，全面、客观、公正地进行处理，坚持过罚相当，体现善意文明执法和包容审慎监管理念，不能以罚代

某通信技术公司诉天津市市场监督管理委员会、国家市场监督管理总局行政处罚及行政复议案
——以“垫资”谋取竞争优势型商业贿赂的认定

裁判要旨

1. 建设单位应为通信配套设施出资方。经营者通过为通信配套设施“垫资”的方式谋求通信业务唯一供应商地位的，构成《中华人民共和国反不正当竞争法》第七条第一款第三项规定的商业贿赂行为。市场监管部门对该行为依法开展行政处罚，人民法院应予以支持。

2. 建设单位、物业管理单位等通常具有出租房屋、向入驻客户推荐电信服务或要求客户确认使用电信服务的权利，属于对电信业务交易具有较强影响力的单位。

3. 行为人是否具有在通信业务中谋取唯一供应商地位或其他竞争优势的意图，应当综合协议签订背景和内容判断，协议履行的具体情况不影响对行为目的的认定。

某影视放映有限公司诉山东省济南市长清区市场监督管理局、山东省长清区人民政府行政处罚及行政复议案
——经营者通过第三方网络销售平台设置格式条款损害消费者权益的，行政处罚对象如何认定

裁判要旨

经营者与网络销售平台经营商签订合作协议，由网络销售平台运营商负责票务销售工作，网络销售平台运营商根据经营者要求在其运营的网络销售平台上设置格式条款，排除经营者责任，侵害消费者合法权益的，经营者应承担责任。行政机关对经营者作出行政处罚决定的，处罚对象正确。

秦某江诉重庆市某区公安局交通巡逻警察支队等交通行政处罚及行政复议案

——因交通标志设置明显不当导致交通违法而受到的交通行政处罚应予撤销

裁判要旨

人民法院在审查因违反交通标志标线而受到的交通行政处罚时，可以审查交通标志标线的设置行为，进而以交通标志标线的设置行为违法为由撤销交通行政处罚。交通标志标线的设置符合国家标准，保持清晰、醒目、准确、完好，但设置区域不当，导致机动车没有足够距离反应进而违反交通标志标线，应认定交通标志标线的设置明显不当，进而判决撤销交通行政处罚。

武某俊诉云南某大学行政处罚案

——可导致开除学籍的“使用通讯设备作弊”，仅限于使用通讯设备的通讯功能作弊

裁判要旨

对教育部《普通高等学校学生管理规定》（教育部令41号）第五十二条第四项规定的“使用通讯设备作弊”，应理解为“使用通讯设备的通讯功能作弊”，方才符合教育部规章条款的立法原意与目的。高校对学生使用通讯设备作弊的认定，应关注有两人以上参与、主体之间存在信息交互、共谋性、群体性乃至组织性等特征。对于单一主体将考试资料存储在手机上，带入考场偷看的行为，其性质与携带含有考试相关内容的书本、纸条等类似，不应认定为使用通讯设备作弊，不应处以开除学籍的最严厉处分。

襄垣县某种植专业合作社诉襄垣县农业农村局履行行政补贴职责案

——行政机关应当遵守诚实信用原则，依法履行行政承诺

裁判要旨

行政允诺系行政机关为实现行政管理目标，依照法定权限和程序，就特定事项对相对人作出的授益性行政行为。在不违反法律、法规及相关法律原则和法治精神的情况下，行政机关应当遵守诚实信用原则，依法履行行政允诺。

薛某某诉中国证券监督管理委员会浙江监管局证券行政处罚案

——内幕交易案件中如何通过间接证据认定行为人“获悉并利用”内幕信息

裁判要旨

1. 间接证据具有独立的证明价值，即便案件没有直接证据，通过对间接证据的综合审查形成完整的推理链条，也能够完成对案件事实的认定。

2. 内幕交易行政处罚案件中，监管机构提供的证据能够证明行为人在内幕信息公开前与内幕信息知情人或知晓该内幕信息的人联络、接触，其证券交易活动与内幕信息高度吻合且该行为人不能做出合理说明或者提供证据排除其存在利用内幕信息从事相关证券交易活动的，人民法院可确认处罚决定认定行为人获悉并利用内幕信息的行为构成内幕交易。

漳州某建材公司诉福建云霄县林业局行政处罚案

——被诉行政行为未导致不动产物权变动的，不属于因不动产纠纷提起的行政诉讼

裁判要旨

1. 因不动产提起的行政诉讼，是指因行政行为导致不动产物权变动而提起的诉讼，而非指所有涉及不动产物权因素的行政诉讼。

2. 根据《中华人民共和国行政诉讼法》第四十六条第二款的规定，因不动产提起诉讼的案件自行政行为作出之日起超过二十年提起诉讼的，人民法院不予受理。该二十年为最长起诉期限，适用的前提是当事人不知道行政行为内容。当事人已经知道行政行为的内容，其起诉期限为知道或者应当知道行政行为作出之日起六个月，不适用二十年最长起诉期限条款；但当事人知道行政行为内容距二十年期满不足六个月的，则剩余时间为当事人提起诉讼的期限。

二、行政强制措施

高某诉山东省青岛市公安局交通警察支队黄岛大队行政强制措施案

——交警强制检验血液行为属于行政诉讼受案范围

裁判要旨

交警根据《道路交通安全法实施条例》第105条规定，对酒后驾驶当事人实施的强制检验血液行为，是公安机关判定案件能否进行刑事立案的基础性调查行为，属于公安机关为固定证据所实施的行政强制措施，并非公安机关依照《刑事诉讼法》的明确授权实施的行为，应属于人民法院行政诉讼的

受案范围。对此，交警实施的强制检验血液行为应严格遵循《行政强制法》规定的法定程序，以保护相对人的实体和程序权益。

陈某诉重庆市丰都县公安局行政强制案

——公安机关对不在案发现场的当事人进行口头传唤行为的合法性

裁判要旨

根据《行政强制法》的规定，我国将行政强制分为行政强制措施和行政强制执行，口头传唤是一种行政强制措施。

根据《行政强制法》第 2 条第 2 款的规定，合法的行政强制措施至少有以下四个特点：第一，行政性，即行政强制措施是有权的行政主体依法定程序作出的行政行为；第二，控制性，即具有强制性，能够对行政相对人的人身或财产权益进行一定的强制控制；第三，暂时性，即该措施并非对行政相对人相关权利的最终处分；第四，限制性，即实施行政强制措施应当进行限制，其适用条件必须是“为制止违法行为、防止证据损毁、避免危害发生、控制危险扩大等情形”。判断口头传唤是否违法，要同时具备上述四个特点，防止偏颇。

某房地产公司诉文山市住房和城乡建设局行政强制措施案

——房地产主管部门不能对房地产企业的商品房屋网签备案系统随意实施冻结措施

裁判要旨

商品房买卖合同网签备案系统用于管理房地产企业的商品房预售、现售过程，便于房地产企业在商品房合同签订前、后对房屋状态进行核查，对于房屋已销售、查封、抵押、冻结、预告登记等状态予以提示，通过信息技术手段，切实保护购房人的合法权益，可以有效遏制一房多卖、违规销售等行为，维护房地产市场运营秩序和健康发展。现行的法律、法规并没有规定及授予房地产主管部门冻结房地产企业商品房网签备案系统的权限，房地产主管部门不能因其他因素直接采取冻结措施予以冻结。

韩某兴诉上海市静安区人民政府芷江西路街道办事处、上海市静安区生态环境局等扣押财物及行政赔偿案

——适格被告的认定与责任承担

裁判要旨

1. 在当场采取强制行为又未制作要式决定书的情况下，应从行为属性、行政职权范围、具体实施人员的隶属关系等方面进行审查，依法准确认定责任主体，对强制行为进行合法性审查。

2. 相对人对违法行政强制措施主张赔偿，应当对损害事实提供证据，但因行政机关未依法制作书面决定等导致扣押物品难以查清的，应由行政机关承担举证不能的责任。对相对人主张的生产和生活物品的合理损失，予以支持。

卢某某诉某交警大队行政强制措施案

——扣留车辆时车载货物的处理权

裁判要旨

扣留车辆包括扣留违反一般道路交通安全法规的车辆和因收集证据需要扣留发生事故的车辆。车辆被扣留时车载物品的处理权并不当然属于交通管理部门，只有当客观上当事人无法自行处理或当事人放弃处理权时，才发生车载物品处理权的转移。准确判断车载物品处理权的归属可以帮助判断行政程序中相关的费用承担及赔偿主体。

1. 车载货物第一顺位处理权主体系当事人。车载货物处于当事人能够自

行处理的状态，当事人可能会有以下三种主观选择情形：第一种情形是完全处理，在此情形下，应当认为车载货物已经完全转移到当事人的控制下，在当事人接管后，交通管理部门无须也无权对车载货物作出处理。第二种情形是完全不处理，在当事人存在处理可能性的情况下，当事人仍选择完全不处理，此时可以认为当事人放弃车载货物处理权，交通管理部门予以接管，接管后应当对车载货物进行登记并妥善保管。第三种情形是部分处理，在交通管理部门告知当事人可以对车辆所载物品自行处理时，当事人同意处理，但仅取走部分物品。鉴于当事人对于车辆中所载物品的品类、数量及状态是明知的，对于未取走的物品应当视为经当事人判断后无须再次处理，以及同意继续放置于车辆中。

2. 对车载货物登记并妥善保管的前提系“当事人无法自行处理或者不自行处理”。此处对“无法自行处理”要作灵活认定，例如，当事人为运载批量货物的司机或卖家，在车辆发生事故时，有部分货物因被挤压、卡住无法由当事人取出，即属于当事人无法自行处理的情形，或者货物虽可取出，但因没有适合运输的交通工具，实际无法及时运走，也属于当事人无法自行处理的情形。对于是否“无法自行处理”的认定，交通管理部门应当把握合理行政及高效便民执法的原则。

3. 从可行性及执法成本角度理解行政机关的变卖或拍卖义务。对于被扣留的家用小轿车中的少量物品，相对人自行带走或处理，完全在其能力范围内。而在相对人拒绝带走或故意不处理的情况下，如要求交警部门必须履行组织变卖或拍卖程序，从现实可行性和执法成本等各方面考量，均达到了强人所难的程度。

4. 车载货物的处理权移交至交通管理部门后，交通管理部门对其中达到一定数量规模的容易腐烂、损毁、灭失或者其他不具备保管条件的物品，经批准后，可以在拍照或者录像后变卖或者拍卖，变卖、拍卖所得按照有关规定处理。虽然法律条文中使用“可以”的表述，但应当认为该条款实际已经赋予了交通管理部门登记和妥善处理的义务，仅是在处理方式上“可以”做多种选择，以达到妥善处理效果。未进行登记和妥善处理造成货物毁损、灭失的，仍构成程序违法。

金某诉北京市公安局公安交通管理局海淀交通支队清河大队扣押财物案

——交警应要求不需要翻译的外国当事人出具书面说明

裁判要旨

《道路交通事故处理程序规定》第99条第1款的规定可分为三个层次：首先，要求公安机关交通管理部门在处理涉外交通事故过程中，使用中华人民共和国通用的语言文字；其次，对不通晓我国语言文字的，应当为其提供翻译，可见，提供翻译已经成为相关执法部门的一项义务，而非任由其选择是否提供；最后，当事人通晓我国语言文字而不需要他人翻译的，应当出具书面声明。

在交警执法过程中，对于不通晓我国语言文字的外国人表示不需要提供翻译的，交警应当要求其出具书面声明。如果该外国人只是口头表示不需要提供翻译，交警应当将须出具书面说明的规定向其释明，并要求其按照上述规定出具书面说明。如果当事人只是口头表示不需要翻译，交警也没有提供翻译就进入执法程序，则会导致程序违法。

陈某芳诉钦州市城市管理行政执法局、钦州市人民政府行政强制及行政复议案

——先行登记保存证据逾期不作处理违法

裁判要旨

行政机关采取先行登记保存证据措施应严格在期限内作出处理，延续登记保存和变相超期保存行为，甚至长时间未进行处理没有法律依据，行政执法程序违法。

刘某务诉山西省太原市公安局交通警察支队晋源一大队行政强制措施案

——长期扣留车辆而不调查处理属滥用职权

裁判要旨

建设服务型政府，要求行政机关既要严格执法以维护社会管理秩序，也要兼顾相对人实际情况。行政处理存在裁量余地时，应当尽可能选择对相对人合法权益损害最小的方式；实施扣留等暂时性控制措施不能代替对案件的实体处理，行政机关无正当理由长期不处理的，构成滥用职权。

三、行政强制执行

指导性案例 22 号：魏某某、陈某某诉来安县人民政府收回土地使用权批复案

关键词：行政诉讼　受案范围　批复

裁判要点

地方人民政府对其所属行政管理部门的请示作出的批复，一般属于内部行政行为，不可对此提起诉讼。但行政管理部门直接将该批复付诸实施并对行政相对人的权利义务产生了实际影响，行政相对人对该批复不服提起诉讼的，人民法院应当依法受理。

关联索引

《中华人民共和国行政诉讼法》第 11 条

基本案情

2010 年 8 月 31 日，安徽省来安县国土资源和房产管理局向来安县人民政

府报送《关于收回国有土地使用权的请示》，请求收回该县永阳东路与塔山中路部分地块土地使用权。9月6日，来安县人民政府作出《关于同意收回永阳东路与塔山中路部分地块国有土地使用权的批复》。来安县国土资源和房产管理局收到该批复后，没有依法制作并向原土地使用权人送达收回土地使用权决定，而直接交由来安县土地储备中心付诸实施。魏某某、陈某某的房屋位于被收回使用权的土地范围内，其对来安县人民政府收回国有土地使用权的批复不服，提起行政复议。2011年9月20日，滁州市人民政府作出《行政复议决定书》，维持来安县人民政府的批复。魏某某、陈某某仍不服，提起行政诉讼，请求人民法院撤销来安县人民政府上述批复。

裁判结果

安徽省滁州市中级人民法院于2011年12月23日作出（2011）滁行初字第6号行政裁定：驳回魏某某、陈某某的起诉。魏某某、陈某某提出上诉。安徽省高级人民法院于2012年9月10日作出（2012）皖行终字第14号行政裁定：一、撤销安徽省滁州市中级人民法院（2011）滁行初字第6号行政裁定；二、指令安徽省滁州市中级人民法院继续审理本案。

裁判理由

法院生效裁判认为：根据《土地储备管理办法》和《安徽省国有土地储备办法》以收回方式储备国有土地的程序规定，来安县国土资源行政主管部门在来安县人民政府作出批准收回国有土地使用权方案的批复后，应当向原土地使用权人送达对外发生法律效力的收回国有土地使用权通知。来安县人民政府的批复属于内部行政行为，不向相对人送达，对相对人的权利义务尚未产生实际影响，一般不属于行政诉讼的受案范围。但本案中，来安县人民政府作出批复后，来安县国土资源行政主管部门没有制作并送达对外发生效力的法律文书，即直接交来安县土地储备中心根据该批复实施拆迁补偿安置行为，对原土地使用权人的权利义务产生了实际影响；原土地使用权人也通过申请政府信息公开知道了该批复的内容，并对批复提起了行政复议，复议机关作出复议决定时也告知了诉权，该批复已实际执行并外化为对外发生法律效力的具体行政行为。因此，对该批复不服提起行政诉讼的，人民法院应当依法受理。

某公司诉江西省南昌市生态环境局、南昌市人民政府行政处罚及行政复议案

——“未验先投”的认定及处罚

裁判要旨

行政机关行使生态环境行政处罚裁量权应当符合立法目的，并综合考虑违法行为造成的环境污染、生态破坏及社会影响，当事人的主观过错程度，违法行为的具体方式或者手段，违法行为持续的时间，当事人改正违法行为的态度和所采取的具体改正措施及效果等情节。在具体案件中，生态环境行政处罚应贯彻过罚相当原则，以事实为依据，结合违法行为方式、主观过错、危害后果及改正情况等因素，作出与违法行为性质、情节、社会危害程度相当的处罚。

严某存诉福建省漳州市龙文区人民政府房屋行政强制执行案

——行政案件适格被告的确定

裁判要旨

确定行政案件的适格被告，既要根据作出行政行为时的名义和身份，也要依据其权力的来源，并结合所依据的实体法律规范，综合判定。街道办事处以自己的名义作出行政行为的，应当以街道办事处为被告提起行政诉讼，起诉人否定街道办事处的被告主体资格，而主张以设立的人民政府为被告的，人民法院依法不予支持。

贾某诉河北省石家庄高新技术开发区管理委员会、宋营镇人民政府行政强制执行案

——征收拆迁不宜假村民自治形式进行

裁判要旨

征收拆迁与征收补偿事宜均属公权力职权范畴，职权之所在，即义务之所在，也即责任之所在，并不宜借村民自治形式进行。在现行土地和房屋征收补偿法律法规框架内，基于“旧城改造”“村改居”“新城镇建设”等实际需要，村民会议或者村民代表会议可以在符合上位法规定的前提下，通过村民自治方式决定建设项目和补偿事项，并可通过签订协议等方式解决补偿安置问题；但在未经协商一致的情况下，村民委员会等自治组织即单方采取强制拆除等方式则涉嫌违法。

恒某开发有限公司诉宝鸡市人民政府行政强制执行案

——不能以起诉人的权益可能不合法为由否定其诉权

裁判要旨

起诉人提起行政诉讼时有义务举证证明其与被诉行为有利害关系。但此种证明责任仅应是初步的、表面成立的，无须起诉人在起诉阶段提供确切证据证明确实存在合法权益及合法权益被侵犯，更不能以起诉人的权益可能并不合法等实体理由否定起诉人提起诉讼的权利。起诉人是否与被诉行政行为存在利害关系，或者说是否存在某项权益，在立案阶段是难以判断的，可以先登记立案待案件进入审理阶段再作判断，而不应径行裁定不予立案或驳回起诉。

某煤矿诉湖南省永兴县人民政府行政强制执行及行政补偿案

——因公共利益需要关停煤矿企业应当遵循正当程序并给予合理补偿

裁判要旨

虽然现行立法未对落后小煤矿关闭退出标准与程序作出具体、明确的规定，但实践中仍应遵守正当程序与法治的基本要求。落后小煤矿因公共利益而被关闭退出的，其有权利主张公平合理的补偿，但该补偿应仅限于因关闭退出造成的直接损失。

某公司诉湖南省衡阳市珠晖区人民政府行政强制执行及行政赔偿案

——强拆主体不能仅凭民事主体自认而认定

裁判要旨

1. 违法强拆行为适格责任主体应结合法律规定、全部在案证据及土地最终用途等情况综合判断，而不能仅凭民事主体自认确定。在房屋的强制拆除与项目建设存在高度关联的情况下，除非行政机关能提供相反证据证明其与拆除行为完全无关，否则可以推定涉案强制拆除行为在其主导下实施，其系涉案强拆行为的责任主体，并应承担相应的法律责任。

2. 违法强拆行为发生后，行政机关具有及时采取补救措施的义务。在双方未能协商一致的情况下，行政机关应及时作出相应的书面决定，将纠纷尽快引导进入法治化解决渠道，以便妥善解决强制拆除与补偿安置的遗留问题。

涞源县某养殖场诉河北省涞源县人民政府等行政强制执行案

——行政机关未作行政决定即实施的行政强制行为不属于代履行行为

裁判要旨

1. 代履行是当事人因拒绝或者没有能力导致其逾期不履行义务时，行政机关决定由其或者第三人代替当事人履行义务的一种强制执行方式。

2. 代履行的前提是行政机关已经依法作出要求当事人履行排除妨碍、恢复原状等义务的行政决定，适用范围应限于后果已经或者将危害交通安全、造成环境污染或者破坏自然资源的情形。

3. 行政机关未对案涉房屋及其他地上附属物等作出强制拆除、恢复原状行政决定即实施拆除的，系直接强制执行行为，不符合《行政强制法》第50条规定的代履行情形。

王某刚诉山东省济南市槐荫区人民政府行政强制执行案

——临时机构委托民事主体作出的行政行为由临时机构的组建机构承担行政责任

裁判要旨

负有法定职责的行政主体可以依法委托有关组织实施特定的行政行为，但由此产生的法律后果应由该行政主体承担，并在由此引发的行政诉讼中作为适格被告。区级人民政府组建的临时机构委托民事主体实施拆除行为产生诉讼的，区级人民政府应当作为适格被告并依法对拆除行为承担相应的法律责任。

承德市某公司诉河北省承德市双桥区人民政府、双桥区城市管理综合执法局强制拆除房屋案

——行政机关的“责成”行为不具有可诉性

裁判要旨

政府根据《城乡规划法》第68条的规定责成相关部门实施拆除行为，一般可视为内部职权分配行为，不直接对当事人的权利义务产生实际影响，不属于行政诉讼受案范围。“责成”行为是在审查“被责成”行为的程序合法性时应考量的因素之一，但“责成”行为本身具有内部性，通常不属于行政诉讼受案范围。

胡某某诉某县水利局行政强制执行案

——县级以上人民政府水利部门具有对河道内违法建筑实施强制拆除的法定职权

裁判要旨

《行政强制法》第13条规定，行政强制执行由法律设定。法律没有规定行政机关强制执行的，作出行政决定的行政机关应当申请人民法院强制执行。据此，行政机关的行政强制执行权必须获得法律的明确授权。《水法》第12条第4款规定，县级以上地方人民政府水行政主管部门按照规定的权限，负责本行政区域内水资源的统一管理和监督工作。第65条第1款规定，在河道管理范围内建设妨碍行洪的建筑物、构筑物，或者从事影响河势稳定、危害河岸堤防安全和其他妨碍河道行洪的活动的，由县级以上人民政府水行政主管部门或者流域管理机构依据职权，责令停止违法行为，限期拆除违法建筑物、构筑物，恢复原状；逾期不拆除、不恢复原状的，强行拆除，所需费用由违法单位或者个人负担，并处1万元以上10万元以下的罚款。根据上述规定，县级以上人民政府水利部门作为本行政区域内水资源管理和监督的行政

机关，具有对河道内违法建筑实施强制拆除的法定职权。

于某某诉贵阳市住房和城乡建设局行政强制执行案
——行政机关负责人书面批示不能代替书面决定

裁判要旨

1. 行政行为一经作出即具有公定力、确定力与执行力，行政机关即应当采取措施保证执行，相对人也有履行的义务。行政行为事后被行政机关自行撤销或者司法机关判决撤销的，在撤销前已经依据该行政行为实施的强制行为，虽然强制执行的时点具有执行依据，也符合法律规定，但仍应通过执行回转，或者引导对被撤销的行政行为赔偿程序来解决相对人的权利保护问题。如果强制执行前，撤销该行政行为的裁判文书已经生效并且送达，强制执行行为应当立即终止。即便相关裁判文书尚未生效，由于行政行为效力处于待定状态，强制执行行为一般也宜中止。拆迁补偿安置裁决是实施强制拆迁的基础；拆迁补偿安置裁决被撤销后，强制拆迁不得继续实施。

2. 行政机关内部的公文流程与审批程序完结后，仅意味着对行政机关而言，相应行政行为内容已经形成意思表示并产生既决力，未经集体决策或者启动变更程序，对内容不得随意变更或者废止。但是，对相对人而言，仍需要作出书面决定，载明所依据的事实与法律，加盖单位公章并有效送达后始产生既决力。行政机关作出限制相对人权利的行政行为必须以书面形式作出，县级人民政府负责人签署的同意强制拆迁意见，不能代替应经法定程序并以书面形式作出的责令限期拆迁决定。

王某宾诉长沙市天心区住房和城乡建设局危房拆除决定案

——房屋征收程序中以紧急避险为由拆除危房的司法认定

裁判要旨

房屋征收与危房拆除具有本质区别，两者本应各行其道。当房屋被纳入征收范围后，应当适用征收补偿法律关系，对房屋进行合法补偿后予以收回，此时再以紧急避险为由作出危房拆除决定应当受到严格限制。对于被纳入征收范围的房屋，只有严格按照征收程序实施征收无法避免“现实危险”时，才可以适用危房认定和拆除程序，否则以危房为由拆除该房屋执法目的不当，应予确认违法或者撤销。此外，征收决定一经作出，房屋的价值便已确定。即便此后该房屋成为危险房屋，其价值也不因此而丧失，对该房屋的补偿仍应以评估报告确定的价值为准，行政机关仍应当依法履行补偿职责。

周某某诉重庆市城口县人民政府请求确认房屋强拆行为违法案

——行政机关对作出处理决定后新修建的违法建筑应按法定程序处理后方能实施强拆行为

裁判要旨

1. 行政机关强制拆除违法建筑的行为属于行政强制执行行为。行政机关在执行强制拆除违法建筑决定的过程中，不得超越该决定确定的违法建筑范围和面积，不能擅自扩大执行范围。

2. 对违法行为人在作出处理决定后新建的违法建筑，行政机关不得将其纳入强制拆除的范围，而应当依照法定程序处理后再实施强制拆除。

王某革诉天津市红桥区人民政府强制执行案
——行政机关根据人民法院的生效裁判作出的执行行为不属于人民法院行政诉讼的受案范围

裁判要旨

行政机关根据法院的生效裁判、协助执行通知书作出执行行为，是行政机关必须履行的法定义务，性质上属于人民法院司法行为的延伸。当事人要求对行政机关协助执行人民法院生效裁判的行为进行合法性审查，实质上系要求人民法院对已被生效裁判羁束的争议进行审查，不属于人民法院行政诉讼的受案范围。如当事人认为行政机关的协助执行行为侵犯其合法权益，应当以人民法院生效裁判为对象通过审判监督程序主张救济。

浙江省慈溪市自然资源和规划局诉宁波某工程队非诉行政执行案
——未经审批不得在滩涂擅自搭建项目部

裁判要旨

滩涂是海滩、河滩和湖滩的总称，指沿海大潮高潮位与低潮位之间的潮浸地带，是湿地的重要组成部分。滩涂对沿岸流入的各种污染物质有自然净化的功能，而且具有调节洪水等自然灾害和气候的功能。行政执法部门及时发现被执行人违法行为，责令其改正并作出行政处罚，人民法院发挥非诉执行司法审查职能，依法支持和监督行政执法部门打击非法占用滩涂行为。

江苏省盐城市自然资源和规划局申请非诉执行案

——违法行为连续或者持续情形下行政处罚的追诉时效问题

裁判要旨

行政处罚规制的对象不仅包括建造行为，还包括对违章建筑的占有行为。处罚时效应自占有行为结束之日起计算。土地行政主管部门无论何时发现非法占用农用地的行为，只要违法事实依旧存在，均应依法作出处罚。

绵阳高新区某某饭店诉绵阳高新区普明街道办事处、第三人石某铺社区居民委员会、第三人田某某行政强制执行案

——承租人的合法权益在强拆行为中可能遭受特别损害或实际影响时，其具有原告资格；在未行使被授权的行政职权时，社区居民委员会并非行政诉讼的适格被告

裁判要旨

1. 在涉征收拆迁类行政案件中，要注意房屋承租人的原告主体资格认定问题。房屋作为涉及被征收人重大切身利益的重要财产，不仅具有居住功能，亦有出租收益功能。当被征收拆迁房屋已出租时，与房屋具有利益关系的不仅是房屋所有人，还包括承租人。此种情况下，判断征收房屋案件的利害关系，应当充分考虑房屋实际使用人的合法权益。若承租人在被征收的房屋上有不可分割的添附或依法独立在承租房屋开展经营活动，强制拆除房屋行为可能对承租人在房屋上的添附、承租人屋内物品或其正当行使的经营权造成不同于其他人的特别损害或实际影响，则应当认定其与行政行为具有利害关系，确认其具有提起行政诉讼的主体资格。

2. 居民委员会是居民实行自我管理、自我服务、自我教育的基层群众性自治组织。居民委员会接受不设区的市、市辖区的政府及其派出机关的指导，

亦协助不设区的市、市辖区的政府及其派出机关开展工作。居民委员会在进行居民事务管理服务的同时，许多事务或与行政管理相关联，或是在协助政府及其派出机关开展工作过程中，实际参与到部分行政行为。但应注意，居民委员会并不是行政机关，与政府也并非领导与被领导关系。《最高人民法院关于适用〈中华人民共和国行政诉讼法〉的解释》第 24 条第 1 款规定了村民委员会、居民委员会行使法律、法规、规章授权的行政职权时可以作为被告。因此，社区居民委员会并无进行房屋征收与补偿及强制拆除房屋的法定职权，故也不应作为共同被告，进而确认其行为违法。

北京市大兴区社会保险事业管理中心申请执行工伤保险待遇非诉行政执行案

——用人单位注销后被执行人的审查认定

裁判要旨

用人单位应当支付的工伤保险待遇已经人民法院生效民事判决确认，但用人单位在公司清算时，清算组未将公司解散清算事宜书面通知应由用人单位支付工伤保险待遇的权利人，造成权利人未及时申报债权，应认定用人单位清算组存在重大过失。社会保险经办机构在向受伤职工先行支付工伤保险待遇后，依法有权向用人单位的清算义务人追偿。

刘某贵诉江苏省阜宁县人民政府等行政强制案

——土地征收中合法建筑拆除的适格被告与起诉期限

裁判要旨

1. 在经依法批准的征地过程中，因合法房屋被强制拆除引发的行政案件，土地行政主管部门应当首先被推定为适格被告；除非有相反证据或者生效裁判足以推翻上述认定。

2. 适用当时的法律规定最长不得超过 2 年起诉期限规定的前提是，公民、法人或者其他组织知道或者应当知道行政机关实施了相关行政行为，相关行政机关也认可被诉行为系行政行为。

3. 行政主体违法强制拆除被征收人合法房屋后，应及时通过协商方式妥善解决房屋与房屋内物品损失；如认为被征收人诉求明显不符合法律规定，应当及时依法作出书面决定，及时交付或者提存相应补偿（赔偿）内容，而不能怠于履行补偿安置职责，以反复协商代替书面决定，甚至以拖待变造成安置问题长期无法通过法治化渠道解决。违法强制拆除后不积极补救且久拖不决，既损害被征收人补偿安置权益，又提高补偿安置成本，还扩大国家赔偿责任，损害政府依法行政形象。

田某诉北京市东城区永定门外街道办事处行政强制执行案

——强制拆除房屋案件中建筑物性质的审查认定

裁判要旨

在对建成时间较早、存续期间规划等管理规范发生变化的建筑物或构筑物的性质进行认定时，人民法院应当充分考虑建筑物或构筑物的形成年代、法律规范变更情况、行政管理状况、实际使用状况等因素，不能简单以审批手续不全为由，一律认定为违法建筑。

四、行政许可

指导性案例 59 号：戴某某诉济南市公安消防支队消防验收纠纷案

关键词：行政诉讼　受案范围　行政确认　消防验收　备案结果通知

裁判要点

建设工程消防验收备案结果通知含有对消防竣工验收是否合格的评定，具有行政确认的性质，当事人对公安机关消防机构的消防验收备案结果通知行为提起行政诉讼的，人民法院应当依法予以受理。

关联索引

《中华人民共和国消防法》第 4 条、第 13 条

基本案情

原告戴某某诉称：原告所住单元一梯四户，其居住的 × 室坐东朝西，进户门朝外开启。距离原告门口 0.35 米处的南墙挂有高 1.6 米、宽 0.7 米、厚 0.25 米的消火栓。人员入室需后退避让，等门扇开启后再前行入室。原告的门扇开不到 60 度至 70 度，人根本出不来。消防栓的设置和建设影响原告的生活。请求依法撤销被告济南市公安消防支队批准在其门前设置的消防栓通过验收的决定；依法判令被告责令报批单位依据国家标准限期整改。

被告济南市公安消防支队辩称：建设工程消防验收备案结果通知是按照建设工程消防验收评定标准完成工程检查，是检查记录的体现。如果备案结果合格，则表明建设工程是符合相关消防技术规范的；如果不合格，公安机关消防机构将依法采取措施，要求建设单位整改有关问题，其性质属于技术性验收，并不是一项独立、完整的具体行政行为，不具有可诉性，不属于人民法院行政诉讼的受案范围，请求驳回原告的起诉。

法院经审理查明：针对戴某某居住的馆驿街以南棚户区改造工程 1~8 号

楼及地下车库工程，济南市公安消防支队对其消防设施抽查后，于2011年11月21日作出济公消验备〔2011〕第0172号《建设工程消防验收备案结果通知》。

裁判结果

山东省济南高新技术产业开发区人民法院于2012年11月13日作出（2012）高行初字第2号行政裁定：驳回原告戴某某的起诉。戴某某不服一审裁定提起上诉。山东省济南市中级人民法院经审理，于2013年1月17日作出（2012）济行终字第223号行政裁定：一、撤销山东省济南高新技术产业开发区人民法院作出的（2012）高行初字第2号行政裁定；二、本案由山东省济南高新技术产业开发区人民法院继续审理。

裁判理由

法院生效裁判认为：关于行为的性质。《消防法》第4条规定："县级以上地方人民政府公安机关对本行政区域内的消防工作实施监督管理，并由本级人民政府公安机关消防机构负责实施。"公安部《建设工程消防监督管理规定》第3条第2款规定："公安机关消防机构依法实施建设工程消防设计审核、消防验收和备案、抽查，对建设工程进行消防监督。"第24条规定："对本规定第十三条、第十四条规定以外的建设工程，建设单位应当在取得施工许可、工程竣工验收合格之日起七日内，通过省级公安机关消防机构网站进行消防设计、竣工验收消防备案，或者到公安机关消防机构业务受理场所进行消防设计、竣工验收消防备案。"上述规定表明，建设工程消防验收备案就是特定的建设工程施工人向公安机关消防机构报告工程完成验收情况，消防机构予以登记备案，以供消防机构检查和监督，备案行为是公安机关消防机构对建设工程实施消防监督和管理的行为。消防机构实施的建设工程消防备案、抽查的行为具有行使行政职权的性质，体现出国家意志性、法律性、公益性、专属性和强制性，备案结果通知是备案行为的组成部分，是备案行为结果的具体表现形式，也具有上述行政职权的特性，应该纳入司法审查的范围。

关于行为的后果。《消防法》第13条规定："按照国家工程建设消防技术标准需要进行消防设计的建设工程竣工，依照下列规定进行消防验收、备案：……（二）其他建设工程，建设单位在验收后应当报公安机关消防机构备案，公安机关消防机构应当进行抽查。依法应当进行消防验收的建设工程，未经消防验收或者消防验收不合格的，禁止投入使用；其他建设工程经依法抽查不合格的，应当停止使用。”公安部《建设工程消防监督管理规定》第25条规定：“公安机关消防机构应当在已经备案的消防设计、竣工验收工程中，随机确定检查对象并向社会公告。对确定为检查对象的，公安机关消防机构应当在二十日内按照消防法规和国家工程建设消防技术标准完成图纸检查，或者按照建设工程消防验收评定标准完成工程检查，制作检查记录。检查结果应当向社会公告，检查不合格的，还应当书面通知建设单位。建设单位收到通知后，应当停止施工或者停止使用，组织整改后向公安机关消防机构申请复查。公安机关消防机构应当在收到书面申请之日起二十日内进行复查并出具书面复查意见。”上述规定表明，在竣工验收备案行为中，公安机关消防机构并非仅仅简单地接受建设单位向其报送的相关资料，还要对备案资料进行审查，完成工程检查。消防机构实施的建设工程消防备案、抽查的行为能产生行政法上的拘束力。对建设单位而言，在工程竣工验收后应当到公安机关消防机构进行验收备案，否则，应当承担相应的行政责任，消防设施经依法抽查不合格的，应当停止使用，并组织整改；对公安机关消防机构而言，备案结果中有对抽查是否合格的评定，实质上是一种行政确认行为，即公安机关消防机构对行政相对人的法律事实、法律关系予以认定、确认的行政行为，一旦消防设施被消防机构评定为合格，那就视为消防机构在事实上确认了消防工程质量合格，行政相关人也将受到该行为的拘束。

据此，法院认为作出建设工程消防验收备案通知，是对建设工程消防设施质量监督管理的最后环节，备案结果通知含有对消防竣工验收是否合格的评定，具有行政确认的性质，是公安机关消防机构作出的具体行政行为。备案手续的完成能产生行政法上的拘束力。故备案行为是可诉的行政行为，人民法院可以对其进行司法审查。原审裁定认为建设工程消防验收备案结果通知的性质属于技术性验收通知，不是具体行政行为，并据此驳回上诉人戴某某的起诉，确有不当。

指导性案例 88 号：张某某、陶某等诉四川省简阳市人民政府侵犯客运人力三轮车经营权案

关键词：行政　行政许可　期限　告知义务　行政程序　确认违法判决

裁判要点

1. 行政许可具有法定期限，行政机关在作出行政许可时，应当明确告知行政许可的期限，行政相对人也有权利知道行政许可的期限。

2. 行政相对人仅以行政机关未告知期限为由，主张行政许可没有期限限制的，人民法院不予支持。

3. 行政机关在作出行政许可时没有告知期限，事后以期限届满为由终止行政相对人行政许可权益的，属于行政程序违法，人民法院应当依法判决撤销被诉行政行为。但如果判决撤销被诉行政行为，将会给社会公共利益和行政管理秩序带来明显不利影响，人民法院应当判决确认被诉行政行为违法。

关联索引

《中华人民共和国行政诉讼法》第 89 条第 1 款第 2 项

基本案情

1994 年 12 月 12 日，四川省简阳市人民政府（以下简称简阳市政府）以通告的形式，对本市区范围内客运人力三轮车实行限额管理。1996 年 8 月，简阳市政府对人力客运老年车改型为人力客运三轮车（240 辆）的经营者每人收取了有偿使用费 3500 元。1996 年 11 月，简阳市政府对原有的 161 辆客运人力三轮车经营者每人收取了有偿使用费 2000 元。从 1996 年 11 月开始，简阳市政府开始实行经营权的有偿使用，有关部门也对限额的 401 辆客运人力三轮车收取了相关的规费。1999 年 7 月 15 日、7 月 28 日，简阳市政府针对有偿使用期限已届满两年的客运人力三轮车，发布《关于整顿城区小型车辆营运秩序的公告》（以下简称《公告》）和《关于整顿城区小型车辆营运秩序的补充公告》（以下简称《补充公告》）。其中，《公告》要求“原已具有合法证照的客运人力三轮车经营者必须在 1999 年 7 月 19 日至 7 月 20 日到市交警大

队办公室重新登记”,《补充公告》要求“经审查，取得经营权的登记者，每辆车按8000元的标准（符合《公告》第6条规定的每辆车按7200元的标准）交纳经营权有偿使用费”。张某某、陶某等182名客运人力三轮车经营者认为简阳市政府作出的《公告》第6条和《补充公告》第2条的规定形成重复收费，侵犯其合法经营权，向四川省简阳市人民法院提起行政诉讼，要求判决撤销简阳市政府作出的上述《公告》和《补充公告》。

裁判结果

1999年11月9日，四川省简阳市人民法院依照《行政诉讼法》第54条第1项之规定，作出（1999）简阳行初字第36号判决：维持市政府于1999年7月15日、1999年7月28日作出的行政行为。张某某、陶某等不服，提起上诉。2000年3月2日，四川省资阳地区中级人民法院作出（2000）资行终字第6号行政判决：驳回上诉，维持原判。2001年6月13日，四川省高级人民法院作出（2001）川行监字第1号行政裁定：指令四川省资阳市（原资阳地区）中级人民法院进行再审。2001年11月3日，四川省资阳市中级人民法院作出（2001）资行再终字第1号判决：撤销原一审、二审判决，驳回原审原告的诉讼请求。张某某、陶某等不服，向四川省高级人民法院提出申诉。2002年7月11日，四川省高级人民法院作出（2002）川行监字第4号裁定：驳回再审申请。张某某、陶某等不服，向最高人民法院申请再审。2016年3月23日，最高人民法院裁定提审本案。2017年5月3日，最高人民法院作出（2016）最高法行再81号行政判决：一、撤销四川省资阳市中级人民法院（2001）资行再终字第1号判决；二、确认简阳市政府作出的《关于整顿城区小型车辆营运秩序的公告》和《关于整顿城区小型车辆营运秩序的补充公告》违法。

裁判理由

最高人民法院认为，本案主要涉及以下三个问题：

关于被诉行政行为的合法性问题。从法律适用上看，《四川省道路运输管理条例》第4条规定：“各级交通行政主管部门负责本行政区域内营业性车辆类型的调整、数量的投放。”第24条规定：“经县级以上人民政府批准，客运经营权可以实行有偿使用。”四川省交通厅制定的《四川省小型车辆客运管理规定》(川交运〔1994〕359号）第8条规定：“各市、地、州运管部门对小型客运车辆实行额度管理时，经当地政府批准可采用营运证有偿使用的办法，但有偿使用期限一次不得超过两年。”可见，四川省地方性法规已经明确对客运经营权可以实行有偿使用。四川省交通厅制定的规范性文件虽然早于地方性法规，但该规范性文件对营运证实行有期限有偿使用的规定与地方性法规并不冲突。基于行政执法和行政管理需要，客运经营权也需要设定一定的期限。从被诉的行政程序上看，程序明显不当。被诉行政行为的内容是对原已具有合法证照的客运人力三轮车经营者实行重新登记，经审查合格者支付有偿使用费，逾期未登记者自动弃权的措施。该被诉行为是对既有的已经取得合法证照的客运人力三轮车经营者收取有偿使用费，而上述客运人力三轮车经营者的权利是在 1996 年通过经营权许可取得的。前后两个行政行为之间存在承继和连接关系。对于 1996 年的经营权许可行为，行政机关作出行政许可等授益性行政行为时，应当明确告知行政许可的期限。行政机关在作出行政许可时，行政相对人也有权知晓行政许可的期限。行政机关在 1996 年实施人力客运三轮车经营权许可之时，未告知张某某、陶某等人人力客运三轮车两年的经营权有偿使用期限。张某某、陶某等人并不知道其经营权有偿使用的期限。简阳市政府 1996 年的经营权许可在程序上存在明显不当，直接导致与其存在前后承继关系的本案被诉行政行为的程序明显不当。

关于客运人力三轮车经营权的期限问题。申请人主张，因简阳市政府在 1996 年实施人力客运三轮车经营权许可时未告知许可期限，据此认为经营许可是无期限的。最高人民法院认为，简阳市政府实施人力客运三轮车经营权许可，目的在于规范人力客运三轮车经营秩序。人力客运三轮车是涉及公共利益的公共资源配置方式，设定一定的期限是必要的。客观上，四川省交通厅制定的《四川省小型车辆客运管理规定》（川交运〔1994〕359 号）也明确了许可期限。简阳市政府没有告知许可期限，存在程序上的瑕疵，但申请人仅以此认为行政许可没有期限限制，最高人民法院不予支持。

关于张某某、陶某等人实际享受“惠民”政策的问题。简阳市政府根据当地实际存在的道路严重超负荷、空气和噪声污染严重、“脏、乱、差”、“挤、堵、窄”等问题进行整治，符合城市管理的需要，符合人民群众的意愿，其正当性应予肯定。简阳市政府为了解决因本案诉讼遗留的信访问题，先后实施两次“惠民”行动，为实质性化解本案争议作出了积极的努力，其后续行为也应予以肯定。本院对张某某、陶某等人接受退市营运的运力配置方案并作出承诺的事实予以确认。但是，行政机关在作出行政行为时必须恪守依法行政的原则，确保行政权力依照法定程序行使。

最高人民法院认为，简阳市政府作出《公告》和《补充公告》在行政程序上存在瑕疵，属于明显不当。但是，虑及本案被诉行政行为作出之后，简阳市城区交通秩序得到好转，城市道路运行能力得到提高，城区市容市貌持续改善，以及通过两次“惠民”行动，原401辆三轮车中的绝大多数已经分批次完成置换，如果判决撤销被诉行政行为，将会给行政管理秩序和社会公共利益带来明显不利影响。最高人民法院根据《最高人民法院关于执行〈中华人民共和国行政诉讼法〉若干问题的解释》第58条有关情况判决的规定确认被诉行政行为违法。

夏某等4人诉原江苏省东台市环境保护局行政许可案

——对环境评价行政许可涉及重大利益关系的认定

裁判要旨

1. 人民法院在审理环境评价行政许可相关案件中，应依法认定《行政许可法》第47条规定的“重大利益关系”，维护相邻群众的合法权益，保障公民在环境管理领域的知情权、陈述权、申辩权和听证权等权利。

2. 环境保护主管部门颁发环评行政许可，未听取有重大利益关系的相邻群众的陈述申辩意见的，属违反法定程序，人民法院依法予以撤销。

欧某某诉重庆市铜梁区人民政府行政许可案

——行政许可所依据的客观情况发生重大变化，行政机关为公共利益需要可以依法撤回行政许可

裁判要旨

一般情况下，行政机关不得任意擅自改变已经生效的行政许可。但行政许可作出后，所依据的客观情况发生重大变化，为了公共利益的需要，行政机关可依法变更或者撤回该已经生效的行政许可证，由此给公民、法人或者其他组织造成财产损失的，行政机关应当依法给予补偿。

周某某等36人诉重庆市某区规资局行政许可案

——将“协商一致”作为申请老旧住宅增设电梯许可的前置条件不合法

裁判要旨

老旧住宅增设电梯许可审批中，业主对增设电梯不能达成一致意见的，行政机关应对异议进行实质调查，有必要的还应进行勘验、鉴定，以确定增设电梯是否存在侵害异议人专有部分使用权或相邻权等合法权益及其他不予许可的法定情形。行政机关在未对异议进行调查的情况下，作出程序性复函要求业主协商一致，从事实上终止行政许可程序，没有事实和法律根据，应予撤销。

李某波诉荣县卫生局行政许可案

——附加法定情形以外的条件而作出的医师变更执业注册不予行政许可决定，应当依法撤销

裁判要旨

1.《行政许可法》确立了行政许可法定原则，行政机关实施行政许可，应当按照法定的权限、范围、条件和程序，不得任意扩大行政许可的依据范围。

2.《执业医师法》第 13 条以排除列举的形式对医师变更执业注册实质审查标准进行了明确，即申请人只要不属于《执业医师法》第 15 条规定的四种情形，应当予以注册变更。

梅某荣诉东台市民政局行政许可及一并审查规范性文件案

——违法设定行政许可条件的行政行为应予撤销

裁判要旨

1. 法院可以依申请对规章以下的规范性文件进行司法审查。《行政诉讼法》第 53 条规定的“可以一并请求对该规范性文件进行审查”是指以被诉行政行为为基础的一并审查。如果起诉人直接起诉要求法院对某规范性文件单独进行审查，法院应当进行法律释明，经释明，起诉人坚持诉讼的，未立案的裁定不予立案，已立案的裁定驳回起诉。

2. 法院一并审查规范性文件后，不宜直接对规范性文件作出否定性评价。从《行政诉讼法》第 64 条的规定可以看出，法律并未赋予法院对规范性文件进行司法审查后直接作出否定性评价的权力，只是不作为认定被诉行政行为合法的依据，法院仍然要对被诉行政行为进行审查判断，如被诉行政行为除该规范性文件外并无其他合法性依据，法院应当撤销被诉行政行为。法院虽然不能直接对规范性文件进行否定性评价，但可以口头或书面形式向制定机

关或其上级机关提出司法建议。

某出租车公司诉夹江县审批局行政许可案

——“放管服”背景下行政机关拖延受理及未在原许可有效期届满前作出续行许可决定的推定后果

裁判要旨

1. 开展相对集中行政许可权改革试点应当符合精简、统一、效能的原则，科学划分职权边界。试点行政机关应根据职权分工，正确厘清职权范围，做好权力交接与沟通；面对延续许可申请人的申请，应全面、积极履行回复与告知义务，并在法定期限内依法作出是否准予延续的答复。

2. 原行政许可有效期届满前，申请人多次在网上提出续行许可申请并积极主张权利，许可机关网上退回但未告知理由，也未依法回复和告知申请人需要补正材料的，应当推定许可机关自首次收到申请材料之日起即视为受理。许可机关的拖延受理、职权交接不畅等因素，是导致在申请人原行政许可已到期后迟迟未作出是否准予决定的重要原因的，应依照《行政许可法》第 50 条第 2 款规定的情形，对已到期仍未作出的原行政许可推定为默示准许。

嘉兴市某某公司诉嘉兴市南湖区行政审批局行政许可案

——行政许可程序中利害关系人提出异议的处理

裁判要旨

1. 在行政许可审查程序中，利害关系人提出异议的，行政机关应当通过听证等程序听取行政许可申请人及利害关系人的意见，未经听证程序直接作出不予许可决定的，程序违法。

2. 对于涉及企业经营资格的重大行政许可，行政机关应当审慎审查。一般情况下，行政机关审查申请人提交的材料是否符合法律法规规定即可作出决定，但在申请人提交材料和利害关系人异议存在冲突，对是否作出许可的关键条件存在争议，特别是在涉及社会公共安全等情况下，行政机关不应仅审查书面材料即作出决定，应当对相关关键事实、利害关系人提出的异议是否能够成立等内容主动调查核实，在查明事实的基础上准确作出决定。

戚某诉上海市道路运输管理局行政许可案
——行政许可注销程序的合法性审查规则

裁判要旨

在法律没有对行政许可注销程序作出相应具体规定的现状下，引入正当程序原则、比例原则对注销程序的合法性进行司法审查是有必要的。在审理行政许可注销案件时，应当结合注销事务的告知情况、注销许可的法定类型、注销事务数量、行政机关执法人员数量等因素综合审查行政许可注销程序的合法性。通过上述司法审查规则，旨在通过平衡程序正义和行政效率，实现保障行政相对人合法权益和构建高效能动服务型政府的双重目标。

鄂尔多斯市银某公司诉杭锦旗自然资源局行政许可案
——实施行政许可不能违法增设条件或者增加限制

裁判要旨

《中华人民共和国行政许可法》第四条明确规定行政机关实施行政许可，应当依照法定的权限、范围、条件和程序。《中华人民共和国城乡规划法》亦明确办理建设工程规划许可需提供的材料。行政机关实施行政许可，应当对行政许可申请是否符合法定条件进行判断，不能在法定条件之外增设条件或者增加限制。行政相对人申请办理建设工程规划许可符合法定条件的，行政机关应当依法办理行政许可。

张某、张某玲诉合肥市包河区人民政府行政许可案

——合法、合理、适当的规范性文件可以作为判断行政行为合法性的依据

裁判要旨

1. 对于加装电梯行政审批案件缺乏法律、行政法规或规章等统一、明确规定时，地方政府结合地方的具体实际情况，依法制定的规章以下规范性文件，人民法院经审查认为合法、有效且合理、适当的，应当承认其效力，并作为判断加装电梯行政审批行为是否合法的依据。

2. 加装电梯所在小区全体业主、业主委员会及业主大会不起诉时，专有部分占建筑物总面积过半数或者总户数过半数的业主认为加装电梯行政审批行为侵犯其合法权益的，对该审批行为可以提起诉讼。

五、行政征收或者征用

指导性案例 21 号：内蒙古某房地产开发有限责任公司诉呼和浩特市人民防空办公室人防行政征收案

关键词：行政　人防行政征收　防空地下室　易地建设费

裁判要点

建设单位违反《人民防空法》及有关规定，应当建设防空地下室而不建的，属于不履行法定义务的违法行为。建设单位应当依法缴纳防空地下室易地建设费的，不适用廉租住房和经济适用住房等保障性住房建设项目关于“免收城市基础设施配套费等各种行政事业性收费”的规定。

关联索引

《中华人民共和国人民防空法》第22条、第48条

基本案情

2008年9月10日，被告呼和浩特市人民防空办公室（以下简称呼市人防办）向原告内蒙古某房地产开发有限责任公司（以下简称某房地产公司）送达《限期办理“结建”审批手续告知书》，告知某房地产公司新建的经济适用住房“某第一城”住宅小区工程未按照《人民防空法》第22条及《人民防空工程建设管理规定》第45条、第47条的规定，同时修建战时可用于防空的地下室，要求某房地产公司在9月14日前到呼市人防办办理“结建”手续，并提交相关资料。2009年6月18日，呼市人防办对某房地产公司作出呼人防征费字（001）号《呼和浩特市人民防空办公室征收防空地下室易地建设费决定书》，决定对某房地产公司的“某第一城”项目征收“防空地下室易地建设费”172.46万元。某房地产公司对“某第一城”项目应建防空地下室5518平方米而未建无异议，对呼市人防办作出征费决定的程序合法无异议。

裁判结果

内蒙古自治区呼和浩特市新城区人民法院于2010年1月19日作出（2009）新行初字第26号行政判决：维持呼市人防办作出的呼人防征费字（001）号《呼和浩特市人民防空办公室征收防空地下室易地建设费决定书》。宣判后，某房地产公司提起上诉。内蒙古自治区呼和浩特市中级人民法院于2010年4月20日作出（2010）呼行终字第16号行政判决：驳回上诉，维持原判。

裁判理由

法院生效裁判认为，《国务院关于解决城市低收入家庭住房困难的若干意见》第16条规定：“廉租住房和经济适用住房建设、棚户区改造、旧住宅区整治一律免收城市基础设施配套费等各种行政事业性收费和政府性基金。”建设部等七部委发布的《经济适用住房管理办法》第8条规定：“经济适用住房建设项目免收城市基础设施配套费等各种行政事业性收费和政府性基金。”上述关于经济适用住房等保障性住房建设项目免收各种行政事业性收费的规定，虽然没有明确其调整对象，但从立法本意来看，其指向的对象应是合法建设行为。《人民防空法》第22条规定：“城市新建民用建筑，按照国家有关规定

修建战时可用于防空的地下室。”《人民防空工程建设管理规定》第48条规定：“按照规定应当修建防空地下室的民用建筑，因地质、地形等原因不宜修建的，或者规定应建面积小于民用建筑地面首层建筑面积的，经人民防空主管部门批准，可以不修建，但必须按照应修建防空地下室面积所需造价缴纳易地建设费，由人民防空主管部门统一就近易地修建。”即只有在法律法规规定不宜修建防空地下室的情况下，经济适用住房等保障性住房建设项目才可以不修建防空地下室，并适用免除缴纳防空地下室易地建设费的有关规定。免缴防空地下室易地建设费有关规定适用的对象不应包括违法建设行为，否则就会造成违法成本小于守法成本的情形，违反立法目的，不利于维护国防安全和人民群众的根本利益。某房地产公司对依法应当修建的防空地下室没有修建，属于不履行法定义务的违法行为，不能适用免缴防空地下室易地建设费的有关优惠规定。

指导性案例41号：宣某某等诉浙江省衢州市国土资源局收回国有土地使用权案

关键词：行政诉讼　举证责任　未引用具体法律条款　适用法律错误

裁判要点

行政机关作出具体行政行为时未引用具体法律条款，且在诉讼中不能证明该具体行政行为符合法律的具体规定，应当视为该具体行政行为没有法律依据，适用法律错误。

关联索引

《中华人民共和国行政诉讼法》第32条

基本案情

原告宣某某等18人系浙江省衢州市柯城区卫宁巷衢州府山中学教工宿舍楼的住户。2002年12月9日，衢州市发展计划委员会根据第三人建设银行衢州分行（以下简称衢州分行）的报告，经审查同意衢州分行在原有的营业综合大楼东南侧扩建营业用房建设项目。同日，衢州市规划局制定建设项目选址意见，衢州分行为扩大营业用房等，拟自行收购、拆除占地面积为205平方米的府山中学教工宿舍楼，改建为露天停车场，具体按规划详图实施。12月18日，衢州市规划局又规划出衢州分行扩建营业用房建设用地平面红线图。12月20日，衢州市规划局发出建设用地规划许可证，衢州分行建设项目用地面积756平方米。12月25日，被告衢州市国土资源局（以下简称衢州市国土局）请示收回衢州府山中学教工宿舍楼住户的国有土地使用权187.6平方米，报衢州市人民政府审批同意。同月31日，衢州市国土局作出衢市国土（2002）第37号《收回国有土地使用权通知》（以下简称《通知》），并告知宣某某等18人其国有土地使用权将被收回及诉权等内容。该《通知》说明了行政决定所依据的法律名称，但没有对所依据的具体法律条款予以说明。原告不服，提起行政诉讼。

裁判结果

浙江省衢州市柯城区人民法院于2003年8月29日作出（2003）柯行初字第8号行政判决：撤销被告衢州市国土局于2002年12月31日作出的衢市国土（2002）第37号《收回国有土地使用权通知》。宣判后，双方当事人均未上诉，判决已发生法律效力。

裁判理由

法院生效裁判认为：被告衢州市国土局作出《通知》时，虽然说明了该通知所依据的法律名称，但并未引用具体法律条款。在庭审过程中，被告辩称系依据《土地管理法》第58条第1款作出被诉具体行政行为。《土地管理法》第58条第1款规定："有下列情况之一的，由有关人民政府土地行政主管部门报经原批准用地的人民政府或者有批准权的人民政府批准，可以收回国有土地使用权：（一）为公共利益需要使用土地的；（二）为实施城市规划进行旧城区改建，需要调整使用土地的……"衢州市国土局作为土地行政主管部门，有权依照《土地管理法》对辖区内国有土地的使用权进行管理和调整，但其行使职权时必须具有明确的法律依据。被告在作出《通知》时，仅说明是依据《土地管理法》及浙江省的有关规定作出的，但并未引用具体的法律条款，故其作出的具体行政行为没有明确的法律依据，属于适用法律错误。

本案中，衢州市国土局提供的《衢州市发展计划委员会关于同意扩建营业用房项目建设计划的批复》《建设项目选址意见书审批表》《建设银行衢州分行扩建营业用房建设用地规划红线图》等有关证据，难以证明其作出的《通知》符合《土地管理法》第58条第1款规定的“为公共利益需要使用土地”或“实施城市规划进行旧城区改建，需要调整使用土地”的情形，主要证据不足，故被告主张其作出的《通知》符合《土地管理法》规定的理由不能成立。根据《行政诉讼法》及其相关司法解释的规定，在行政诉讼中，被告对其作出的具体行政行为承担举证责任，被告不提供作出具体行政行为时的证据和依据的，应当认定该具体行政行为没有证据和依据。

综上，被告作出的收回国有土地使用权的具体行政行为主要证据不足，适用法律错误，应予撤销。

郭某诉大洼县人民政府行政征收案
——行政复议与行政诉讼不能同时选择适用

裁判要旨

对于行政争议当事人可以行使选择权，既可以选择通过行政复议程序解决争议，也可以选择通过行政诉讼程序来解决争议，但两者只能选择其一，不能同时选择适用。在复议机关已经受理的情形下，对同一行政行为又提起行政诉讼的，或者在人民法院已经受理的情形下，对同一行政行为又申请复议的，在后收到起诉状或复议申请书的人民法院或复议机关均不应受理，已经受理的，裁定驳回起诉或决定驳回复议申请。

汪某芳诉龙游县人民政府行政征收案
——旧城改造过程中房屋收购行为的性质与救济途径

裁判要旨

1. 在行政征收过程中，当事人在收购方未能满足其收购要求的情况下，有权自愿选择不出售其房屋；收购方有义务尊重其不签订收购协议的权利。

在当事人未签订收购协议并在涉案房屋居住的情况下，收购方破坏性拆除当事人相邻已被收购的房屋，对当事人房屋的居住或者经商环境造成严重影响的，构成行政侵权。

2. 收购方破坏性拆除当事人相邻已被收购的房屋，既严重影响当事人房屋的安全性、舒适性，也造成房屋周围居住环境或商业功能丧失的，市、县政府因自己的先行行为而产生了对当事人房屋进行征收并补偿的附随义务或者赔偿房屋价值的附随义务。在现行法律制度缺乏强制性收购规定的前提下，对旧城改造中未达成收购协议的房屋的拆除，只能通过《国有土地上房屋征收与补偿条例》规定的征收程序来解决。

李某某诉潍坊市奎文区人民政府房屋征收决定案
——公房承租人可以作为原告针对征收决定提起诉讼

裁判要旨

直管公房租赁权是国家为了保障公民居住权而提供的一项具有重大财产利益的权利。不同于平等民事主体之间通过签订房屋租赁合同而取得房屋的承租权，直管公房承租人通过向行政机关申请而获得直管公房租赁权。基于该项权利，直管公房承租人得以长期缴纳低房租居住该房屋，对该房屋享有长期的占有和使用权，其经济地位近似于房屋所有权人。因此，征收部门在征收直管公房的过程中，考虑到直管公房承租人的特殊地位，以及征收行为对直管公房承租人权益的直接且重大影响，应当对其合法权益予以充分保护。直管公房承租人与房屋征收决定之间具有利害关系，具有对房屋征收决定提起诉讼的原告资格。

六、行政登记

指导性案例 89 号："北雁某某"诉济南市公安局历下区分局燕山派出所公安行政登记案

关键词：行政　公安行政登记　姓名权　公序良俗　正当理由

裁判要点

公民选取或创设姓氏应当符合中华传统文化和伦理观念，仅凭个人喜好和愿望在父姓、母姓之外选取其他姓氏或者创设新的姓氏，不属于《全国人民代表大会常务委员会关于〈中华人民共和国民法通则〉第九十九条第一款、〈中华人民共和国婚姻法〉第二十二条的解释》规定的"有不违反公序良俗的其他正当理由"。

关联索引

《中华人民共和国民法通则》第 99 条第 1 款

《中华人民共和国婚姻法》第 22 条

《全国人民代表大会常务委员会关于〈中华人民共和国民法通则〉第九十九条第一款、〈中华人民共和国婚姻法〉第二十二条的解释》

基本案情

原告"北雁某某"法定代理人吕某某诉称：其妻张某某在医院产下一女取名"北雁某某"，并办理了出生证明和计划生育服务手册新生儿落户备查登记。为女儿办理户口登记时，被告济南市公安局历下区分局燕山派出所（以下简称燕山派出所）不予上户口，理由是孩子姓氏必须随父姓或母姓，即姓"吕"或姓"张"。根据《婚姻法》和《民法通则》关于姓名权的规定，请求法院判令确认被告拒绝以"北雁某某"为姓名办理户口登记的行为违法。

被告燕山派出所辩称：依据法律和上级文件的规定不按"北雁某某"进行户口登记的行为是正确的。《民法通则》规定公民享有姓名权，但没有具体规定。而2009年12月23日最高人民法院举行新闻发布会，在关于夫妻离异后子女更改姓氏问题的答复中称，《婚姻法》第22条是我国法律对子女姓氏问题作出的专门规定，该条规定子女可以随父姓，可以随母姓，没有规定可以随第三姓。行政机关应当依法行政，法律没有明确规定的行为，行政机关就不能实施，原告和行政机关都无权对法律作出扩大化解释，这就意味着子女只有随父姓或者随母姓两种选择。从另一个角度讲，法律确认姓名权是为了使公民能以文字符号即姓名明确区别于他人，实现自己的人格和权利。姓名权和其他权利一样，受到法律的限制而不可滥用。新生婴儿随父姓、随母姓是中华民族的传统习俗，这种习俗标志着血缘关系，随父姓或者随母姓，都是有血缘关系的，可以在很大程度上避免近亲结婚，但是随第三姓，则与这种传统习俗、与姓的本意相违背。全国各地公安机关在执行《婚姻法》第22条关于子女姓氏问题的规定时，标准都是一致的，即子女应当随父姓或者随母姓。综上所述，拒绝原告法定代理人以“北雁某某”的姓名为原告申报户口登记的行为正确，恳请人民法院依法驳回原告的诉讼请求。

法院经审理查明：原告“北雁某某”出生于2009年1月25日，其父亲名为吕某某，母亲名为张某某。因酷爱诗词歌赋和中国传统文化，吕某某、张某某夫妇二人决定给爱女起名为“北雁某某”，并以“北雁某某”为名办理了新生儿出生证明和计划生育服务手册新生儿落户备查登记。2009年2月，吕某某前往燕山派出所为女儿申请办理户口登记，被民警告知拟被登记人员的姓氏应当随父姓或者母姓，即姓“吕”或者“张”，否则不符合办理出生登记条件。因吕某某坚持以“北雁某某”为姓名为女儿申请户口登记，被告燕山派出所遂依照《婚姻法》第22条之规定，于当日作出拒绝办理户口登记的具体行政行为。

该案经过两次公开开庭审理，原告“北雁某某”法定代理人吕某某在庭审中称：其为女儿选取的“北雁某某”之姓名，“北雁”是姓，“某某”是名。

因案件涉及法律适用问题，需送请有权机关作出解释或者确认，该案于2010年3月11日裁定中止审理，中止事由消除后，该案于2015年4月21日恢复审理。

裁判结果

山东省济南市历下区人民法院于2015年4月25日作出（2010）历行初

字第4号行政判决：驳回原告“北雁某某”要求确认被告燕山派出所拒绝以“北雁某某”为名办理户口登记行为违法的诉讼请求。

一审宣判并送达后，原告、被告双方均未提出上诉，本判决已发生法律效力。

裁判理由

法院生效裁判认为：2014年11月1日，第十二届全国人民代表大会常务委员会第十一次会议通过了《全国人民代表大会常务委员会关于〈中华人民共和国民法通则〉第九十九条第一款、〈中华人民共和国婚姻法〉第二十二条的解释》。该立法解释规定：“公民依法享有姓名权。公民行使姓名权，还应当尊重社会公德，不得损害社会公共利益。公民原则上应当随父姓或者母姓。有下列情形之一的，可以在父姓和母姓之外选取姓氏：（一）选取其他直系长辈血亲的姓氏；（二）因由法定扶养人以外的人抚养而选取抚养人姓氏；（三）有不违反公序良俗的其他正当理由。少数民族公民的姓氏可以从本民族的文化传统和风俗习惯。”

本案不存在选取其他直系长辈血亲姓氏或者选取法定抚养人以外的抚养人姓氏的情形，案件的焦点就在于原告法定代理人吕某某提出的理由是否符合上述立法解释规定的“有不违反公序良俗的其他正当理由”。首先，从社会管理和发展的角度看，子女承袭父母姓氏有利于提高社会管理效率，便于管理机关和其他社会成员对姓氏使用人的主要社会关系进行初步判断。倘若允许随意选取姓氏甚至恣意创造姓氏，则会增加社会管理成本，不利于维护社会秩序和实现社会的良性管控，而且极易使社会管理出现混乱，增加社会管理的风险性和不确定性。其次，公民选取姓氏涉及公序良俗。在中华传统文化中，“姓名”中的“姓”，即姓氏，主要来源于客观上的承袭，系先祖所传，承载了对先祖的敬重、对家庭的热爱等，体现着血缘传承、伦理秩序和文化传统。而“名”则源于主观创造，为父母所授，承载了个人喜好、人格特征、长辈愿望等。公民对姓氏传承的重视和尊崇，不仅仅体现了血缘关系、亲属关系，更承载着丰富的文化传统、伦理观念、人文情怀，符合主流价值观念，是中华民族向心力、凝聚力的载体和镜像。公民原则上随父姓或者母姓，符合中华传统文化和伦理观念，符合绝大多数公民的意愿和实际做法。反之，如果任由公民仅凭个人意愿喜好，随意选取姓氏甚至自创姓氏，则会造成对文化传统和伦理观念的冲击，违背社会善良风俗和一般道德要求。最后，公民依法享有姓名权，公民行使姓名权属于民事活动，既应当依照《民法通则》第99条第1款和《婚姻法》第22条的规定，还应当遵守《民法通则》第7条的规定，即应当尊重社会公德，不得损害社会公共利益。通常情况下，在父姓和母姓之外选取姓氏的行为，主要存在于实际抚养关系发生变动、有利于未成年人身心健康、维护个人人格尊严等情形。本案中，原告“北雁某某”的父母自创“北雁”为姓氏、选取“北雁某某”为姓名给女儿办理户口登记的理由是“我女儿姓名‘北雁某某’四字，取自四首著名的中国古典诗词，寓意父母对女儿的美好祝愿”。仅凭个人喜好愿望创设姓氏，具有明显的随意性，不符合立法解释规定的情形，不应给予支持。

盛某新诉上海市金山区市场监督管理局行政登记案

——市场管理机关以公司注销为由对未满任职限期的法定代表人解除限制，并对其再次担任法定代表人的登记申请予以核准的，该登记行为应当予以撤销或者变更

裁判要旨

1. 市场监督管理机关在作出登记行为时不仅要对申请材料进行形式审查，更要对材料是否符合登记条件尽到依法全面审查义务，确保登记行为不违反相关法律规定。根据相关规定，担任因违法被吊销营业执照的企业的法定代表人，并对该企业违法行为负有个人责任，自该企业被吊销营业执照之日起未逾三年的，不得担任法定代表人，企业登记机关不予核准登记。

2. 公司注销后，法定代表人的前述任职限制并非当然解除，市场管理机关以公司注销为由对未满三年限期的法人移除黑名单、解除其任职限制，并对其再次担任公司法定代表人的登记申请予以核准的，属于未尽到依法全面审查义务，该登记行为应当予以撤销或者变更。

李某某诉佳木斯市不动产登记中心及第三人李某顺行政登记案

——行政诉讼起诉期限的解释

裁判要旨

行政诉讼设置的起诉期限制度，在于督促相对人和利害关系人及时行使权利，维护行政行为的公定力和权利义务的稳定性。起诉期限不同于诉讼时效，没有中止、中断，但可以扣除、延长。《行政诉讼法》第48条规定，因不可抗力或其他不属于自身的原因耽误起诉期限的，被耽误的时间不计算在起诉期限内。如果原告的权利一直处于行政、民事救济中，其案件属于民事、行政交叉案件，原审法院先行处理行政争议导致判决被撤销、再审耽误的时间不属于原告自身耽误的原因，不应由原告承担不利后果。

孙某一诉某市公安局行政登记案

——姓名变更登记纠纷中的未成年人权益保护

裁判要旨

1.姓名包括姓和名字，其中“姓”为姓氏，指表明家族的字，“名”为名字，指个人特定的称谓，二者合一，构成公民的姓名。对行政机关作出的姓名变更登记行政行为的审查，应区分姓氏变更和名字变更的不同情况，正确适用法律。

2.姓名权是公民本人的人格权利。通常情况下，未成年人的姓名权由其父母代为行使。未成年人入学后，姓名与其学习、生活、校园交往的关联度较高，少年儿童已经具备一定的认知能力和分辨能力，应当尊重未成年人本人的意愿。涉及未成年人的姓名登记纠纷，一是应当将有利于未成年人成长作为首要原则，充分考虑其家庭生活、学校生活和情感所需；二是应当注意到姓名权的人格权属性，其与未成年人本人的关联度高于其监护人，对于已经具备一定认知水平和辨别能力的少年儿童，在处理类似案件时应当尊重其个人意愿，不宜仅考虑父母意志而忽视未成年人本人的意愿和对其情感的保护。

昆山某某公司诉昆山市国土资源局行政登记案

——物权登记行为对物权行使的不当限制违法应予撤销

裁判要旨

不动产登记系对物权的公示，涉及民事、行政双重法律关系，既应遵循物权法定等民事法律规范，又应符合与不动产登记相关的行政法规。物权的种类和内容由法律规定，当事人无权通过约定变更物权的法定内容。登记机关如将缺乏法律依据的约定内容进行登记，有违物权法定原则，当事人请求撤销相关登记内容的，人民法院应予支持。

吴川市甲公司诉吴川市自然资源局房屋所有权登记案

——行政诉讼中债权人原告诉讼主体资格的认定

裁判要旨

通常情况下，普通债权人对行政机关就债务人的财产作出的不利行政行为不具有行政诉讼原告资格。但是，行政机关作出行政行为时依法应予以保护或者应予考虑的除外。所谓“应予保护或者应予考虑”的债权，需具备以下几个方面的特征：其一，该债权应当是受法律保护的债权；其二，该受法律保护的债权必须在行政机关作出行政行为时业已形成或者必将形成；其三，债权人与行政机关形成一种区别于一般债权人的特别法律关系。

韩某宽诉某县民政局确认婚姻登记行为无效案

——冒名婚姻登记应当确认为无效行政行为

裁判要旨

1. 关于行政行为无效“重大且明显违法”认定的问题。因他人冒名而作出的结婚登记行为，登记对象明显错误，登记内容客观上无法实现，属于《行政诉讼法》第75条规定的“重大且明显违法”情形，应当确认为无效行政行为。

2. 关于确认行政行为无效是否应受起诉期限的限制的问题。对“重大且明显违法”的无效行政行为，确有可能严重侵犯公民权利的，人民法院应当为当事人提供必要的救济机会，也即本案确认婚姻登记行为无效不应受起诉期限的限制。

深圳市某科技发展有限公司诉南昌市行政审批局企业行政登记案

——有限责任公司股东的股权被冻结期间，公司登记机关依该公司增资扩股申请进行变更登记的，人民法院应予以撤销

裁判要旨

案涉公司股东的股权在被人民法院依法冻结期间，公司登记机关依案涉公司增资扩股变更登记申请，对该被冻结股权股东的出资比例进行变更登记的行为，违反了股权被冻结期间登记机关不予办理该股东的变更登记之禁止性规定，人民法院应依法对该变更登记予以撤销。

井研县某某小区业主委员会诉井研县人民政府研城街道办事处行政登记案

——影响到相对人后续权利义务的备案行为具有可诉性

裁判要旨

1. 行政机关对业委会的备案行为及撤销备案行为对业主权利义务产生影响，属于可诉的行政行为。业主委员会备案行为是否成立涉及是否可以刻制印章开展活动，属可诉的行政行为。

2. 在法律规范没有规定专门的纠错主体和程序时，基于职权法定和依法行政原则，业委会备案登记机关对于违法的登记行为可以自我纠错，但应当遵循正当程序，听取当事人意见，保障当事人陈述、申辩等权利。

徐某甲诉某县行政审批服务局行政登记案

——行政争议以民事争议的解决为基础的，应当告知一并解决

裁判要旨

《最高人民法院关于适用〈中华人民共和国行政诉讼法〉的解释》第138条第3款规定，人民法院在审理行政案件中发现民事争议为解决行政争议的基础，当事人没有请求人民法院一并审理相关民事争议的，人民法院应当告知当事人依法申请一并解决民事争议。该条款是基于诉讼效率、司法资源及减轻当事人诉累等各方面因素的考量，在尊重当事人诉权的基础上，就法官的释明义务作出的规定，明确了行政案件的审理必须以民事争议的解决为基础的，法院必须进行必要的释明指导，告知当事人一并解决。

颜某某等五人诉石狮市住房和城乡建设局行政登记案

——超过一定比例的业主方有权提起撤销业主委员会备案之诉

裁判要旨

1. 业主委员会的选举产生涉及的是全体业主的共有利益，而非单个、少数业主的私人权益。从功能设置上看，法律设立业主委员会的初衷，就是让业主的利益最大限度地获得保障。

2. 行政机关对业主委员会的备案行为适用形式审查。从性质上分析，业主委员会备案是行政机关对业主委员会依法成立、具备主体资格等事实给予认可、证明的行政行为，属于行政确认。鉴于备案制度的设置目的在于通过备案使业主委员会取得合法身份，而非用于限制备案事项法律效力的发生，在法律未规定需进行实质审查的情况下，政府相关部门对于业主委员会申请的备案事项，只对是否具备形式材料进行书面审查，至于选举情况等材料是否真实则由申请人负责。

3. 业主对于业主委员会备案行为享有的诉权实质为集体诉权。《最高人民法院关于适用〈中华人民共和国行政诉讼法〉的解释》第 18 条对业主的诉权有数量上的限制，原因在于：一是业主享有的诉权，应该滞后于业主委员会的诉权；二是业主的诉权是集体诉权，即不是每个业主都享有，而是达到一定比例的业主方可提起诉讼。依此，就业主委员会备案行为而言，在业主委员会不起诉的情况下，必须超过特定比例业主们才具有原告资格。

金某诉苏州市吴江区国土资源局房屋登记管理案

——程序瑕疵不实质影响实体权益的，属于程序轻微违法，应确认违法

裁判要旨

《行政诉讼法》第74条第1款第2项规定："行政行为有下列情形之一的，人民法院判决确认违法，但不撤销行政行为：（二）行政行为程序轻微违法，但对原告权利不产生实际影响的。"房屋所有权登记行为具有相应的事实根据，但行政机关在登记程序上有所欠缺，该程序瑕疵对行政相对人或行政相关人的实体权益不构成实质影响，属于程序轻微违法，人民法院依法应当确认违法。

安徽某汽车销售服务有限公司诉蒙城县市场监督管理局工商登记案

——行政机关增设登记条件而作出的不予登记行为，应当依法撤销

裁判要旨

行政机关设定和实施行政许可，应当依照法定的权限、范围、条件和程序，不得随意增设条件。根据《中华人民共和国公司登记管理条例》的规定，申请设立公司应当提交的公司住所证明是指能够证明公司对其住所享有使用权的文件，并由公司登记机关依法对材料的真实性进行审核。至于该住所是否符合从事特定经营活动的要求，不属于公司登记机关在设立登记时应当审查的内容。公司登记机关以申请人未能提交住所符合从事特定经营活动要求的材料为由不予登记的，属于增设许可条件，依法应予撤销。

某置业公司诉南通市自然资源和规划局房屋所有权登记案

——不动产登记机关主动撤销不动产登记的审查认定

裁判要旨

行政登记机关在不动产登记确有错误的情形下，有权主动纠错或撤销登记。行政机关主动撤销不动产登记应符合一定条件，即不动产登记簿记载的不动产面积、位置等自然状况或者所有权人、抵押权人等权利状况确与客观事实不符，同时应当充分听取不动产权利人的意见。如果撤销登记会给公共利益或利害关系人合法权益造成损害的，则登记机关应当在不动产权利人、善意第三人及公共利益之间进行衡量，并选择合适的处理方式。

七、行政确认

指导性案例38号：田某诉某大学拒绝颁发毕业证、学位证案

关键词：行政诉讼 颁发证书 高等学校 受案范围 正当程序

裁判要点

1. 高等学校因受教育者违反校规、校纪而拒绝颁发学历证书、学位证书，受教育者不服的，可以依法提起行政诉讼。

2. 高等学校依据违背国家法律、行政法规或规章的校规、校纪，对受教育者作出退学处理等决定的，人民法院不予支持。

3. 高等学校对违反校规、校纪的受教育者作出影响其基本权利的决定时，应当允许其申辩并在决定作出后及时送达，否则视为违反法定程序。

关联索引

《中华人民共和国行政诉讼法》第 25 条

《中华人民共和国教育法》第 21 条、第 22 条

《中华人民共和国学位条例》第 8 条

基本案情

原告田某于 1994 年 9 月考取某大学，取得本科生的学籍。1996 年 2 月 29 日，田某在电磁学课程的补考过程中，随身携带写有电磁学公式的纸条。考试中，去上厕所时纸条掉出，被监考教师发现。监考教师虽未发现其有偷看纸条的行为，但还是按照考场纪律，当即停止了田某的考试。被告某大学根据原国家教委关于严肃考场纪律的指示精神，于 1994 年制定了校发（94）第 068 号《关于严格考试管理的紧急通知》（以下简称第 068 号通知）。该通知规定，凡考试作弊的学生一律按退学处理，取消学籍。被告据此于 1996 年 3 月 5 日认定田某的行为属作弊行为，并作出退学处理决定。同年 4 月 10 日，被告填发了学籍变动通知，但退学处理决定和变更学籍的通知未直接向田某宣布、送达，也未给田某办理退学手续，田某继续以该校大学生的身份参加正常学习及学校组织的活动。1996 年 9 月，被告为田某补办了学生证，之后每学年均收取田某交纳的教育费，并为田某进行注册、发放大学生补助津贴，安排田某参加了大学生毕业实习设计，由其论文指导教师领取了学校发放的毕业设计结业费。田某还以该校大学生的名义参加考试，先后取得了大学英语四级、计算机应用水平测试 BASIC 语言成绩合格证书。被告对原告在该校的四年学习中成绩全部合格，通过毕业实习、毕业设计及论文答辩，获得优秀毕业论文及毕业总成绩为全班第九名的事实无争议。

1998 年 6 月，田某所在院系向被告报送田某所在班级授予学士学位表时，被告有关部门以田某已按退学处理、不具备某大学学籍为由，拒绝为其颁发毕业证书，进而未向教育行政部门呈报田某的毕业派遣资格表。田某所在院系认为原告符合大学毕业和授予学士学位的条件，但由于当时原告因毕业问题正在与学校交涉，故暂时未在授予学位表中签字，待学籍问题解决后再签。被告因此未将原告列入授予学士学位资格的名单交该校学位评定委员会审核。因被告的部分教师为田某一事向原国家教委申诉，国家教委高校学生司于 1998 年 5 月 18 日致函被告，认为被告对田某违反考场纪律一事处理过重，建

议复查。同年6月10日，被告复查后，仍然坚持原结论。田某认为自己符合大学毕业生的法定条件，某大学拒绝给其颁发毕业证、学位证是违法的，遂向北京市海淀区人民法院提起行政诉讼。

裁判结果

北京市海淀区人民法院于1999年2月14日作出（1998）海行初字第00142号行政判决：一、某大学在本判决生效之日起30日内向田某颁发大学本科毕业证书；二、某大学在本判决生效之日起60日内组织本校有关院、系及学位评定委员会对田某的学士学位资格进行审核；三、某大学于本判决生效后30日内履行向当地教育行政部门上报有关田某毕业派遣的有关手续的职责；四、驳回田某的其他诉讼请求。某大学提出上诉。北京市第一中级人民法院于1999年4月26日作出（1999）一中行终字第73号行政判决：驳回上诉，维持原判。

裁判理由

法院生效裁判认为：根据我国法律、法规规定，高等学校对受教育者有进行学籍管理、奖励或处分的权力，有代表国家对受教育者颁发学历证书、学位证书的职责。高等学校与受教育者之间属于教育行政管理关系，受教育者对高等学校涉及受教育者基本权利的管理行为不服的，有权提起行政诉讼，高等学校是行政诉讼的适格被告。

高等学校依法具有相应的教育自主权，有权制定校纪、校规，并有权对在校学生进行教学管理和违纪处分，但是其制定的校纪、校规和据此进行的教学管理和违纪处分，必须符合法律、法规和规章的规定，必须尊重和保护当事人的合法权益。本案原告在补考中随身携带纸条的行为属于违反考场纪律的行为，被告可以按照有关法律、法规、规章及学校的有关规定处理，但其对原告作出退学处理决定所依据的该校制定的第068号通知，与《普通高等学校学生管理规定》第29条规定的法定退学条件相抵触，故被告所作退学处理决定违法。

退学处理决定涉及原告的受教育权利，为充分保障当事人权益，从正当程序原则出发，被告应将此决定向当事人送达、宣布，允许当事人提出申辩意见。而被告既未依此原则处理，也未实际给原告办理注销学籍、迁移户籍和档案等手续。被告于1996年9月为原告补办学生证并注册的事实行为，应视为被告改变了对原告所作的按退学处理的决定，恢复了原告的学籍。被告又安排原告修满四年学业，参加考核、实习及毕业设计并通过论文答辩等。上述一系列行为虽系被告及其所属院系的部分教师具体实施，但因上述行为均属职务行为，故被告应承担上述行为所产生的法律后果。

国家实行学历证书制度，被告作为国家批准设立的高等学校，对取得普通高等学校学籍、接受正规教育、学习结束达到一定水平和要求的受教育者，应当为其颁发相应的学业证明，以承认该学生具有的相当学历。原告符合上述高等学校毕业生的条件，被告应当依《教育法》第28条第1款第5项及《普通高等学校学生管理规定》第35条的规定，为原告颁发大学本科毕业证书。

国家实行学位制度，学位证书是评价个人学术水平的尺度。被告作为国家授权的高等学校学士学位授予机构，应依法定程序对达到一定学术水平或专业技术水平的人员授予相应的学位，颁发学位证书。依《学位条例暂行实施办法》第4条、第5条、第18条第3项规定的颁发学士学位证书的法定程序要求，被告首先应组织有关院系审核原告的毕业成绩和毕业鉴定等材料，确定原告是否已较好地掌握本门学科的基础理论、专业知识和基本技能，是否具备从事科学研究工作或担负专门技术工作的初步能力；再决定是否向学位评定委员会提名列入学士学位获得者的名单，学位评定委员会依名单审查通过后，由被告对原告授予学士学位。

指导性案例39号：何某某诉某大学拒绝授予学位案

关键词：行政诉讼　学位授予　高等学校　学术自治

裁判要点

1. 具有学位授予权的高等学校，有权对学位申请人提出的学位授予申请进行审查并决定是否授予其学位。申请人对高等学校不授予其学位的决定不服提起行政诉讼的，人民法院应当依法受理。

2. 高等学校依照《学位条例暂行实施办法》的有关规定，在学术自治范围内制定的授予学位的学术水平标准，以及据此标准作出的是否授予学位的决定，人民法院应予支持。

关联索引

《中华人民共和国学位条例》第 4 条、第 8 条第 1 款

《中华人民共和国学位条例暂行实施办法》第 25 条

基本案情

原告何某某系第三人某大学某分校（以下简称某分校）2003 级通信工程专业的本科毕业生。某分校是独立的事业单位法人，无学士学位授予资格。根据国家对民办高校学士学位授予的相关规定和双方协议约定，被告某大学同意对某分校符合学士学位条件的本科毕业生授予学士学位，并在协议附件载明《某大学某分校授予本科毕业生学士学位实施细则》。其中，第 2 条规定："凡具有我校学籍的本科毕业生，符合本《实施细则》中授予条件者，均可向某大学学位评定委员会申请授予学士学位。"第 3 条规定："……达到下述水平和要求，经学术评定委员会审核通过者，可授予学士学位：……（三）通过全国大学英语四级统考。"2006 年 12 月，某大学作出《关于某分校、某学院申请学士学位的规定》，规定通过全国大学外语四级考试是非外国语专业学生申请学士学位的必备条件之一。

2007 年 6 月 30 日，何某某获得某分校颁发的《普通高等学校毕业证书》，由于其在本科学习期间未通过全国英语四级考试，某分校根据上述《实施细则》，未向某大学推荐其申请学士学位。2007 年 8 月 26 日，何某某向某大学和某分校提出授予工学学士学位的申请。2008 年 5 月 21 日，某分校作出书面答复，因何某某没有通过全国大学英语四级考试，不符合授予条件，某大学不能授予其学士学位。

裁判结果

湖北省武汉市洪山区人民法院于 2008 年 12 月 18 日作出（2008）洪行初字第 81 号行政判决：驳回原告何某某要求被告某大学为其颁发工学学士学位的诉讼请求。何某某提起上诉。湖北省武汉市中级人民法院于 2009 年 5 月 31 日作出（2009）武行终字第 61 号行政判决：驳回上诉，维持原判。

裁判理由

法院生效裁判认为：本案争议焦点主要涉及被诉行政行为是否可诉、是否合法及司法审查的范围问题。

一、被诉行政行为具有可诉性

根据《学位条例》等法律、行政法规的授权，被告某大学具有审查授予普通高校学士学位的法定职权。依据《学位条例暂行实施办法》第4条第2款“非授予学士学位的高等院校，对达到学士学术水平的本科毕业生，应当由系向学校提出名单，经学校同意后，由学校就近向本系统、本地区的授予学士学位的高等院校推荐。授予学士学位的高等院校有关的系，对非授予学士学位的高等院校推荐的本科毕业生进行审查考核，认为符合本暂行办法及有关规定的，可向学校学位评定委员会提名，列入学士学位获得者名单”，以及国家促进民办高校办学政策的相关规定，某大学有权按照与民办高校的协议，对于符合本校学士学位授予条件的民办高校本科毕业生经审查合格授予普通高校学士学位。

本案中，第三人某分校是未取得学士学位授予资格的民办高校，该院校与某大学签订合作办学协议约定，某分校对该校达到学士学术水平的本科毕业生，向某大学推荐，由某大学审核是否授予学士学位。依据《学位条例暂行实施办法》的规定和某大学与某分校之间的合作办学协议，某大学具有对某分校推荐的应届本科毕业生进行审查和决定是否颁发学士学位的法定职责。某分校的本科毕业生何某某以某大学在收到申请之日起60日内未授予其工学学士学位，向人民法院提起行政诉讼，符合《最高人民法院关于执行〈中华人民共和国行政诉讼法〉若干问题的解释》第39条第1款的规定。因此，某大学是本案适格的被告，何某某对某大学不授予其学士学位不服提起诉讼的，人民法院应当依法受理。

二、被告制定的《某大学某分校授予本科毕业生学士学位实施细则》第3条的规定符合上位法规定

《学位条例》第4条规定：“高等学校本科毕业生，成绩优良，达到下述学术水平者，授予学士学位：（一）较好地掌握本门学科的基础理论、专门知识和基本技能……”《学位条例暂行实施办法》第25条规定：“学位授予单位可根据本暂行条例实施办法，制定本单位授予学位的工作细则。”该办法赋予

学位授予单位在不违反《学位条例》所规定的授予学士学位基本原则的基础上，在学术自治范围内制定学士学位授予标准的权力和职责，某大学在此授权范围内将全国大学英语四级考试成绩与学士学位挂钩，属于学术自治的范畴。高等学校依法行使教学自主权，自行对其所培养的本科生教育质量和学术水平作出具体的规定和要求，是对授予学士学位的标准的细化，并没有违反《学位条例》第4条和《学位条例暂行实施办法》第25条的原则性规定。因此，何某某因未通过全国大学英语四级考试不符合某大学学士学位的授予条件，某分校未向某大学推荐其申请授予学士学位，故某大学并不存在不作为的事实，对何某某的诉讼请求不予支持。

三、对学校授予学位行为的司法审查以合法性审查为原则

各高等学校根据自身的教学水平和实际情况在法定的基本原则范围内确定各自学士学位授予的学术水平衡量标准，是学术自治原则在高等学校办学过程中的具体体现。在符合法律法规规定的学位授予条件前提下，确定较高的学士学位授予学术标准或适当放宽学士学位授予学术标准，均应由各高等学校根据各自的办学理念、教学实际情况和对学术水平的理想追求自行决定。对学士学位授予的司法审查不能干涉和影响高等学校的学术自治原则，学位授予类行政诉讼案件司法审查的范围应当以合法性审查为基本原则。

指导性案例40号：孙某某诉天津新技术产业园区劳动人事局工伤认定案

关键词：行政　工伤认定　工作原因　工作场所　工作过失

裁判要点

1.《工伤保险条例》第14条第1项规定的“因工作原因”，是指职工受伤与其从事本职工作之间存在关联关系。

2.《工伤保险条例》第14条第1项规定的“工作场所”，是指与职工工作职责相关的场所，有多个工作场所的，还包括工作时间内职工来往于多个工作场所之间的合理区域。

3. 职工在从事本职工作中存在过失，不属于《工伤保险条例》第16条规定的故意犯罪、醉酒或者吸毒、自残或者自杀情形，不影响工伤的认定。

关联索引

《工伤保险条例》第14条第1项、第16条

基本案情

原告孙某某诉称：其在工作时间、工作地点，因工作原因摔倒致伤，符合《工伤保险条例》规定的情形。天津新技术产业园区劳动人事局（以下简称园区劳动局）不认定工伤的决定，认定事实错误，适用法律不当。请求撤销园区劳动局所作的《工伤认定决定书》，并判令园区劳动局重新作出工伤认定。

被告园区劳动局辩称：天津市某防雷技术有限公司（以下简称某公司）业务员孙某某因公外出期间受伤，但受伤不是由于工作原因，而是由于本人注意力不集中，脚底踩空，才在下台阶时摔伤。其受伤结果与其所接受的工作任务没有明显的因果关系，故孙某某不符合《工伤保险条例》规定的应当认定为工伤的情形。园区劳动局作出的不认定工伤的决定，事实清楚，证据充分，程序合法，应予维持。

第三人某公司述称：因本公司实行末位淘汰制，孙某某事发前已被淘汰。但因其原从事本公司的销售工作，还有收回剩余货款的义务，所以才偶尔回公司打电话。事发时，孙某某已不属于本公司职工，也不是在本公司工作场所范围内摔伤，不符合认定工伤的条件。

法院经审理查明：孙某某系某公司员工，2003年6月10日上午受某公司负责人指派去北京机场接人。其从某公司所在地天津市南开区华苑产业园区国际商业中心（以下简称商业中心）八楼下楼，欲到商业中心院内开车，当行至一楼门口台阶处时，孙某某脚下一滑，从四层台阶处摔倒在地面上，造成四肢不能活动。经医院诊断为颈髓过伸位损伤合并颈部神经根牵拉伤、上唇挫裂伤、左手臂擦伤、左腿皮擦伤。孙某某向园区劳动局提出工伤认定申请，园区劳动局于2004年3月5日作出（2004）0001号《工伤认定决定书》，认为根据受伤职工本人的工伤申请和医疗诊断证明书，结合有关调查材料，依据《工伤保险条例》第14条第5项的工伤认定标准，没有证据表明孙某某的摔伤事故系由工作原因造成，决定不认定孙某某摔伤事故为工伤事故。孙

某某不服园区劳动局作出的《工伤认定决定书》，向天津市第一中级人民法院提起行政诉讼。

裁判结果

天津市第一中级人民法院于2005年3月23日作出（2005）一中行初字第39号行政判决：一、撤销园区劳动局所作的（2004）0001号《工伤认定决定书》；二、限园区劳动局在判决生效后60日内重新作出具体行政行为。园区劳动局提起上诉。天津市高级人民法院于2005年7月11日作出（2005）津高行终字第0034号行政判决：驳回上诉，维持原判。

裁判理由

法院生效裁判认为：各方当事人对园区劳动局依法具有本案行政执法主体资格和法定职权，其作出被诉工伤认定决定符合法定程序，以及孙某某是在工作时间内摔伤，均无异议。本案争议焦点如下：一是孙某某摔伤地点是否属于其“工作场所”？二是孙某某是否“因工作原因”摔伤？三是孙某某在工作过程中不够谨慎的过失是否影响工伤认定？

一、关于孙某某摔伤地点是否属于其“工作场所”的问题

《工伤保险条例》第14条第1项规定，职工在工作时间和工作场所内，因工作原因受到事故伤害，应当认定为工伤。该规定中的“工作场所”，是指与职工工作职责相关的场所，在有多个工作场所的情形下，还应包括职工来往于多个工作场所之间的合理区域。本案中，位于商业中心八楼的某公司办公室是孙某某的工作场所，而其完成去机场接人的工作任务需驾驶的汽车停车处，是孙某某的另一处工作场所。汽车停在商业中心一楼的门外，孙某某要完成开车任务，必须从商业中心八楼下到一楼门外停车处，故从商业中心八楼到停车处是孙某某来往于两个工作场所之间的合理区域，也应当认定为孙某某的工作场所。园区劳动局认为孙某某摔伤地点不属于其工作场所，系将完成工作任务的合理路线排除在工作场所之外，既不符合立法本意，也有悖于生活常识。

二、关于孙某某是否“因工作原因”摔伤的问题

《工伤保险条例》第14条第1项规定的“因工作原因”，指职工受伤与其从事本职工作之间存在关联关系，即职工受伤与其从事本职工作存在一定关联。孙某某为完成开车接人的工作任务，必须从商业中心八楼的某公司办公

室下到一楼进入汽车驾驶室，该行为与其工作任务密切相关，是孙某某为完成工作任务客观上必须进行的行为，不属于超出其工作职责范围的其他不相关的个人行为。因此，孙某某在一楼门口台阶处摔伤，系为完成工作任务所致。园区劳动局主张孙某某在下楼过程中摔伤，与其开车任务没有直接的因果关系，不符合“因工作原因”致伤，缺乏事实根据。另外，孙某某接受本单位领导指派的开车接人任务后，从某公司所在商业中心八楼下到一楼，在前往院内汽车停放处的途中摔倒，孙某某当时尚未离开公司所在院内，不属于“因公外出”的情形，而属于在工作时间和工作场所内。

三、关于孙某某在工作中不够谨慎的过失是否影响工伤认定的问题

《工伤保险条例》第16条规定了排除工伤认定的三种法定情形，即因故意犯罪、醉酒或者吸毒、自残或者自杀的，不得认定为工伤或者视同工伤。职工从事工作中存在过失，不属于上述排除工伤认定的法定情形，不能阻却职工受伤与其从事本职工作之间的关联关系。工伤事故中，受伤职工有时具有疏忽大意、精力不集中等过失行为，工伤保险正是分担事故风险、提供劳动保障的重要制度。如果将职工个人主观上的过失作为认定工伤的排除条件，违反工伤保险“无过失补偿”的基本原则，不符合《工伤保险条例》保障劳动者合法权益的立法目的。据此，即使孙某某在行走时确实有失谨慎，也不影响其摔伤系“因工作原因”的认定结论。园区劳动局以导致孙某某摔伤的原因不是雨、雪天气使台阶地滑，而是因为孙某某自己精力不集中为由，主张孙某某不属于“因工作原因”摔伤而不予认定工伤，缺乏法律依据。

综上，园区劳动局作出的不予认定孙某某为工伤的决定，缺乏事实根据，适用法律错误，依法应予撤销。

指导性案例69号：王某德诉乐山市人力资源和社会保障局工伤认定案

关键词：行政诉讼　工伤认定　程序性行政行为　受理

裁判要点

当事人认为行政机关作出的程序性行政行为侵犯其人身权、财产权等合法权益，对其权利义务产生明显的实际影响，且无法通过提起针对相关的实体性行政行为的诉讼获得救济，而对该程序性行政行为提起行政诉讼的，人民法院应当依法受理。

关联索引

《中华人民共和国行政诉讼法》第12条、第13条

基本案情

原告王某德系王某兵之父。王某兵是四川某资产管理集团有限公司峨眉山分公司职工。2013年3月18日，王某兵因交通事故死亡。由于王某兵驾驶摩托车倒地翻覆的原因无法查实，四川省峨眉山市公安局交警大队于同年4月1日依据《道路交通事故处理程序规定》第50条的规定，作出了公交认定〔2013〕第00035号《道路交通事故证明》。该《道路交通事故证明》载明：2013年3月18日，王某兵驾驶无牌“卡迪王”二轮摩托车由峨眉山市大转盘至小转盘方向行驶。1时20分许，该车行至省道S306线29.3千米处驶入道路右侧与隔离带边缘相擦剐，翻覆于隔离带内，造成车辆受损、王某兵当场死亡的交通事故。

2013年4月10日，第三人四川某资产管理集团有限公司峨眉山分公司就其职工王某兵因交通事故死亡，向被告乐山市人力资源和社会保障局申请工伤认定，并同时提交了峨眉山市公安局交警大队所作的《道路交通事故证明》等证据。被告以公安机关交通管理部门尚未对本案事故作出交通事故认定书为由，于当日作出乐人社工时〔2013〕05号（峨眉山市）《工伤认定时限中止通知书》（以下简称《中止通知》），并向原告和第三人送达。

2013 年 6 月 24 日，原告通过国内特快专递邮件方式，向被告提交了《恢复工伤认定申请书》，要求被告恢复对王某兵的工伤认定。因被告未恢复对王某兵工伤认定的程序，原告遂于同年 7 月 30 日向法院提起行政诉讼，请求判决撤销被告作出的《中止通知》。

裁判结果

四川省乐山市市中区人民法院于 2013 年 9 月 25 日作出（2013）乐中行初字第 36 号判决：撤销被告乐山市人力资源和社会保障局于 2013 年 4 月 10 日作出的乐人社工时〔2013〕05 号《中止通知》。一审宣判后，乐山市人力资源和社会保障局提起了上诉。在四川省乐山市中级人民法院二审审理过程中，乐山市人力资源和社会保障局递交撤回上诉申请书。四川省乐山市中级人民法院经审查认为，上诉人自愿申请撤回上诉，属其真实意思表示，符合法律规定，遂裁定准许乐山市人力资源和社会保障局撤回上诉。一审判决已发生法律效力。

裁判理由

法院生效裁判认为，本案争议的焦点有两个：一是《中止通知》是否属于可诉行政行为；二是《中止通知》是否应当予以撤销。

一、关于《中止通知》是否属于可诉行政行为的问题

法院认为，被告作出《中止通知》属于工伤认定程序中的程序性行政行为，如果该行为不涉及终局性问题，对相对人的权利义务没有实质影响的，属于不成熟的行政行为，不具有可诉性，相对人提起行政诉讼的，不属于人民法院受案范围。但如果该程序性行政行为具有终局性，对相对人权利义务产生实质影响，并且无法通过提起针对相关的实体性行政行为的诉讼获得救济的，则属于可诉行政行为，相对人提起行政诉讼的，属于人民法院行政诉讼受案范围。

虽然根据《道路交通安全法》第 73 条的规定，“公安机关交通管理部门应当根据交通事故现场勘验、检查、调查情况和有关的检验、鉴定结论，及时制作交通事故认定书，作为处理交通事故的证据。交通事故认定书应当载明交通事故的基本事实、成因和当事人的责任，并送达当事人”，但是，在现实道路交通事故中，也存在因道路交通事故成因确实无法查清，公安机关交通管理部门不能作出交通事故认定书的情况。对此，《道路交通事故处理程序

规定》第50条规定："道路交通事故成因无法查清的，公安机关交通管理部门应当出具道路交通事故证明，载明道路交通事故发生的时间、地点、当事人情况及调查得到的事实，分别送达当事人。"就本案而言，峨眉山市公安局交警大队就王某兵因交通事故死亡，依据所调查的事故情况，只能依法作出《道路交通事故证明》，而无法作出《交通事故认定书》。因此，本案中《道路交通事故证明》已经是公安机关交通管理部门依据《道路交通事故处理程序规定》就事故作出的结论，也就是《工伤保险条例》第20条第3款中规定的工伤认定决定需要的"司法机关或者有关行政主管部门的结论"。除非出现新事实或者法定理由，否则公安机关交通管理部门不会就本案涉及的交通事故作出其他结论。而本案被告在第三人申请认定工伤时已经提交了相关《道路交通事故证明》的情况下，仍然作出《中止通知》，并且一直到原告起诉之日，被告仍以工伤认定处于中止状态为由，拒绝恢复对王某兵死亡是否属于工伤的认定程序。由此可见，虽然被告作出《中止通知》是工伤认定中的一种程序性行为，但该行为将导致原告的合法权益长期，乃至永久得不到依法救济，直接影响了原告的合法权益，对其权利义务产生实质影响，并且原告也无法通过对相关实体性行政行为提起诉讼以获得救济。因此，被告作出《中止通知》，属于可诉行政行为，人民法院应当依法受理。

二、关于《中止通知》应否予以撤销的问题

法院认为，《工伤保险条例》第20条第3款规定："作出工伤认定决定需要以司法机关或者有关行政主管部门的结论为依据的，在司法机关或者有关行政主管部门尚未作出结论期间，作出工伤认定决定的时限中止。"如前所述，第三人在向被告就王某兵死亡申请工伤认定时已经提交了《道路交通事故证明》。也就是说，第三人申请工伤认定时，并不存在《工伤保险条例》第20条第3款所规定的依法可以作出中止决定的情形。因此，被告依据《工伤保险条例》第20条规定，作出《中止通知》属于适用法律、法规错误，应当予以撤销。另外，需要指出的是，在人民法院撤销被告作出的《中止通知》判决生效后，被告对涉案职工认定工伤的程序即应予以恢复。

指导性案例94号：重庆市涪陵某物业管理有限公司诉重庆市涪陵区人力资源和社会保障局劳动和社会保障行政确认案

关键词：行政　行政确认　视同工伤　见义勇为

裁判要点

职工见义勇为，为制止违法犯罪行为而受到伤害的，属于《工伤保险条例》第15条第1款第2项规定的为维护公共利益受到伤害的情形，应当视同工伤。

关联索引

《工伤保险条例》第15条第1款第2项

基本案情

罗某某系重庆市涪陵某物业管理有限公司（以下简称涪陵某物业公司）保安。2011年12月24日，罗某某在涪陵某物业公司服务的圆梦园小区上班（24小时值班）。8时30分左右，在兴华中路宏富大厦附近有人对一过往行人实施抢劫，罗某某听到呼喊声后立即拦住抢劫者的去路，要求其交出抢劫的物品，在与抢劫者搏斗的过程中，不慎从22步台阶上摔倒在巷道拐角的平台上受伤。罗某某于2012年6月12日向被告重庆市涪陵区人力资源和社会保障局（以下简称涪陵区人社局）提出工伤认定申请。涪陵区人社局当日受理后，于2012年6月13日向罗某某发出《认定工伤中止通知书》，要求罗某某补充提交见义勇为的认定材料。2012年7月20日，罗某某补充了见义勇为相关材料。涪陵区人社局核实后，根据《工伤保险条例》第14条第7项之规定，于2012年8月9日作出涪人社伤险认决字〔2012〕676号《认定工伤决定书》，认定罗某某所受之伤属于因工受伤。涪陵某物业公司不服，向法院提起行政诉讼。在诉讼过程中，涪陵区人社局作出《撤销工伤认定决定书》，并于2013年6月25日根据《工伤保险条例》第15条第1款第2项之规定，作出涪人社伤险认决字〔2013〕524号《认定工伤决定书》，认定罗某某受伤属于视同因工受伤。涪陵某物业公司仍然不服，于 2013 年 7 月 15 日向重庆市人力资源和社会保障局申请行政复议。重庆市人力资源和社会保障局于 2013 年 8 月 21 日作出渝人社复决字〔2013〕129 号《行政复议决定书》，予以维持。涪陵某物业公司认为涪陵区人社局的认定决定适用法律错误，罗某某所受伤依法不应认定为工伤，遂诉至法院，请求判决撤销《认定工伤决定书》，并责令被告重新作出认定。

另查明，重庆市涪陵区社会管理综合治理委员会对罗某某的行为进行了表彰，并作出了涪综治委发〔2012〕5 号《关于表彰罗某某同志见义勇为行为的通报》。

裁判结果

重庆市涪陵区人民法院于 2013 年 9 月 23 日作出（2013）涪法行初字第 00077 号行政判决：驳回涪陵某物业公司要求撤销被告作出的涪人社伤险认决字〔2013〕524 号《认定工伤决定书》的诉讼请求。一审宣判后，双方当事人均未上诉，裁判现已发生法律效力。

裁判理由

法院生效裁判认为：被告涪陵区人社局是县级劳动行政主管部门，根据国务院《工伤保险条例》第 5 条第 2 款规定，具有受理本行政区域内的工伤认定申请，并根据事实和法律作出是否工伤认定的行政管理职权。被告根据第三人罗某某提供的重庆市涪陵区社会管理综合治理委员会《关于表彰罗某某同志见义勇为行为的通报》，认定罗某某在见义勇为中受伤，事实清楚，证据充分。罗某某不顾个人安危与违法犯罪行为作斗争，既保护了他人的个人财产和生命安全，也维护了社会治安秩序，弘扬了社会正气。法律对于见义勇为应当予以大力提倡和鼓励。

《工伤保险条例》第 15 条第 1 款第 2 项规定："职工在抢险救灾等维护国家利益、公共利益活动中受到伤害的，视同工伤。"据此，虽然职工不是在工作地点、因工作原因受到伤害，但其是在维护国家利益、公共利益活动中受到伤害的，也应当按照工伤处理。公民见义勇为，跟违法犯罪行为作斗争，与抢险救灾一样，同样属于维护社会公共利益的行为，应当予以大力提倡和鼓励。因见义勇为、制止违法犯罪行为而受到伤害的，应当适用《工伤保险条例》第 15 条第 1 款第 2 项的规定，即视同工伤。

另外，《重庆市鼓励公民见义勇为条例》为重庆市地方性法规，其第 19 条、第 21 条进一步明确规定，见义勇为受伤视同工伤，享受工伤待遇。该条例上述规定符合《工伤保险条例》的立法精神，有助于最大限度地保障劳动者的合法权益、最大限度地弘扬社会正气，在本案中应当予以适用。

综上，被告涪陵区人社局认定罗某某受伤视同因工受伤，适用法律正确。

天津某公司诉天津市宁河区人力资源和社会保障局行政确认案

——承担工伤保险责任的主体不能泛化

裁判要旨

《最高人民法院关于审理工伤保险行政案件若干问题的规定》第 3 条第 1 款第 4 项的规定为不存在劳动关系的职工提供了获得工伤赔偿的路径，但在加工承揽合同关系中，聘用的工人在工作时伤亡，不适用上述司法解释的规定。泛化认定承担工伤保险责任的单位的情形，不符合《最高人民法院关于审理工伤保险行政案件若干问题的规定》第 3 条第 1 款第 4 项的规定精神。

胡某业诉沈阳市浑南区人力资源和社会保障局行政确认案

——用人单位在职工发生工伤事故后注销工商登记，人社部门应当受理劳动者提出的工伤认定申请

裁判要旨

针对职工受伤在先、用人单位注销营业执照在后的工伤保险待遇后续问题，人社部门应该按照工伤认定的相关规定作出是否认定工伤的决定。若人社部门认定受伤职工为工伤，用人单位已为其缴纳工伤保险，其工伤保险待遇可从工伤保险基金中支付。根据《工伤保险条例》等规定精神，在单位未缴纳工伤保险，又已经注销工商登记的情况下，向企业主张工伤保险待遇，

可依法将清算组列为被告主张权利；向个体工商户主张工伤保险待遇，可按照《民法典》第 56 条第 1 款规定精神处理。

屈某洪诉重庆市北碚区国土资源管理分局行政确认案

——人民法院依债权人申请查封债务人财产后，行政机关依债务人申请将该财产予以变更登记，债权人以行政行为损害债权实现为由提起行政诉讼的，人民法院应认定其具备原告主体资格

裁判要旨

人民法院依债权人申请查封债务人财产后，行政机关依债务人申请将该财产予以变更登记，债权人以行政行为损害债权实现为由提起行政诉讼的，人民法院应认定其具备原告主体资格。

王某亮诉嫩江市人力资源和社会保障局行政确认案

——职工下班后回到职工宿舍再回到家庭住所地的途中发生事故伤害的，应认定为“上下班途中”

裁判要旨

工伤认定案件中，对“上下班途中”的判断标准，需考量职工行程的意图是否为“上下班”及其在“上下班”意图之下实施了出行行为，同时兼顾职工的出行时间是否属于“合理时间”，出行路线是否属于“合理路线”。职工的家庭住所地与工作地相隔两地，法定节假日或约定休息日期间，职工为上下班往返于工作场所到职工宿舍再到家庭住所地的合理路线，应当认定为《工伤保险条例》第 14 条规定的“上下班途中”。

杨某甲诉北京市朝阳区人力资源和社会保障局行政确认案

——工伤职工积极寻求救济且救济过程符合现实情况、司法实践和生活常理的，其未能在法定期限提起工伤认定申请不能归因于其自身原因

裁判要旨

当前建筑工程领域层层转包、分包现象较为普遍，工伤职工多借助起诉提供劳务者受害责任纠纷的诉讼策略来确定劳务分包公司，从而确定承担工伤保险责任的用工单位，但也由于在民事案件中法院需多次追加被告而延长了诉讼周期，以致耽误了工伤认定申请时间。在此过程中，可以体现工伤职工积极寻求救济的主观状态，而在客观上也采取了合法有效的救济途径，其救济过程符合现实情况、司法实践和生活常理，其未能在法定期限提起工伤认定申请不能归因于其自身原因，其通过提起民事诉讼来确定用工单位的时间不应计算在其工伤认定申请期限内。

唐某诉栾川县公安局确认行政行为违法案

——公安机关异地开展侦查活动未依法履行办案协作手续属于程序违法

裁判要旨

1. 公安机关是否有权对涉嫌吸毒人员采取强制检测措施的问题。《禁毒法》和《公安机关办理行政案件程序规定》规定，公安机关可以对涉嫌吸毒的人员进行必要的检测，被检测人员应当予以配合；对拒绝接受检测的，经县级以上人民政府公安机关或者其派出机构负责人批准，可以强制检测。根据上述规定，警方在涉嫌吸毒的人员不配合检测的情况下，确有强制传唤、强制检测的权力。

2. 公安机关对异地的涉嫌吸毒案件是否有管辖权、程序是否违法问题。《公安机关办理行政案件程序规定》第 15 条规定，行政案件由违法行为地的公安机关管辖。由违法行为人居住地公安机关管辖更为适宜的，可以由违法行为人居住地公安机关管辖，但是涉及卖淫、嫖娼、赌博、毒品的案件除外。对于重大、复杂的案件，上级公安机关可以直接办理或者指定管辖。上级公安机关直接办理或者指定管辖的，应当书面通知被指定管辖的公安机关和其他有关的公安机关。

张某甲诉上海市浦东新区人力资源和社会保障局不予认定工伤决定案

——对职工上下班途中发生交通事故的工伤认定

裁判要旨

关于工伤认定中对职工上下班时间的把握，《工伤保险条例》第 14 条第 6 项规定："职工有下列情形之一的，应当认定为工伤：（六）在上下班途中，受到非本人主要责任的交通事故或者城市轨道交通、客运轮渡、火车事故伤害的。"《最高人民法院关于审理工伤保险行政案件若干问题的规定》第 6 条对"上下班途中"作出了细化规定，其中第 1 项规定"在合理时间内往返于工作地与住所地、经常居住地、单位宿舍的合理路线的上下班途中"。人民法院在审理此类工伤认定案件中，需要从立法本意出发，对于"上下班途中"的认定，应结合用人单位的工作要求、考勤制度等，查明该员工工作日是否需要坐班、是否有比较固定的工作时间、当日是否有领导指派外出工作、外出是否向领导请过假、是否符合常理等情况进行综合评判。《工伤保险条例》是为了保障因工作遭受事故伤害或者患职业病的职工获得医疗救治和经济补偿，促进工伤预防和职业康复，分散用人单位的工伤风险，"上下班途中"认定工伤的规定是基于社会公共利益及公平正义的原则，对因工作原因受到事故伤害认定为工伤所作出的一种延伸，系对职工的一种倾斜性保护，对此应当严格按照法律规定执行，即"上下班途中"的时间应当合理，如果属于非正当合理的时间，即使是在去工作途中受到非本人主要责任的交通事故也无法认定为工伤。

某保安服务有限公司诉北京市东城区人力资源和社会保障局、北京市东城区人民政府工伤认定、行政复议案

——用人单位应对形成事实劳动关系的超龄劳动者承担工伤保险责任

裁判要旨

用人单位聘用的超过法定退休年龄的务工农民，在工作时间内因工作原因伤亡的，应适用《工伤保险条例》的有关规定进行工伤认定，用人单位应就劳动者所受伤害承担工伤保险责任。

劳动者冒用他人身份与用人单位签订劳动合同的，不能阻却其与用人单位之间成立事实劳动关系。用人单位与劳动者之间不签订劳动合同，或合同形式、内容不符合法律规定的情形时有发生，但认定双方是否存在劳动关系，需审查双方是否具备劳动关系成立的实质要件，而不能拘泥于劳动合同是否签订及有效。双方如满足以下条件，则可认定存在事实上的劳动关系：一是双方主体资格适格；二是劳动者受用人单位的劳动管理、从事用人单位安排的有报酬的劳动；三是劳动者提供的劳动属于用人单位业务的组成部分。满足上述条件的，即便双方未签订劳动合同，或者劳动者以他人身份与用人单位签订劳动合同，仍可认定事实劳动关系成立。

李某贵诉资阳市社会保险事业管理局特殊工种提前退休行政确认案

——特殊工种提前退休行政确认案件的司法审查

裁判要旨

社保行政部门在作出特殊工种提前退休审批时，应当结合职工原始档案

等书证、证人证言及其他证据，综合认定工龄、工种等是否符合提前退休情形，仅以职工档案资料记载不清晰、不完善为由不予批准的，人民法院不予支持。

安徽某物流公司诉宁德霞浦海事处水上交通事故责任认定案

——水上交通事故责任认定行为不属于行政诉讼的受案范围

裁判要旨

水上交通事故责任认定行为是海事行政机关依法履行职责，就水上交通事故进行调查后作出的一种技术性认定。水上交通事故责任认定书性质上属于后续行政、民事处理或诉讼的证据。后续诉讼中当事人依法可以对该事故责任认定书提出异议，若有足以推翻责任认定结论的相反证据，法院将依法不予采信该事故责任认定书。水上交通事故责任认定行为并未直接设立、变更、消灭当事人的权利义务，不影响当事人的实体权益，不属于人民法院行政诉讼受案范围。

上海某物业管理有限公司诉上海市静安区人力资源和社会保障局等行政确认及行政复议案

——工伤认定案件中“违法转包”的认定

裁判要旨

工单位为承担工伤保险责任的单位。对于物业管理领域工伤事故中违法转包对象的认定，人民法院应当对所涉物业管理业务是否具有专属性或资质要求作重点审查，并结合在案证据、举证责任分配进行综合判断。

西乌珠穆沁旗某车床加工部诉西乌珠穆沁旗人力资源和社会保障局工伤保险资格认定案

——职工在工作时间、工作地点为本单位利益从事非本人固定岗位（或所分配工种）的其他相关工作受伤害的工伤认定

裁判要旨

根据《工伤保险条例》相关规定，职工在工作时间和工作场所内，因工作原因受到事故伤害的，应当认定为工伤。此处的“工作原因”应当根据实际情况作出合理判断。对于职工在工作时间、工作地点为本单位利益从事非本人固定岗位（或所分配工种）的其他相关工作（例如协助他人搬运货物等）所受伤害，应当属于“工作原因”，也应当理解为“与履行工作职责相关”的工作。在符合法定情形下，社会保险行政部门根据《工伤保险条例》认定为工伤，符合最大限度保障职工权益的立法本意，人民法院应予支持。对“工作原因”和职工是否从事与本职相关的工作认定，不宜作片面理解和不合理的限定。

八、行政给付

李某英诉沐川县社会保险事务中心给付工伤保险金案

——已领取企业职工基本养老保险的超龄务工人员工伤保险待遇的认定

裁判要旨

建设工程单位已通过项目参保方式为该类务工人员参加工伤保险的，该类务工人员在相应建设项目工作过程中受伤并被认定为工伤的，依法应享受相应工伤保险待遇。社保经办机构以务工人员已超过法定退休年龄、已领取

退休待遇为由拒绝支付其相应工伤保险待遇的，人民法院不予支持。

刘某启等诉平邑县社会保险事业服务中心给付工伤保险金案

——法院出具终结本次执行程序文书后可申请工伤保险基金先行支付

裁判要旨

职工被认定为工伤，依法经仲裁、诉讼后仍不能获得工伤保险待遇，法院出具终结本次执行程序文书的，应视为“法院出具中止执行文书”。职工或者其近亲属持工伤认定决定书和有关材料向社会保险经办机构书面申请先行支付工伤保险待遇的，社会保险经办机构应当依法予以先行支付。

九、行政允诺

某混凝土有限公司诉上海市奉贤区人民政府行政处罚案

——饮用水水源保护区内排放污染物的建设项目责令关闭的审查

裁判要旨

建设项目建成后，所在区域被依法划为饮用水水源二级保护区，若结合建设项目的具体情况能够认定属于排放污染物的建设项目的，为环境保护和公共利益的需要，县级以上人民政府有权按照《水污染防治法》的相关规定，作出责令项目建设单位关闭的行政处罚决定。考虑到造成环境污染的建设项目建设在前，所在区域被划为饮用水水源二级保护区和《水污染防治法》实施在后，作出行政处罚决定的行政机关应当对项目建设单位产生的合理损失予以补偿。

苏州某客车制造有限公司诉财政部行政允诺案

——行政允诺行为的识别及司法审查标准

裁判要旨

新能源汽车的相关行业主管部门基于产业发展、环境保护等行政管理目标制定相关规范性文件，如果其经过严格的论证程序并经国务院同意，内容也具有合理性，并未与法律原则、法治精神相抵触，应当认定为合法有效，可以作为实施依据。对于市场主体违反规范性文件以不正当方式获得财政补助的，行政机关有权决定依法追回，人民法院对此类决定应予支持。

十、行政征缴

某公司诉广州税稽一局行政征缴案

——税务稽查局追征税款的职权和加收滞纳金的条件

裁判要旨

1. 稽查局查处涉嫌违法行为不可避免地需要对纳税行为进行检查和调查。特别是出现《税收征收管理法》第 35 条规定的计税依据明显偏低的情形时，如果稽查局不能行使应纳税款核定权，必然会影响稽查工作的效率和效果，甚至对税收征管形成障碍。因此，稽查局在查处涉嫌税务违法行为时，依据《税收征收管理法》第 35 条的规定核定应纳税额是其职权的内在要求和必要延伸，符合税务稽查的业务特点和执法规律，符合《国家税务总局关于稽查局职责问题的通知》关于税务局和稽查局的职权范围划分的精神。

2. 拍卖行为的效力与应纳税款核定权，分别受民事法律规范和行政法律规范调整，拍卖行为有效并不意味税务机关不能行使应纳税额核定权，另行核定应纳税额也并非否定拍卖行为的有效性。保障国家税收的足额征收是税务机关的基本职责，税务机关对作为计税依据的交易价格采取严格的判断标准符合《税收征收管理法》的目的。如果不考虑案件实际，一律要求税务机关必须以拍卖成交价格作为计税依据，则既可能造成以当事人意思自治为名排除税务机关的核定权，还可能因市场竞价不充分导致拍卖价格明显偏低而造成国家税收流失。因此，有效的拍卖行为并不能绝对地排除税务机关的应纳税额核定权，但税务机关行使核定权时仍应有严格限定。

3. 根据依法行政的基本要求，没有法律、法规和规章的规定，行政机关不得作出影响行政相对人合法权益或者增加行政相对人义务的决定；在法律规定存在多种解释时，应当首先考虑选择适用有利于行政相对人的解释。有权核定并追缴税款，与加收滞纳金属于两个不同问题。根据《税收征收管理法》第 32 条和第 52 条第 2 款、第 3 款的规定，加收税收滞纳金应当符合以下条件之一：纳税人未按规定期限缴纳税款；自身存在计算错误等失误；故意偷税、抗税、骗税。

江西省某集团有限公司诉某县住房和城乡建设局征缴防空地下室易地建设费案

——非因行政相对人原因，适用新旧法律规范时，应适用有利于维护行政相对人权益的法律规范

裁判要旨

人防部门针对未按规定建设防空地下室且未缴纳防空地下室易地建设费的建设单位，在后期责令补缴易地建设费时，因新旧法律规范确定的计算标准不同导致缴费数额不同的，应当适用有利于维护行政相对人权益的新的法律规范。

成都某商贸有限公司诉四川省成都市温江区规划和自然资源局行政征缴案

——行政机关不得就同一争议事项，作出与生效民事判决相冲突的行政决定

裁判要旨

民事诉讼已就涉案合同争议作出实体生效判决，合同当事人应当予以尊重并依法执行。作为合同当事人一方的行政机关再就同一争议事项作出与生效民事判决相冲突的行政决定，应当依法予以撤销。

十一、行政奖励

唐某洲诉海南省食品安全委员会办公室、海南省人民政府行政奖励及行政复议案

——行政法律规范规定不一致时的选择适用

裁判要旨

1. 根据《最高人民法院关于审理行政案件适用法律规范问题的座谈会纪要》，部门规章与地方政府规章之间对相同事项的规定不一致的，人民法院一般可以按照下列情形适用：（1）法律或者行政法规授权部门规章作出实施性规定的，其规定优先适用；（2）尚未制定法律、行政法规的，部门规章对于国务院决定、命令授权的事项，或者对属于中央宏观调控的事项、需要全国统一的市场活动规则及对外贸易和外商投资等事项作出的规定，应当优先适用；（3）地方政府规章根据法律或者行政法规的授权，根据本行政区域的实际情况作出的具体规定，应当优先适用；（4）地方政府规章对属于本行政区域的具体行政管理事项作出的规定，应当优先适用；（5）能够直接适用的其

他情形。

2. 从新兼有利原则是行政法律适用基本原则之一，即新旧实体法对当事人权益保障不一致时，原则上按新法执行，但旧法对相对人更为有利的除外。行政机关按照从新兼有利原则选择适用法律规范时，只要不存在选择性执法、不损害当事人重大权益、不存在明显不公正等情形，人民法院依法应予支持。

胡某利诉北京市大兴区市场监督管理局行政奖励案

——举报人对举报奖励的诉权认定行政处理

裁判要旨

举报人要求市场监督管理部门对被举报人的违法行为进行查处并申请举报奖励，市场监督管理部门在已经对被举报人进行了行政处罚的情况下，应当直接向举报人告知是否给予其奖励的决定。市场监督管理部门仅告知举报人就举报事项另行向其办公室咨询，其作出的答复应予撤销。

十二、行政收费

田某柱诉济南市自然资源和规划局行政收费案

——房屋恢复登记的收费行为于法无据

裁判要旨

将撤销所有权登记的房屋恢复至初始登记状态，并未改变登记内容，此种恢复登记不同于变更或者更正登记。现行法律、法规、规章未对恢复登记行为作出应予收费的规定，在此情况下，登记机关无权参照相关规定收取登记费用。人民法院对此种收费行为不予支持。

十三、政府信息公开

指导性案例26号：李某某诉广东省交通运输厅政府信息公开案

关键词：行政　政府信息公开　网络申请　逾期答复

裁判要点

公民、法人或者其他组织通过政府公众网络系统向行政机关提交政府信息公开申请的，如该网络系统未作例外说明，则系统确认申请提交成功的日期应当视为行政机关收到政府信息公开申请之日。行政机关对于该申请的内部处理流程，不能成为行政机关延期处理的理由，逾期作出答复的，应当确认为违法。

关联索引

《中华人民共和国政府信息公开条例》第24条

基本案情

原告李某某诉称：其于2011年6月1日通过广东省人民政府公众网络系统向被告广东省交通运输厅提出政府信息公开申请，根据《政府信息公开条例》第24条第2款的规定，被告应在当月23日前答复原告，但被告未在法定期限内答复及提供所申请的政府信息，故请求法院判决确认被告未在法定期限内答复的行为违法。

被告广东省交通运输厅辩称：原告申请政府信息公开通过的是广东省人民政府公众网络系统，即省政府政务外网（以下简称省外网），而非被告的内部局域网（以下简称厅内网）。按规定，被告将广东省人民政府“政府信息网上依申请公开系统”的后台办理设置在厅内网。由于被告的厅内网与互联网、省外网物理隔离，互联网、省外网数据都无法直接进入厅内网处理，需通过网闸以数据“摆渡”方式接入厅内网办理，因此被告工作人员未能立即发现原告在省外网中提交的申请，致使被告未能及时受理申请。根据《政府信息公开条例》第 24 条、《国务院办公厅关于做好施行〈中华人民共和国政府信息公开条例〉准备工作的通知》等规定，政府信息公开中的申请受理并非以申请人提交申请为准，而是以行政机关收到申请为准。原告称 2011 年 6 月 1 日向被告申请政府信息公开，但被告未收到该申请，被告正式收到并确认受理的日期是 7 月 28 日，并按规定向原告发出了《受理回执》。8 月 4 日，被告向原告当场送达《关于政府信息公开的答复》和《政府信息公开答复书》，距离受理日仅 5 个工作日，并未超出法定答复期限。因原告在省外网递交的申请未能被及时发现并被受理应视为不可抗力和客观原因造成，不应计算在答复期限内，故请求法院依法驳回原告的诉讼请求。

法院经审理查明：2011 年 6 月 1 日，原告李某某通过省外网向被告广东省交通运输厅递交了政府信息公开申请，申请获取广州广园客运站至佛冈的客运里程数等政府信息。政府公众网络系统以申请编号 11060100011 予以确认，并通过短信通知原告确认该政府信息公开申请提交成功。7 月 28 日，被告作出受理记录确认上述事实，并于 8 月 4 日向原告送达《关于政府信息公开的答复》和《政府信息公开答复书》。庭审中被告确认原告基于生活生产需要获取上述信息，原告确认 8 月 4 日收到被告作出的《关于政府信息公开的答复》和《政府信息公开答复书》。

裁判结果

广东省广州市越秀区人民法院于 2011 年 8 月 24 日作出（2011）越法行初字第 252 号行政判决：确认被告广东省交通运输厅未依照《政府信息公开条例》第 24 条规定的期限对原告李某某 2011 年 6 月 1 日申请其公开广州广园客运站至佛冈客运里程数的政府信息作出答复违法。

裁判理由

法院生效裁判认为，《政府信息公开条例》第 24 条规定："行政机关收到政府信息公开申请，能够当场答复的，应当当场予以答复。行政机关不能当场答复的，应当自收到申请之日起 15 个工作日内予以答复；如需延长答复期限的，应当经政府信息公开工作机构负责人同意，并告知申请人，延长答复的期限最长不得超过 15 个工作日。"本案原告于 2011 年 6 月 1 日通过省外网向被告提交了政府信息公开申请，申请公开广州广园客运站至佛冈的客运里程数。政府公众网络系统生成了相应的电子申请编号，并向原告手机发送了申请提交成功的短信。被告确认收到上述申请并认可原告是基于生活生产需要获取上述信息，却于2011年8月4日才向原告作出《关于政府信息公开的答复》和《政府信息公开答复书》，已超过了上述规定的答复期限。由于广东省人民政府"政府信息网上依申请公开系统"作为政府信息申请公开平台所应当具有的整合性与权威性，如未作例外说明，则从该平台上递交成功的申请应视为相关行政机关已收到原告通过互联网提出的政府信息公开申请。至于外网与内网、上下级行政机关之间对于该申请的流转，属于行政机关内部管理事务，不能成为行政机关延期处理的理由。被告认为原告是向省外网提交的申请，因其厅内网与互联网、省外网物理隔离而无法及时发现原告申请，应以其2011年7月28日发现原告申请为收到申请日期而没有超过答复期限的理由不能成立。因此，原告通过省外网提交政府信息公开申请的，该网络系统确认申请提交成功的日期应当视为被告收到申请之日，被告逾期作出答复的，应当确认为违法。

指导性案例101号：罗某某诉重庆市彭水苗族土家族自治县地方海事处政府信息公开案

关键词：行政　政府信息公开　信息不存在　检索义务

裁判要点

在政府信息公开案件中，被告以政府信息不存在为由答复原告的，人民法院应审查被告是否已经尽到充分合理的查找、检索义务。原告提交了该政府信息系由被告制作或者保存的相关线索等初步证据后，若被告不能提供相反证据，并举证证明已尽到充分合理的查找、检索义务的，人民法院不予支持被告有关政府信息不存在的主张。

关联索引

《中华人民共和国政府信息公开条例》第2条、第13条

基本案情

原告罗某某是兴运2号船的船主，在乌江流域从事航运、采砂等业务。2014年11月17日，罗某某因诉重庆某水电开发有限公司财产损害赔偿纠纷案需要，通过邮政特快专递向被告重庆市彭水苗族土家族自治县地方海事处（以下简称彭水县地方海事处）邮寄书面政府信息公开申请书，具体申请的内容如下：（1）公开彭水苗族土家族自治县港航管理处（以下简称彭水县港航处）、彭水县地方海事处的设立、主要职责、内设机构和人员编制的文件。（2）公开下列事故的海事调查报告等所有事故材料：兴运2号在2008年5月18日、2008年9月30日的2起安全事故及鑫源306号、鑫源308号、高谷6号、荣华号等船舶在2008年至2010年发生的安全事故。

彭水县地方海事处于2014年11月19日签收后，未在法定期限内对罗某某进行答复，罗某某向重庆市彭水苗族土家族自治县人民法院（以下简称彭水县法院）提起行政诉讼。2015年1月23日，彭水县地方海事处作出（2015）彭海处告字第006号《政府信息告知书》，载明：一是对申请公开的彭水县港航处、彭水县地方海事处的内设机构名称等信息，告知罗某某获取的方式和途径；二是对申请公开的海事调查报告等所有事故材料，经查该政府信息不存在。彭水县法院于2015年3月31日对该案作出（2015）彭法行初字第00008号行政判决，确认彭水县地方海事处在收到罗某某的政府信息公开申请后未在法定期限内进行答复的行为违法。

2015年4月22日，罗某某以彭水县地方海事处作出的（2015）彭海处告字第006号《政府信息告知书》不符合法律规定，且与事实不符为由，提起行政诉讼，请求撤销彭水县地方海事处作出的（2015）彭海处告字第006号《政府信息告知书》，并由彭水县地方海事处向罗某某公开海事调查报告等涉及兴运2号船的所有事故材料。

另查明，罗某某提交了涉及兴运2号船于2008年5月18日在彭水高谷长滩子发生整船搁浅事故以及于2008年9月30日在彭水高谷煤炭沟发生沉没事故的《乌江彭水水电站断航碍航问题调查评估报告》《彭水县地方海事处关于近两年因乌江彭水万足电站不定时蓄水造成船舶搁浅事故的情况报告》《重庆市发展和改革委员会关于委托开展乌江彭水水电站断航碍航问题调查评估的函》（渝发改能函〔2009〕562号）等材料。在案件二审审理期间，彭水县地方海事处主动撤销了其作出的（2015）彭海处告字第006号《政府信息告知书》，但罗某某仍坚持诉讼。

裁判结果

重庆市彭水苗族土家族自治县人民法院于2015年6月5日作出（2015）彭法行初字第00039号行政判决：驳回罗某某的诉讼请求。罗某某不服一审判决，提起上诉。重庆市第四中级人民法院于2015年9月18日作出（2015）渝四中法行终字第00050号行政判决：撤销（2015）彭法行初字第00039号行政判决；确认彭水县地方海事处于2015年1月23日作出的（2015）彭海处告字第006号《政府信息告知书》行政行为违法。

裁判理由

法院生效裁判认为：《政府信息公开条例》第13条规定，除本条例第9条、第10条、第11条、第12条规定的行政机关主动公开的政府信息外，公民、法人或者其他组织还可以根据自身生产、生活、科研等特殊需要，向国务院部门、地方各级人民政府及县级以上地方人民政府部门申请获取相关政府信息。彭水县地方海事处作为行政机关，负有对罗某某提出的政府信息公开申请作出答复和提供政府信息的法定职责。根据《政府信息公开条例》第2条"本条例所称政府信息，是指行政机关在履行职责过程中制作或者获取的，以一定形式记录、保存的信息"的规定，罗某某申请公开彭水县港航处、彭水县地方海事处的设立、主要职责、内设机构和人员编制的文件，属于彭水县地方海事处在履行职责过程中制作或者获取的，以一定形式记录、保存的信息，当属政府信息。彭水县地方海事处已为罗某某提供了《彭水苗族土家族自治县机构编制委员会关于对县港航管理机构编制进行调整的通知》[彭水编发（2008）11号]的复制件，明确载明了彭水县港航处、彭水县地方海事处的机构性质、人员编制、主要职责、内设机构等事项，罗某某已知晓，予以确认。

罗某某申请公开涉及兴运2号船等船舶发生事故的海事调查报告等所有事故材料的信息，根据《内河交通事故调查处理规定》的相关规定，船舶在内河发生事故的调查处理属于海事管理机构的职责，其在事故调查处理过程中制作或者获取的，以一定形式记录、保存的信息属于政府信息。彭水县地方海事处作为彭水县的海事管理机构，负有对彭水县行政区域内发生的内河交通事故进行立案调查处理的职责，其在事故调查处理过程中制作或者获取的，以一定形式记录、保存的信息属于政府信息。罗某某提交了兴运2号船于2008年5月18日在彭水高谷长滩子发生整船搁浅事故以及于2008年9月30日在彭水高谷煤炭沟发生沉没事故的相关线索，而彭水县地方海事处作出的（2015）彭海处告字第006号《政府信息告知书》第二项告知罗某某申请公开的该项政府信息不存在，仅有彭水县地方海事处的自述，没有提供印证证据证明其尽到了查询、翻阅和搜索的义务。故彭水县地方海事处作出的（2015）彭海处告字第006号《政府信息告知书》违法，应当予以撤销。在案件二审审理期间，彭水县地方海事处主动撤销了其作出的（2015）彭海处告字第006号《政府信息告知书》，罗某某仍坚持诉讼。根据《行政诉讼法》第74条第2款第2项之规定，判决确认彭水县地方海事处作出的政府信息告知行为违法。

齐某喜诉上海市松江区人民政府、上海市人民政府政府信息公开及行政复议案

——政府信息公开中的利益衡量原则

裁判要旨

公民、法人和其他组织有权依法获取政府信息。对申请公开的政府信息，行政机关应根据政府信息公开与利益衡量相关规定作出答复。在公开相关信息可能侵害第三方合法权益时，行政机关应根据比例原则，作出适当处理，以取得与同样受法律保护的其他权利之间的平衡。如果政府信息公开申请人申请的政府信息只有一部分或非主要内容及商业秘密或者个人隐私，行政机关可以在依法作出区分处理后直接作出答复告知。

李某某诉中新天津生态城管理委员会政府信息公开案

——政府信息公开中第三方合法权益的界定与审查

裁判要旨

《政府信息公开条例》第32条规定，依申请公开的政府信息公开会损害第三方合法权益的，行政机关应当书面征求第三方的意见。第三方不同意公开且有合理理由的，行政机关不予公开。人民法院审理依申请公开的政府信息公开案件，公开政府信息涉及第三方合法权益的，主要应从公共利益和第三方利益平衡角度审查行政机关是否对第三方合法权益依法进行了审查判断。公开相关信息可能侵害第三方合法权益时，行政机关履行上述规定的法定程序，并根据比例原则对第三方利益与公共利益进行比较和衡量，不予公开相关政府信息的，人民法院应予以支持。

张某某诉上海市生态环境局、上海市人民政府政府信息公开告知及行政复议案

——生产安全事故调查期间政府信息公开申请的处理

裁判要旨

根据《生产安全事故报告和调查处理条例》规定，除依法应予保密的外，事故调查处理情况由负责事故调查的人民政府或其授权的有关部门、机构向社会公布。公民、法人或其他组织在事故调查期间向职能部门申请公开相关事故信息的，其答复事故正在调查阶段并告知事故调查结束后事故信息将依法公布的，人民法院应予支持。

廖某某诉四川省人民政府政府信息公开案

——以申请政府信息更正为名实质是要对信息所指涉行政行为的主要事实与依据进行合法性审查的，不属于政府信息更正范畴

裁判要旨

1. 公民申请政府信息更正的信息事项应当与其自身相关，主要指可直接识别出姓名、性别、身份证件等特定公民个人身份的相关信息。公民申请更正的政府信息中并不包含或并不能直接识别出公民姓名、身份证号码等特定化的个人自身信息的，不属于法律规定的与其个人自身相关政府信息更正的范畴。

2. 公民以申请政府信息更正为名，实质是要对信息所指涉行政行为的主要事实与依据进行合法性审查的，不属于政府信息更正范畴，其应通过合法性审查的法定救济渠道主张权利。此时政府信息制作机关作出答复认为其制作的信息正确的，该答复并未对申请人产生新的权利义务影响，公民起诉该答复的，不属于行政诉讼受案范围，应驳回其起诉。

马某诉北京市丰台区人民政府不履行政府信息公开职责案

——村务公开监督职责的履行程度应与保障村民知情权、村民自治范围相适应

裁判要旨

村务公开行政监督案件属于典型的履行法定职责之诉。该类诉讼的实质目的是要求行政机关履行监督村民委员会公开相关村务的职责。该类案件的诉讼请求在司法实践中主要以撤销之诉的形式表现，即当事人请求撤销行政机关对其作出的答复。但是，在审查内容上不能仅局限对行政答复的合法性审查，而应当全面审查行政机关履行法定职责的请求能否成立，具体包括以

下四个方面：一是行政机关在接到村民村务公开行政监督申请后是否尽到了调查核实职责；二是行政机关在调查核实后是否作出了相应的答复或决定；三是履责请求在实体法上能否成立；四是行政机关履行职责是否还有判断裁量空间。

许某云诉北京市大兴区人民政府、北京市人民政府政府信息公开及行政复议案

——政府信息公开中内部事务信息的判定标准

裁判要旨

内部事务信息是行政机关履行内部监督管理职能、开展日常工作中制作或者获取的信息，主要包括人事管理、后勤管理、内部工作流程等方面的信息。判断是否属于内部事务信息应从两个方面考量：从形式上而言，仅局限于行政机关内部之间；从效力上来说，仅为内部管理事项，对外部不具有约束力，不会对相对人的权利义务产生实际影响。一旦内部形成的信息开始外化，所记载内容直接设定当事人权利义务且对外发生了法律效力，则认定该信息对当事人的合法权益产生了实际影响，不再属于内部事务信息的范畴，应当予以公开。

十四、行政批复

周某、张某诉原环境保护部行政批复及行政复议案

——环评批复行政案件的审理范围及审查思路

裁判要旨

人民法院在环评批复行政案件的审理过程中，通过对评价单位编制环评报告和行政许可的程序进行审查，对环评内容、环评采用的标准是否符合国

家强制性规定等进行审查，保障公众的参与权与知情权，监督行政机关依法行使职权。

某化学有限公司诉原江苏省环境保护厅、原环境保护部、某高新环保能源（常州）有限公司行政批复案

——环境评价许可的审查重点及适格原告

裁判要旨

生活垃圾焚烧发电项目对周边企业和居民的生产生活存在重大影响，相关企业、居民可以对环境主管部门就生活垃圾焚烧发电项目作出的环境影响报告批复提起行政诉讼。人民法院可以从环境影响报告的主体、程序、报告的内容等方面，审查被诉环境影响评价报告行为的合法性。

林某等51人诉福建省龙岩市新罗区生态环境局行政批复案

——环境影响评价的正当性审查

裁判要旨

建设项目所在地公众对环境影响评价的参与，是环境影响评价许可的重要依据。生态环境主管部门在审批中应当对环境影响评价中公众参与材料的真实性、合法性、关联性进行审查。人民法院经审理，认定环境影响评价中公众参与材料不具有真实性，生态环境主管部门未尽到审慎审查义务的，依法撤销生态环境主管部门作出的环评批复。

某水电站诉原安徽省岳西县环境保护局行政批复案
——自然保护区的核心区和缓冲区内不得建设生产设施

裁判要旨

建设单位在自然保护区的核心区和缓冲区建设水电站，违反《自然保护区条例》规定，依法应予关闭和拆除，鉴于建设单位办理了相关建设审批手续，具有信赖利益，行政机关在责令关闭的同时，应当对建设单位的损失给予合理补偿。

郑某国诉乐山市人力资源和社会保障局行政批复案
——社保机构调查核实义务是否履行到位的判定

裁判要旨

在涉及退休审批以及退休待遇核定、支付问题引发的行政案件中，有关社保机构法定调查核实义务的履行情况，是法院判断其是否依法履职的重要前提，是法院审查被诉行政行为证据是否充分的关键内容。社保机构受理特殊工种提前退休申请后，具有调查核实的职责，对此职责不得推诿和懈怠。行政机关对于特殊工种提前退休审批应当尽到充分的调查核实义务，尽最大可能排除证据之间的矛盾和疑点，以充分保障劳动者合法权益。判定社保机构调查核实义务是否履行到位，不能仅根据原始档案的记载，也不是初步调查即可，而应以是否审慎充分调查为标准。

十五、行政处理

指导性案例 77 号：罗某某诉吉安市物价局物价行政处理案

关键词：行政诉讼　举报答复　受案范围　原告资格

裁判要点

1. 行政机关对与举报人有利害关系的举报仅作出告知性答复，未按法律规定对举报进行处理，不属于《最高人民法院关于执行〈中华人民共和国行政诉讼法〉若干问题的解释》第 1 条第 2 款第 6 项规定的“对公民、法人或者其他组织权利义务不产生实际影响的行为”，因而具有可诉性，属于人民法院行政诉讼的受案范围。

2. 举报人就其自身合法权益受侵害向行政机关进行举报的，与行政机关的举报处理行为具有法律上的利害关系，具备行政诉讼原告主体资格。

关联索引

《中华人民共和国行政诉讼法》第 12 条、第 25 条

基本案情

原告罗某某诉称：2012 年 5 月 20 日，其在吉安市吉州区井冈山大道电信营业厅办理手机号码时，吉安电信公司收取了原告 20 元卡费并出具了发票。原告认为吉安电信公司收取原告首次办理手机号码的卡费，违反了《集成电路卡应用和收费管理办法》中不得向用户单独收费的禁止性规定，故向被告吉安市物价局申诉举报，并提出了要求被告履行法定职责进行查处和作出书面答复等诉求。被告虽然出具了书面答复，但答复函中只写明被告调查时发现一个文件及该文件的部分内容。答复函中并没有对原告申诉举报信中的请求事项作出处理，被告的行为违反了《价格法》《价格违法行为举报规定》等相关法律规定。请求法院确认被告在处理原告申诉举报事项中的行为违法，

依法撤销被告的答复，判令被告依法查处原告申诉举报信所涉及的违法行为。

被告吉安市物价局辩称：原告的起诉不符合行政诉讼法的有关规定。行政诉讼是指公民、法人、其他组织对于行政机关的具体行政行为不服提起的诉讼。本案中被告于2012年7月3日对原告作出的答复不是一种具体行政行为，不具有可诉性。被告对原告的答复符合《价格违法行为举报规定》的程序要求，答复内容也是告知原告，被告经过调查后查证的情况。请求法院依法驳回原告的诉讼请求。

法院经审理查明：2012年5月28日，原告罗某某向被告吉安市物价局邮寄一份申诉举报函，对吉安电信公司向原告收取首次办理手机卡卡费20元进行举报，要求被告责令吉安电信公司退还非法收取原告的手机卡卡费20元，依法查处并没收所有电信用户首次办理手机卡被收取的卡费，依法奖励原告和书面答复原告相关处理结果。2012年5月31日，被告收到原告的申诉举报函。2012年7月3日，被告作出《关于对罗某某2012年5月28日〈申诉书〉办理情况的答复》，并向原告邮寄送达。答复内容如下："2012年5月31日我局收到您反映吉安电信公司新办手机卡用户收取20元手机卡卡费的申诉书后，我局非常重视，及时进行调查，经调查核实：江西省通管局和江西省发改委联合下发的《关于江西电信全业务套餐资费优化方案的批复》(赣通局〔2012〕14号）规定：UIM卡收费上限标准：入网50元/张，补卡、换卡：30元/张。我局非常感谢您对物价工作的支持和帮助。"原告收到被告的答复后，以被告的答复违法为由诉至法院。

裁判结果

江西省吉安市吉州区人民法院于2012年11月1日作出（2012）吉行初字第13号判决：撤销吉安市物价局《关于对罗某某2012年5月28日〈申诉书〉办理情况的答复》，限其在15日内重新作出书面答复。宣判后，当事人未上诉，判决已发生法律效力。

裁判理由

法院生效裁判认为：关于吉安市物价局举报答复行为的可诉性问题。根据《行政诉讼法》第11条第1款第5项规定，申请行政机关履行保护人身权、财产权的法定职责，行政机关拒绝履行或者不予答复的，人民法院应受理当事人对此提起的诉讼。本案中，吉安市物价局依法应对罗某某举报的吉安市电信公司收取卡费行为是否违法进行调查认定，并告知调查结果，但其作出的举报答复将《关于江西电信全业务套餐资费优化方案的批复》(以下简称《批复》）中规定的UIM卡收费上限标准进行了罗列，未载明对举报事项的处理结果。此种以告知《批复》有关内容代替告知举报调查结果行为，未能依法履行保护举报人财产权的法定职责，本身就是对罗某某通过正当举报途径寻求救济的权利的一种侵犯，不属于《最高人民法院关于执行〈中华人民共和国行政诉讼法〉若干问题的解释》(以下简称《行政诉讼法解释》）第1条第2款第6项规定的“对公民、法人或者其他组织权利义务不产生实际影响的行为”的范围，具有可诉性，属于人民法院行政诉讼的受案范围。

关于罗某某的原告资格问题。根据《行政诉讼法》第2条、第24条第1款及《行政诉讼法解释》第12条规定，举报人就举报处理行为提起行政诉讼，必须与该行为具有法律上的利害关系。本案中，罗某某虽然要求吉安市物价局“依法查处并没收所有电信用户首次办理手机卡被收取的卡费”，但仍是基于认为吉安电信公司收取卡费行为侵害其自身合法权益，向吉安市物价局进行举报，并持有收取费用的发票作为证据。因此，罗某某与举报处理行为具有法律上的利害关系，具有行政诉讼原告主体资格，依法可以提起行政诉讼。

关于举报答复合法性的问题。《价格违法行为举报规定》第14条规定：“举报办结后，举报人要求答复且有联系方式的，价格主管部门应当在办结后五个工作日内将办理结果以书面或者口头方式告知举报人。”本案中吉安市物价局作为价格主管部门，依法具有受理价格违法行为举报，并对价格是否违法进行审查，提出分类处理意见的法定职责。罗某某在申诉举报函中明确列举了三项举报请求，且要求吉安市物价局在查处结束后书面告知罗某某处理结果，该答复未依法载明吉安市物价局对被举报事项的处理结果，违反了《价格违法行为举报规定》第14条的规定，不具有合法性，应予以纠正。

某公司诉太原市政府行政处理案

——补偿问题未依法定程序解决前被征收人有权拒绝交出房屋和土地

裁判要旨

有征收必有补偿，无补偿则无征收。征收补偿应当遵循及时补偿原则和公平补偿原则。补偿问题未依法定程序解决前，被征收人有权拒绝交出房屋和土地。

刘某诉天津市律师协会行政处理案

——律师协会对被投诉律师的处理属于行政诉讼受案范围

裁判要旨

《律师法》第46条第1款第7项规定，律师协会应当“受理对律师的投诉或者举报，调解律师执业活动中发生的纠纷，受理律师的申诉”。律师协会依据上述规定针对当事人对律师的投诉作出的处理决定，属于依据法律授权实施的行政行为。当事人对此不服提起行政诉讼，属行政诉讼受案范围，律师协会对此亦具有行政主体资格，可作为适格被告参加诉讼。

罗某诉江西省吉安县发展和改革委员会、吉安县人民政府责令改正、行政复议及规范性文件审查案

——责令虚拟货币“挖矿”个人整改行政行为的司法审查

裁判要旨

虚拟货币“挖矿”以电力资源、碳排放量为代价，与经济社会高质量发

展、节能减排和碳达峰、碳中和目标不符，亦与我国《民法典》第9条“绿色原则”相悖。行政机关在多次告知未果的情况下，责令相对人整改，符合法律规定和国家政策。

某业主委员会诉景宁畲族自治县人民政府行政处理案

——为相对人设定权利义务并实际得以直接实施的会议纪要方具有可诉性

裁判要旨

行政机关制作的会议纪要，只有在其直接设定了一定的权利和义务并且实际得到直接实施的情况下，才具有可诉性。如果尚需有关行政机关以自己的名义再作出后续的法律行为，会议纪要的内容才能得以实现，则后续得到直接实施的法律行为才是真正产生法律效果的可诉行政行为。

某电子公司诉上海证券交易所终止上市决定案

——金融基础设施自律监管措施的可诉性与合法性审查

裁判要旨

证券交易所依照《证券法》《证券交易所管理办法》规定实施证券监管活动时，属于法律、法规、规章授权的组织。证券交易所根据法律授权并经证监会批准，依照自律监管规则作出的终止上市决定等监管决定，对当事人权益产生实质影响的，属于行政诉讼受案范围。依照《证券法》和《证券交易所管理办法》等规定，《股票上市规则》所规定的组合财务退市指标，构成了约束上市公司股票财务类强制退市的法定条件。上市公司触及《股票上市规则》规定的退市条件，证券交易所据此作出终止上市决定，符合法律规定。

暨某等四人诉广州市荔湾区城市管理和综合执法局、广州市荔湾区人民政府违法建设行政处理决定及行政复议案

——对于在有关城市规划方面的法律、法规出台前已存在并保留至今的建筑物所进行的原状维修，不宜认定为违章建筑

裁判要旨

有关城市规划区内建筑物的合法性认定，要尊重历史，同时还须结合不同时期的有关法律、法规规定进行认定。对建设年代久远、属于历史遗留的建（构）筑物，根据法不溯及既往原则，不宜适用现行的法律、法规认定为违章

姚乙诉古蔺县人民政府等行政处理及行政复议案

——第三人起诉案件中复议前置条件的认定

裁判要旨

法定复议前置案件中，当事人虽然未申请行政复议，但已经作为复议程序的第三人参加行政复议，第三人对复议决定不服提起行政诉讼的，应当认定第三人具备经过复议前置程序提起诉讼的前提条件。

浙江某甲公司诉临海市人民政府行政处理案

——行政决策中企业公平竞争权生产经营权和信赖利益的保护问题

裁判要旨

行政机关在行政决策中应注重对企业公平竞争权、生产经营权和信赖利益的保护。对于市政公用事业特许经营项目的投资者或者经营者，应依法采取公开招标的市场竞争机制确定，同时不得侵犯相关企业基于在先合同所享

有的生产经营权和信赖利益，除非相关合同已依法变更或解除。否则，人民法院可以依法撤销相关行政决策，基于权利义务救济必要性、公共利益以及司法谦抑原则的考量，也可以确认违法。

十六、行政复议

指导性案例 191 号：刘某某诉广东省英德市人民政府行政复议案

关键词：行政　行政复议　工伤认定　工伤保险责任

裁判要点

建筑施工企业违反法律、法规规定将自己承包的工程交由自然人实际施工，该自然人因工伤亡，社会保险行政部门参照《最高人民法院关于审理工伤保险行政案件若干问题的规定》第 3 条第 1 款有关规定认定建筑施工企业为承担工伤保险责任单位的，人民法院应予支持。

关联索引

《工伤保险条例》第 15 条

基本案情

2016 年 3 月 31 日，朱某某与茂名市茂南某集团有限公司（以下简称某公司）就朱某某商住楼工程签订施工合同，发包人为朱某某，承包人为某公司。补充协议约定由某公司设立工人工资支付专用账户，户名为陆某某。随后，朱某某商住楼工程以某公司为施工单位办理了工程报建手续。案涉工程由梁某某组织工人施工，陆某某亦在现场参与管理。施工现场大门、施工标志牌等多处设施的醒目位置，均标注该工程的承建单位为某公司。另查明，某公司为案涉工程投保了施工人员团体人身意外伤害保险，保险单载明被保险人 30 人，未附人员名单。2017 年 6 月 9 日，梁某某与陆某某接到英德市住建部门的检查通知，二人与工地其他人员在出租屋内等待检查。该出租屋系梁某某承租，用于工地开会布置工作和发放工资。当日15时许，梁某某被发现躺在出租屋内，死亡原因为猝死。

梁某某妻子刘某某向广东省英德市人力资源和社会保障局（以下简称英德市人社局）申请工伤认定。英德市人社局作出《关于梁某某视同工亡认定决定书》（以下简称《视同工亡认定书》），认定梁某某是在工作时间和工作岗位突发疾病，在48小时之内经抢救无效死亡，符合《工伤保险条例》第15条第1款第1项规定的情形，视同因工死亡。某公司不服，向广东省英德市人民政府（以下简称英德市政府）申请行政复议。英德市政府作出《行政复议决定书》，以英德市人社局作出的《视同工亡认定书》认定事实不清、证据不足、适用依据错误、程序违法为由，予以撤销。刘某某不服，提起诉讼，请求撤销《行政复议决定书》，恢复《视同工亡认定书》的效力。

裁判结果

广东省清远市中级人民法院于2018年7月27日作出（2018）粤18行初42号行政判决：驳回刘某某的诉讼请求。刘某某不服一审判决，提起上诉。广东省高级人民法院于2019年9月29日作出（2019）粤行终390号行政判决：驳回上诉，维持原判。刘某某不服二审判决，向最高人民法院申请再审。最高人民法院于2020年11月9日作出（2020）最高法行申5851号行政裁定，提审本案，于2021年4月27日作出（2021）最高法行再1号行政判决：一、撤销广东省高级人民法院（2019）粤行终390号行政判决；二、撤销广东省清远市中级人民法院（2018）粤18行初42号行政判决；三、撤销英德市政府作出的英府复决〔2018〕2号《行政复议决定书》；四、恢复英德市人社局作出的英人社工认〔2017〕194号《视同工亡认定书》的效力。

裁判理由

一、某公司应作为承担工伤保险责任的单位

作为具备用工主体资格的承包单位，既然享有承包单位的权利，也应当履行承包单位的义务。在工伤保险责任承担方面，某公司与梁某某之间虽未直接签订转包合同，但其允许梁某某利用其资质并挂靠施工，参照原劳动和社会保障部《关于确立劳动关系有关事项的通知》（劳社部发〔2005〕12号）第4条、《人力资源和社会保障部关于执行〈工伤保险条例〉若干问题的意见》（人社部发〔2013〕34号，以下简称《人社部工伤保险条例意见》）第7

条以及《最高人民法院关于审理工伤保险行政案件若干问题的规定》(以下简称《工伤保险行政案件规定》)第3条第1款第4项、第5项规定精神，可由某公司作为承担工伤保险责任的单位。

二、某公司应承担梁某某的工伤保险责任

英德市政府和某公司认为，根据法律的相关规定，梁某某是不具备用工主体资格的“包工头”，并非其招用的劳动者或聘用的职工，梁某某因工伤亡不应由某公司承担工伤保险责任。对此，最高人民法院认为，将因工伤亡的“包工头”纳入工伤保险范围，赋予其享受工伤保险待遇的权利，由具备用工主体资格的承包单位承担用人单位依法应承担的工伤保险责任，符合工伤保险制度的建立初衷，也符合《工伤保险条例》及相关规范性文件的立法目的。

首先，建设工程领域具备用工主体资格的承包单位承担其违法转包、分包项目上因工伤亡职工的工伤保险责任，并不以存在法律上劳动关系或事实上劳动关系为前提条件。根据《人社部工伤保险条例意见》第7条、《工伤保险行政案件规定》第3条的规定，为保障建筑行业中不具备用工主体资格的组织或自然人聘用的职工因工伤亡后的工伤保险待遇，加强对劳动者的倾斜保护和对违法转包、分包单位的惩戒，现行工伤保险制度确立了因工伤亡职工与承包单位之间推定形成拟制劳动关系的规则，即直接将违法转包、分包的承包单位视为用工主体，并由其承担工伤保险责任。

其次，将“包工头”纳入工伤保险范围，符合建筑工程领域工伤保险发展方向。根据《国务院办公厅关于促进建筑业持续健康发展的意见》(国办发〔2017〕19号)、《人力资源社会保障部办公厅关于进一步做好建筑业工伤保险工作的通知》(人社厅函〔2017〕53号)等规范性文件精神，要求完善符合建筑业特点的工伤保险参保政策，大力扩展建筑企业工伤保险参保覆盖面。即针对建筑行业的特点，建筑施工企业对相对固定的职工，应按用人单位参加工伤保险；对不能按用人单位参保、建筑项目使用的建筑业职工特别是农民工，按项目参加工伤保险。因此，为包括“包工头”在内的所有劳动者按项目参加工伤保险，扩展建筑企业工伤保险参保覆盖面，符合建筑工程领域工伤保险制度发展方向。

再次，将“包工头”纳入工伤保险对象范围，符合“应保尽保”的工伤保险制度立法目的。《工伤保险条例》关于“本单位全部职工或者雇工”的规定，并未排除个体工商户、“包工头”等特殊的用工主体自身也应当参加工伤保险。易言之，无论是工伤保险制度的建立本意，还是工伤保险法规的具体规定，均没有也不宜将“包工头”排除在工伤保险范围之外。“包工头”作为劳动者，处于违法转包、分包等行为利益链条的最末端，参与并承担着施工现场的具体管理工作，有的还直接参与具体施工，其同样可能存在工作时间、工作地点因工作原因而伤亡的情形。“包工头”因工伤亡，与其聘用的施工人员因工伤亡，就工伤保险制度和工伤保险责任而言，并不存在本质区别。如人为限缩《工伤保险条例》的适用范围，不将“包工头”纳入工伤保险范围，将形成实质上的不平等；而将“包工头”等特殊主体纳入工伤保险范围，则有利于实现对全体劳动者的倾斜保护，彰显社会主义工伤保险制度的优越性。

最后，“包工头”违法承揽工程的法律责任，与其参加社会保险的权利之间并不冲突。根据《社会保险法》第1条、第33条的规定，工伤保险作为社会保险制度的一个重要组成部分，由国家通过立法强制实施，是国家对职工履行的社会责任，也是职工应该享受的基本权利。不能因为“包工头”违法承揽工程违反建筑领域法律规范，而否定其享受社会保险的权利。承包单位以自己的名义和资质承包建设项目，又由不具备资质条件的主体实际施工，从违法转包、分包或者挂靠中获取利益，由其承担相应的工伤保险责任，符合公平正义理念。当然，承包单位依法承担工伤保险责任后，在符合法律规定的情况下，可以依法另行要求相应责任主体承担相应的责任。

山东某贝文化传媒有限公司高唐分公司诉高唐县市场监督管理局、高唐县人民政府行政处罚及行政复议案

——对平台内的经营者实施不合理限制的认定

裁判要旨

在网络平台内以特定的平台管理账户独立管理、操作、运营与餐饮商户的经营活动，应视为涉案网络平台的实际经营者之一，其在网络平台内的行

为应受《电子商务法》约束。餐饮商户经营的餐饮商品种类不同、价格不同，经营价格应由餐饮商户在法律约束内自主定价，网络平台经营者将不同餐饮商户、不同种类的餐饮商品统一制定价格，显然对平台内经营者在平台内的价格进行了不合理的限制，干涉了餐饮商户的自主经营权、交易权。在未通知或未征得参加活动的餐饮经营者明确同意的情况下，单方中止活动，可以视为利用技术手段对参加活动的经营商户进行了不合理限制。

陈某蝶诉某区人民政府行政复议申请不予受理决定案

——行政机关应司法机关的要求调查核实相关情况的行为，不属于行政复议的受理范围

裁判要旨

司法机关在案件审理过程中，某些事项需要行政机关进一步调查核实并出具相关说明材料，这些行为并不直接对当事人产生影响，即便司法机关采信了行政机关的意见，并让当事人承担了不利的诉讼后果，也是司法裁判所致，并非行政机关的调查核实行为所致，故不属于行政复议的受理范围。

宋某利诉某区人民政府驳回行政复议申请决定案

——因对法院的判决结果不服而重新申请行政复议或者变相申请行政复议，不属于行政复议受理范围

裁判要旨

《行政复议法》第16条第2款规定，公民、法人或者其他组织向人民法院提起行政诉讼，人民法院已经依法受理的，不得申请行政复议。由此可见，法律确立了司法最终裁判原则。当事人如果针对诉争问题已经提起过行政诉讼，不得因对法院的判决结果不服而重新申请行政复议或者变相申请行政复议，否则就相当于要求行政机关推翻法院的生效判决，明显违背司法终局

原则。

曾某龙诉淄博市公安局临淄分局、淄博市临淄区人民政府行政处罚及行政复议案

——正当防卫在治安管理行政处罚中的认定

裁判要旨

1. 根据《治安管理处罚法》第 43 条第 1 款的规定，故意伤害他人身体是违反治安管理的行为，违法行为人应受到相应的治安管理处罚。但受害人为了免受正在进行的不法侵害而采取的制止不法侵害的行为亦有可能造成伤害他人身体的后果。此情形下受害人对违法行为人造成伤害的，公安机关在认定时，不能仅看他人身体的伤害后果就将行为人的伤害行为定性为违反《治安管理处罚法》第 43 条第 1 款的行为而给予行政处罚，而应当根据治安案件所查明的事实，充分考虑伤害行为的起因和伤害发生的过程，综合判断该伤害行为是否构成正当防卫。

2. 为了使国家利益、社会公共利益、本人或他人的人身、财产和其他合法权益免受正在进行的不法侵害，而在必要限度内采取的制止不法侵害的行为，对不法侵害人造成损害的，应当认定为正当防卫行为，而不应认定为违反治安管理行为，更不应因此给予治安管理行政处罚。故受害人为了制止正在进行的违反治安管理行为而伤害了违法行为人，其不是事先挑拨、故意挑逗他人对自己进行侵害且损害在必要限度内的，对受害人的伤害行为应认定为正当防卫行为，而不应认定为治安违法行为而予以行政处罚。

姜某某等人诉海口市市场监督管理局、海口市人民政府行政处罚及行政复议案

——行政相对人发布虚假广告信息，混淆药品和普通食品的区别，依法应当予以行政处罚

裁判要旨

广告主利用本人的微信朋友圈发布虚假药品广告，虽未实际支出广告费，但市场监管部门可认定该行为属于“广告费用无法计算或明显偏低”情形，按照《广告法》第58条第1款第2项规定，对此类违法广告主处10万元以上20万元以下的罚款。

某人力资源服务公司诉北京市门头沟区人力资源和社会保障局、北京市人力资源和社会保障局行政确认及行政复议案

——《工伤保险条例》第14条在新兴业态从业人员工伤认定中的适用

裁判要旨

在适用《工伤保险条例》第14条第2项对新兴业态从业人员所受伤害进行工伤认定时，对“工作时间”“工作场所”“与工作有关的预备性工作”的认定，应充分结合该行业的自身特点进行综合考虑。

1. 关于“工作时间”的认定。“工作时间”的概念应延伸至职工从事与工作有关的准备性或者收尾性工作所需的时间、确因工作需要而加班加点的时间以及其他因工作需要的必要工间休息时间等。较传统行业而言，送餐员的工作时间更加弹性、灵活，劳动保障部门对于实际工作时间的认定应综合考虑多种因素。

2. 关于“工作场所”的认定。一般而言，职工为完成其本职工作或特定

工作所涉及的必要相关区域，均可视为“工作场所”。此外，对“工作场所”的理解，还应根据职工的工作职责、工作性质、工作需要等方面综合考虑认定。

3. 关于“与工作有关的预备性工作”的认定。实践中基于送餐员工作时间、工作地点的特殊性，宜结合实际对职工“从事与工作有关的预备性工作”作合理把握，将确有证据证明关联高的情形纳入工伤保护范围。

施某炮诉中国（上海）自由贸易试验区市场监督管理局、上海市浦东新区人民政府不予立案决定及行政复议案

——涉网络游戏App行政纠纷的法律适用规则及行政主管部门之确定

裁判要旨

根据《电子商务法》的规定，金融类产品和服务，利用信息网络提供新闻信息、音视频节目、出版以及文化产品等内容方面的服务，不适用该法。在手机互联网应用商店下载的游戏类移动互联网应用程序（App），属于文化产品范畴，作为特殊电子商务，根据《移动互联网应用程序信息服务管理规定》（自2016年8月1日起施行）的相关规定，应当由地方互联网信息办公室负责本行政区域内的移动互联网应用程序信息内容的监督管理执法工作，而市场监督管理部门作为一般电子商务的监管部门对此不具有行政管理职责。

吴某君诉国家外汇管理局甘肃省分局、国家外汇管理局行政处罚及行政复议案

——外汇处罚案件中对单位违法与个人违法的界定

裁判要旨

在区分单位违法与个人违法时，应当从以下方面考量：第一，是否有合

法存在的单位且以单位名义实施。对于虽经依法登记注册的公司，若确有证据证实实际为特定一人出资、一人从事经营管理活动，利益归属该特定个人的，参照刑法上的规定以个人论。第二，主观上是否体现单位的意志。单位内部成员未经单位决策机构批准、同意或认可而实施的违法行为，应认定为个人违法。第三，客观上是否由单位组织实施。个人为进行违法犯罪活动而设立的公司、企业、事业单位实施犯罪的，或者公司、企业、事业单位设立后，以实施犯罪为主要活动的，不以单位犯罪论处。第四，是否为单位谋取利益。只有在为本单位谋利益的情况下，且违法所得通常归单位所有，才以单位违法论。

刘某明诉江苏省张家港市人民政府行政复议案

——以保护规范理论作为判定行政诉讼原告资格的重要基准

裁判要旨

只有主观公权利，即公法领域权利和利益，受到行政行为影响，存在受到损害的可能性的当事人，才与行政行为具有法律上利害关系，才形成了行政法上权利义务关系，才具有原告主体资格，才有资格提起行政诉讼。具体应当以行政机关作出行政行为时所依据的行政实体法和所适用的行政实体法律规范体系，是否要求行政机关考虑、尊重和保护原告诉请保护的权利或法律上的利益作为判断是否存在公法上利害关系的重要标准。

某公司诉国土资源部行政复议案

——行政复议决定撤销行政行为应当依法说明理由

裁判要旨

复议机关应当审慎选择适用复议决定的种类，权衡撤销对法秩序的维护与撤销对权利人合法权益造成损害的程度以及采取补救措施的成本等诸相关因素；认为撤销存在不符合公共利益等情形时，可以决定不予撤销而选择确认违法等复议结果；确需撤销的，还需指明因撤销许可而给被许可人造成的损失如何给予以及给予何种程度的补偿或者赔偿问题。如此，方能构成一个合法的撤销决定。

尹某帅、张某甲、尹某苒诉山东省德州经济技术开发区管理委员会、山东省德州经济技术开发区袁桥镇人民政府拆迁安置补偿行政复议案

——合法有效的规范性文件确定的村民资格标准，人民法院应当予以尊重

裁判要旨

对于村庄改造和房屋拆迁安置补偿缺乏上位法的统一、明确规定时，地方政府和职能部门结合地方的具体实际情况，依法制定规章或规章以下的规范性文件，人民法院经审查认为合法、有效且合理、适当的，应当承认其效力，并作为判断被诉拆迁安置补偿行为是否合法的根据。合法有效的规范性文件确定的村民资格标准，人民法院应当予以尊重。

天津开发区某公司诉天津市人民政府不予受理行政复议申请决定案

——城乡规划部门修改控制性详细规划的申报和政府审批行为不属于行政复议和行政诉讼的受案范围

裁判要旨

城乡规划部门修改控制性详细规划，应当报经原批准机关，也就是本级政府批准后，才可以修改方案；方案修改完成后，再次报本级政府审批，方案方可发生法律效力。其中，报送本级政府审批行为和本级政府作出的审批行为，均属于行政机关内部的过程性层报、审批行为，不对外发生法律效力，明显不属于行政复议和行政诉讼的受案范围。对于明显不属于行政复议和行

政诉讼受案范围，明显不符合申请行政复议、提起行政诉讼的其他法定条件的案件，复议机关作出不予受理或驳回复议申请决定，当事人仍不服提起行政诉讼的，不予受理或驳回复议申请决定实质是对其请求事项作出信访处理意见，人民法院可以裁定驳回其起诉。

某公司诉某区人民政府不予受理行政复议申请决定案

——《劳动保障监察限期整改指令书》呈外部性和最终性，对行政相对人权利义务产生实际影响，属于行政复议受理范围

裁判要旨

劳动保障行政部门限期责令行政相对人向有关劳动者改正所存在的违法行为，意味着劳动保障行政部门认定行政相对人与劳动者之间存在劳动关系，并基于劳动关系指令用人单位改正违法行为，同时告知行政相对人若拒不履行限期整改的内容，将对其进行行政处罚。从涉案《劳动保障监察限期整改指令书》内容来看，被约束对象是特定的，并指出不履行的后果，对某公司设定了义务，对其权利义务产生了实际影响，可以认定涉案《劳动保障监察限期整改指令书》对某公司直接产生了法律效果。涉案《劳动保障监察限期整改指令书》呈外部性和最终性，是具有权利义务影响性和成熟性的行政行为，不符合内部性、非正式性、未完成性等过程性行政行为的特点，对行政相对人权利义务产生实际影响，属于行政复议的受理范围。

蔡某诉万宁市人民政府行政复议案

——关于拖欠劳动者工资的清偿责任主体的认定

裁判要旨

1. 劳动者认为用人单位侵犯其劳动保障合法权益的，有权根据《劳动保障监察条例》等法律规定向劳动保障行政部门投诉，劳动保障行政部门也有

责任对用人单位的违法行为依法给予相应的处罚。

2. 用人单位不得将建设工程发包给不具备用工主体资格的组织或自然人，否则应对该组织或自然人招用的劳动者承担用工主体责任和拖欠工资的清偿责任，无论用人单位与劳动者之间是否形成劳动关系对此均不构成影响。

杨某诉郑州市人民政府驳回行政复议申请决定案

——以申请行政复议的方式规避起诉期限应不予支持

裁判要旨

对于曾向行政机关提出的请求事项，当事人在超过行政诉讼起诉期限后重新向行政机关提出申请，针对行政机关的答复再申请行政复议，此后再以对行政复议决定不服而提起行政诉讼的，这种行为存在通过行政复议重获诉权、达到重启行政诉讼程序的可能，实质上是对起诉期限的规避，对此人民法院不予支持。

陈国某、陈芳某诉公安部行政复议案

——复议机关作共同被告的案件应以作出原行政行为的行政机关确定案件的级别管辖

裁判要旨

《最高人民法院关于适用〈中华人民共和国行政诉讼法〉的解释》第22条第3款规定，复议机关确认原行政行为违法，属于改变原行政行为，但复议机关以违反法定程序为由确认原行政行为违法的除外。本案系复议机关以违反法定程序为由确认原行政行为违法，根据上述司法解释规定，此情况不属于复议机关改变原行政行为，故本案作出原行政行为的行政机关和复议机关应是共同被告。又根据上述司法解释第134条第3款规定，复议机关作共同被告的案件，以作出原行政行为的行政机关确定案件的级别管辖。

时某诉北京市东城区人民政府行政复议案

——对违法建筑物、构筑物的认定，行政机关应主动处理，对履责事项未审查清楚的，属于未尽到合法性审查义务

裁判要旨

在违法建筑物、构筑物的认定和查处中，城管执法部门应及时履职，对于不能认定，或不能确认建筑合法性的应及时与相关管理信息部门进行沟通共享，对违法建筑物、构筑物的认定作出及时处理，而不宜要求相对人对建筑物性质另行申请认定，从而弱化乃至不履行其日常监管、认定、处理的职责。复议机关对上述履责不到位事项未审查清楚的，属于未尽到合法性审查义务。

刘某诉四川省人力资源和社会保障厅劳动和社会保障行政复议案

——工伤认定中“履行工作职责”的认定

裁判要旨

根据《工伤保险条例》第 14 条第 3 项规定，认定受到暴力等意外伤害情形为工伤需要同时符合工作时间、工作场所和履行工作职责三个条件。关于履行工作职责中受到暴力伤害的能否认定工伤，关键在于判断暴力伤害与履行工作职责之间的关联性程度。《工伤保险条例》旨在保障因工作遭受事故伤害或者患职业病的职工获得医疗救治和经济补偿，是为了保护劳动者在工作期间受到暴力等意外伤害后的救济。从制度价值的角度适用该条款认定是否属于工伤时，要从暴力伤害发生的时间、地点、起因等综合判断是否属于工作原因，工作纠纷处理不当不属于阻却认定工伤的理由。

夏某珍诉安吉经济开发区管理委员会、安吉县人民政府强制清除地上物、强制占用土地及湖州市人民政府行政复议案

——行政机关作为受让方获得土地使用权后在土地上实施的后续开发、建设行为是否属于行政诉讼的受案范围

裁判要旨

行政机关在土地交付、使用过程中具有双重身份的，即在交付土地中行使的是行政管理职责，作为受让方取得土地使用权后在该土地行使的是民事主体的权利。行政机关在土地交付后实施的建设行为并非行政行为，不属于行政诉讼及行政复议的受案范围。

王某某诉上饶市广丰区人民政府改变原行政行为的行政复议决定案

——工伤认定中“因履行工作职责受到暴力伤害”的认定

裁判要旨

1. 工伤认定中，因履行工作职责受到暴力伤害应指的是受到的暴力伤害与履行工作职责具有直接因果关系，而直接因果关系的认定应以原因力大小为判断依据，即应以暴力伤害与履行工作职责之间的关联性是否足以达到认定工伤的程度为标准。

2. 在没有确切证据证明职工存在引发暴力侵害的其他个人因素情况下，不宜仅以暴力侵害没有当场发生即暴力侵害的发生具有滞后性为由，否定职工受到的暴力伤害与履行工作职责存在直接因果关系。

项某诉六盘水市人民政府行政复议案
——个人挂靠其他单位对外经营，其聘用的人员因工伤亡的，被挂靠单位为承担工伤保险责任的单位

裁判要旨

在车辆挂靠关系中，对驾驶员劳动权益的保护应采取劳动者倾斜保护原则。被挂靠人向挂靠人收取挂靠费，应与挂靠人共同承担经营运输风险，仅以协议约定不能免除其作为被挂靠人应承担的风险和责任。个人挂靠其他单位对外经营，其聘用的人员因工伤亡，被挂靠单位以不存在劳动关系为由，主张不承担工伤保险责任的，人民法院不予支持。

郭某爱等 364 人诉陕西省人民政府行政复议案
——复议中止事由消除后复议机关怠于作出复议决定的行为具有可诉性

裁判要旨

在直接针对复议中止行为提起诉讼的案件中，复议机关在中止事由消除后未及时恢复复议程序，会对当事人进一步寻求司法救济产生非正常的阻断，进而对当事人合法权益造成不法侵害，人民法院可以受理当事人的起诉并判令复议机关履行复议职责。

海南某公司诉海南省人民政府行政复议案
——起诉期限规定中“知道”和“应当知道”的判定

裁判要旨

行政机关作出行政行为时，未告知公民、法人或者其他组织起诉期限的，

起诉期限从公民、法人或者其他组织知道或者应当知道起诉期限之日起计算。所谓“知道”，是指有充分证据证明，申请人知道作出行政行为的时间；所谓“应当知道”，是指遵循法官职业道德，运用逻辑推理和生活经验，根据相关证据，推定申请人知道作出行政行为的时间。

某出租汽车公司诉北京市东城区社保基金管理中心社保稽核行为及北京市东城区人社局行政复议案

——复议机关改变原行政行为认定的主要事实但未改变处理结果的复议维持双被告案件中的裁判规则

裁判要旨

对象。复议机关可以在复议过程中根据自己调查的事实和对法律适用的理解，对原行政行为进行瑕疵修正。在原行政行为和复议维持决定程序均合法的前提下，应一并判决驳回原告的诉讼请求。

沈某蓉诉泸州市人民政府行政复议案

——不服行政复议机关作出的复议决定又向其上级机关申请“复议”系行政机关层级监督范畴，不属于行政诉讼受案范围

裁判要旨

当事人对行政复议决定不服向行政复议机关的上级行政机关申请行政复议的，不属于《中华人民共和国行政复议法》规定的复议行为，该行为实际是要求上级机关履行层级监督的职责，上级机关不启动层级监督，对当事人的权利义务不产生实际影响，不属于行政诉讼受案范围。

孙某某诉北京市平谷区南独乐河镇人民政府、北京市平谷区人民政府行政处罚及行政复议案

——执法变动情况下信赖利益保护的审查认定

裁判要旨

在前期相关政府部门曾作出允诺的情况下，法院应结合案件事实，综合考量当事人主张的信赖利益是否具有正当性和受法律保护的必要性。比如通过行政机关的行为或承诺与相对人生产经营之间是否存在密切联系来判断，即行政机关的行为或承诺，是否实际使当事人对其设施农用建设的合法性产生了足够的信赖，其是否基于此种信赖投入了物力、财力用于设施农业项目的生产经营。行为人基于镇政府等部门的“允诺”，实施了设施农用地项目建设，并一直用于养殖，符合设施农用地的用途管制要求，且并未改变农业用途，具有补办设施农用地相关手续的可能性，行为人信赖利益大于所欲维护之公共利益，该种执法变动情况下应对其信赖利益进行保护。

吴某某诉运城市人民政府不履行法定职责案

——上级行政机关基于内部层级监督关系责令下级行政机关履行行政复议决定的行为不属于行政诉讼受案范围

裁判要旨

行政复议机关责令被申请人履行行政复议决定的行为属于上级行政机关基于内部层级监督关系对下级行政机关作出的督促履责行为，并未对行政复议申请人产生新的权利义务影响。根据《最高人民法院关于适用＜中华人民共和国行政诉讼法＞的解释》第一条第二款第八项的规定，不属于人民法院行政诉讼的受案范围，基于该行为产生的抄送或告知行为亦不属于行政诉讼的受案范围。

张某诉淄博市临淄区残疾人联合会、淄博市临淄区人民政府政府信息公开及行政复议案

——经行政复议后再提起行政诉讼时起诉期限的认定

裁判要旨

1. 公民、法人或者其他组织作为行政复议申请人向复议机关申请行政复议后，在复议机关作出维持原行政行为决定的情形下，行政复议申请人作为原告向人民法院提起行政诉讼的，应当将作出原行政行为的行政机关和复议机关作为行政诉讼的共同被告。如果原告只起诉作出原行政行为的行政机关或者复议机关的，人民法院应当告知原告追加被告；若原告不同意追加，则人民法院应当将另一机关列为共同被告。

2. 经行政复议后再提起行政诉讼的，起诉期限应当为行政复议申请人收到行政复议决定书之日起十五日内，而并非其知道或者应当知道原行政行为作出之日起六个月内。

周某诉南京市溧水区民政局、南京市民政局不履行行政登记职责及行政复议案

——数字政府建设中不履行婚姻登记信息处理职责的认定

裁判要旨

数字政府建设背景下，婚姻登记机关具有对公民婚姻登记信息进行归集、整合、共享的法定职责。当事人持生效裁判文书向婚姻登记机关申请更正婚姻登记信息，婚姻登记机关以当事人并未在婚姻登记机关办理离婚为由，拒绝归集、整合的，构成不履行法定职责，人民法院应当判决婚姻登记机关更正相关信息。

十七、行政裁决

曾某某诉国务院行政裁决案

——国务院对行政裁决申请不予受理决定属最终裁决范畴

裁判要旨

根据《行政诉讼法》第 13 条第 4 项之规定，人民法院不受理公民、法人或者其他组织对法律规定由行政机关最终裁决的行政行为提起的诉讼。《行政复议法》第 14 条规定，对国务院部门或者省、自治区、直辖市人民政府的具体行政行为不服的，向作出该具体行政行为的国务院部门或者省、自治区、直辖市人民政府申请行政复议。对行政复议决定不服的，可以向人民法院提起行政诉讼；也可以向国务院申请裁决，国务院依照本法的规定作出最终裁决。当事人向国务院申请确认国家发改委拒收其行政复议申请材料的行为违法，国务院作出裁决决定书对其裁决申请不予受理。国务院作出的行政复议裁决申请不予受理决定，属于《行政复议法》第 14 条规定的对国务院部门行政复议决定不服向国务院申请裁决而国务院依法作出的最终裁决行为，依法不属于行政诉讼受案范围。

南京某制药公司诉南京市知识产权局、某知识产权公司行政裁决纠纷案

——许诺销售不属于药品和医疗器械行政审批例外情形的判断标准

裁判要旨

专利法关于药品和医疗器械行政审批的侵权例外，仅适用于为了获得仿制药品和医疗器械行政审批所需要的信息而实施专利的行为人，以及为前述行为人获得行政审批而实施专利的行为人。后一主体以药品和医疗器械行政

审批例外为由提出抗辩时，应当以前一主体的实际存在为前提和条件。后一主体针对不确定的第三人（非前一主体）许诺销售专利产品的，不具备适用药品和医疗器械行政审批侵权例外的前提和条件。

十八、行政协议

指导性案例76号：萍乡市某房地产开发有限公司诉萍乡市国土资源局不履行行政协议案

关键词：行政　行政协议　合同解释　司法审查　法律效力

裁判要点

行政机关在职权范围内对行政协议约定的条款进行的解释，对协议双方具有法律约束力，人民法院经过审查，根据实际情况，可以作为审查行政协议的依据。

关联索引

《中华人民共和国行政诉讼法》第12条

基本案情

2004年1月13日，萍乡市土地收购储备中心受萍乡市肉类联合加工厂委托，经被告萍乡市国土资源局（以下简称市国土局）批准，在《萍乡日报》上刊登了国有土地使用权公开挂牌出让公告，定于2004年1月30日至2004年2月12日在土地交易大厅公开挂牌出让TG-0403号国有土地使用权，地块位于萍乡市安源区后埠街万公塘，土地出让面积为23173.3平方米，开发用地为商住综合用地，冷藏车间维持现状，容积率2.6，土地使用年限为50年。萍乡市某房地产开发有限公司（以下简称某公司）于2006年2月12日以投标竞拍方式并以人民币768万元取得了TG-0403号国有土地使用权，并于2006年2月21日与被告市国土局签订了《国有土地使用权出让合同》。合同约定出让宗地的用途为商住综合用地，冷藏车间维持现状。土地使用权出让金为每平方米 331.42 元，总额计人民币 768 万元。2006 年 3 月 2 日，市国土局向某公司颁发了萍国用（2006）第 43750 号和萍国用（2006）第 43751 号两本国有土地使用证，其中萍国用（2006）第 43750 号土地证地类（用途）为工业，使用权类为出让，使用权面积为 8359 平方米，萍国字（2006）第 43751 号土地证地类为商住综合用地。对此，某公司认为约定的“冷藏车间维持现状”是维持冷藏库的使用功能，并非维持地类性质，要求将其中一证地类由“工业”更正为“商住综合”；但市国土局认为维持现状是指冷藏车间保留工业用地性质出让，且该公司也是按照冷藏车间为工业出让地缴纳的土地使用权出让金，故不同意更正土地用途。2012 年 7 月 30 日，萍乡市规划局向萍乡市土地收购储备中心作出《关于要求解释〈关于萍乡市肉类联合加工厂地块的函〉》中有关问题的复函，主要内容如下：我局在 2003 年 10 月 8 日出具的规划条件中已明确了该地块用地性质为商住综合用地（冷藏车间约 7300 平方米，下同）但冷藏车间维持现状。根据该地块控规，其用地性质为居住（兼容商业），但由于地块内的食品冷藏车间是目前我市唯一的农产品储备保鲜库，也是我市重要的民生工程项目，因此，暂时保留地块内约 7300 平方米冷藏库的使用功能，未经政府或相关主管部门批准不得拆除。2013 年 2 月 21 日，市国土局向某公司书面答复：（1）根据市规划局出具的规划条件和宗地实际情况，同意贵公司申请 TG-0403 号地块中冷藏车间用地的土地用途由工业用地变更为商住用地。（2）由于贵公司取得该宗地中冷藏车间用地使用权是按工业用地价格出让的，根据《城市房地产管理法》之规定，贵公司申请 TG-0403 号地块中冷藏车间用地的土地用途由工业用地变更为商住用地，应补交土地出让金。补交的土地出让金可按该宗地出让时的综合用地（住宅、办公）评估价值减去的同等比例计算，即 297.656 万元 ×70%=208.36 万元。（3）冷藏车间用地的土地用途调整后，其使用功能未经市政府批准不得改变。某公司于 2013 年 3 月 10 日向法院提起行政诉讼，要求判令被告将萍国用（2006）第 43750 号国有土地使用证上的地类用途由“工业”更正为商住综合用地（冷藏车间维持现状）；撤销被告“关于对市某房地产有限公司 TG-0403 号地块有关土地用途问题的答复”中第 2 项关于补缴土地出让金 208.36 万元的决定。

裁判结果

江西省萍乡市安源区人民法院于2014年4月23日作出（2014）安行初字第6号行政判决：一、被告萍乡市国土资源局在本判决生效之日起90天内对萍国用（2006）第43750号国有土地使用证上的8359.1平方米的土地用途应依法予以更正；二、撤销被告萍乡市国土资源局于2013年2月21日作出的《关于对市某房地产开发有限公司TG-0403号地块有关土地用途的答复》中第2项补交土地出让金208.36万元的决定。宣判后，萍乡市国土资源局提出上诉。江西省萍乡市中级人民法院于2014年8月15日作出（2014）萍行终字第10号行政判决：驳回上诉，维持原判。

裁判理由

法院生效裁判认为：行政协议是行政机关为实现公共利益或者行政管理目标，在法定职责范围内与公民、法人或者其他组织协商订立的具有行政法上权利义务内容的协议，本案行政协议即是市国土局代表国家与某公司签订的国有土地使用权出让合同。行政协议强调诚实信用、平等自愿，一经签订，各方当事人必须严格遵守，行政机关无正当理由不得在约定之外附加另一方当事人义务或单方变更解除。本案中，TG-0403号地块出让时对外公布的土地用途是“开发用地为商住综合用地，冷藏车间维持现状”，出让合同中约定为“出让宗地的用途为商住综合用地，冷藏车间维持现状”。但市国土局与某公司就该约定的理解产生分歧，而萍乡市规划局对原萍乡市肉类联合加工厂复函确认TG-0403号国有土地使用权面积23173.3平方米（含冷藏车间）的用地性质是商住综合用地。萍乡市规划局的解释与挂牌出让公告明确的用地性质一致，且该解释是萍乡市规划局在职权范围内作出的，符合法律规定和实际情况，有助于树立诚信政府形象，并无重大明显的违法情形，具有法律效力，并对市国土局关于土地使用性质的判断产生约束力。因此，对市国土局提出的冷藏车间占地为工业用地的主张不予支持。某公司要求市国土局对“萍国用（2006）第43750号”土地证（土地使用权面积8359.1平方米）地类更正为商住综合用地，具有正当理由，市国土局应予以更正。某公司作为土地受让方按约支付了全部价款，市国土局要求某公司如若变更土地用途则应补交土地出让金，缺乏事实依据和法律依据，且有违诚信原则。

甘肃某水电开发有限责任公司诉甘肃省夏河县人民政府单方解除行政协议案

——行政机关为维护公共利益可以依法单方变更、解除行政协议

裁判要旨

行政协议是行政机关为了实现行政管理或者公共服务目标，与公民、法人或者其他组织协商订立的具有行政法上权利义务内容的协议。行政协议一经订立，对双方具有法律约束力，双方当事人包括行政机关均应当依照协议的约定履行义务。但是，在国家法律政策出现重大调整，协议履行的基础发生变化，继续履行协议可能出现严重损害国家利益、社会公共利益的情况下，行政机关依法享有行政优益权，可以单方变更、解除行政协议，造成协议相对人合法权益受损的，行政机关应当依法予以补偿。

济南某建筑安装工程有限责任公司诉济南市历城区人民政府、济南市历城区华山街道姬家庄村民委员会行政协议案

——无权处分的行政协议无效

裁判要旨

行政协议兼具行政性与协议性。对于无权处分的民事合同，民事法律规范中不否认其效力。对于无权处分的行政协议的效力，行政法律法规中并无明确规定，但不能直接适用民事法律规范认定其有效，因为民事合同中无权处分规定的目的是为保护善意第三人，但行政协议是侧重保护行政相对人的利益。相反，应根据行政协议行政性的属性来判断。行政协议的行政性要求行政机关必须依法行政，如需履行在协议签订前对权利主体和合同标的进行调查核实等职责，以确保所签协议符合客观实际和法律法规的规定。行政机关未严格依法行政履行调查核实职责，导致无权处分协议出现的，此时若认

定协议有效，则实际权利人无法通过第三人撤销之诉或确认无效之诉，纠正错误，对其而言显失公平，故此时应对协议效力进行否定性评价。对于无权处分的行政协议到底是可撤销还是无效，并不局限于当事人诉求，虑及可撤销的行政行为存在起诉期限的限制，为了最大限度地保护实际权利人的合法权益，应以确认无效为宜。

某公司诉广东省茂名市茂南区人民政府行政协议案

——行政协议与民事合同的区别

裁判要旨

行政机关为实现行政管理和公共服务目标而签订的具有招商引资协议性质的协议，虽有部分条款具有民事权利义务性质，但总体上是以国有建设用地使用权出让为基础的综合性招商引资协议；协议约定的权利义务，并非行政机关民法上的权利义务，而系其履行行政管理职责过程中所行使的行政法上的权利义务，因此具有明显的行政协议属性。基于合同约定形成的行政机关违约责任以至赔偿责任，与行政机关因行政行为违法而产生的国家赔偿责任并不完全相同，不以行政机关作出的行政行为被撤销或者确认违法为前提条件。

山西某商务代理有限公司诉山西省吕梁市离石区人民政府拆除房屋、拍卖机器案

——行政机关涉公产处分批复的可诉性审查

裁判要旨

1. 行政机关作出的同意拆除公有房屋的批复，在性质上属于就房屋处分事项作出的具有法律效力的决定，至于是何主体具体实施了拆除这一行为，并不影响批复对房屋的处分效力，当事人请求确认拆除房屋违法的诉讼请求，包括了对行政机关所作批复的异议。

2. 行政机关针对国有企业改制作出的各类批复，不宜当然认定为可诉或不可诉，而仍应考察其是否会对公民、法人或者其他组织的权利义务产生实际影响。

3. 特定行政行为是否实际影响了公民、法人或者其他组织的权利义务，以及具体影响的程度等，往往需要通过实体审理方能确定。故特定行政行为如果存在对公民、法人或者其他组织的权利义务产生实际影响的可能性，即具备了进入实体审理的必要条件之一。

某公司诉青海省玛沁县政府未按约定履行行政协议案

——行政机关不得滥用优益权，擅自变更协议或未按约定履行行政协议，应承担赔偿责任与违约责任

裁判要旨

行政机关与公民、法人或其他组织签订行政协议，应当依法行使行政权力及协议约定的权利，并诚信履行协议义务。行政协议因其具有行政性的特征，行政机关在订立、履行行政协议时，享有对合同履行指挥权和监督权、单方变更和解除合同、制裁权等优益权利，但行政机关不得滥用优益权。因客观情况发生变化，行政机关行使优益权变更、解除行政协议，给对方当事人造成损失的，应当依法给予补偿。行政机关签订协议后违约行为明显，给相对方造成重大损失的，人民法院可视情况判决行政机关支付一定比例的违约金。

高某某诉朝阳区人民政府房屋征收办公室履行征收补偿协议案

——行政协议中原告履责诉求客观不能应予以驳回

裁判要旨

第一，行政协议被告的履行不能采取严格审查标准。可引入第三方中立标准考察行政权力的行使，根据相关证据认定是否存在确系非被告的违约行为导致履行不能的情形。第二，行政协议的司法审查可参照适用民事诉讼审查路径。根据《最高人民法院关于审理行政协议案件若干问题的规定》第27条、《民法典》第580条第1款第1项及第577条的规定，在法院已进行释明的情况下，当事人仍坚持继续履行合同的诉讼请求，对此诉请应予以驳回，如果其提出的其他违约或损失赔偿的请求，是在要求继续履行的基础上要求被告承担填补相应损失的责任，亦应一并予以驳回。第三，可参照履责类案件的裁判思路分析此类案件裁判方式。当事人履责指向在客观上无法实施，也属于相对人要求行政机关履行职责理由不能成立的情形，可适用《行政诉讼法》第69条的规定，判决驳回诉讼请求。第四，法官需尽到基本释明的责任。法官通过释明可能存在的履行不能情况，让原告采取有目标但又留后路的“继续履行+如果不能继续履行则赔偿损失”诉讼策略以便充分保护当事人的诉权，提高诉讼效率，同时也有利于对同一问题的同一裁判。

王某诉海原县海城镇人民政府行政协议案

——行政机关单方变更行政协议相关问题处理指引

裁判要旨

行政协议是行政机关为履行行政职责实现行政管理目标，与行政相对人经过协商一致达成的协议，行政协议作为公共管理和服务的一种方式，具有鲜明的公权力属性，其特征之一就是具有行政优益性，即行政协议当事人的地位不完全平等，当继续履行协议会影响公共利益或者行政管理目标实现时，行政机关可以单方行使合同变更权和解除权。

某刻章服务部诉如皋市行政审批局政府采购行政协议案

——侵犯市场主体公平竞争权的行政协议无效

裁判要旨

1. 行政机关为了实现行政管理或者公共服务目标，与公民、法人或者其他组织协商订立的具有行政法上权利义务内容的政府采购合同在本质内容上体现的是行政机关利用行政职权提供的公共服务，属于行政法律规范的调整范围。政府采购合同的订立和履行可能会影响到市场主体的经营状况，进而对公平竞争权产生不利影响。市场主体在无法根据《政府采购法》第58条所规定的质疑程序进行救济的情形下，不应受到行政先行处理规则的限制，可以直接提起行政诉讼。

2. 政府采购活动应当依法平等对待各类市场主体，有多种政府采购方式或者服务方式可供选择的，应当选择有利于增进公平竞争的方式，维护市场在公共服务领域资源配置中的决定性作用，保障市场主体公平竞争。如果被诉政府采购合同妨碍市场主体双向选择商品和服务的自由，限制市场主体确定商品和服务价格的权利，剥夺市场主体竞争交易的机会，损害市场主体交易地位的平等，侵害市场主体的公平竞争权，存在重大且明显违法情形的，依法应当确认无效。

林某诉龙岩市新罗区住建局、龙岩市新罗区征收中心、某房屋征收公司行政协议案

——委托代理人无权对代为签订的征收补偿协议提起行政诉讼

裁判要旨

委托代理人并非被征收房屋的所有权人，其接受委托代理被征收人在补偿安置协议上签字属于委托代理行为，并不直接享有被征收房屋的征收补偿安置权益，不能取得被征收人身份。委托代理人与补偿安置协议并不具有利害关系，其以自己名义对补偿安置协议提起行政诉讼的，人民法院依法不予受理或者驳回起诉。

濮阳某燃气有限公司诉河南省濮阳市城市管理局、河南省濮阳市人民政府等确认行政协议无效案

——行政协议是否无效的审查认定

裁判要旨

行政行为只有同时存在“重大且明显”违法的情形，该行为才能被认定为无效。对行政协议效力的审查，一方面要严格按照法律及司法解释的相关规定，另一方面，基于行政协议的订立是为了进行行政管理和提供公共服务的目的，从维护国家利益和社会公共利益角度出发，对行政协议无效的认定应当采取谨慎态度。如果可以通过瑕疵补正的，应当尽可能减少无效行政协议的认定，以推动协议各方主体继续履行义务。

中国某水投资集团有限公司诉某市人民政府行政协议案

——行政机关解除行政协议的审查认定

裁判要旨

1. 在行政协议的订立、履行过程中，不仅行政机关应当恪守法定权限，不违背法律、法规的强制性规定，履行协议约定的各项义务，行政协议的相对方也应严格遵守相关法律、法规的规定和协议的约定，否则行政机关有依法依约解除协议的权利。在行政相对人明确表示无继续履约能力并表明解除合作开发合同的意向的情况下，行政机关依据民事法律规范行使法定解除权并依程序送达，符合法律规定。

2. 国有土地使用权出让收入是国家公共财产，是社会全体成员共同享有的利益，并非政府可以随意处分的收益，任何地区、部门和单位都不得减免或以土地换项目、先征后返、补贴等形式变相减免。关于变相减免国有土地使用权出让收入的约定因违反国家禁止性规定而无效。

3. 行政协议相对人主张因行政机关解除行政协议或协议部分条款无效导致相关损失，请求由行政机关赔偿损失时，人民法院应当结合是否存在相关损失、该损失与行政机关解除行政协议的行为是否存在因果关系，以及是否系因行政机关的原因导致部分条款无效等问题进行审查认定。

某鑫矿业科技开发有限公司诉黑龙江省自然资源厅不履行行政协议案

——行政协议案件中行政机关履行相应义务的审查规则

裁判要旨

1. 在不违反级别管辖和专属管辖的前提下，行政协议的当事人可以约定管辖的法院。当事人协议选择的管辖法院应为被告所在地、原告所在地、协议履行地、协议订立地、标的物所在地等与争议有实际联系的地点的人民法院。

2. 行政协议兼具“行政性”与“协议性”。行政机关不依法履行、未按照约定履行行政协议，另一方提起诉讼请求行政机关履行行政协议的，参照适用民事诉讼时效制度。

十九、行政补偿

某建材有限责任公司诉甘肃省张掖市甘州区人民政府履行行政补偿法定职责案

——遗址保护区范围内矿业权补偿案件的审理

裁判要旨

行政机关对许可相对人依法取得的许可实施注销但未予补偿，当事人向行政机关提出申请并提起诉讼的，人民法院经审查是否以及如何补偿尚需行政机关首次判断的，判决行政机关针对当事人提出的申请履行相应法定职责。

蒋某某诉江苏省盐城市大丰区自然资源和规划局行政补偿案

——受法律保护的野生动物致财产损失行政补偿的认定

裁判要旨

根据《陆生野生动物保护实施条例》第10条规定，有关单位和个人因保护国家和地方重点保护野生动物受到损失的，可以向当地人民政府野生动物行政主管部门提出补偿要求。当事人在其种植水稻被野生鸟禽侵食、损坏的情况下，因保护湿地野生鸟禽遭受的种植水稻基本绝收等财产损失，行政机关应当给予补偿。人民法院结合当事人的实际损失，根据公平补偿原则，依法认定行政机关承担相应的行政补偿责任。

某矿业公司诉云南省镇康县人民政府行政补偿案

——矿业权行政补偿案件中损失的认定

裁判要旨

行政机关基于饮用水水源地保护需要，不再为已取得矿业权许可企业申报矿业权延续登记的，应当对矿业权人的损失予以合理补偿。探矿权人主张挖矿权实现后的预期收益，依法不属于实际发生的损失，不属于行政补偿的范围。探矿权人为勘探支付的勘探成本等实际发生的损失，应当结合实际情况给予公平合理补偿。

云南某某公司诉嵩明县人民政府、第三人嵩明县人民政府嵩阳街道办事处行政补偿案

——集体土地征收补偿时，地上附着物的所有权人享有对土地上的附着物获得补偿的权利

裁判要旨

1. 人民政府在集体土地征收补偿中，应切实依法履职，保障地上附着物所有人的财产权益，对土地上附着物的所有权人给予相应的合理补偿。

2. 地上附着物的所有权人享有的获取征地补偿的权利，不因案涉土地承包合同期限届满或即将届满而丧失。

杨某某诉沈阳市苏家屯区人民政府行政补偿案

——补偿数额的酌定应公平、科学、符合生活实际

裁判要旨

1. 征收补偿首先应是公平公正的补偿。这一点可以从两个方面来理解：第一，补偿数额与被征收物的价值相当，保证被征收人的财产权益；第二，在征收区域内，制定补偿方案及政策，对被征收人实行统一的补偿标准。

2. 征收补偿应具有科学依据。征收决定的发布、补偿方案的制定、补偿标准的确定均应具有科学依据。审判实践中，针对损失无法鉴定的情况，补偿数额的酌定需要专家论证意见及一定的专业知识。

3. 征收补偿还应符合生活实际。这一点体现为，当事人的主张及陈述能够符合生活实际，在损失无法鉴定的情况下，法官运用逻辑推理和生活经验、生活常识等对数额予以酌定。

宋某某诉某区人民政府、某镇人民政府行政补偿案

——集体土地安置补偿职责主体的认定

裁判要旨

1. 关于集体土地征收中补偿安置职责的主体问题。法律、法规、规章没有赋予乡镇一级政府征收集体土地的法定职责，即便其有自认行为，也不能因其自认而具备独立实施土地征收、承担安置补偿职责的资格，亦不能因此免除市、县级人民政府法定的安置补偿义务。故对镇政府实施的集体土地征收行为应当视为委托，镇政府作为受托主体，可以与被征收人协商或达成征收补偿协议，在与被征收人达不成补偿协议的情况下，市、县级人民政府应当依法及时作出补偿安置决定并履行补偿安置职责。

2. 关于履行安置补偿职责之诉的裁判方式及裁判时机。履行法定职责之诉及给付之诉中，对于行政机关不需要先行处理又明显怠于行使权力或履行

义务，且能够确定具体金额的金钱给付类案件，应当依照《行政诉讼法》及相关法律、法规规定，作出具有具体给付内容的实体判决，更有利于及时实质性解决行政争议，保障当事人的合法权益。行政机关明显存在不履行或者拖延履行法定职责、拒绝给付的情形，直接判令其作出特定行政行为更有利于保障行政相对人的合法权益，实质性化解行政争议。

某弘煤业诉白水县政府行政补偿案
——作出资源整合命令的政府对被整合采矿企业的行政补偿职责的认定

裁判要旨

1. 按照《行政许可法》第 8 条第 2 款规定，行政许可只要是依法取得就应受法律保护。行政机关无论因法律规范废改，还是客观情况变化，抑或为了公共利益需要而变更或者撤回已经生效的行政许可，都应就由此造成的财产损失，对公民、法人或者其他组织依法给予补偿。

2. 政府行政命令下的采矿企业整合不同于平等主体间协商一致的企业兼并，政府在作出煤炭资源整合的行政命令后，应对因此丧失采矿许可的企业负有保证解决补偿问题的行政职责，而不能认为补偿仅仅是整合企业与被整合企业之间的民事行为，亦不能认为政府对有关补偿款确定和支付仅负有行政指导义务。

王某学诉江苏省徐州市泉山区人民政府行政补偿案
——后诉判断同一行政行为的合法性受前诉生效裁判的羁束

裁判要旨

1. 通常情况下，前诉生效裁判的既判力，仅限于裁判主文确定的范围，裁判主文对被诉行政行为合法性的评价构成该裁判既判力的客观范围；后诉判断同一行政行为的合法性，要受前诉生效裁判的羁束。

2. 前诉裁判所列争议焦点在经过当事人充分辩论后，前诉对争议焦点所作的实质性判断也发生争点效，形成既判力。该裁判的当事人及相关权利、义务的承担人不得在后诉中对前诉裁判已经查明和认定的主要法律事实和法律关系提出争议；即使前诉裁判认定有误，也只能通过再审程序改判，而不能直接作出相反的判断。

贵某玲、贵某温诉上海市人民政府、上海市静安区人民政府行政补偿及行政复议案

——国有土地上房屋征收公共利益的认定和被征收人居住权的保障

裁判要旨

1. 由于公共利益属于典型的不确定法律概念，建设项目是否符合公共利益的需要，一方面，应主要由立法判断，即只有立法明确列举的建设项目才属于公共利益的需要；另一方面，也要尊重绝大多数被征收人通过正当程序而形成的意思表示，对绝大多数被征收居民同意的建设项目，应当认为符合公共利益需要。

2. 对因旧城区改建征收的，被征收人、公有房屋承租人有选择改建地段或者就近地段房屋安置的权利。就近地段的范围，一般应考虑城市规模、交通状况、安置房源数量和户型面积等实际因素，由房屋征收部门与被征收人、公有房屋承租人在征收补偿方案征求意见过程中确定。被征收人、公有房屋承租人未在改建地段或者征收补偿方案确定的就近地段选择安置、未能达成补偿安置协议的，房屋征收部门根据房屋征收补偿法律规定，可以结合被征收房屋套型、面积和价值，被征收房屋与安置房屋匹配程度，当地对居住困难户优先保障安置方案等具体因素，选择确定更有利于保障被征收人居住权的安置房屋。

3. 实施旧城区改建时，由于种种原因，改建地段或者就近地段的房源无法全部满足补偿安置需求的，补偿义务主体在征收补偿程序中已经充分保障被征收人就近地段房屋安置选择权且多数人支持异地安置的，只要补偿义务主体提供了市场价值明显高于被征收房屋价值的房屋供被征收人选择，且

更有利于保障被征收人居住权利，就符合《城市房地产管理法》第6条关于“征收个人住宅的，还应当保障被征收人的居住条件”的规定，也不违反《国有土地上房屋征收与补偿条例》第2条有关“为了公共利益的需要，征收国有土地上单位、个人的房屋，应当对被征收房屋所有权人给予公平补偿”的规定。

李某诉灵武市人民政府土地收回补偿案
——收回国有农场农用地的土地补偿费应当支付给国有农场

裁判要旨

国有农场农用地收回时，虽然可以参照农村集体土地征收的补偿标准、所列项目进行补偿，但是，国有农场的土地和其他资产属于国家所有，农场土地的出让、转让、划拨等都是国有资产的处置行为。处置收入亦应属国家所有。因此，国有农用地收回与农村集体土地征收所涉土地补偿费性质不同、权属不同，国有农用地收回时，不应按农村集体土地征收时的补偿安置方式分配土地补偿费。国家在收回国有农场农用地时，土地补偿费应当支付给土地的长期使用者即国有农场。

刘某思诉山东省青岛市市北区人民政府房屋征收补偿案
——被诉征收补偿决定已被人民法院作出的生效裁定准予执行的，在该准予强制执行裁定的效力被依法否定前，不能诉请撤销被诉征收补偿决定

裁判要旨

根据《最高人民法院关于适用〈中华人民共和国行政诉讼法〉的解释》第69条第1款第9项规定，诉讼标的已为生效裁判或者调解书所羁束的，已经立案的，应当裁定驳回起诉。被诉征收补偿决定已被人民法院作出的生效

裁定准予执行，属于为生效裁判所羁束，则在该准予强制执行裁定的效力被依法否定之前，不能诉请撤销被诉征收补偿决定。

某家庭农场诉山东省临沂市河东区自然资源局、临沂市河东区人民政府行政补偿及行政复议案

——因保护法律规定保护的野生动物造成农作物损失的认定

裁判要旨

根据《野生动物保护法》的规定，因保护法律规定保护的野生动物，造成人员伤亡、农作物或者其他财产损失的，由当地人民政府给予补偿。当事人因保护法律规定保护野生动物，造成农作物损失，并向当地人民政府野生动物行政主管部门提出补偿要求。经审理查明属实，依法需要补偿的，人民法院依法予以支持。

陈某永诉河池市金城江区人民政府行政补偿案

——行政机关以信访形式处理安置补偿争议的行为属于行政诉讼受案范围

裁判要旨

当事人向行政机关主张安置补偿利益，行政机关以信访答复的形式认定当事人不符合安置条件，对其权利义务产生了实际影响，属于行政诉讼的受案范围。

居某等3人诉福州市鼓楼区人民政府房屋征收补偿决定案

——国有土地上房屋征收评估时点的确定

裁判要旨

市、县级人民政府因公共利益征收国有土地上被征收人房屋时，应当对被征收人给予公平补偿；而公平补偿的基本要求即为不得低于房屋征收决定公告之日被征收房屋类似房地产的市场价格。市、县级人民政府在以征收决定公告日作为评估时点后，应当尽可能快速通过签订补偿安置协议或者作出补偿决定的方式，及时对被征收人进行补偿，并固定双方的权利义务，确保补偿的实质公平。

二十、行政赔偿

指导性案例91号：沙某保等诉马鞍山市花山区人民政府房屋强制拆除行政赔偿案

关键词：行政　行政赔偿　强制拆除　举证责任　市场合理价值

裁判要点

在房屋强制拆除引发的行政赔偿案件中，原告提供了初步证据，但因行政机关的原因导致原告无法对房屋内物品损失举证，行政机关亦因未依法进行财产登记、公证等措施无法对房屋内物品损失举证的，人民法院对原告未超出市场价值的符合生活常理的房屋内物品的赔偿请求，应当予以支持。

关联索引

《中华人民共和国行政诉讼法》第38条第2款

基本案情

2011 年 12 月 5 日，安徽省人民政府作出皖政地〔2011〕769 号《关于马鞍山市 2011 年第 35 批次城市建设用地的批复》，批准征收马鞍山市花山区霍里街道范围内农民集体建设用地 10.04 公顷，用于城市建设。2011 年 12 月 23 日，马鞍山市人民政府作出 2011 年 37 号《马鞍山市人民政府征收土地方案公告》，将安徽省人民政府的批复内容予以公告，并载明征地方案由花山区人民政府实施。苏某某名下的花山区霍里镇丰收村丰收村民组 × 房屋在本次征收范围内。苏某某于 2011 年 9 月 13 日去世，其生前将该房屋处置给四原告所有。原告古某某系苏某某的女儿，原告沙某保、沙某虎、沙某莉系苏某某的外孙。在实施征迁过程中，征地单位分别制作了《马鞍山市国家建设用地征迁费用补偿表》《马鞍山市征迁住房货币化安置（产权调换）备案表》，对苏某某户房屋及地上附着物予以登记补偿，原告古某某的丈夫领取了安置补偿款。2012 年年初，被告组织相关部门将苏某某户房屋及地上附着物拆除。原告沙某保等四人认为马鞍山市花山区人民政府非法将上述房屋拆除，侵犯了其合法财产权，故提起诉讼，请求人民法院判令马鞍山市花山区人民政府赔偿房屋损失、装潢损失、房租损失共计 282.7680 万元；房屋内物品损失共计 10 万元，主要包括衣物、家具、家电、手机等 5 万元；实木雕花床 5 万元。

安徽省马鞍山市中级人民法院判决驳回原告沙某保等四人的赔偿请求。沙某保等四人不服，上诉称：（1）2012 年年初，马鞍山市花山区人民政府对案涉农民集体土地进行征收，未征求公众意见，上诉人亦不知以何种标准予以补偿；（2）2012 年 8 月 1 日，马鞍山市花山区人民政府对上诉人的房屋进行拆除的行为违法，事前未达成协议，未告知何时拆迁，屋内财产未搬离、未清点，所造成的财产损失应由马鞍山市花山区人民政府承担举证责任；（3）2012 年 8 月 27 日，上诉人沙某保、沙某虎、沙某莉的父亲沙某金受胁迫在补偿表上签字，但其父沙某金对房屋并不享有权益且该补偿表系房屋被拆后所签。综上，请求二审法院撤销一审判决，支持其赔偿请求。

马鞍山市花山区人民政府未作书面答辩。

裁判结果

安徽省马鞍山市中级人民法院于 2015 年 7 月 20 日作出（2015）马行赔初字第 00004 号行政赔偿判决：驳回沙某保等四人的赔偿请求。宣判后，沙某保等四人提出上诉，安徽省高级人民法院于2015年11月24日作出（2015）皖行赔终字第00011号行政赔偿判决：撤销安徽省马鞍山市中级人民法院（2015）马行赔初字第00004号行政赔偿判决；判令马鞍山市花山区人民政府赔偿上诉人沙某保等四人房屋内物品损失8万元。

裁判理由

法院生效裁判认为：根据《土地管理法实施条例》第45条的规定，土地行政主管部门责令限期交出土地，被征收人拒不交出的，申请人民法院强制执行。马鞍山市花山区人民政府提供的证据不能证明原告自愿交出了被征土地上的房屋，其在土地行政主管部门未作出责令交出土地决定亦未申请人民法院强制执行的情况下，对沙某保等四人的房屋组织实施拆除，行为违法。关于被拆房屋内物品损失问题，根据《行政诉讼法》第38条第2款之规定，在行政赔偿、补偿的案件中，原告应当对行政行为造成的损害提供证据。因被告的原因导致原告无法举证的，由被告承担举证责任。马鞍山市花山区人民政府组织拆除上诉人的房屋时，未依法对屋内物品登记保全，未制作物品清单并交上诉人签字确认，致使上诉人无法对物品受损情况举证，故该损失是否存在、具体损失情况等，依法应由马鞍山市花山区人民政府承担举证责任。上诉人主张的屋内物品5万元包括衣物、家具、家电、手机等，均系日常生活必需品，符合一般家庭实际情况，且被上诉人亦未提供证据证明这些物品不存在，故对上诉人主张的屋内物品种类、数量及价值应予认定。上诉人主张实木雕花床价值为5万元，已超出市场正常价格范围，其又不能确定该床的材质、形成时间、与普通实木雕花床有何不同等，法院不予支持。但出于最大限度保护被侵权人的合法权益考虑，结合目前普通实木雕花床的市场价格，按“就高不就低”的原则，综合酌定该实木雕花床价值为3万元。综上，法院作出如上判决。

金某某诉内蒙古自治区通辽市科尔沁区人民政府确认行政处分并行政赔偿案

——行政机关对行政机关工作人员的行政处分行为不属于行政诉讼受案范围

裁判要旨

对行政机关工作人员的行政处分行为，属于行政机关内部管理行为，不属于人民法院行政诉讼受案范围。

董某彪诉北京市通州区宋庄镇人民政府行政赔偿案

——行政赔偿不应低于被搬迁人本应获得的补偿金额

裁判要旨

从解决行政争议、实质性化解纠纷的诉讼目的和宗旨出发，在征拆范围内的房屋被非法强制拆除后，相关的补偿问题可依法转化为赔偿程序，将行政补偿和行政赔偿一并处理，基本规则是权利人获得的赔偿不得低于其前期应得的补偿额度。其中，对于应补未补部分，在赔偿程序中一般应以征拆项目的安置补偿方案作为参照依据。但对于征拆项目持续时间长达数年之久，原安置补偿方案所确定的方式和标准对权利人不公平，无法补偿其受到的损失的，人民法院可通过行使司法裁量权，切实保障赔偿权利人的合法权益。

陈某诉庄河市公安局行政赔偿案

——运用比例原则等规则对行政裁量的适当性予以审查

裁判要旨

人民法院不仅应当对行政行为的合法性进行审查，而且应当运用比例原则等规则对行政裁量的适当性予以审查。在公民生命权受到威胁的交通事故处置过程中，交通警察采取气焊割门的救助方式，一般情形下符合比例原则要求的适当性、必要性和均衡性。

吕某蕾诉沈阳市铁西区人民政府行政赔偿案

——因房屋违法强拆长期未补偿安置，采取货币赔偿方式的，不低于生效判决作出时同类房屋的市场价值

裁判要旨

1. 因房屋违法强拆，长期未补偿安置的，被拆迁人主张赔偿因房价上涨造成的损失，人民法院应予支持。采取现房安置方式的，安置房屋不低于被拆除房屋的使用标准及使用价值；采取货币赔偿方式的，不低于生效判决作出时同类房屋的市场价值。

2. 因房屋违法强拆，长期未补偿安置的，被拆迁人过渡安置补助的货币赔付时间从房屋被强拆之时计算至判决生效之时。人民法院认定过渡安置补助标准应充分考虑当地租房费用的市场价格因素。

3. 因房屋违法强拆，原告主张屋内财产损失，但未就损失情况尽到初步举证责任的，人民法院不予支持。

4. 行政赔偿诉讼中，原告提出对违法人员追偿、追责及在新闻媒体上公开曝光等赔偿请求，不属于行政赔偿之诉审理范围，人民法院不予支持。

徐某等 4 人诉上城区人民政府行政强制及行政赔偿案

——街道办以拆危为名实施拆除行为的责任主体

裁判要旨

1. 街道办事处在未受到相关人民政府委托的情况下，以自己的名义单独作出相应行政行为的，街道办事处是适格被告并独立承担法律责任，而不宜

以相关的人民政府为被告。

2. 街道办事处作为房屋征收实施单位在委托范围内所从事的行为，由委托人房屋征收部门承担其后果，由此引发的诉讼，亦由房屋征收部门作为适格被告并承担相应责任。街道办事处超出房屋征收部门委托范围，违法以拆除危房名义实施的房屋拆除行为，应当由其自己承担法律责任。

李某霞诉永州市冷水滩区人民政府行政强制及行政赔偿案

——征收程序启动后再以房屋系危房为由强制拆除属于滥用职权

裁判要旨

征收程序启动后，行政机关在对征收范围内大部分房屋已经完成征收的情况下，又对案涉房屋进行危房鉴定，并以案涉房屋属于危房为由组织强制拆除，属于滥用职权。

张某宝诉河北省怀来县人民政府行政赔偿案

——拆除行为确认违法后行政赔偿方式与赔偿标准的确定

裁判要旨

在行政征收过程中，行政强制拆除行为已被确认为违法的，被征收人获得的行政赔偿应不低于其依照征收补偿方案可以获得的征收补偿。关于屋内物品损失的赔偿问题，在案涉房屋已被强制拆除，无法通过充分的证据确定相关损失的情形下，人民法院应根据在案证据，综合考虑案情背景、物品价值等因素，酌情确定案涉房屋内物品损失的赔偿金额。

镇江市甲公司诉镇江市润州区人民政府、镇江市乙公司行政赔偿案

——企业被关闭后已废弃、无法再利用的附属设施属于应予赔偿的“直接损失”

裁判要旨

《国家赔偿法》第36条第8项规定的“直接损失”，应当是指违法行政行为造成行政相对人各项合法财产实际损失的总和。通常，对企业厂房实施征收，补偿范围包括被征收房屋价值的补偿，因征收房屋造成的搬迁费、临时安置费的补偿，因征收房屋造成的停产停业损失的补偿，以及按照补偿安置方案应当给予被征收企业的补助和奖励等。由于企业关停厂房被拆除，未被拆除但已废弃、无法再利用的附属设施，如化工水塘，亦属于应予赔偿的“直接损失”。

胡某杰诉北京市怀柔区人民政府行政赔偿案

——因被告的原因导致原告无法就损害情况举证的，应当由被告就该损害情况承担举证责任

裁判要旨

在行政赔偿、补偿案件中，因被告的原因导致原告无法就损害情况举证的，应当由被告就该损害情况承担举证责任。对于各方主张损失的价值无法认定的，可以由负有举证责任的一方当事人申请鉴定，但法律、法规、规章规定行政机关在作出行政行为时，依法应当评估或者鉴定的除外；负有举证责任的当事人拒绝申请鉴定的，由其承担不利的法律后果。当事人的损失因客观原因无法鉴定的，人民法院应当结合当事人的主张和在案证据，遵循法官职业道德，运用逻辑推理和生活经验、生活常识等，酌情确定赔偿数额。

某商行诉安徽省马鞍山市花山区人民政府拆迁行政赔偿案

——违法归责和过错责任在行政赔偿中的应用

裁判要旨

行政机关违反法律规定强制执行，造成行政相对人的合法权益受到损害的，应当根据损害发生原因，按照过错程度承担相应赔偿责任。

曲某某诉北京市门头沟区人民政府行政赔偿案

——征收补偿决定撤销后行政赔偿的认定

裁判要旨

1. 房屋征收案件行政赔偿标准的多样性和特殊性。在审理涉及房屋等不动产征收引发的行政赔偿案件时，赔偿价值评估时点的确定十分重要，不同的时点会造成赔偿价值的巨大差距。基本规则是征收机关应当承担的赔偿责任不能低于征收房屋所应支付的补偿对价。如果因时间跨度很大，采取征收补偿阶段的参考时点作出赔偿，不能保证原告所获得的赔偿数额与其他被征收人的补偿利益在实质上是公平的，需要作出相应调整。

2. 在房屋征收案件中赔偿方式要尊重当事人意愿。根据《征补条例》第21条的规定，被征收人可以选择货币补偿，也可以选择房屋产权调换。通常情况下被征收人如果希望得到与被征收房屋相对应的安置房屋，避免因房价波动对赔偿金的计算可能产生的不确定性影响，在赔偿方式上可优先考虑安置房屋的赔偿方式，除非被征收人坚持要求以赔偿金的方式进行赔偿。

陈某杨诉重庆市綦江区某镇人民政府行政赔偿案

——行政机关违法强推土地应当承担赔偿责任

裁判要旨

行政机关违法强推土地的，应承担赔偿责任。赔偿损失不仅包括强推承包地行为发生时的现有的财物和既得利益，还包括未来可得财物和未来可得利益，但未经证实的不确定利益不能作为直接损失。在赔偿标准上，可以参照当地统计年鉴确立的产量，以及国家收购价格和当地行政主管部门出具的证明材料。

郑某诉浙江省临海市人民政府、临海市括苍镇人民政府土地征收行政赔偿案

——当事人的损失因客观原因无法鉴定的，人民法院可根据案件情况酌情确定赔偿数额

裁判要旨

在行政赔偿案件中，当事人的损失因客观原因无法鉴定的，人民法院应当结合当事人的主张、在案证据，遵循法官职业道德，运用逻辑推理和生活经验、生活常识等，酌情确定赔偿数额。

石某、宋某诉某街道办事处行政赔偿案

——基本农田建设鸡舍被强拆后的赔偿

裁判要旨

1. 根据相关法律规定，行政赔偿范围限于行政行为给行政相对人造成的直接损失。所谓“直接损失”，是指因违法行政行为造成当事人各项合法财产

实际损失的总和。

2. 因行政机关的原因导致无法就损害情况举证的，应当由行政机关就该损害情况承担举证责任。当事人的损失确实存在，但因客观原因无法确定具体数额的，人民法院应当结合当事人的主张和在案证据，遵循法官职业道德，运用逻辑推理和生活经验、生活常识等，酌情确定赔偿数额。

3. 根据相关法律规定，《国家赔偿法》保护的是公民的合法权益。《土地管理法》和《基本农田保护条例》明确规定，国家实行永久基本农田保护制度。永久基本农田经依法划定后，任何单位和个人不得擅自占用或者改变其用途。承包土地的村民对在其承包的基本农田内建设的养鸡设施不具有合法利益，被强制拆除后亦不应按照合法利益进行赔偿。

毕某诉山东省荣成市宁津街道办事处、荣成市人民政府行政赔偿案

——采取破坏性方式拆除违法建筑，对价值减损部分赔偿责任的认定

裁判要旨

行政机关及其工作人员对违法建筑采取破坏性方式进行强制拆除的，虽然受害人对违法建筑不具有合法利益，但是建筑中可分离并可继续使用的部分，若因破坏性强制拆除行为降低价值的，对价值减损部分，行政机关应承担赔偿责任。

刘某明等诉福建省莆田市涵江区人民政府行政赔偿案

——无产权证房屋被强拆灭失，对房屋面积的举证责任应当由实施违法强拆行为的被告承担

裁判要旨

1. 征收房屋过程中，因行政机关违法强拆无证房屋引发的行政赔偿诉讼，原告因房屋灭失而对房屋面积不能举证，符合“因被告的原因导致原告无法举证的，由被告承担举证责任”的情形，应当由被告承担举证证明房屋面积的责任。

2. 人民法院通过审理发现案件中的关键证据双方明显可以直接提供而未提供，或者发现关键证据当事人很难获取而法院明显能够直接调取，则应当依据《行政诉讼法》第39条、第40条的规定要求双方提供证据或者主动调取证据。如法院不行使上述职权，而要求双方另行提供证据再起诉讼，属不当行使审判权。

安徽某建设公司诉蚌埠市禹会区人民政府行政赔偿案

——违法扣押情形下行政赔偿直接损失的认定

裁判要旨

1. 因违法行政行为造成行政相对人民事违约的，行政机关应当对行政相对人因违约造成的直接损失予以赔偿；行政机关未及时采取积极措施致使损失扩大的，应当就扩大的损失承担赔偿责任。

2. 行政相对人要求的赔偿违反公平原则、不符合市场惯例的，人民法院不予支持。

林某诉龙岩市某区人民政府行政赔偿案

——行政赔偿诉讼中利息主张的认定及标准

裁判要旨

1. 行政赔偿请求人主张的损害应与行政侵权行为存在因果关系，赔偿范围应以关联的已被确认违法的行政行为所造成的损害范围为限。

2. 利息损失应以行政机关负有相关支付义务为前提，行政机关在征收程序中未及时确定并支付补偿金，该补偿金因行政赔偿诉讼而转化为赔偿金的，对当事人的利息损失请求应予支持。

某游乐公司诉磐石市住房和城乡建设局政府与社会资本合作协议行政赔偿案

——政府与社会资本合作协议中行政机关单方变更协议的审查

裁判要旨

PPP 项目模式，系由政府和社会资本共同出资建设公共基础设施或公共服务项目，双方共同承担风险，共享收益，以实现项目的共赢，双方签订的协议属于行政协议的范畴。作为行政协议一方主体的行政机关，在履约过程中对诚实信用原则的遵循，较之行政相对人要更加严格。如行政机关先存在违约行为，再单方行使行政职权解除行政协议，则属违法；由此给协议相对方造成的直接损失，应予行政赔偿。

主某国诉北京市海淀区人民政府行政赔偿案
——征收侵害赔偿案件中赔偿范围、标准、方式的认定

裁判要旨

1. 征收侵害赔偿案件中，如果行政机关在强拆被征收人房屋前，既未作出补偿决定，也未经行政相对人同意拆除房屋，且截至诉讼前双方亦未达成补偿安置协议，则赔偿损失范围既包括赔偿请求人作为被征收人所可能享有的全部房屋征收安置补偿权益，也包括其因违法拆除行为造成的直接损失。

2. 征收侵害赔偿案件中，赔偿标准的确定应当不得低于依法补偿的标准，也应当体现对违法强拆行为的惩罚，填平补齐赔偿请求人受损的财产权利，确保其获得的赔偿利益能够充分保障其安置补偿权益和实际居住权益。

3. 征收侵害赔偿案件中，法院经审理可以确定具体的赔偿方式、项目、数额的，应当及时作出明确而具体的赔偿判决。

二十一、不履行××职责

指导性案例216号：睢宁县人民检察院诉睢宁县环境保护局不履行环境保护监管职责案

关键词：行政　行政公益诉讼　环境保护监管职责　不履责　代处置

裁判要点

危险废物污染环境且污染者不能处置的，危险废物所在地的生态环境主管部门应履行组织代为处置的法定职责，处置费用依法由污染者承担。生态环境主管部门以危险废物的来源或产生单位不在其辖区范围内为由进行不履责抗辩的，人民法院不予支持。

关联索引

《中华人民共和国环境保护法》第10条

《中华人民共和国固体废物污染环境防治法》(2016年修正)第10条、第55条

《中华人民共和国固体废物污染环境防治法》(2020年修订)第9条第2款、第113条

基本案情

2017年9月、10月，冯某康等人将从浙江省舟山市嘉达清舱有限公司等处非法收购的危险废物船舶清舱油泥委托他人运至江苏省睢宁县岚山镇陈集村一砖瓦厂内非法倾倒。案发后，睢宁县环境保护局将清理出的油泥及油泥污染物130余吨转运至一停车场内。2018年7月，徐州铁路运输检察院就被告人冯某康等人犯污染环境罪一案向徐州铁路运输法院提起公诉，并于同年11月提起刑事附带民事公益诉讼。徐州铁路运输法院发现涉案油泥被长期不规范贮存，为避免二次污染，要求睢宁县环境保护局及时对涉案油泥组织代为处置。因睢宁县环境保护局迟迟未对涉案油泥进行代处置，且已有部分油泥渗漏对周边环境造成二次污染，睢宁县人民检察院于2019年5月27日向睢宁县环境保护局发出检察建议，要求其依法履行环境保护监管职责，对涉案油泥进行依法规范贮存并及时移交有危废处置资质单位依法进行处置。睢宁县环境保护局于2019年7月2日作出回复，认为涉案油泥的产生单位非在其辖区，其没有代为处置的法定职责，涉案油泥应由产废单位所在地环境保护主管部门进行代处置。

睢宁县人民检察院于2019年7月19日以睢宁县环境保护局不履行环境保护监管职责为由提起行政公益诉讼，请求确认睢宁县环境保护局对涉案危险废物的贮存不履行监管职责的行为违法，并责令其将涉案危险废物尽快移交有危废处置资质单位依法处置。案件审理期间，睢宁县环境保护局于2019年10月将涉案油泥及其污染物交由有资质单位进行依法处置。睢宁县人民检察院经审查认为睢宁县环境保护局已经履行涉案危废代处置职责，遂申请将原诉讼请求变更为确认睢宁县环境保护局对涉案危险废物的贮存不履行监管职责的行为违法。

裁判结果

徐州铁路运输法院于2019年11月15日作出（2019）苏8601行初1207号行政判决：确认睢宁县环境保护局对涉案危险废物的贮存未全面及时履行环境保护行政监管职责的行为违法。宣判后，双方当事人均未提起上诉，判决已发生法律效力。

裁判理由

一、睢宁县环境保护局对涉案危险废物的贮存、处置具有法定监督管理职责

《环境保护法》第10条第1款规定，县级以上地方人民政府环境保护主管部门，对本行政区域环境保护工作实施统一监督管理；《固体废物污染环境防治法》（2016年修正）第10条第2款规定，县级以上人民政府环境保护主管部门对本行政区域内固体废物污染环境的防治工作实施统一监督管理；该法第17条第1款、第52条、第55条均对环境保护主管部门对危险废物贮存和处置所负有的监管职责进行了具体规定。

涉案危险废物在睢宁县环境保护局行政辖区范围内，故其对该危险废物负有依法贮存和及时代为处置的法定职责。危险废物一般具有腐蚀性、毒性、感染性等危害特性，对生态环境和人民群众生命财产安全具有极大威胁，贮存和处置不当将造成不可估量的危害后果。《固体废物污染环境防治法》（2016年修正）第55条之所以规定产生危险废物的单位逾期不处置危险废物或者处置危险废物不符合国家有关规定的，由环境保护行政主管部门指定单位按照国家有关规定代为处置，目的在于及时消除危险废物污染风险，预防因污染扩散造成新的损害，从而有效保护生态环境和人民群众生命健康安全。本案中，冯某康等人因涉嫌刑事犯罪被公安机关采取强制措施，客观上不具备处置涉案危险废物的实际条件，危险废物所在地生态环境主管部门理应履行属地环境保护监管职责，及时组织对涉案危险废物进行代处置，该监管职责并不应因危险废物的来源和产生单位不在其行政辖区而免除。

二、睢宁县环境保护局未依法履行涉案环境保护监管职责

第一，睢宁县环境保护局在明知涉案油泥系具有毒性、易燃性危险废物需依法规范贮存并及时处置的情况下，对涉案油泥未依法寻找符合规定的场所进行规范贮存；涉案油泥贮存过程中未采取任何防流失、防渗漏等污染防

治措施；涉案油泥的包装物及存放场所亦未依法设置相关危废识别、警示标志；涉案油泥贮存期间未进行有效的日常管护，在存放容器出现破损以致油泥出现流淌、渗漏已造成二次污染的情况下，亦未及时采取污染防治应急处理措施，上述情形均违反《环境保护法》《固体废物污染环境防治法》的相关规定，明显存在行政监管缺失。第二，被告作为环境保护行政主管机关，明知涉案危险废物的特性及二次污染的危害，应当对涉案危险废物及时妥善处置，做好污染风险管控，使社会公共利益免受侵害。但其未依法积极履职作为，在涉案油泥存在滴落、流淌、渗漏已造成新的环境污染后果，且经审判机关多次风险提示、检察机关发出检察建议后，仍未对涉案油泥进行规范贮存并及时组织代处置，放任污染后果持续扩大，导致社会公共利益长期处于受侵害状态，应确认其不履行法定职责行为违法。诉讼期间，睢宁县环境保护局履行了对涉案油泥的代处置职责，睢宁县人民检察院申请撤回涉及危险废物处置的有关诉求，人民法院依法对睢宁县环境保护局之前的不履职行为确认违法。

陕西省某县人民检察院诉某县某镇人民政府未履行环境保护和污染防治法定职责行政公益诉讼案

——行政机关履行环境保护和污染防治法定职责的审查标准

裁判要旨

行政机关具有建设农村公共污水管网和污水集中处理设施的法定职责，但在取得项目建设批复、环境影响批复、用地审批等行政许可后，长期不进行项目建设的，构成怠于履行法定职责，人民法院经合理确定履职内容和履行期限后，责令行政机关限期建成农村公共污水管网和污水集中处理设施，履行法定职责。

尹某某诉人力资源和社会保障部不履行信访处理职责案

——信访处理行为不属于行政诉讼受案范围

裁判要旨

信访人对信访工作机构依据《信访条例》处理信访事项的行为或者不履行《信访条例》规定的职责不服提起行政诉讼的，人民法院不予受理。

吴某诉原江苏省环境保护厅不履行环保行政管理法定职责案

——高速公路噪声污染防治监督管理责任主体的认定

裁判要旨

原环境影响评价文件审批部门对项目后期运行过程中产生的环境污染问题，具有监督管理职责。建设项目相邻权人认为项目运行过程中产生噪声污染，向原环境影响评价文件审批部门提出投诉，原环境影响评价文件审批部门不予处理的，人民法院应判决原环境影响评价文件审批部门履行相关噪声污染监督管理职责。

某金属铸件公司诉安徽省宣城市宣州区人民政府不履行法定职责案

——企业因环境保护需要拆除房屋的，行政机关依法应予行政补偿

裁判要旨

相对人依法成立且已取得经营、用地、建设等行政许可，行政机关基于环保整改需要责令相对人停止生产经营并拆除不动产的，应及时对相对人的

损失进行补偿。

陈某安诉榆树市黑林镇人民政府、榆树市人民政府不履行监督管理职责及行政复议案

——乡镇政府对村委会的监督管理职责应以履行必要法定程序为前提

裁判要旨

关于乡镇人民政府应当如何履行对村民委员会的监督管理职责在法律上并无明确规定。根据《村民委员会组织法》第27条第3款、第36条的规定，村民委员会作出的决议如果违反法律、法规规定，侵犯村民合法权益，村民有权向乡镇人民政府控告、检举，请求予以监督，乡镇人民政府依法负有监督并责令改正的法定职责义务。我国实行村民自治制度，乡镇人民政府与村民委员会并非上下级行政管理关系，无权直接干预村民自治事项。但是，对于侵犯村民合法权益的决定或不履职行为，乡镇人民政府可以依据上述法律规定履行监督管理职责，责令村民委员会及时予以纠正，促使村民的合法权益得到依法保障。在司法实践中，由于履行监督管理职责方面没有明确规定和判断标准，某些乡镇人民政府在履职时做村民委员会答复意见的“搬运工”，未发挥出应有的监督管理作用，导致乡镇人民政府监管职责的虚化。为避免此种现象的发生，乡镇人民政府不能简单以村民委员会是否作出答复或决定来判断，而应当围绕村民自治程序性事项进行监督，督促村民委员会履行必要的法定程序，依法开展各项工作，保障村民合法权益。

陈某东诉浙江省人民政府不履行行政复议法定职责案

——滥用诉权的认定

裁判要旨

1. 复议机关有关复议申请“明显”不成立的告知行为，一般不具有可诉性；除非复议机关对复议申请不成立的认定错误。同时，复议机关此类不予受理复议申请决定书、告知书错误交代诉权的，人民法院亦不受其约束。

2. 行政机关明显不具有相应的事务、地域或者层级管辖职权，则行政相对人的履职申请明显不成立，相应履行法定职责之诉亦不能成立，依法均不属于行政复议受理和行政诉讼受案范围，人民法院可以径行裁定驳回起诉甚至不予登记立案。

3. 公民、法人或者其他组织提起行政诉讼，必须符合《行政诉讼法》所规定的条件；公民、法人或者其他组织提起的诉讼明显不成立或者滥用起诉权利的，人民法院有权不予登记立案。人民法院对已经认定为滥用诉权的起诉，可以退回诉状并记录在册。坚持起诉造成诉讼对方或第三人直接损失的，人民法院可以根据具体情况对无过错方依法提出的赔偿合理的律师费用等正当要求予以支持。

某开发部诉上海市闵行区人民政府不履行行政补偿法定职责案

——市、县级政府或其指定的土地部门的补偿安置义务

裁判要旨

现行集体土地征收制度的本质是国家基于公共利益需要实施征收，并由国家依法给予公平合理补偿，市、县人民政府是代表国家负责具体征收与补偿的法定行政主体。职权之所在，即义务之所在，也即责任之所在。市、县

人民政府有权代表国家组织实施征收，也负有确保被征收人通过签订协议或者以补偿决定等方式取得公平补偿的义务。市、县人民政府可以结合实际需要，要求土地管理部门具体组织实施本行政区域的土地房屋征收补偿工作，或者委托乡镇人民政府、区（县）征地事务机构等主体从事具体的补偿安置事宜，但市、县人民政府不因此即免除法定补偿安置义务，在被征收人未签订补偿安置协议的情况下，市、县人民政府或其指定的土地管理部门依法应当以书面形式作出补偿安置决定，履行补偿安置义务。否则，被征收人可以依法请求市、县人民政府或其指定的土地管理部门依法履行补偿安置职责，要求依法作出包含补偿安置内容的补偿安置等决定。

某公司诉福州市长乐区人民政府不履行法定职责案

——会议纪要议定事项可转化为行政机关的法定职责

裁判要旨

1.《行政诉讼法》第12条、第72条所指法定职责，既包括法律、法规、规章规定的行政机关职责，也包括上级和本级规范性文件以及“三定方案”确定的职责，还包括行政机关本不具有的但基于行政机关的先行行为、行政允诺、行政协议而形成的职责。政府会议纪要议定事项具有法定效力，非依法定程序不得否定之。无论是行政机关还是相对人，均应遵照执行。会议纪要议定的行政机关职责，亦因此而转化为该行政机关的法定职责。

2. 市、县人民政府如果在会议纪要中确定了其所属工作部门的法定职责事项，属于以承诺的方式，将监督所属工作部门依法履职转化成为本政府依法应当履行的承诺、义务与职责。政府应秉持诚实守信的原则，确保会议纪要的贯彻落实，监督并督促相关工作部门依法、正确、全面履行会议纪要议定事项。

3. 政府及相关工作部门应当依法兑现向行政相对人依法作出的政策承诺，地方以政府换届、领导人员更替等理由违约毁约，违反承诺导致相对人经济损失的，依法应当承担法律和经济责任。

某茶馆诉广东省开平市人民政府不履行法定职责案

——房屋征收补偿中有独立补偿利益的房屋承租人的原告资格

裁判要旨

在房屋征收补偿案件中，一般而言，只有房屋所有权人才与征收行为和补偿行为有利害关系，可以针对征收行为或者补偿行为提起行政诉讼。房屋的市场化承租人通常并不与补偿行为有利害关系，其可以通过民事诉讼解决其与房屋所有权人之间的房屋租赁合同纠纷，并按照法律规定和租赁合同的约定来解决所租赁房屋上的添附以及因征收而造成的停产停业损失的补偿或赔偿问题。但是，补偿义务主体在知道或者应当知道存在房屋承租人且承租人具有独立的补偿利益后，既不在其与房屋所有权人签订的安置补偿协议或者作出的补偿决定中给付上述独立的补偿利益，也不另行与承租人签订安置补偿协议或者作出补偿决定解决上述独立的补偿利益问题，则房屋承租人有权以自己名义主张上述独立的补偿利益。

刘某某诉贵州省桐梓县人民政府行政赔偿案

——因土地征收程序违法引发的行政赔偿标准确定问题

裁判要旨

1.《最高人民法院关于审理行政赔偿案件若干问题的规定》第 27 条第 2 款规定："违法征收征用土地、房屋，人民法院判决给予被征收人的行政赔偿，不得少于被征收人依法应当获得的安置补偿权益。"征收土地已被用于相关项目建设，土地及地上附着物无法返还的情况下，基于填平补齐损害原则，应参照土地征收补偿标准予以赔偿，并确保被征收人因违法行政强制行为造成损失获得的行政赔偿，不低于行政机关合法征收给予被征收人的行政补偿。

2. 对于依法应当获得的安置补偿权益的确定，应当考量以下因素：已经制定补偿安置方案并实施的，参照已实施补偿安置方案确定的补偿标准计算赔偿的具体数额；综合考量当地其他被征收人的补偿情况，全面考虑征收法律法规以及当地相关政策规定的贯彻实施情况，同一征收范围内的征收在同等情况下应当遵循相同的征收补偿标准，以体现征收的公平公正；赔偿应体现对违法征收行为的惩戒，在未批先征的情形下，已经制定补偿安置方案并实施的，综合考虑占地行为发生至征地批复作出期间原告不能用地的损失及征地批复作出至赔偿款支付期间的利息损失等因素，酌情上浮赔偿金额；同时，根据损益相抵原则，赔偿和补偿不应重复，对于已经通过补偿方式获得相应救济的，应予扣除，不应在赔偿中重复支持。

某房地产开发发展有限公司诉上海市嘉定区人民政府等不履行行政补偿法定职责案

——会议纪要构成行政允诺时可以作为要求行政机关履行补偿职责的依据

裁判要旨

1. 行政机关的会议纪要是否具有可诉性。行政机关的会议纪要是否具有可诉性应以其议定事项是否对行政相对人的权利义务产生实际影响为判断标准。若会议纪要已转化为外部行政行为，并为行政相对人设定了权利义务，足以引起行政法律关系变动的，则具有可诉性，属于行政诉讼的受案范围。

2. 行政相对人能否起诉要求行政机关履行会议纪要。起诉要求行政机关履行会议纪要确认的补偿职责的，在确定涉案会议纪要具有可诉性的前提下，人民法院应对议定事项进行实质审查。会议纪要议定的补偿事项符合行政允诺的特征，且属于行政机关职权范围，行政相对人又存在获得补偿的权利基础的，人民法院可以支持行政相对人的诉请。

沈某诉北京市西城区税务局、北京市税务局不履行退税职责及行政复议案

——纳税法律原因嗣后消失情形下的退税规则

裁判要旨

依法负有纳税义务的纳税人多缴税款后，应适用《税收征收管理法》第51条之规定，对多缴纳的税款予以退还。在税收征缴过程中，当事人缴纳了相关款项，但经查明实际上其不负有纳税义务的，其以缴纳税款名义实际缴纳的款项不属于《税收征收管理法》第51条规定的“超过应纳税额缴纳的税款”，对该款项的退还，亦不应适用《税收征收管理法》第51条的规定。

兰某涛诉北京市西城区人民政府不履行法定职责案

——投诉举报人应当提供证明其与被投诉行为具有利害关系的初步证据

裁判要旨

根据《最高人民法院关于适用〈中华人民共和国行政诉讼法〉的解释》第12条第5项，为维护自身合法权益向行政机关投诉，具有处理投诉职责的行政机关作出或者未作出处理的，属于《行政诉讼法》第25条第1款规定的“与行政行为有利害关系”。投诉举报人如果不能提供初步证据证明为维护自身合法权益而举报相关违法行为人，则其与行政机关就其举报事项作出的处理或者不作为行为均没有利害关系，不具有行政诉讼原告资格。

程某诉某卫生健康委员会、某妇幼保健计划生育服务中心不履行法定职责案

——医疗保健机构出具出生医学证明的行为属于行政诉讼的受案范围

裁判要旨

医疗保健机构出具《出生医学证明》的行为，是法律授权实施的行政确认行为，属于行政诉讼的受案范围。医疗保健机构未依法出具《出生医学证明》不仅仅侵犯公民个人合法权益，同时还侵犯《出生医学证明》申领、签发和管理的行政管理制度，影响公民取得中国国籍、户籍登记、血亲关系认定和母婴保健服务等相关权益。本案新生儿的父亲向某妇幼保健计划生育服务中心申请办理《出生医学证明》，提供的申领材料符合医疗保健机构出具《出生医学证明》的法定条件要求，某妇幼保健计划生育服务中心应当予以办理。

罗某钟等诉龙岩市城市管理局等不履行法定职责案

——老旧小区加装电梯权益保障之价值取向

裁判要旨

老旧小区加装电梯是符合当前城市改造、利于改善民生的举措，应最大限度地给予支持和鼓励。但老旧小区所处的内外部环境复杂，需要考虑的因素多，可能产生的矛盾杂，加装一部电梯往往能引发一系列的纠纷。为此，住房和城乡建设部发布《城市居住区规划设计标准》（国家标准）规定，住宅建筑外加装电梯的行为，不宜作为考察是否会导致相邻住宅原有日照标准降低的情形。

刘某柱诉唐山市路南区人民政府不履行法定职责案

——提起行政诉讼必须明确被诉行政行为

裁判要旨

提起行政诉讼应当有具体的诉讼请求和事实根据。所谓“具体的诉讼请求”，就是要有明确的被诉行政行为，因为行政诉讼的审理对象是被诉行政行为。没有明确的被诉行政行为，人民法院无法对被诉行政行为的合法性进行审查。起诉人起诉的被诉行政行为不明确，不符合法定起诉条件。

王某诉某镇人民政府不履行法定职责案

——村民代表会议决议侵害村民权利时乡镇政府须履行监督职责

裁判要旨

1. 镇级人民政府依法具有监督其辖区内村民代表会议的法定职责。《村民委员会组织法》第 27 条第 3 款规定，村民自治章程、村规民约以及村民会议或者村民代表会议的决定违反前款规定的，由乡、民族乡、镇的人民政府责令改正。据此，某镇政府作为镇级人民政府，依法具有监督其辖区内村民代表会议的法定职责，应依法对王某的申请作出处理。

2. 镇级人民政府应当如何履行监督职责问题。镇级人民政府履行监督职责应当对村民代表会议决定是否与宪法、法律、法规和国家的政策相抵触，是否有侵犯村民的人身权利、民主权利和合法财产权利的内容等进行审查并作出判断处理，利用对村民自治的监督确保村民自治的实质性实现。只有在镇级人民政府对村民代表会议的召开以及会议决定是否按相关法律规定进行上述实质性审查后，才能认定履行了法定监督职责。

秦某诉日照山海天旅游度假区综合行政执法局不履行法定职责案

——楼下住户原告主体资格的认定

裁判要旨

楼下住户可以就楼上违规建设以个人名义提起行政诉讼。楼下房屋与楼上区域有直接接触面积，可以推定楼上建筑区域的使用方式变更与楼下住户存在利害关系，符合《行政诉讼法》规定的“与行政行为有利害关系”情形。本着最大程度保护行政相对人合法权益的原则，楼下住户具备行政诉讼原告主体资格，可以以个人名义提起行政诉讼，要求相关职责部门依法履行查处职责。

刘某某诉中国人民银行上海分行、中国人民银行不履行征信监管法定职责案

——对个人征信授权事项及授权主体的审查与认定

裁判要旨

根据《征信业管理条例》相关规定，向金融信用信息基础数据库查询个人信息的，应当取得信息主体本人的书面同意并约定用途。在申请金融产品过程中，手动勾选“阅看及同意”《征信及综合授权书》一般为申请贷款的必经环节，相关授权书已明确载明由申请人授权金融机构查询其个人信用报告，并自行承担授权的相关法律后果。故申请人点击阅看并自主勾选“同意”后提交完成申请流程，即视为其知晓并签署了相关授权书，相关金融机构据此取得征信查询授权，不存在违反《征信业管理条例》规定的情形。

孟某诉滨海县医疗保险基金管理中心不履行给付基本医疗保险金职责案

——规范性文件主动审查的必要性

裁判要旨

1. 规范性文件不得违反上位法的规定。人民法院在审理单独行政行为诉讼案件时，应当对行政行为依据的规范性文件进行合法性审查。经审查认为不合法的，不得作为认定行政行为合法的依据。

2. 在不履行给付基本医疗保险金职责之诉中，地方性规范性文件对产生交通事故的责任类型未予区分，突破上位法将不予补偿范围仅限定于应当由第三人负担范围内的规定的，人民法院不应予以参照适用。

高某诉南通市妇幼保健院不履行法定职责案

——新生儿姓名无法协商确定不是办理出生医学证明的阻却要件

裁判要旨

为新生儿命名是其监护人的义务，不得随意抛弃和滥用。当新生儿父母无法就新生儿姓名形成一致意见时，需要考虑新生儿的成长条件、受抚养及教育情况，以“最有利于被监护人”的原则，综合选择确定为新生儿命名的主体。相关法律规范要求，医疗机构签发出生医学证明需要申请人提交新生儿父母有效身份证原件并留存复印件，其目的是审核确定新生儿父母的身份信息并以留存复印件的形式作为备查需要。当新生儿父或母一方因客观原因无法提供另一方身份证原件时，提供载有其身份信息的法院裁判文书，应当视为具有与身份证原件同等的法律效力，医疗机构不能以未提供身份证原件为由拒绝签发出生医学证明。

某小区业主委员会诉哈尔滨市松北区松祥街道办事处不履行业委会备案法定职责案

——物业管理区域的划分、调整、救济路径及利益衡量

裁判要旨

1. 物业管理区域的划分和调整应遵守“考虑物业的共用设施设备、建筑物规模、社区建设等因素”的原则，并由省、自治区、直辖市制定具体办法。

2. 未经具有法定职责机关依法定程序调整，已经划定的物业管理区域不得随意变更。业主虽然不是物业管理区域划分和调整的权利主体，但对于物业管理区域划分和调整具有法定程序上的否决权。

3. 调整物业管理区域应结合实际情况，充分尊重业主意见，并依照法定程序，业主、业主委员会或业主大会对物业管理区域的调整享有申请行政复议和提起行政诉讼的权利。

韦某等64人诉防城港市防城区人民政府、防城港市人民政府不履行法定职责案

——县级政府负有落实被征地村民社会保障的法定职责

裁判要旨

被征地村民依法享有养老和医疗保险待遇的社会保障权。人民政府具有在辖区内依法建立被征地村民就业社会保障制度的职责和落实失地村民的养老、医疗社会保障的统筹监管责任。被征地村民社会保障待遇长期得不到落实，属于人民政府怠于履行法定职责。

肖某元诉吉安市吉州区人民政府不履行行政监督职责案

——县级政府对辖区内村务公开工作负有调查核实的法定职责，不履行该职责属行政不作为

裁判要旨

村民认为村民委员会不及时公布应当公布的事项或者公布的事项不真实的，有权向乡、民族乡、镇的人民政府或者县级人民政府及其有关主管部门反映。县级人民政府负有对村民反映的村民委员会村务公布事项进行调查核实，并在确认村民委员会存在不及时公布应当公布的事项或者公布的事项不真实的情况下责令其公开的职责。

张某诉内黄县社会医疗保险中心不履行法定职责案

——参保居民享受住院医疗保险待遇的判断标准

裁判要旨

1. 是否能够享受异地医疗待遇应当遵循充分保障当事人获取医疗保障权益的立法本意。如果城乡居民基本医疗保险参保人员，其因病就医的费用符合三个目录范围及支付标准，其相关医疗费用可由参保地社会医疗保险中心从基本医疗保险基金中及时予以核算支付。这符合国家建立完善城乡基本医疗保险降低参保人的疾病风险，防止公民因病致贫，因贫不治现象发生的初衷和本意。

2. 医疗卫生资源配置失衡的现状决定了机械依据住院手续认定医疗报销待遇有失公允。由于优质医疗资源总量相对不足，且地区之间医疗资源分布差距大的情况下，部分医院存在“一床难求”的现象，出现符合住院标准却又没有床位的情形，实际上对于参保人员的报销形成困扰。虽然在门诊支付通常不能按照住院医疗进行报销，但对于有重大生命健康危险性和重症监护

室治疗的必要性又难以办理住院手续等特定情形，仍然机械地要求住院手续完备才可进行支付核算，有悖常理。

3. 异地医保待遇的判断标准应当兼顾医疗保险的公平性、便捷性和可及性原则。有关城乡居民基本医疗保险的规范性文件，应该贯彻增强医疗保障公平性、便捷性和可及性的要求，本着有利于参保人员医疗就医和报销的出发点。行政主体在执行过程中也要充分考虑社会生活的复杂性，体现对参保群众的关爱，防止过于机械。

第四部分　法答网精选答问

1. 行政机关作出行政决定后，在诉讼期限内向法院申请保全应如何处理？如果诉讼期限内即可申请保全，诉讼管辖法院与非诉执行审查法院不同的，应如何确定管辖？

答疑意见：最高人民法院《关于适用〈中华人民共和国行政诉讼法〉的解释》(以下简称《行政诉讼法司法解释》)第76条第1款规定："人民法院对于因一方当事人的行为或者其他原因，可能使行政行为或者人民法院生效裁判不能或者难以执行的案件，根据对方当事人的申请，可以裁定对其财产进行保全、责令其作出一定行为或者禁止其作出一定行为；当事人没有提出申请的，人民法院在必要时也可以裁定采取上述保全措施。"第159条规定："行政机关或者行政行为确定的权利人申请人民法院强制执行前，有充分理由认为被执行人可能逃避执行的，可以申请人民法院采取财产保全措施。后者申请强制执行的，应当提供相应的财产担保。"根据前述规定，行政机关作出行政决定后，在诉讼期限内向法院申请保全的，人民法院应当依法进行审查。保全申请符合法定条件的，人民法院应当裁定采取保全措施。关于可以管辖行政机关保全申请的人民法院，可以参照《行政诉讼法司法解释》第77条第1款"利害关系人因情况紧急，不立即申请保全将会使其合法权益受到难以弥补的损害的，可以在提起诉讼前向被保全财产所在地、被申请人住所地或者对案件有管辖权的人民法院申请采取保全措施"的规定予以确定。主要理由是，行政机关申请保全的目的在于确保行政行为可以依法得到执行，无论行政相对人或利害关系人提起行政诉讼，抑或行政机关申请非诉执行，均可能存在因行政行为无法或难以得到执行而需申请保全的情形，行政机关依法可以提出申请。采取保全措施的人民法院与对案件有管辖权的人民法院不一致的，并不影响有管辖权的法院对案件依法进行审理。

点评专家：武汉大学法学院教授 江国华

点评意见：实践中，基于完善非诉强制执行前的保全探索，可能出现在诉讼时效届满前，行政机关为执行不动产，先行向“不动产所在地有管辖权的人民法院”提出财产保全申请，并被法院受理且作出支持保全裁定，其后相对人或利害关系人向“最初作出行政行为的行政机关所在地人民法院”提起行政诉讼，如此，就可能出现对案件有管辖权的法院和作出保全裁定人民法院不是同一法院的问题。本条答疑意见围绕这一问题的解决，针对行政机关向人民法院申请保全法律依据及适用情形予以解答，条分缕析，逻辑清楚，法律解释正确，具有明确的针对性和很强的实用性。

2. 对于按照 2023 年新修订的《行政复议法》第 23 条规定应当复议前置的情形，当事人在 2024 年 1 月 1 日后起诉到法院已经超过复议期限，但未超过起诉期限的，人民法院应否受理？

答疑意见：人民法院应当依法予以受理。根据法不溯及既往的原则，救济权的行使应适用行政行为作出时的法律规范。2023 年新修订的《行政复议法》关于复议前置的规定适用于 2024 年 1 月 1 日以后作出的行政行为。对于 2024 年 1 月 1 日之前的行政行为，如果适用新法复议前置的规定，可能会剥夺当事人的诉权，明显背离当事人的合理预期。而且，从新修订的《行政复议法》扩大复议前置的初衷来看，其目的在于给予当事人更多权利救济机会，而非限制。当事人超过复议期限的，已丧失复议申请权，复议机关可能以超过申请期限为由不予受理。当事人在新修订的《行政复议法》实施之前未选择复议路径，并不能否定或者剥夺其合法诉权。当事人在起诉期限内，仍可以依法提起行政诉讼。例如，在新修订的《行政复议法》实施以前，对当场作出的行政处罚决定行为不服，当事人可以选择复议或者诉讼；在新修订的《行政复议法》实施后，则属于复议前置情形。假如当场作出的行政处罚行为发生于 2023 年 12 月 1 日，新修订的《行政复议法》尚未实施，当事人可以在 2024 年 2 月 1 日前向行政复议机关申请复议，或者于 2024 年 6 月 1 日前向人民法院提起行政诉讼。但 2024 年 1 月 1 日新修订的《行政复议法》实施后，将对当场作出的行政处罚决定不服的情形纳入行政复议前置范围，若当事人于 2024 年 2 月 1 日之后向行政复议机关申请复议，则已过复议期限，复议机关可能以超过申请期限为由不予受理。其向人民法院提起诉讼时，如果人民法院再以该类情形适用新修订的行政复议法规定的复议前置为由不予受理，则会使得当事人因法律修改而无法获得应有的救济。

咨询人：贵州省高级人民法院行政庭　黄　瑶

答疑专家：最高人民法院行政庭　杨科雄

3. 房屋承租人能否对房屋征收决定提起行政诉讼?

答疑意见：《国有土地上房屋征收与补偿条例》第 14 条规定："被征收人对市、县级人民政府作出的房屋征收决定不服的，可以依法申请行政复议，也可以依法提起行政诉讼。"该条例第 2 条明确被征收人即为被征收房屋所有权人，将承租人排除在外。依据上述规定，承租人一般不具有针对房屋征收决定提起行政诉讼的主体资格。但从法理上讲，与被诉行政行为是否有法律上利害关系，是判断当事人是否具备行政诉讼原告主体资格的重要标准。因此，对于执行政府规定租金标准的公有房屋承租人等人群，由于其享有法律和政策所赋予的接近于所有权权能的带有福利性的使用权，有必要赋予其针对房屋征收决定提起行政诉讼的原告主体资格。例如，"李某其诉潍坊市奎文区政府房屋征收决定案"（人民法院案例库入库编号：2024-01-3-005-002）明确，公房承租人具有对房屋征收决定提起诉讼的原告资格。

同时需指出的是，虽然一般意义上的承租人对房屋征收决定不具有提起行政诉讼的原告主体资格，但并不意味着其不能对补偿利益提起行政诉讼。如果符合行政诉讼法的相关规定，其有权提起行政诉讼。例如，按照《国有土地上房屋征收与补偿条例》第 17 条的规定，作出房屋征收决定的市、县级人民政府对被征收人给予的补偿包含因征收房屋造成的停产停业损失的补偿。如果承租人承租房屋用于经营，市、县级人民政府的征收行为则可能造成承租人停产停业损失，承租人有权就停产停业损失的补偿提起行政诉讼。"某茶馆诉广东省开平市人民政府不履行法定职责案"（人民法院案例库入库编号：

2023-12-3-021-006）的裁判要旨也体现了上述思路。

答疑专家：四川省高级人民法院行政庭（赔偿办） 熊 君

第五部分　相关规定

中华人民共和国行政诉讼法

（1989 年 4 月 4 日第七届全国人民代表大会第二次会议通过　根据 2014 年 11 月 1 日第十二届全国人民代表大会常务委员会第十一次会议《关于修改〈中华人民共和国行政诉讼法〉的决定》第一次修正　根据 2017 年 6 月 27 日第十二届全国人民代表大会常务委员会第二十八次会议《关于修改〈中华人民共和国民事诉讼法〉和〈中华人民共和国行政诉讼法〉的决定》第二次修正）

第一章　总　则

第一条　为保证人民法院公正、及时审理行政案件，解决行政争议，保护公民、法人和其他组织的合法权益，监督行政机关依法行使职权，根据宪法，制定本法。

第二条　公民、法人或者其他组织认为行政机关和行政机关工作人员的行政行为侵犯其合法权益，有权依照本法向人民法院提起诉讼。

前款所称行政行为，包括法律、法规、规章授权的组织作出的行政行为。

第三条　人民法院应当保障公民、法人和其他组织的起诉权利，对应当受理的行政案件依法受理。

行政机关及其工作人员不得干预、阻碍人民法院受理行政案件。

被诉行政机关负责人应当出庭应诉。不能出庭的，应当委托行政机关相应的工作人员出庭。

第四条　人民法院依法对行政案件独立行使审判权，不受行政机关、社会团体和个人的干涉。

人民法院设行政审判庭，审理行政案件。

第五条 人民法院审理行政案件，以事实为根据，以法律为准绳。

第六条 人民法院审理行政案件，对行政行为是否合法进行审查。

第七条 人民法院审理行政案件，依法实行合议、回避、公开审判和两审终审制度。

第八条 当事人在行政诉讼中的法律地位平等。

第九条 各民族公民都有用本民族语言、文字进行行政诉讼的权利。

在少数民族聚居或者多民族共同居住的地区，人民法院应当用当地民族通用的语言、文字进行审理和发布法律文书。

人民法院应当对不通晓当地民族通用的语言、文字的诉讼参与人提供翻译。

第十条 当事人在行政诉讼中有权进行辩论。

第十一条 人民检察院有权对行政诉讼实行法律监督。

第二章 受案范围

第十二条 人民法院受理公民、法人或者其他组织提起的下列诉讼：

（一）对行政拘留、暂扣或者吊销许可证和执照、责令停产停业、没收违法所得、没收非法财物、罚款、警告等行政处罚不服的；

（二）对限制人身自由或者对财产的查封、扣押、冻结等行政强制措施和行政强制执行不服的；

（三）申请行政许可，行政机关拒绝或者在法定期限内不予答复，或者对行政机关作出的有关行政许可的其他决定不服的；

（四）对行政机关作出的关于确认土地、矿藏、水流、森林、山岭、草原、荒地、滩涂、海域等自然资源的所有权或者使用权的决定不服的；

（五）对征收、征用决定及其补偿决定不服的；

（六）申请行政机关履行保护人身权、财产权等合法权益的法定职责，行政机关拒绝履行或者不予答复的；

（七）认为行政机关侵犯其经营自主权或者农村土地承包经营权、农村土地经营权的；

（八）认为行政机关滥用行政权力排除或者限制竞争的；

（九）认为行政机关违法集资、摊派费用或者违法要求履行其他义务的；

（十）认为行政机关没有依法支付抚恤金、最低生活保障待遇或者社会保险待遇的；

（十一）认为行政机关不依法履行、未按照约定履行或者违法变更、解除政府特许经营协议、土地房屋征收补偿协议等协议的；

（十二）认为行政机关侵犯其他人身权、财产权等合法权益的。

除前款规定外，人民法院受理法律、法规规定可以提起诉讼的其他行政案件。

第十三条　人民法院不受理公民、法人或者其他组织对下列事项提起的诉讼：

（一）国防、外交等国家行为；

（二）行政法规、规章或者行政机关制定、发布的具有普遍约束力的决定、命令；

（三）行政机关对行政机关工作人员的奖惩、任免等决定；

（四）法律规定由行政机关最终裁决的行政行为。

第三章　管　辖

第十四条　基层人民法院管辖第一审行政案件。

第十五条　中级人民法院管辖下列第一审行政案件：

（一）对国务院部门或者县级以上地方人民政府所作的行政行为提起诉讼的案件；

（二）海关处理的案件；

（三）本辖区内重大、复杂的案件；

（四）其他法律规定由中级人民法院管辖的案件。

第十六条　高级人民法院管辖本辖区内重大、复杂的第一审行政案件。

第十七条　最高人民法院管辖全国范围内重大、复杂的第一审行政案件。

第十八条　行政案件由最初作出行政行为的行政机关所在地人民法院管辖。经复议的案件，也可以由复议机关所在地人民法院管辖。

经最高人民法院批准，高级人民法院可以根据审判工作的实际情况，确定若干人民法院跨行政区域管辖行政案件。

第十九条 对限制人身自由的行政强制措施不服提起的诉讼，由被告所在地或者原告所在地人民法院管辖。

第二十条 因不动产提起的行政诉讼，由不动产所在地人民法院管辖。

第二十一条 两个以上人民法院都有管辖权的案件，原告可以选择其中一个人民法院提起诉讼。原告向两个以上有管辖权的人民法院提起诉讼的，由最先立案的人民法院管辖。

第二十二条 人民法院发现受理的案件不属于本院管辖的，应当移送有管辖权的人民法院，受移送的人民法院应当受理。受移送的人民法院认为受移送的案件按照规定不属于本院管辖的，应当报请上级人民法院指定管辖，不得再自行移送。

第二十三条 有管辖权的人民法院由于特殊原因不能行使管辖权的，由上级人民法院指定管辖。

人民法院对管辖权发生争议，由争议双方协商解决。协商不成的，报它们的共同上级人民法院指定管辖。

第二十四条 上级人民法院有权审理下级人民法院管辖的第一审行政案件。

下级人民法院对其管辖的第一审行政案件，认为需要由上级人民法院审理或者指定管辖的，可以报请上级人民法院决定。

第四章 诉讼参加人

第二十五条 行政行为的相对人以及其他与行政行为有利害关系的公民、法人或者其他组织，有权提起诉讼。

有权提起诉讼的公民死亡，其近亲属可以提起诉讼。

有权提起诉讼的法人或者其他组织终止，承受其权利的法人或者其他组织可以提起诉讼。

人民检察院在履行职责中发现生态环境和资源保护、食品药品安全、国有财产保护、国有土地使用权出让等领域负有监督管理职责的行政机关违法行使职权或者不作为，致使国家利益或者社会公共利益受到侵害的，应当向行政机关提出检察建议，督促其依法履行职责。行政机关不依法履行职责的，人民检察院依法向人民法院提起诉讼。

第二十六条　公民、法人或者其他组织直接向人民法院提起诉讼的，作出行政行为的行政机关是被告。

经复议的案件，复议机关决定维持原行政行为的，作出原行政行为的行政机关和复议机关是共同被告；复议机关改变原行政行为的，复议机关是被告。

复议机关在法定期限内未作出复议决定，公民、法人或者其他组织起诉原行政行为的，作出原行政行为的行政机关是被告；起诉复议机关不作为的，复议机关是被告。

两个以上行政机关作出同一行政行为的，共同作出行政行为的行政机关是共同被告。

行政机关委托的组织所作的行政行为，委托的行政机关是被告。

行政机关被撤销或者职权变更的，继续行使其职权的行政机关是被告。

第二十七条　当事人一方或者双方为二人以上，因同一行政行为发生的行政案件，或者因同类行政行为发生的行政案件、人民法院认为可以合并审理并经当事人同意的，为共同诉讼。

第二十八条　当事人一方人数众多的共同诉讼，可以由当事人推选代表人进行诉讼。代表人的诉讼行为对其所代表的当事人发生效力，但代表人变更、放弃诉讼请求或者承认对方当事人的诉讼请求，应当经被代表的当事人同意。

第二十九条　公民、法人或者其他组织同被诉行政行为有利害关系但没有提起诉讼，或者同案件处理结果有利害关系的，可以作为第三人申请参加诉讼，或者由人民法院通知参加诉讼。

人民法院判决第三人承担义务或者减损第三人权益的，第三人有权依法提起上诉。

第三十条　没有诉讼行为能力的公民，由其法定代理人代为诉讼。法定代理人互相推诿代理责任的，由人民法院指定其中一人代为诉讼。

第三十一条　当事人、法定代理人，可以委托一至二人作为诉讼代理人。

下列人员可以被委托为诉讼代理人：

（一）律师、基层法律服务工作者；

（二）当事人的近亲属或者工作人员；

（三）当事人所在社区、单位以及有关社会团体推荐的公民。

第三十二条 代理诉讼的律师，有权按照规定查阅、复制本案有关材料，有权向有关组织和公民调查，收集与本案有关的证据。对涉及国家秘密、商业秘密和个人隐私的材料，应当依照法律规定保密。

当事人和其他诉讼代理人有权按照规定查阅、复制本案庭审材料，但涉及国家秘密、商业秘密和个人隐私的内容除外。

第五章 证 据

第三十三条 证据包括：

（一）书证；

（二）物证；

（三）视听资料；

（四）电子数据；

（五）证人证言；

（六）当事人的陈述；

（七）鉴定意见；

（八）勘验笔录、现场笔录。

以上证据经法庭审查属实，才能作为认定案件事实的根据。

第三十四条 被告对作出的行政行为负有举证责任，应当提供作出该行政行为的证据和所依据的规范性文件。

被告不提供或者无正当理由逾期提供证据，视为没有相应证据。但是，被诉行政行为涉及第三人合法权益，第三人提供证据的除外。

第三十五条 在诉讼过程中，被告及其诉讼代理人不得自行向原告、第三人和证人收集证据。

第三十六条 被告在作出行政行为时已经收集了证据，但因不可抗力等正当事由不能提供的，经人民法院准许，可以延期提供。

原告或者第三人提出了其在行政处理程序中没有提出的理由或者证据的，经人民法院准许，被告可以补充证据。

第三十七条 原告可以提供证明行政行为违法的证据。原告提供的证据不成立的，不免除被告的举证责任。

第三十八条 在起诉被告不履行法定职责的案件中，原告应当提供其向被告提出申请的证据。但有下列情形之一的除外：

（一）被告应当依职权主动履行法定职责的；

（二）原告因正当理由不能提供证据的。

在行政赔偿、补偿的案件中，原告应当对行政行为造成的损害提供证据。因被告的原因导致原告无法举证的，由被告承担举证责任。

第三十九条 人民法院有权要求当事人提供或者补充证据。

第四十条 人民法院有权向有关行政机关以及其他组织、公民调取证据。但是，不得为证明行政行为的合法性调取被告作出行政行为时未收集的证据。

第四十一条 与本案有关的下列证据，原告或者第三人不能自行收集的，可以申请人民法院调取：

（一）由国家机关保存而须由人民法院调取的证据；

（二）涉及国家秘密、商业秘密和个人隐私的证据；

（三）确因客观原因不能自行收集的其他证据。

第四十二条 在证据可能灭失或者以后难以取得的情况下，诉讼参加人可以向人民法院申请保全证据，人民法院也可以主动采取保全措施。

第四十三条 证据应当在法庭上出示，并由当事人互相质证。对涉及国家秘密、商业秘密和个人隐私的证据，不得在公开开庭时出示。

人民法院应当按照法定程序，全面、客观地审查核实证据。对未采纳的证据应当在裁判文书中说明理由。

以非法手段取得的证据，不得作为认定案件事实的根据。

第六章 起诉和受理

第四十四条 对属于人民法院受案范围的行政案件，公民、法人或者其他组织可以先向行政机关申请复议，对复议决定不服的，再向人民法院提起诉讼；也可以直接向人民法院提起诉讼。

法律、法规规定应当先向行政机关申请复议，对复议决定不服再向人民法院提起诉讼的，依照法律、法规的规定。

第四十五条 公民、法人或者其他组织不服复议决定的，可以在收到复议决定书之日起十五日内向人民法院提起诉讼。复议机关逾期不作决定的，申请人可以在复议期满之日起十五日内向人民法院提起诉讼。法律另有规定的除外。

第四十六条 公民、法人或者其他组织直接向人民法院提起诉讼的，应当自知道或者应当知道作出行政行为之日起六个月内提出。法律另有规定的除外。

因不动产提起诉讼的案件自行政行为作出之日起超过二十年，其他案件自行政行为作出之日起超过五年提起诉讼的，人民法院不予受理。

第四十七条 公民、法人或者其他组织申请行政机关履行保护其人身权、财产权等合法权益的法定职责，行政机关在接到申请之日起两个月内不履行的，公民、法人或者其他组织可以向人民法院提起诉讼。法律、法规对行政机关履行职责的期限另有规定的，从其规定。

公民、法人或者其他组织在紧急情况下请求行政机关履行保护其人身权、财产权等合法权益的法定职责，行政机关不履行的，提起诉讼不受前款规定期限的限制。

第四十八条 公民、法人或者其他组织因不可抗力或者其他不属于其自身的原因耽误起诉期限的，被耽误的时间不计算在起诉期限内。

公民、法人或者其他组织因前款规定以外的其他特殊情况耽误起诉期限的，在障碍消除后十日内，可以申请延长期限，是否准许由人民法院决定。

第四十九条 提起诉讼应当符合下列条件：

（一）原告是符合本法第二十五条规定的公民、法人或者其他组织；

（二）有明确的被告；

（三）有具体的诉讼请求和事实根据；

（四）属于人民法院受案范围和受诉人民法院管辖。

第五十条 起诉应当向人民法院递交起诉状，并按照被告人数提出副本。

书写起诉状确有困难的，可以口头起诉，由人民法院记入笔录，出具注明日期的书面凭证，并告知对方当事人。

第五十一条 人民法院在接到起诉状时对符合本法规定的起诉条件的，应当登记立案。

对当场不能判定是否符合本法规定的起诉条件的，应当接收起诉状，出具注明收到日期的书面凭证，并在七日内决定是否立案。不符合起诉条件的，作出不予立案的裁定。裁定书应当载明不予立案的理由。原告对裁定不服的，可以提起上诉。

起诉状内容欠缺或者有其他错误的，应当给予指导和释明，并一次性告知当事人需要补正的内容。不得未经指导和释明即以起诉不符合条件为由不接收起诉状。

对于不接收起诉状、接收起诉状后不出具书面凭证，以及不一次性告知当事人需要补正的起诉状内容的，当事人可以向上级人民法院投诉，上级人民法院应当责令改正，并对直接负责的主管人员和其他直接责任人员依法给予处分。

第五十二条　人民法院既不立案，又不作出不予立案裁定的，当事人可以向上一级人民法院起诉。上一级人民法院认为符合起诉条件的，应当立案、审理，也可以指定其他下级人民法院立案、审理。

第五十三条　公民、法人或者其他组织认为行政行为所依据的国务院部门和地方人民政府及其部门制定的规范性文件不合法，在对行政行为提起诉讼时，可以一并请求对该规范性文件进行审查。

前款规定的规范性文件不含规章。

第七章　审理和判决

第一节　一般规定

第五十四条　人民法院公开审理行政案件，但涉及国家秘密、个人隐私和法律另有规定的除外。

涉及商业秘密的案件，当事人申请不公开审理的，可以不公开审理。

第五十五条　当事人认为审判人员与本案有利害关系或者有其他关系可能影响公正审判，有权申请审判人员回避。

审判人员认为自己与本案有利害关系或者有其他关系，应当申请回避。

前两款规定，适用于书记员、翻译人员、鉴定人、勘验人。

院长担任审判长时的回避，由审判委员会决定；审判人员的回避，由院长决定；其他人员的回避，由审判长决定。当事人对决定不服的，可以申请复议一次。

第五十六条 诉讼期间，不停止行政行为的执行。但有下列情形之一的，裁定停止执行：

（一）被告认为需要停止执行的；

（二）原告或者利害关系人申请停止执行，人民法院认为该行政行为的执行会造成难以弥补的损失，并且停止执行不损害国家利益、社会公共利益的；

（三）人民法院认为该行政行为的执行会给国家利益、社会公共利益造成重大损害的；

（四）法律、法规规定停止执行的。

当事人对停止执行或者不停止执行的裁定不服的，可以申请复议一次。

第五十七条 人民法院对起诉行政机关没有依法支付抚恤金、最低生活保障金和工伤、医疗社会保险金的案件，权利义务关系明确、不先予执行将严重影响原告生活的，可以根据原告的申请，裁定先予执行。

当事人对先予执行裁定不服的，可以申请复议一次。复议期间不停止裁定的执行。

第五十八条 经人民法院传票传唤，原告无正当理由拒不到庭，或者未经法庭许可中途退庭的，可以按照撤诉处理；被告无正当理由拒不到庭，或者未经法庭许可中途退庭的，可以缺席判决。

第五十九条 诉讼参与人或者其他人有下列行为之一的，人民法院可以根据情节轻重，予以训诫、责令具结悔过或者处一万元以下的罚款、十五日以下的拘留；构成犯罪的，依法追究刑事责任：

（一）有义务协助调查、执行的人，对人民法院的协助调查决定、协助执行通知书，无故推拖、拒绝或者妨碍调查、执行的；

（二）伪造、隐藏、毁灭证据或者提供虚假证明材料，妨碍人民法院审理案件的；

（三）指使、贿买、胁迫他人作伪证或者威胁、阻止证人作证的；

（四）隐藏、转移、变卖、毁损已被查封、扣押、冻结的财产的；

（五）以欺骗、胁迫等非法手段使原告撤诉的；

（六）以暴力、威胁或者其他方法阻碍人民法院工作人员执行职务，或者以哄闹、冲击法庭等方法扰乱人民法院工作秩序的；

（七）对人民法院审判人员或者其他工作人员、诉讼参与人、协助调查和执行的人员恐吓、侮辱、诽谤、诬陷、殴打、围攻或者打击报复的。

人民法院对有前款规定的行为之一的单位，可以对其主要负责人或者直接责任人员依照前款规定予以罚款、拘留；构成犯罪的，依法追究刑事责任。

罚款、拘留须经人民法院院长批准。当事人不服的，可以向上一级人民法院申请复议一次。复议期间不停止执行。

第六十条　人民法院审理行政案件，不适用调解。但是，行政赔偿、补偿以及行政机关行使法律、法规规定的自由裁量权的案件可以调解。

调解应当遵循自愿、合法原则，不得损害国家利益、社会公共利益和他人合法权益。

第六十一条　在涉及行政许可、登记、征收、征用和行政机关对民事争议所作的裁决的行政诉讼中，当事人申请一并解决相关民事争议的，人民法院可以一并审理。

在行政诉讼中，人民法院认为行政案件的审理需以民事诉讼的裁判为依据的，可以裁定中止行政诉讼。

第六十二条　人民法院对行政案件宣告判决或者裁定前，原告申请撤诉的，或者被告改变其所作的行政行为，原告同意并申请撤诉的，是否准许，由人民法院裁定。

第六十三条　人民法院审理行政案件，以法律和行政法规、地方性法规为依据。地方性法规适用于本行政区域内发生的行政案件。

人民法院审理民族自治地方的行政案件，并以该民族自治地方的自治条例和单行条例为依据。

人民法院审理行政案件，参照规章。

第六十四条　人民法院在审理行政案件中，经审查认为本法第五十三条规定的规范性文件不合法的，不作为认定行政行为合法的依据，并向制定机关提出处理建议。

第六十五条　人民法院应当公开发生法律效力的判决书、裁定书，供公众查阅，但涉及国家秘密、商业秘密和个人隐私的内容除外。

第六十六条　人民法院在审理行政案件中，认为行政机关的主管人员、直接责任人员违法违纪的，应当将有关材料移送监察机关、该行政机关或者其上一级行政机关；认为有犯罪行为的，应当将有关材料移送公安、检察机关。

人民法院对被告经传票传唤无正当理由拒不到庭，或者未经法庭许可中途退庭的，可以将被告拒不到庭或者中途退庭的情况予以公告，并可以向监察机关或者被告的上一级行政机关提出依法给予其主要负责人或者直接责任人员处分的司法建议。

第二节　第一审普通程序

第六十七条　人民法院应当在立案之日起五日内，将起诉状副本发送被告。被告应当在收到起诉状副本之日起十五日内向人民法院提交作出行政行为的证据和所依据的规范性文件，并提出答辩状。人民法院应当在收到答辩状之日起五日内，将答辩状副本发送原告。

被告不提出答辩状的，不影响人民法院审理。

第六十八条　人民法院审理行政案件，由审判员组成合议庭，或者由审判员、陪审员组成合议庭。合议庭的成员，应当是三人以上的单数。

第六十九条　行政行为证据确凿，适用法律、法规正确，符合法定程序的，或者原告申请被告履行法定职责或者给付义务理由不成立的，人民法院判决驳回原告的诉讼请求。

第七十条　行政行为有下列情形之一的，人民法院判决撤销或者部分撤销，并可以判决被告重新作出行政行为：

（一）主要证据不足的；

（二）适用法律、法规错误的；

（三）违反法定程序的；

（四）超越职权的；

（五）滥用职权的；

（六）明显不当的。

第七十一条　人民法院判决被告重新作出行政行为的，被告不得以同一的事实和理由作出与原行政行为基本相同的行政行为。

第七十二条　人民法院经过审理，查明被告不履行法定职责的，判决被告在一定期限内履行。

第七十三条　人民法院经过审理，查明被告依法负有给付义务的，判决被告履行给付义务。

第七十四条　行政行为有下列情形之一的，人民法院判决确认违法，但不撤销行政行为：

（一）行政行为依法应当撤销，但撤销会给国家利益、社会公共利益造成重大损害的；

（二）行政行为程序轻微违法，但对原告权利不产生实际影响的。

行政行为有下列情形之一，不需要撤销或者判决履行的，人民法院判决确认违法：

（一）行政行为违法，但不具有可撤销内容的；

（二）被告改变原违法行政行为，原告仍要求确认原行政行为违法的；

（三）被告不履行或者拖延履行法定职责，判决履行没有意义的。

第七十五条　行政行为有实施主体不具有行政主体资格或者没有依据等重大且明显违法情形，原告申请确认行政行为无效的，人民法院判决确认无效。

第七十六条　人民法院判决确认违法或者无效的，可以同时判决责令被告采取补救措施；给原告造成损失的，依法判决被告承担赔偿责任。

第七十七条　行政处罚明显不当，或者其他行政行为涉及对款额的确定、认定确有错误的，人民法院可以判决变更。

人民法院判决变更，不得加重原告的义务或者减损原告的权益。但利害关系人同为原告，且诉讼请求相反的除外。

第七十八条　被告不依法履行、未按照约定履行或者违法变更、解除本法第十二条第一款第十一项规定的协议的，人民法院判决被告承担继续履行、采取补救措施或者赔偿损失等责任。

被告变更、解除本法第十二条第一款第十一项规定的协议合法，但未依法给予补偿的，人民法院判决给予补偿。

第七十九条　复议机关与作出原行政行为的行政机关为共同被告的案件，人民法院应当对复议决定和原行政行为一并作出裁判。

第八十条　人民法院对公开审理和不公开审理的案件，一律公开宣告判决。

当庭宣判的，应当在十日内发送判决书；定期宣判的，宣判后立即发给判决书。

宣告判决时，必须告知当事人上诉权利、上诉期限和上诉的人民法院。

第八十一条 人民法院应当在立案之日起六个月内作出第一审判决。有特殊情况需要延长的，由高级人民法院批准，高级人民法院审理第一审案件需要延长的，由最高人民法院批准。

第三节 简易程序

第八十二条 人民法院审理下列第一审行政案件，认为事实清楚、权利义务关系明确、争议不大的，可以适用简易程序：

（一）被诉行政行为是依法当场作出的；

（二）案件涉及款额二千元以下的；

（三）属于政府信息公开案件的。

除前款规定以外的第一审行政案件，当事人各方同意适用简易程序的，可以适用简易程序。

发回重审、按照审判监督程序再审的案件不适用简易程序。

第八十三条 适用简易程序审理的行政案件，由审判员一人独任审理，并应当在立案之日起四十五日内审结。

第八十四条 人民法院在审理过程中，发现案件不宜适用简易程序的，裁定转为普通程序。

第四节 第二审程序

第八十五条 当事人不服人民法院第一审判决的，有权在判决书送达之日起十五日内向上一级人民法院提起上诉。当事人不服人民法院第一审裁定的，有权在裁定书送达之日起十日内向上一级人民法院提起上诉。逾期不提起上诉的，人民法院的第一审判决或者裁定发生法律效力。

第八十六条 人民法院对上诉案件，应当组成合议庭，开庭审理。经过阅卷、调查和询问当事人，对没有提出新的事实、证据或者理由，合议庭认为不需要开庭审理的，也可以不开庭审理。

第八十七条 人民法院审理上诉案件，应当对原审人民法院的判决、裁定和被诉行政行为进行全面审查。

第八十八条　人民法院审理上诉案件，应当在收到上诉状之日起三个月内作出终审判决。有特殊情况需要延长的，由高级人民法院批准，高级人民法院审理上诉案件需要延长的，由最高人民法院批准。

第八十九条　人民法院审理上诉案件，按照下列情形，分别处理：

（一）原判决、裁定认定事实清楚，适用法律、法规正确的，判决或者裁定驳回上诉，维持原判决、裁定；

（二）原判决、裁定认定事实错误或者适用法律、法规错误的，依法改判、撤销或者变更；

（三）原判决认定基本事实不清、证据不足的，发回原审人民法院重审，或者查清事实后改判；

（四）原判决遗漏当事人或者违法缺席判决等严重违反法定程序的，裁定撤销原判决，发回原审人民法院重审。

原审人民法院对发回重审的案件作出判决后，当事人提起上诉的，第二审人民法院不得再次发回重审。

人民法院审理上诉案件，需要改变原审判决的，应当同时对被诉行政行为作出判决。

第五节　审判监督程序

第九十条　当事人对已经发生法律效力的判决、裁定，认为确有错误的，可以向上一级人民法院申请再审，但判决、裁定不停止执行。

第九十一条　当事人的申请符合下列情形之一的，人民法院应当再审：

（一）不予立案或者驳回起诉确有错误的；

（二）有新的证据，足以推翻原判决、裁定的；

（三）原判决、裁定认定事实的主要证据不足、未经质证或者系伪造的；

（四）原判决、裁定适用法律、法规确有错误的；

（五）违反法律规定的诉讼程序，可能影响公正审判的；

（六）原判决、裁定遗漏诉讼请求的；

（七）据以作出原判决、裁定的法律文书被撤销或者变更的；

（八）审判人员在审理该案件时有贪污受贿、徇私舞弊、枉法裁判行为的。

第九十二条 各级人民法院院长对本院已经发生法律效力的判决、裁定，发现有本法第九十一条规定情形之一，或者发现调解违反自愿原则或者调解书内容违法，认为需要再审的，应当提交审判委员会讨论决定。

最高人民法院对地方各级人民法院已经发生法律效力的判决、裁定，上级人民法院对下级人民法院已经发生法律效力的判决、裁定，发现有本法第九十一条规定情形之一，或者发现调解违反自愿原则或者调解书内容违法的，有权提审或者指令下级人民法院再审。

第九十三条 最高人民检察院对各级人民法院已经发生法律效力的判决、裁定，上级人民检察院对下级人民法院已经发生法律效力的判决、裁定，发现有本法第九十一条规定情形之一，或者发现调解书损害国家利益、社会公共利益的，应当提出抗诉。

地方各级人民检察院对同级人民法院已经发生法律效力的判决、裁定，发现有本法第九十一条规定情形之一，或者发现调解书损害国家利益、社会公共利益的，可以向同级人民法院提出检察建议，并报上级人民检察院备案；也可以提请上级人民检察院向同级人民法院提出抗诉。

各级人民检察院对审判监督程序以外的其他审判程序中审判人员的违法行为，有权向同级人民法院提出检察建议。

第八章 执 行

第九十四条 当事人必须履行人民法院发生法律效力的判决、裁定、调解书。

第九十五条 公民、法人或者其他组织拒绝履行判决、裁定、调解书的，行政机关或者第三人可以向第一审人民法院申请强制执行，或者由行政机关依法强制执行。

第九十六条 行政机关拒绝履行判决、裁定、调解书的，第一审人民法院可以采取下列措施：

（一）对应当归还的罚款或者应当给付的款额，通知银行从该行政机关的账户内划拨；

（二）在规定期限内不履行的，从期满之日起，对该行政机关负责人按日处五十元至一百元的罚款；

（三）将行政机关拒绝履行的情况予以公告；

（四）向监察机关或者该行政机关的上一级行政机关提出司法建议。接受司法建议的机关，根据有关规定进行处理，并将处理情况告知人民法院；

（五）拒不履行判决、裁定、调解书，社会影响恶劣的，可以对该行政机关直接负责的主管人员和其他直接责任人员予以拘留；情节严重，构成犯罪的，依法追究刑事责任。

第九十七条 公民、法人或者其他组织对行政行为在法定期限内不提起诉讼又不履行的，行政机关可以申请人民法院强制执行，或者依法强制执行。

第九章 涉外行政诉讼

第九十八条 外国人、无国籍人、外国组织在中华人民共和国进行行政诉讼，适用本法。法律另有规定的除外。

第九十九条 外国人、无国籍人、外国组织在中华人民共和国进行行政诉讼，同中华人民共和国公民、组织有同等的诉讼权利和义务。

外国法院对中华人民共和国公民、组织的行政诉讼权利加以限制的，人民法院对该国公民、组织的行政诉讼权利，实行对等原则。

第一百条 外国人、无国籍人、外国组织在中华人民共和国进行行政诉讼，委托律师代理诉讼的，应当委托中华人民共和国律师机构的律师。

第十章 附 则

第一百零一条 人民法院审理行政案件，关于期间、送达、财产保全、开庭审理、调解、中止诉讼、终结诉讼、简易程序、执行等，以及人民检察院对行政案件受理、审理、裁判、执行的监督，本法没有规定的，适用《中华人民共和国民事诉讼法》的相关规定。

第一百零二条 人民法院审理行政案件，应当收取诉讼费用。诉讼费用由败诉方承担，双方都有责任的由双方分担。收取诉讼费用的具体办法另行规定。

第一百零三条 本法自 1990 年 10 月 1 日起施行。

最高人民法院　最高人民检察院
印发《关于规范办理行政再审检察建议案件若干问题的意见》的通知

（2024 年 8 月 20 日）

各省、自治区、直辖市高级人民法院、人民检察院，解放军军事法院、解放军军事检察院，新疆维吾尔自治区高级人民法院生产建设兵团分院、新疆生产建设兵团人民检察院：

为全面贯彻习近平法治思想，规范人民法院、人民检察院办理行政再审检察建议案件程序，推进落实《中共中央关于加强新时代检察机关法律监督工作的意见》，提升法律监督质效和司法公信力，促进司法公正和依法行政，根据《中华人民共和国行政诉讼法》和相关法律规定，最高人民法院、最高人民检察院制定了《关于规范办理行政再审检察建议案件若干问题的意见》，现予印发，请结合实际贯彻执行。在执行中遇到的问题，请分别层报最高人民法院、最高人民检察院。

附：

最高人民法院　最高人民检察院
关于规范办理行政再审检察建议案件若干问题的意见

为规范人民法院、人民检察院办理行政再审检察建议案件程序，推进落实《中共中央关于加强新时代检察机关法律监督工作的意见》，提升法律监督质效和司法公信力，促进司法公正和依法行政，根据《中华人民共和国行政诉讼法》等法律规定，结合司法实践，制定本意见。

第一条　行政再审检察建议是人民检察院对生效行政判决、裁定、调解书实施法律监督的重要方式。人民法院、人民检察院应当严格按照《中华人民共和国行政诉讼法》有关再审检察建议的规定，依法规范履行审判和法律监督职责。人民检察院要坚持法定性与必要性相结合的监督标准，增强监督的及时性与实效性，规范适用再审检察建议；人民法院要坚持依法接受监督，增强接受监督的主动性与自觉性，及时办理行政再审检察建议案件，共同维护司法公正。

第二条　人民检察院发现同级人民法院生效行政判决、裁定有《中华人民共和国行政诉讼法》第九十一条规定情形之一的，或者调解书有损害国家利益、社会公共利益情形的，可以向同级人民法院提出再审检察建议；地方各级人民检察院提出再审检察建议的，应当报上一级人民检察院备案。

第三条　人民检察院对同级人民法院再审或者审判委员会讨论后作出的生效行政判决、裁定、调解书，不适用提出再审检察建议的方式进行监督。

人民法院生效行政判决、裁定、调解书存在的笔误或者表述瑕疵不属于提出再审检察建议的情形，人民检察院可以提出改进工作建议。

第四条　人民检察院提出再审检察建议，一般应当经检察委员会讨论决定。存在特殊情形的，人民检察院可与同级人民法院会商解决。

第五条　人民检察院提出再审检察建议，应当将再审检察建议书连同检察案件材料一并移送同级人民法院。

再审检察建议书应当载明案件相关情况、监督意见并列明原判决、裁定、调解书存在《中华人民共和国行政诉讼法》第九十三条、《最高人民法院关于适用<中华人民共和国行政诉讼法>的解释》第一百一十七条规定的情形。

人民检察院提出再审检察建议案件不符合前述规定的，人民法院参照《最高人民法院关于适用〈中华人民共和国民事诉讼法〉的解释》第四百一十四条规定处理。

第六条　人民法院应当自收到符合条件的再审检察建议书和相关检察案件材料之日起七日内编立案号，纳入案件流程管理，依法进行审查，并告知人民检察院。

人民法院已作出驳回再审申请裁定的，不影响人民法院受理同级人民检察院提出的再审检察建议。

人民检察院提出再审检察建议的案件同级人民法院已经裁定再审但尚未

审结的，人民法院应当将再审检察建议并入再审案件一并审理，并函告人民检察院。案件已被上级人民法院裁定再审但尚未审结的，同级人民法院可以将再审检察建议书及检察案件材料报送上级人民法院并告知提出再审检察建议的人民检察院。

第七条 人民法院对行政再审检察建议案件，应当组成合议庭，在三个月内审查完毕。有特殊情况需要延长的，应当依照相关审批程序延长审查期限。

在原审判程序中参与过本案审判工作的审判人员，不得再参与该行政再审检察建议案件的办理。

第八条 人民法院对行政再审检察建议案件，一般采取审查人民检察院移交的案件材料、调阅原审案件卷宗等方式进行书面审查。经审查，案件可能启动再审或者存在其他确有必要情形的，应当询问当事人。

第九条 人民法院对行政再审检察建议案件经审查认为原判决、裁定、调解书确有错误，决定采纳检察建议启动再审的，再审裁定书应当载明监督机关及行政再审检察建议文号。裁定书应当送交同级人民检察院。

人民法院经审查决定不予再审的，应当在决定作出之日起十日内书面回复人民检察院并述明理由。人民检察院可以适当方式将人民法院不予再审结果告知申请人。

第十条 人民法院采纳再审检察建议启动再审的行政案件，参照《最高人民法院关于适用〈中华人民共和国民事诉讼法〉的解释》第四百零二条第一款第三项、第四项规定的程序开庭审理。有下列情形之一的，人民检察院可以派员出席法庭：

（一）人民检察院认为原案的处理损害国家利益或者社会公共利益的；

（二）人民检察院调查核实的证据需要向法庭出示的；

（三）具有重大社会影响等其他确有出庭必要的。

人民检察院派员出席法庭的，人民法院可以参照《最高人民法院关于适用〈中华人民共和国民事诉讼法〉的解释》第四百零二条第一款第二项规定的程序开庭审理。

人民法院开庭审理人民检察院提出再审检察建议的案件，人民检察院派员出席再审法庭的，适用《人民检察院行政诉讼监督规则》第一百零二条的规定。

第十一条 人民法院采纳再审检察建议启动再审的行政案件，应当将再审后作出的判决书、裁定书、调解书自作出之日起十日内送交同级人民检察院。

第十二条 人民法院、人民检察院应当建立实质性化解行政争议的协同机制，共同做好行政再审检察建议案件的调解和矛盾化解工作。

人民检察院在案件审查阶段促成行政争议实质性化解后，行政机关不履行约定义务的，可以制发检察建议或者建议人民法院制发司法建议，督促落实。

人民法院对行政再审检察建议案件审查期间，行政争议已实质性化解不需要继续审查的，人民法院应当书面告知人民检察院。

第十三条 人民法院、人民检察院应当建立常态化工作联系机制。对群众关注度高、关系民生焦点、社会反响强烈或者涉政策性、群体性等可能影响社会稳定的案件，以及重大、疑难、复杂、敏感案件，人民法院、人民检察院在办理过程中，应当加强相互沟通，依法妥善处理。

第十四条 人民法院、人民检察院应当定期开展行政再审检察建议工作综合分析和通报，推动审判监督和检察监督工作良性互动，提升行政再审检察建议案件办理质效。

地方各级人民法院、人民检察院在实践中遇到新情况、新问题可先行会商，并将相关问题及应对措施及时层报最高人民法院、最高人民检察院。

最高人民法院
关于行政赔偿利息利率法律适用问题的答复

2022年10月8日　　（2022）最高法行他10号

湖南省高级人民法院：

你院《关于行政赔偿利息利率及土地置换协议效力法律适用问题的请示》收悉，经研究，答复如下：

根据《最高人民法院关于审理行政赔偿案件若干问题的规定》第二十七条第一款规定，违法行政行为造成公民、法人或者其他组织财产损害，不能返还财产或者恢复原状的，按照损害发生时该财产的市场价格计算损失。市场价格无法确定，或者该价格不足以弥补公民、法人或者其他组织损失的，可以采用其他合理方式计算。所谓“其他合理方式”，包括确定合理的利息损失，以及按照决定赔偿时的市场价格计算损失等。人民法院应当综合考量案件具体情况，客观公正地评估当事人的实际损失，如存款利息不足以弥补其损失，可以按贷款利息计算。

此复。

最高人民法院
关于行政机关负责人出庭应诉若干问题的规定

法释〔2020〕3号

（2020年3月23日最高人民法院审判委员会第1797次会议通过
2020年6月22日最高人民法院公告公布　自2020年7月1日起施行）

为进一步规范行政机关负责人出庭应诉活动，根据《中华人民共和国行政诉讼法》等法律规定，结合人民法院行政审判工作实际，制定本规定。

第一条　行政诉讼法第三条第三款规定的被诉行政机关负责人应当出庭应诉，是指被诉行政机关负责人依法应当在第一审、第二审、再审等诉讼程序中出庭参加诉讼，行使诉讼权利，履行诉讼义务。

法律、法规、规章授权独立行使行政职权的行政机关内设机构、派出机构或者其他组织的负责人出庭应诉，适用本规定。

应当追加为被告而原告不同意追加，人民法院通知以第三人身份参加诉讼的行政机关，其负责人出庭应诉活动参照前款规定。

第二条　行政诉讼法第三条第三款规定的被诉行政机关负责人，包括行政机关的正职、副职负责人、参与分管被诉行政行为实施工作的副职级别的负责人以及其他参与分管的负责人。

被诉行政机关委托的组织或者下级行政机关的负责人，不能作为被诉行政机关负责人出庭。

第三条　有共同被告的行政案件，可以由共同被告协商确定行政机关负责人出庭应诉；也可以由人民法院确定。

第四条　对于涉及食品药品安全、生态环境和资源保护、公共卫生安全等重大公共利益，社会高度关注或者可能引发群体性事件等的案件，人民法院应当通知行政机关负责人出庭应诉。

有下列情形之一，需要行政机关负责人出庭的，人民法院可以通知行政机关负责人出庭应诉：

（一）被诉行政行为涉及公民、法人或者其他组织重大人身、财产权益的；

（二）行政公益诉讼；

（三）被诉行政机关的上级机关规范性文件要求行政机关负责人出庭应诉的；

（四）人民法院认为需要通知行政机关负责人出庭应诉的其他情形。

第五条　人民法院在向行政机关送达的权利义务告知书中，应当一并告知行政机关负责人出庭应诉的法定义务及相关法律后果等事项。

人民法院通知行政机关负责人出庭的，应当在开庭三日前送达出庭通知书，并告知行政机关负责人不出庭可能承担的不利法律后果。

行政机关在庭审前申请更换出庭应诉负责人且不影响正常开庭的，人民法院应当准许。

第六条　行政机关负责人出庭应诉的，应当于开庭前向人民法院提交出庭应诉负责人的身份证明。身份证明应当载明该负责人的姓名、职务等基本信息，并加盖行政机关印章。

人民法院应当对出庭应诉负责人的身份证明进行审查，经审查认为不符合条件，可以补正的，应当告知行政机关予以补正；不能补正或者补正可能影响正常开庭的，视为行政机关负责人未出庭应诉。

第七条　对于同一审级需要多次开庭的同一案件，行政机关负责人到庭参加一次庭审的，一般可以认定其已经履行出庭应诉义务，但人民法院通知行政机关负责人再次出庭的除外。

行政机关负责人在一个审理程序中出庭应诉，不免除其在其他审理程序出庭应诉的义务。

第八条 有下列情形之一的，属于行政诉讼法第三条第三款规定的行政机关负责人不能出庭的情形：

（一）不可抗力；

（二）意外事件；

（三）需要履行他人不能代替的公务；

（四）无法出庭的其他正当事由。

第九条 行政机关负责人有正当理由不能出庭的，应当提交相关证明材料，并加盖行政机关印章或者由该机关主要负责人签字认可。

人民法院应当对行政机关负责人不能出庭的理由以及证明材料进行审查。

行政机关负责人有正当理由不能出庭，行政机关申请延期开庭审理的，人民法院可以准许；人民法院也可以依职权决定延期开庭审理。

第十条 行政诉讼法第三条第三款规定的相应的工作人员，是指被诉行政机关中具体行使行政职权的工作人员。

行政机关委托行使行政职权的组织或者下级行政机关的工作人员，可以视为行政机关相应的工作人员。

人民法院应当参照本规定第六条第二款的规定，对行政机关相应的工作人员的身份证明进行审查。

第十一条 诉讼参与人参加诉讼活动，应当依法行使诉讼权利，履行诉讼义务，遵守法庭规则，自觉维护诉讼秩序。

行政机关负责人或者行政机关委托的相应工作人员在庭审过程中应当就案件情况进行陈述、答辩、提交证据、辩论、发表最后意见，对所依据的规范性文件进行解释说明。

行政机关负责人出庭应诉的，应当就实质性解决行政争议发表意见。

诉讼参与人和其他人以侮辱、谩骂、威胁等方式扰乱法庭秩序的，人民法院应当制止，并根据行政诉讼法第五十九条规定进行处理。

第十二条 有下列情形之一的，人民法院应当向监察机关、被诉行政机关的上一级行政机关提出司法建议：

（一）行政机关负责人未出庭应诉，且未说明理由或者理由不成立的；

（二）行政机关有正当理由申请延期开庭审理，人民法院准许后再次开庭审理时行政机关负责人仍未能出庭应诉，且无正当理由的；

（三）行政机关负责人和行政机关相应的工作人员均不出庭应诉的；

（四）行政机关负责人未经法庭许可中途退庭的；

（五）人民法院在庭审中要求行政机关负责人就有关问题进行解释或者说明，行政机关负责人拒绝解释或者说明，导致庭审无法进行的。

有前款情形之一的，人民法院应当记录在案并在裁判文书中载明。

第十三条 当事人对行政机关具有本规定第十二条第一款情形提出异议的，人民法院可以在庭审笔录中载明，不影响案件的正常审理。

原告以行政机关具有本规定第十二条第一款情形为由拒不到庭、未经法庭许可中途退庭的，人民法院可以按照撤诉处理。

原告以行政机关具有本规定第十二条第一款情形为由在庭审中明确拒绝陈述或者以其他方式拒绝陈述，导致庭审无法进行，经法庭释明法律后果后仍不陈述意见的，人民法院可以视为放弃陈述权利，由其承担相应的法律后果。

第十四条 人民法院可以通过适当形式将行政机关负责人出庭应诉情况向社会公开。

人民法院可以定期将辖区内行政机关负责人出庭应诉情况进行统计、分析、评价，向同级人民代表大会常务委员会报告，向同级人民政府进行通报。

第十五条 本规定自2020年7月1日起施行。

最高人民法院
印发《关于进一步保护和规范当事人依法行使行政诉权的若干意见》的通知

2017 年 8 月 31 日　　　　　　　　　　　　　　　　法发〔2017〕25 号

各省、自治区、直辖市高级人民法院，解放军军事法院，新疆维吾尔自治区高级人民法院生产建设兵团分院：

现将《最高人民法院关于进一步保护和规范当事人依法行使行政诉权的若干意见》印发给你们，请认真贯彻执行。

附：

最高人民法院
关于进一步保护和规范当事人依法行使行政诉权的若干意见

新行政诉讼法和立案登记制同步实施以来，各级人民法院坚持司法为民的工作宗旨，进一步强化诉权保护意识，着力从制度上、源头上、根本上解决人民群众反映强烈的"立案难"问题，对依法应当受理的案件有案必立、有诉必理，人民群众的行政诉权得到了充分保护，立案渠道全面畅通，新行政诉讼法实施和立案登记制改革取得了重大成果。但与此同时，阻碍当事人依法行使诉权的现象尚未完全消除；一些当事人滥用诉权，浪费司法资源的现象日益增多。为了更好地保护和规范当事人依法行使诉权，引导当事人合理表达诉求，促进行政争议实质化解，结合行政审判工作实际，提出如下意见：

一、进一步强化诉权保护意识，积极回应人民群众合理期待，有力保障当事人依法合理行使诉权

1. 各级人民法院要高度重视诉权保护，坚持以宪法和法律为依据，以满足人民群众需求为导向，以实质化解行政争议为目标，对于依法应当受理的行政案件，一律登记立案，做到有案必立、有诉必理，切实维护和保障公民、法人和其他组织依法提起行政诉讼的权利。

2. 要切实转变观念，严格贯彻新行政诉讼法的规定，坚决落实立案登记制度，对于符合法定起诉条件的，应当当场登记立案。严禁在法律规定之外，以案件疑难复杂、部门利益权衡、影响年底结案等为由，不接收诉状或者接收诉状后不出具书面凭证。

3. 要不断提高保护公民、法人和其他组织依法行使诉权的意识，对于需要当事人补充起诉材料的，应当一次性全面告知当事人需要补正的内容、补充的材料及补正期限等；对于当事人欠缺法律知识的，人民法院必须做好诉讼引导和法律释明工作。

4. 要坚决清理限制当事人诉权的“土政策”，避免在立案环节进行过度审查，违法将当事人提起诉讼的依据是否充分、事实是否清楚、证据是否确凿、法律关系是否明确等作为立案条件。对于不能当场作出立案决定的，应当严格按照行政诉讼法和司法解释的规定，在七日内决定是否立案。人民法院在七日内既不立案、又不作出不予立案裁定，也未要求当事人补正起诉材料的，当事人可以向上一级人民法院起诉，上一级人民法院认为符合起诉条件的，应当立案、审理或指定其他下级人民法院立案、审理。

5. 对于属于人民法院受案范围的行政案件，人民法院发现没有管辖权的，应当告知当事人向有管辖权的人民法院起诉；已经立案的，应当移送有管辖权的人民法院。对于不属于复议前置的案件，人民法院不得以当事人的起诉未经行政机关复议为由不予立案或者不接收起诉材料。当事人的起诉可能超过起诉期限的，人民法院应当进行认真审查，确因不可抗力或者不可归责于当事人自身原因耽误起诉期限的，人民法院不得以超过起诉期限为由不予立案。

6. 要进一步提高诉讼服务能力，充分利用“大数据”“互联网 +”“人工智

能”等现代技术，继续推进诉讼服务大厅、诉讼服务网络、12368热线、智能服务平台等建设，不断创新工作理念，完善服务举措，为人民群众递交材料、办理手续、领取文书以及立案指导、咨询解答、信息查询等提供一站式、立体化服务，为人民群众依法行使诉权提供优质、便捷、高效的诉讼引导和服务。

7.要依法保障经济困难和诉讼实施能力较差的当事人的诉权。通过法律援助、司法救助等方式，让行使诉权确有困难的当事人能够顺利进入法院参与诉讼。要积极建立与律师协会、法律援助中心等单位的沟通交流和联动机制，为当事人提供及时有效的法律援助，提高当事人的诉讼实施能力。

8.要严格执行中共中央办公厅、国务院办公厅印发的《领导干部干预司法活动、插手具体案件处理的记录、通报和责任追究规定》和中央政法委印发的《司法机关内部人员过问案件的记录和责任追究规定》，及时制止和纠正干扰依法立案、故意拖延立案、人为控制立案等违法违规行为。对于阻碍和限制当事人依法行使诉权、干预人民法院依法受理和审理行政案件的机关和个人，人民法院应当如实记录，并按规定报送同级党委政法委，同时可以向其上级机关或监察机关进行通报、提出处理建议。

二、正确引导当事人依法行使诉权，严格规制恶意诉讼和无理缠诉等滥诉行为

9.要正确理解立案登记制的精神实质，在防止过度审查的同时，也要注意坚持必要审查。人民法院除对新行政诉讼法第四十九条规定的起诉条件依法进行审查外，对于起诉事项没有经过法定复议前置程序处理、起诉确已超过法定起诉期限、起诉人与行政行为之间确实没有利害关系等明显不符合法定起诉条件的，人民法院依法不予立案，但应当向当事人说明不予立案的理由。

10.要引导当事人依法行使诉权，对于没有新的事实和理由，针对同一事项重复、反复提起诉讼，或者反复提起行政复议继而提起诉讼等违反“一事不再理”原则的起诉，人民法院依法不予立案，并向当事人说明不予立案的理由。当事人针对行政机关未设定其权利义务的重复处理行为、说明性告知行为及过程性行为提起诉讼的，人民法院依法不予立案，并向当事人做好释

明工作，避免给当事人造成不必要的诉累。

11. 要准确把握新行政诉讼法第二十五条第一款规定的“利害关系”的法律内涵，依法审查行政机关的行政行为是否确与当事人权利义务的增减得失密切相关，当事人在诉讼中是否确实具有值得保护的实际权益，不得虚化、弱化利害关系的起诉条件。对于确与行政行为有利害关系的起诉，人民法院应当予以立案。

12. 当事人因请求上级行政机关监督和纠正下级行政机关的行政行为，不服上级行政机关作出的处理、答复或者未作处理等层级监督行为提起诉讼，或者不服上级行政机关对下级行政机关作出的通知、命令、答复、回函等内部指示行为提起诉讼的，人民法院在裁定不予立案的同时，可以告知当事人可以依法直接对下级行政机关的行政行为提起诉讼。上述行为如果设定了当事人的权利义务或者对当事人权利义务产生了实际影响，人民法院应当予以立案。

13. 当事人因投诉、举报、检举或者反映问题等事项不服行政机关作出的行政行为而提起诉讼的，人民法院应当认真审查当事人与其投诉、举报、检举或者反映问题等事项之间是否具有利害关系，对于确有利害关系的，应当依法予以立案，不得一概不予受理。对于明显不具有诉讼利益、无法或者没有必要通过司法渠道进行保护的起诉，比如当事人向明显不具有事务、地域或者级别管辖权的行政机关投诉、举报、检举或者反映问题，不服行政机关作出的处理、答复或者未作处理等行为提起诉讼的，人民法院依法不予立案。

14. 要正确区分当事人请求保护合法权益和进行信访之间的区别，防止将当事人请求行政机关履行法定职责当作信访行为对待。当事人因不服信访工作机构依据《信访条例》作出的处理意见、复查意见、复核意见或者不履行《信访条例》规定的职责提起诉讼的，人民法院依法不予立案。但信访答复行为重新设定了当事人的权利义务或者对当事人权利义务产生实际影响的，人民法院应当予以立案。

15. 要依法制止滥用诉权、恶意诉讼等行为。滥用诉权、恶意诉讼消耗行政资源，挤占司法资源，影响公民、法人和其他组织诉权的正常行使，损害司法权威，阻碍法治进步。对于以危害国家主权和领土完整、危害国家安全、破坏国家统一和民族团结、破坏国家宗教政策为目的的起诉，人民法院依法不予立案；对于极个别当事人不以保护合法权益为目的，长期、反复提起大量诉讼，滋扰行政机关，扰乱诉讼秩序的，人民法院依法不予立案。

16. 要充分尊重和保护公民、法人或者其他组织的知情权，依法及时审理当事人提起的涉及申请政府信息公开的案件。但对于当事人明显违反《中华人民共和国政府信息公开条例》立法目的，反复、大量提出政府信息公开申请进而提起行政诉讼，或者当事人提起的诉讼明显没有值得保护的与其自身合法权益相关的实际利益，人民法院依法不予立案。公民、法人或者其他组织申请公开已经公布或其已经知晓的政府信息，或者请求行政机关制作、搜集政府信息或对已有政府信息进行汇总、分析、加工等，不服行政机关作出的处理、答复或者未作处理等行为提起诉讼的，人民法院依法不予立案。

17. 在认定滥用诉权、恶意诉讼的情形时，应当从严掌握标准，要从当事人提起诉讼的数量、周期、目的以及是否具有正当利益等角度，审查其是否具有滥用诉权、恶意诉讼的主观故意。对于属于滥用诉权、恶意诉讼的当事人，要探索建立有效机制，依法及时有效制止。

最高人民法院办公厅
关于印发《关于审理公司登记行政案件若干问题的座谈会纪要》的通知

2012年3月7日　　法办〔2012〕62号

各省、自治区、直辖市高级人民法院，新疆维吾尔自治区高级人民法院生产建设兵团分院：

现将《关于审理公司登记行政案件若干问题的座谈会纪要》印发给你们，请结合审判工作实际参照执行。执行中遇到问题，请及时报告我院。

附：

关于审理公司登记行政案件若干问题的座谈会纪要

为进一步规范公司登记行政案件的审理，维护正常的市场主体登记管理秩序，保护公司、股东以及利害关系人的合法权益，最高人民法院对公司登记行政案件中存在的有关问题进行了专题调研，并征求了有关部门的意见。2011 年 10 月 15 日，最高人民法院在广东东莞与部分地方法院和相关部门召开座谈会，根据《中华人民共和国行政诉讼法》、《中华人民共和国公司法》等相关法律规定，对审理公司登记行政案件中亟需解决的若干问题如何处理形成共识。现将有关内容纪要如下：

一、以虚假材料获取公司登记的问题

因申请人隐瞒有关情况或者提供虚假材料导致登记错误的，登记机关可以在诉讼中依法予以更正。登记机关依法予以更正且在登记时已尽到审慎审查义务，原告不申请撤诉的，人民法院应当驳回其诉讼请求。原告对错误登记无过错的，应当退还其预交的案件受理费。登记机关拒不更正的，人民法院可以根据具体情况判决撤销登记行为、确认登记行为违法或者判决登记机关履行更正职责。

公司法定代表人、股东等以申请材料不是其本人签字或者盖章为由，请求确认登记行为违法或者撤销登记行为的，人民法院原则上应按照本条第一款规定处理，但能够证明原告此前已明知该情况却未提出异议，并在此基础上从事过相关管理和经营活动的，人民法院对原告的诉讼请求一般不予支持。

因申请人隐瞒有关情况或者提供虚假材料导致登记错误引起行政赔偿诉讼，登记机关与申请人恶意串通的，与申请人承担连带责任；登记机关未尽审慎审查义务的，应当根据其过错程度及其在损害发生中所起作用承担相应的赔偿责任；登记机关已尽审慎审查义务的，不承担赔偿责任。

二、登记机关进一步核实申请材料的问题

登记机关无法确认申请材料中签字或者盖章的真伪，要求申请人进一步提供证据或者相关人员到场确认，申请人在规定期限内未补充证据或者相关人员未到场确认，导致无法核实相关材料真实性，登记机关根据有关规定作出不予登记决定，申请人请求判决登记机关履行登记职责的，人民法院不予支持。

三、公司登记涉及民事法律关系的问题

利害关系人以作为公司登记行为之基础的民事行为无效或者应当撤销为由，对登记行为提起行政诉讼的，人民法院经审查可以作出如下处理：对民事行为的真实性问题，可以根据有效证据在行政诉讼中予以认定；对涉及真实性以外的民事争议，可以告知通过民事诉讼等方式解决。

四、备案行为的受理问题

备案申请人或者备案事项涉及的董事、监事、经理、分公司和清算组等备案关系人，认为登记机关公开的备案信息与申请备案事项内容不一致，要求登记机关予以更正，登记机关拒绝更正或者不予答复，因此提起行政诉讼的，人民法院应予受理。

备案申请人以外的人对登记机关的备案事项与备案申请人之间存在争议，要求登记机关变更备案内容，登记机关不予变更，因此提起行政诉讼的，人民法院不予受理，可以告知通过民事诉讼等方式解决。

五、执行生效裁判和仲裁裁决的问题

对登记机关根据生效裁判、仲裁裁决或者人民法院协助执行通知书确定的内容作出的变更、撤销等登记行为，利害关系人不服提起行政诉讼的，人民法院不予受理，但登记行为与文书内容不一致的除外。

公司登记依据的生效裁判、仲裁裁决被依法撤销，利害关系人申请登记机关重新作出登记行为，登记机关拒绝办理，利害关系人不服提起行政诉讼的，人民法院应予受理。

多份生效裁判、仲裁裁决或者人民法院协助执行通知书涉及同一登记事项且内容相互冲突，登记机关拒绝办理登记，利害关系人提起行政诉讼的，人民法院经审理应当判决驳回原告的诉讼请求，同时建议有关法院或者仲裁机关依法妥善处理。

最高人民法院
关于交通警察支队的下属大队能否作为行政处罚主体等问题的答复

2009年12月2日　　（〔2009〕行他字第9号）

山东省高级人民法院：

你院《关于郭玉文诉烟台市公安局交通警察支队第二大队道路交通行政处罚案适用法律问题的请示》收悉。经研究，答复如下：

一、根据《中华人民共和国道路交通安全法实施条例》第一百零九条第一款“对道路交通安全违法行为人处以罚款或者暂扣驾驶证处罚的，由违法行为发生地的县级以上人民政府公安机关交通管理部门或者相当于同级的公安机关交通管理部门作出决定”的规定，如果烟台市公安局交通警察支队下设的大队相当于县级公安机关交通管理部门，其可以以自己名义作出处罚决定。

二、《中华人民共和国道路交通安全法》第一百零七条的规定与《中华人民共和国行政处罚法》第三十三条的规定不一致。前者属于特别规定，后者属于一般规定。根据《立法法》第八十三条的规定，可以适用《中华人民共和国道路交通安全法》第一百零七条规定的简易程序作出行政处罚决定；

三、本案的行政处罚行为作出时间是在违法行为发生后将近一年，地点并不在违法行为发生地，故不属于当场处罚。

此复。

最高人民法院
关于适用《行政复议法》第三十条第一款有关问题的批复

法释〔2003〕5号

（2003年1月9日最高人民法院审判委员会第1263次会议通过
2003年2月25日最高人民法院公告公布　自2003年2月28日起施行）

山西省高级人民法院：

你院《关于适用〈行政复议法〉第三十条第一款有关问题的请示》收悉。经研究，答复如下：

根据《行政复议法》第三十条第一款的规定，公民、法人或者其他组织认为行政机关确认土地、矿藏、水流、森林、山岭、草原、荒地、滩涂、海域等自然资源的所有权或者使用权的具体行政行为，侵犯其已经依法取得的自然资源所有权或者使用权的，经行政复议后，才可以向人民法院提起行政诉讼，但法律另有规定的除外；对涉及自然资源所有权或者使用权的行政处罚、行政强制措施等其他具体行政行为提起行政诉讼的，不适用《行政复议法》第三十条第一款的规定。

此复。

附：

山西省高级人民法院
关于适用《行政复议法》第三十条第一款有关问题的请示

2000年11月23日 〔2000〕晋法行字第11号

最高人民法院：

《行政复议法》第三十条第一款规定“公民、法人或者其他组织认为行政机关的具体行政行为侵犯其已经依法取得的土地、矿藏、水流、森林、山岭、草原、荒地、滩涂、海域等自然资源的所有权或者使用权的，应当先申请复议；对行政复议决定不服的，可以依法向人民法院提起行政诉讼。”审判实践中，对因自然资源所有权或使用权引发争议的行政诉讼案件，哪些应适用复议前置程序存在不同意见：

一种意见认为，适用复议前置程序的案件应具备两个条件：一是相对人认为具体行政行为侵犯了自己合法的使用权或所有权；二是相对人必须“依法取得”了所涉自然资源的所有权或使用权，即必须持有手续完备的使用权或所有权证或法院的裁判文书。这类案件包括不服收回、撤销或变更所有权或使用权证、许可证的，不包括确定自然资源权属的行政案件。

另一种意见认为，相对人认为自己已经“依法取得”了自然资源所有权或使用权的情况比较复杂，有些虽未取得有关证件，但已实际使用多年，他人也无异议，有些存在争议虽经有关部门解决多次仍无结果，争议当事人或多或少都有一定证据或理由认为依法应由自己所有或使用，法院也一时无法判定，因此当事人提起诉讼的，都应先经过复议，这类案件不仅包括前述案件，也应包括不服确权决定的案件。

我院审判委员会经研究，原则上同意后一种意见，同时认为，根据《土地法》、《矿产资源管理法》等法律法规，确定自然资源所有权或使用权一般是政府或行政主管部门的专属职权，对自然资源的权属争议往往争议时间长、情况比较复杂，极易引起集团诉讼，解决此类争议的专业性、政策性也较强，由行政机关先行复议，有利于调动行政机关履行职责的积极性，有利于解决矛盾，平息纠纷。

妥否，请批示。

最高人民法院
关于审理反倾销行政案件应用法律若干问题的规定

法释〔2002〕35号

（2002年9月11日最高人民法院审判委员会第1242次会议通过
2002年11月21日最高人民法院公告公布　自2003年1月1日起施行）

为依法公正地审理反倾销行政案件，根据《中华人民共和国行政诉讼法》及其他有关法律的规定，制定本规定。

第一条　人民法院依法受理对下列反倾销行政行为提起的行政诉讼：

（一）有关倾销及倾销幅度、损害及损害程度的终裁决定；

（二）有关是否征收反倾销税的决定以及追溯征收、退税、对新出口经营者征税的决定；

（三）有关保留、修改或者取消反倾销税以及价格承诺的复审决定；

（四）依照法律、行政法规规定可以起诉的其他反倾销行政行为。

第二条　与反倾销行政行为具有法律上利害关系的个人或者组织为利害关系人，可以依照行政诉讼法及其他有关法律、行政法规的规定，向人民法院提起行政诉讼。

前款所称利害关系人，是指向国务院主管部门提出反倾销调查书面申请的申请人，有关出口经营者和进口经营者及其他具有法律上利害关系的自然人、法人或者其他组织。

第三条　反倾销行政案件的被告，应当是作出相应被诉反倾销行政行为的国务院主管部门。

第四条　与被诉反倾销行政行为具有法律上利害关系的其他国务院主管部门，可以作为第三人参加诉讼。

第五条　第一审反倾销行政案件由下列人民法院管辖：

（一）被告所在地高级人民法院指定的中级人民法院；

（二）被告所在地高级人民法院。

第六条 人民法院依照行政诉讼法及其他有关反倾销的法律、行政法规，参照国务院部门规章，对被诉反倾销行政行为的事实问题和法律问题，进行合法性审查。

第七条 被告对其作出的被诉反倾销行政行为负举证责任，应当提供作出反倾销行政行为的证据和所依据的规范性文件。

人民法院依据被告的案卷记录审查被诉反倾销行政行为的合法性。被告在作出被诉反倾销行政行为时没有记入案卷的事实材料，不能作为认定该行为合法的根据。

第八条 原告对其主张的事实有责任提供证据。经人民法院依照法定程序审查，原告提供的证据具有关联性、合法性和真实性的，可以作为定案的根据。

被告在反倾销行政调查程序中依照法定程序要求原告提供证据，原告无正当理由拒不提供、不如实提供或者以其他方式严重妨碍调查，而在诉讼程序中提供的证据，人民法院不予采纳。

第九条 在反倾销行政调查程序中，利害关系人无正当理由拒不提供证据、不如实提供证据或者以其他方式严重妨碍调查的，国务院主管部门根据能够获得的证据得出的事实结论，可以认定为证据充分。

第十条 人民法院审理反倾销行政案件，根据不同情况，分别作出以下判决：

（一）被诉反倾销行政行为证据确凿，适用法律、行政法规正确，符合法定程序的，判决维持；

（二）被诉反倾销行政行为有下列情形之一的，判决撤销或者部分撤销，并可以判决被告重新作出反倾销行政行为：

1. 主要证据不足的；
2. 适用法律、行政法规错误的；
3. 违反法定程序的；
4. 超越职权的；
5. 滥用职权的。

（三）依照法律或者司法解释规定作出的其他判决。

第十一条 人民法院审理反倾销行政案件，可以参照有关涉外民事诉讼程序的规定。

第十二条 本规定自2003年1月1日起实施。

最高人民法院
关于审理反补贴行政案件应用法律若干问题的规定

法释〔2002〕36号

（2002年9月11日最高人民法院审判委员会第1242次会议通过
2002年11月21日最高人民法院公告公布 自2003年1月1日起施行）

为依法公正地审理反补贴行政案件，根据《中华人民共和国行政诉讼法》及其他有关法律的规定，制定本规定。

第一条 人民法院依法受理对下列反补贴行政行为提起的行政诉讼：

（一）有关补贴及补贴金额、损害及损害程度的终裁决定；

（二）有关是否征收反补贴税以及追溯征收的决定；

（三）有关保留、修改或者取消反补贴税以及承诺的复审决定；

（四）依照法律、行政法规规定可以起诉的其他反补贴行政行为。

第二条 与反补贴行政行为具有法律上利害关系的个人或者组织为利害关系人，可以依照行政诉讼法及其他有关法律、行政法规的规定，向人民法院提起行政诉讼。

前款所称利害关系人，是指向国务院主管机关提出反补贴调查书面申请的申请人，有关出口经营者和进口经营者及其他具有法律上利害关系的自然人、法人或者其他组织。

第三条 反补贴行政案件的被告，应当是作出相应被诉反补贴行政行为的国务院主管部门。

第四条 与被诉反补贴行政行为具有法律上利害关系的其他国务院主管部门，可以作为第三人参加诉讼。

第五条 第一审反补贴行政案件由下列人民法院管辖：

（一）被告所在地高级人民法院指定的中级人民法院；

（二）被告所在地高级人民法院。

第六条 人民法院依照行政诉讼法及其他有关反补贴的法律、行政法规，参照国务院部门规章，对被诉反补贴行政行为的事实问题和法律问题，进行合法性审查。

第七条 被告对其作出的被诉反补贴行政行为负举证责任，应当提供作出反补贴行政行为的证据和所依据的规范性文件。

人民法院依据被告的案卷记录审查被诉反补贴行政行为的合法性。被告在作出被诉反补贴行政行为时没有记入案卷的事实材料，不能作为认定该行为合法的根据。

第八条 原告对其主张的事实有责任提供证据。经人民法院依照法定程序审查，原告提供的证据具有关联性、合法性和真实性的，可以作为定案的根据。

被告在反补贴行政调查程序中依照法定程序要求原告提供证据，原告无正当理由拒不提供、不如实提供或者以其他方式严重妨碍调查，而在诉讼程序中提供的证据，人民法院不予采纳。

第九条 在反补贴行政调查程序中，利害关系人无正当理由拒不提供证据、不如实提供证据或者以其他方式严重妨碍调查的，国务院主管部门根据能够获得的证据得出的事实结论，可以认定为证据充分。

第十条 人民法院审理反补贴行政案件，根据不同情况，分别作出以下判决：

（一）被诉反补贴行政行为证据确凿，适用法律、行政法规正确，符合法定程序的，判决维持。

（二）被诉反补贴行政行为有下列情形之一的，判决撤销或者部分撤销，并可以判决被告重新作出反补贴行政行为：

1. 主要证据不足的；

2. 适用法律、行政法规错误的；

3. 违反法定程序的；

4. 超越职权的；

5. 滥用职权的。

（三）依照法律或者司法解释规定作出的其他判决。

第十一条 人民法院审理反补贴行政案件，可以参照有关涉外民事诉讼程序的规定。

第十二条 本规定自2003年1月1日起实施。

最高人民法院
关于审理国际贸易行政案件若干问题的规定

法释〔2002〕27号

（2002年8月27日最高人民法院审判委员会第1239次会议通过
2002年8月27日最高人民法院公告公布 自2002年10月1日起施行）

为依法公正及时地审理国际贸易行政案件，根据《中华人民共和国行政诉讼法》（以下简称行政诉讼法）、《中华人民共和国立法法》（以下简称立法法）以及其他有关法律的规定，制定本规定。

第一条 下列案件属于本规定所称国际贸易行政案件：

（一）有关国际货物贸易的行政案件；

（二）有关国际服务贸易的行政案件；

（三）与国际贸易有关的知识产权行政案件；

（四）其他国际贸易行政案件。

第二条 人民法院行政审判庭依法审理国际贸易行政案件。

第三条 自然人、法人或者其他组织认为中华人民共和国具有国家行政职权的机关和组织及其工作人员（以下统称行政机关）有关国际贸易的具体行政行为侵犯其合法权益的，可以依照行政诉讼法以及其他有关法律、法规的规定，向人民法院提起行政诉讼。

第四条 当事人的行为发生在新法生效之前，行政机关在新法生效之后对该行为作出行政处理决定的，当事人可以依照新法的规定提起行政诉讼。

第五条 第一审国际贸易行政案件由具有管辖权的中级以上人民法院

管辖。

第六条　人民法院审理国际贸易行政案件，应当依照行政诉讼法，并根据案件具体情况，从以下方面对被诉具体行政行为进行合法性审查：

（一）主要证据是否确实、充分；

（二）适用法律、法规是否正确；

（三）是否违反法定程序；

（四）是否超越职权；

（五）是否滥用职权；

（六）行政处罚是否显失公正；

（七）是否不履行或者拖延履行法定职责。

第七条　根据行政诉讼法第五十二条①第一款及立法法第六十三条②第一款和第二款规定，人民法院审理国际贸易行政案件，应当依据中华人民共和国法律、行政法规以及地方立法机关在法定立法权限范围内制定的有关或者影响国际贸易的地方性法规。地方性法规适用于本行政区域内发生的国际贸易行政案件。

第八条　根据行政诉讼法第五十三条③第一款及立法法第七十一条、第七十二条和第七十三条④规定，人民法院审理国际贸易行政案件，参照国务院部门根据法律和国务院的行政法规、决定、命令，在本部门权限范围内制定的有关或者影响国际贸易的部门规章，以及省、自治区，直辖市和省、自治区的人民政府所在地的市、经济特区所在地的市、国务院批准的较大的市的人民政府根据法律、行政法规和地方性法规制定的有关或者影响国际贸易的地方政府规章。

第九条　人民法院审理国际贸易行政案件所适用的法律、行政法规的具体条文存在两种以上的合理解释，其中有一种解释与中华人民共和国缔结或者参加的国际条约的有关规定相一致的，应当选择与国际条约的有关规定相一致的解释，但中华人民共和国声明保留的条款除外。

---

① 对应《行政诉讼法》（2017 年修正）第 63 条。

② 对应《立法法》（2023 年修正）第 81 条。

③ 对应《行政诉讼法》（2017 年修正）第 63 条。

④ 对应《立法法》（2023 年修正）第 91 条、第 92 条、第 93 条。

第十条 外国人、无国籍人、外国组织在中华人民共和国进行国际贸易行政诉讼，同中华人民共和国公民、组织有同等的诉讼权利和义务，但有行政诉讼法第七十一条第二款规定的情形的，适用对等原则。

第十一条 涉及香港特别行政区、澳门特别行政区和台湾地区当事人的国际贸易行政案件，参照本规定处理。

第十二条 本规定自 2002 年 10 月 1 日起施行。

最高人民法院
关于如何执行《最高人民法院关于执行〈中华人民共和国行政诉讼法〉若干问题的解释》第四十二条的规定的请示的答复

2002 年 8 月 2 日　　〔2002〕行他字第 6 号

福建省高级人民法院：

你院〔2002〕闽行他字第 2 号关于《最高人民法院关于执行〈中华人民共和国行政诉讼法〉若干问题的解释》第四十二条溯及力的请示收悉。经研究，答复如下：

行政机关在《中华人民共和国行政诉讼法》实施之后即 1990 年 10 月 1 日以后作出的具体行政行为，当事人不知道该具体行政行为内容的，其起诉期限的计算应当适用本院《关于执行中华人民共和国行政诉讼法若干问题的解释》第四十二条的规定。

附：

福建省高级人民法院
关于《最高人民法院关于执行〈中华人民共和国行政诉讼法〉若干问题的解释》第四十二条溯及力的请示

2002年4月30日　　〔2002〕闽行他字第2号

最高人民法院：

我院在办理下级法院的请示过程中，对于《最高人民法院关于执行〈中华人民共和国行政诉讼法〉若干问题的解释》（下称《若干解释》）第四十二条是否具有溯及力，存在不同看法：

第一种意见认为，《最高人民法院关于贯彻执行 < 中华人民共和国行政诉讼法 > 若干问题的意见（试行）》（下称《若干意见》）第三十五条，并未区分知道或不知道具体行政行为内容的情形，只要存在未告知诉权或起诉期限，都按照三十五条规定审查起诉期限，即相对人的起诉期限为具体行政行为作出之日起，最长不超过15个月。因此，相对人的起诉期限至2000年3月10日已经届满的，无论相对人是否被告知诉权或者起诉期限，也无论相对人是否知道具体行政行为的内容，法院均不予受理。若起诉期限至2000年3月10日尚未届满的，可依《若干解释》第四十一条、第四十二条分别继续计算。

第二种意见认为，《贯彻意见》第三十五条与《若干解释》第四十一条的规定均是针对行政机关作出具体行政行为时，未告知当事人诉权或起诉期限时如何计算起诉期限，其前提是当事人已经知道具体行政行为的内容，因为如果不知道具体行政行为的内容，规定是否告知诉权和起诉期限就没有意义。而《若干解释》第四十二条是针对当事人不知道具体行政行为内容时如何计算起诉期限。因此，如果相对人不知道具体行政行为内容，涉及不动产的从作出之日起未超过20年、其他具体行政行为从作出之日起未超过5年的，法院应当依照《若干解释》第四十二条予以受理。即《若干解释》第四十二条对2000年3月10日前的具体行政行为，具有溯及既往的效力。

经我院审判委员会讨论，倾向第二种意见。因涉及如何正确理解最高人民法院的司法解释和今后这一类案件的处理，我院特向贵院请示。

最高人民法院
对如何理解《最高人民法院关于执行〈中华人民共和国行政诉讼法〉若干问题的解释》第四十四条第一款第（十）项规定的请示的答复

2000年6月5日　（法行〔2000〕13号）

湖北省高级人民法院：

你院鄂高法〔2000〕93号《关于如何理解最高人民法院〈若干解释〉第四十四条第一款第（十）项规定的请示》收悉。经研究，答复如下：

行政诉讼的标的为人民法院生效判决书、裁定书和调解书所羁束的，人民法院应当依法裁定不予受理；已经受理的，应当依法裁定驳回起诉。

最高人民法院
对如何理解《最高人民法院关于执行〈中华人民共和国行政诉讼法〉若干问题的解释》第四十一条第一款规定的请示的答复

2000年4月19日　（法行〔2000〕7号）

江苏省高级人民法院：

你院关于《最高人民法院关于执行〈中华人民共和国行政诉讼法〉若干问题的解释》（简称《若干解释》）第四十一条第一款理解和溯及力问题的请示报告收悉。经研究，答复如下：

一、根据《最高人民法院关于贯彻执行〈中华人民共和国行政诉讼法〉若干问题的意见（试行）》（简称《贯彻意见》）第三十五条的规定，公民、法人或者其他组织的起诉期限，在《若干解释》实施之日即 2000 年 3 月 10 日之前已经届满，其在起诉期限届满之后提起行政诉讼的，人民法院不予受理。

二、根据《贯彻意见》第三十五条的规定，公民、法人或者其他组织的起诉期限，在《若干解释》实施之日即 2000 年 3 月 10 日之前尚未届满的，其起诉期限适用《若干解释》第四十一条的规定。